Du même auteur

Armorial carougeois, Éditions Martingay, Genève, 1979.

Le coffret du généalogiste,
Éditions France Cartes SA, Paris, 1981.

Le Blasomatic, Éditions France Cartes SA, Paris, 1981.

Histoire de Jenlain, Éditions Marie de Jenlain, 1988.

L'arbre de Nicolas, Éditions Atelier du Père Castor, 1991.

Généalogie, méthode, pratique, recherche,
Éditions du Seuil, Paris, 1991, 2006.

L'histoire de nos prénoms, 20 000 prénoms,
Éditions Hachette, 1999.

Les 20 000 plus beaux prénoms du monde,
Éditions Hachette, 1999, 2001, 2007.

Les prénoms des provinces de France,
Éditions Le Pré aux Clercs, 2002.

Les prénoms de Normandie, Éditions Corlet, 2004.

Prénoms passions, Éditions Leduc.s, 2007.

Maquette : Marie Housseau

33, rue Linné
75005 Paris – France
E-mail : infos@leduc-s.com
ISBN : 978-284899-186-3

LÉO JOUNIAUX

LES 10000 PLUS BEAUX PRÉNOMS RARES

LEDUC.S
EDITIONS

Sommaire

Introduction

Les critères de sélection d'un prénom pour son enfant ne manquent pas. Parmi ceux-ci, dans l'ordre décroissant de votre intérêt, nous avons relevé :

- ✓ l'harmonie entre le nom et le prénom,
- ✓ la sonorité du prénom,
- ✓ la rareté,
- ✓ la tradition familiale (connotation sociale, prénoms composés ou mixtes),
- ✓ le sens étymologique,
- ✓ la mode,
- ✓ les dérivés ou variantes (féminisations, dérivations diminutives, etc.),
- ✓ le message porté par le prénom (politique, religieux, écologique, littéraire, etc.),
- ✓ les passions (musique, mythologie, cinéma, sports, chansons, etc.)
- ✓ la référence à un personnage ou à un événement,
- ✓ le patrimoine provincial,
- ✓ l'exotisme (le choix d'un prénom étranger),
- ✓ les lieux,
- ✓ l'hommage au parrain ou à la marraine,
- ✓ la caractérologie.

Si l'on se réfère aux chiffres présentés par l'Insee, plus de 27 000 couples se sont dirigés à contresens des mouvements de choix classiques du prénom d'un enfant. À n'en pas douter, il existe une véritable tendance à la recherche de particularité, voire de rareté.

En France, 59565 prénoms féminins et 60509 prénoms masculins ont été attribués une seule fois dans les registres de l'état civil français, pendant la décennie des années 1990, soit un total de 120074 prénoms que l'on pourrait appeler rares.

Mais qu'est-ce que la rareté d'un prénom ? Comme pour le choix, nous avons recueilli les motivations des parents dans leur préférence de la rareté et avons tenté d'identifier et d'analyser les différentes caractéristiques de l'originalité d'un prénom. Parmi les raisons avancées par les parents, nous avons recensé :

- ✓ le prénom qui n'est pas commun dans une aire géographique précise. Attention, un prénom kabyle, rare en France, peut parfaitement être à la mode dans les montagnes de la Djurdjura, en Kabylie,
- ✓ le prénom que l'on ne trouve pas dans la littérature spécialisée,
- ✓ le prénom étonnant par sa sonorité,
- ✓ le prénom curieux par sa construction étymologique. C'est dans cette catégorie que l'on trouve de plus en plus d'appellations construites avec des « syllabes hétéroclites », par exemple : une syllabe tahitienne ayant un sens précis ajoutée à une seconde syllabe germanique ayant un sens complémentaire de la première.

Ces quelques critères de rareté ne sont pas exhaustifs, l'originalité peut être une option familiale ou plus largement celle d'une collectivité. Ainsi, ces deux jeunes filles appelées Anouk et Zoé, tout simplement parce que leurs parents souhaitaient évoquer les deux lettres extrêmes de l'alphabet, le A et le Z.

Quoi qu'il en soit, il n'en demeure pas moins que le choix d'un prénom rare doit être effectué avec beaucoup d'attention et de précautions. Les situations changent et les relations politiques, commerciales et idéologiques internationales évoluent très rapidement. C'est la raison pour laquelle, nous recommandons aux parents de déclarer au moins trois prénoms pour leur enfant.

La déclaration de plusieurs prénoms peut, éventuellement, permettre à vos enfants de choisir un autre prénom usuel que celui que vous lui avez attribué, et ceci sans avoir à faire face à de lourds frais de justice.

Un prénom peut-il être refusé ?

Depuis la loi du 8 janvier 1993, les parents peuvent choisir librement le prénom de leur enfant. Le législateur a, cependant, donné deux limites à cette liberté :

- ✓ lorsqu'il « semble contraire à l'intérêt de l'enfant par son apparence ou sa consonance ridicule, péjorative ou grossière ou par sa référence à un personnage déconsidéré de l'histoire »
- ✓ lorsqu'il s'agit de protéger des patronymes ou des marques d'un emploi abusif.

Avant cette date, de nombreux parents se sont vu refuser le prénom qu'ils avaient choisi pour leur enfant. Dans ce livre, vous trouverez de nombreux encadrés qui vous racontent l'histoire de ces parents trop originaux... D'autres encadrés racontent au contraire l'histoire de parents qui ont osé et... obtenu gain de cause !

Comment lire ce livre ?

Parcourez chaque page de ce livre, notez les prénoms qui vous plaisent. Essayez de les associer à votre nom de famille, prononcez-les à haute voix... Petit à petit, la sélection se fera ! Laissez s'exprimer votre créativité : la beauté et l'originalité de ces prénoms pourront vous apporter de l'inspiration. Choisissez la première syllabe de tel prénom, la deuxième de tel autre... et inventez un prénom personnalisé et unique pour votre enfant !

Les origines de certains de ces 10 000 prénoms rares sont incertaines. N'hésitez pas à nous écrire si vous avez des éclaircissements à nous apporter sur l'un ou l'autre de ces prénoms. Si vous souhaitez confier les origines du ou des prénoms rares de votre famille, vous pouvez contacter l'auteur à :

jouniaux.leo@tele2.fr

Filles

A

Aagje *néerlandais*
Variante d'Agathe, du grec « agatha », bonne femme.

Aaline *français*
Dérivé diminutif d'Adeline
En germanique, noble et doux ou en latin, aiguille.

Aaliyah *afro-américain*

Aanor *breton*
De « nor », du Nord ou de Nor, héros de légende en Scandinavie ou d'Azénor, transformé par la chute du « z ».

Abba *kabyle*
Charge.

Abbassa *arabe*
Dérivé diminutif d'Abbâs, lion ou qui a un visage sévère.

Abelle *français*
Forme féminine analogique d'Abel
En hébreu, souffle flou, indéfinissable ou celui qui pleure.

Abihayil *hébreu*
Joie de son père, le père de l'exaltation.

Abinasha
Dérivé d'Abina, blanche.

Achellay
Du nom latin Acheolus ou Accolus.

Achemma *kabyle*
Rien, pas grand chose.

Achima
Dérivé de Joachim
De l'hébreu « Yehoyagim », Iahvé met debout.

Achkène *arménien*
Du nom d'une pierre de couleur bleu-noir comme la mer Noire.

Actinée *français*
Nom d'une sainte décapitée au IVe siècle sous Dioclétien, en Étrurie.

Acya *kabyle*
De « essia », par là.

Adalen *catalan*
Attesté dès 1040.

Adamante *français*
Du sanscrit « adimant », qui a un commencement.

Adelini *italien*
Variante d'Adeline, en germanique, noble.

Adiene *hébreu*
Dérivé d'Adi, courageux, brave.

Adilha *arabe*
Bien faite, au corps bien proportionné ou encore, juste.

Adiva *hébreu*
Dérivé d'Adiv, jolie, aimable.

Adja *kabyle*
De « odja », nom d'un plat tunisien.

Adlissa *français*
Dérivé d'Adlis, variante d'Adélaïde, noble.

Adrastéa *italien*
Variante d'Adrastée, formé avec la racine « adr- » qui se trouve dans « adar », mois du printemps dans le calendrier hébreu.

Adriane *bourguignon, français et latin*
Pureté et amour platonique, pure, chaste.

Ady *kabyle*
Passez ! Formule de politesse pour dire après vous.

Aelia *breton*
Dérivé d'Ael, du français celtisé, traduction de « saint Angelus », ange.

Afaif
Dérivé d'Af, du nom latin Adauctus.

Ageda *basque et français*
Dérivé d'Agathe, du grec « agatha », bonne femme.

Agnerote *français*
En béarmais, petite agnelle.

Agnessa *français*
Variante d'Agnès, du grec « agnê », chaste, pure.

Agusta *catalan*
Dérivé d'Auguste, du romain « augustus », majestueux, respectable.

Ahes *breton*
Reconnu par la cour d'appel de Rennes, avant 1980.

Ahez *breton*
Variante de Dahud, bon, magie.

Ahlaï *hébreu*
Frère de mon Dieu.

Ahlam *arabe*
Songes, rêves, visions idylliques.

Ahlima *arabe*
Douce, clémente.

Aiala *basque*
Nom de lieu en Alaba, au Pays basque.

Aïchatan *arabe*
Dérivé d'Aïcha, pleine de vitalité.

Aïda *arabe et slave*
En arabe, récompense, pardon. En slave, grand, joyeux, vaillant. Aïda est un opéra de Verdi.

Aileene *grec*
Éclat du soleil.

Ailian
Dérivé d'Alain ou anglicisation d'Ailin, de « ail », pierre.

Aiora *basque*
Dérivé d'Aioro, du patronyme Aio.

Aïshia *arabe*
Dérivé d'Aïscha, vivante.

Aisling *irlandais*
Rêve, vision, jour de rêve. Ce prénom a été anglicisé en Esther.

Aissate *arabe et hébreu*
Synonyme d'Isâ (Jésus) qui, en hébreu, signifie Dieu est généreux, Dieu sauve.

Ajiba *arabe*
Agréable, qui plaît, prodige, merveilleuse.

Akhileni *basque*
Dérivé d'Achille, du grec « akhilleus », fils de serpent.

Akila *arabe*
Intelligente, sage, sensée, raisonnable, précieuse et rare.

Akoulina *slave*
Tendre, belle, joyeuse.

Alaouyia *arabe*
Dignité, hauteur morale.

Alaya *kabyle*
Hauteur, élévation.

Albérique *français*
Dérivé d'Albéric, du germanique « alb », blanc et « ric », puissant.

Albia *occitan*
La blanche.

Aldona *polonais*
Prénom païen, connu depuis le XIIIe SIÈCLE.

Aldred *français*
Dérivé d'Aldric, du germanique « alda », vieux et « ric », puissant.

Aleandrie
Dérivé d'Alexandre, majestueux, éclatant, puissant.

Alechandra
Dérivé d'Alexandre, majestueux, éclatant, puissant.

Alexandia
Dérivé d'Alexandre, majestueux, éclatant, puissant.

Alexena
Dérivé d'Alexe, du verbe grec « alexo », défendre.

Alianne
Dérivé d'Ali, sublime, illustre, d'un esprit élevé.

Alianora
Variante d'Eléonore, de l'arabe « ellinor », Dieu est ma lumière.

Aliciz
Variante d'Alice, forme contractée d'Adélaïde, noble.

Alissandra
Dérivé d'Alexandre, majestueux, éclatant, puissant.

Alisson *écossais*
Dérivé d'Alice, forme contractée d'Adélaïde, noble.

Allas *français*
Nom d'une sainte, compagne de Bathuse, morte martyre, vers 370.

Allisso
Variante d'Alice, forme contractée d'Adélaïde, noble.

Allowin *germanique*
D'« al », tout et « win », ami.

Allyson *français*
Variante d'Alice, forme contractée d'Adélaïde, noble.

Aloine *français*
Dérivé d'Aloin, du nom latin Alonius.

Aloïssia *germanique*
Dérivé d'Aloïs, illustre, bataille, combattant.

Altin *français*
Du nom de saint Altin, disciple de Savinien de Sens, qui aurait été évêque d'Orléans.

Alverat *hispanique*
Variante d'Elvire, du germanique « al », noble et « wara », protection.

Alye *français*
Variante d'Alice, forme contractée d'Adélaïde, noble.

Alyma *kabyle*
De « alim », la paille.

Alysom *irlandais*
Variante d'Alice, forme contractée d'Adélaïde, noble.

Amadara *kabyle*
Nom d'une ville numide en Tunisie.

Amadoina
Dérivé d'Aimé, du latin « amare », aimer.

Amandaline *français*
Dérivé d'Amand, digne d'être aimé.

Amandoline *français*
Dérivé d'Amand, digne d'être aimé.

Amantha
Forme phonologique d'Amant, variante d'Amand, qui doit être aimé.

Amantine *français*
Dérivé d'Amant, variante d'Amand, qui doit être aimé.

Amarante *français et grec*
Du grec « marainein », se flétrir. En français, qui se flétrit.

Amata *basque, corse, latin et tahitien*
En basque, qui est aimée. En tahitien, premières bûchettes du feu rouge.

Amayi *arabe*
Dérivé d'Aimé, du latin « amare », aimer.

Ambre *français*
En grec, immortelle.

Amel *arabe*
En arabe, espoir, espérance. Amel Bent est une jeune chanteuse à la mode.

Amelaine *français*
Dérivé d'Amélie, puissante.

Amelissa *français*
Dérivé de mélisse, feuille à abeilles.

Amelyssia *français*
Dérivé de mélisse, feuille à abeilles.

Amentia *catalan*
Dérivé d'Ament, variante d'Amand, digne d'être aimé.

Ami *français, hébreu et tahitien*
En hébreu, mon peuple. En tahitien, l'eau absorbée de Vaipohe (eau desséchée).

Aminaia
Dérivé d'Amina, constante, loyale, qui jouit de la sauvegarde divine, digne de confiance.

Amitai *hébreu*
Dérivé d'Amittai, fidélité, confiance.

Ammanuelle *français*
Variante d'Emmanuelle, Dieu est avec nous.

Ammonaria *français*
Nom de deux saintes, mortes martyres ensemble, à Alexandrie en 250.

Amunia *basque et français*
Nom d'une sainte qui vécut en recluse à Lobogno en Espagne et est morte vers 1069.

Amy *germanique et latin*
Aimée. Amy Winehouse est une chanteuse anglaise.

Anastadjaha
Variante d'Anastasia, en grec, résurrection, née une nouvelle fois.

Anasttasia *slave*
Variante d'Anastasia, en grec, résurrection, née une nouvelle fois.

Anathalie *français*
Variante de Nathalie, du latin « natalis » jour de la naissance (du Seigneur), c'est-à-dire Noël.

Anda *kabyle*
Où vas-tu ?

Andara *kabyle*
Pousser.

Andrev *breton et slave*
Variante d'André, viril, illustre parmi les hommes.

Andriotta *maltais*
Dérivé d'André, viril, illustre parmi les hommes.

Anene *basque*
Dérivé d'Anen, variante d'Aignan, du nom de personne roman Anianus.

Anfelise *français*
Nom de la princesse sarrasine d'un poème du XIIIe siècle qui connut un immense succès.

Angeleah
Dérivé d'Ange, du latin « angelus », messager.

Angelina *catalan, corse, germanique et grec*
Dérivé d'Angèle, messagère.

Anghjelina
Dérivé d'Angèle, messagère.

Ania *kabyle*
Nom d'une princesse Amazir.

Anida *kabyle*
Où vas-tu ?

Animaïs *français*
Nom d'une sainte, compagne de Bathuse, morte martyre vers 370.

Anissa *arabe*
En arabe, amie, cordiale, courtoise, compagne agréable, qui distrait des soucis. En kabyle, d'où viens-tu ?

Anittah
Variante diminutive d'Anne, grâce.

Anitzane
Variante diminutive d'Anne, grâce.

Anixia *basque*
Variante diminutive d'Anne, grâce.

Annebelle *français*
Variante d'Annabelle, dérivé d'Anne, comblée de grâce, gracieuse.

Annoncia
Dérivé d'Annonciation, notification.

Anselotte *français*
Dérivé d'Ansel, diminutif d'Anselme, en germanique, protection, casque.

Anttonie *français*
Dérivé d'Antoine, du grec « antônios », courageux ou du latin « antone », inestimable.

Aouregan *breton*
Composé de « aour », or et de « he-gan », naissance, dont la naissance est d'or.

Aphra *latin*
Femme qui vient d'Afrique.

Apollinaire *français*
Dérivé d'Apollon, qui inspire à la création.

Apolline *français et grec*
Dérivé d'Apollon, qui inspire à la création.

Apollinia *italien*
Dérivé d'Apollon, qui inspire à la création.

Appollonia *français*
Dérivé d'Apollon, qui inspire à la création.

Aqila *arabe*
Sage, intelligente.

Aquiline *anglo-saxon et français*
Sainte, torturée et décapitée à Byblos en Syrie à l'âge de douze ans, en 293.

Aquilinide
Enregistré, pour une enfant trouvée, à Pau dans les Pyrénées-Atlantiques, le 13 juin 1892.

Ara *kabyle*
De « arawa », descendance, progéniture.

Arada *kabyle*
Laver.

Aram *arménien, dogon et hébreu*
En arménien, éminence, magnificence. Chez les Dogons (Mali), de « arramo », fait téter. En hébreu, désigne la Syrie.

Arantcha *basque*
Variante d'Arantsa, épine.

Arantsa *basque*
Épine.

Araxie *arménien*
Dérivé du nom du plus grand fleuve d'Arménie, l'Araxe.

Araziel *basque*
Nom de lieu à Corella, en Navarre, au Pays basque.

Arcanelle *français*
Dérivé d'Arcane, du nom latin Arcanus.

Arcelinda *français*
Diminutif d'Arcel, dérivé d'Arce, du bas latin « arca », coffre, pétrin.

Archangeline *français*
Dérivé d'Archange, nom d'un saint du XVIe siècle.

Ardemis *arménien*
Du nom de la déesse grecque Artémis, fille de Zeus et de Léto, et déesse de la Chasse.

Areda
Dérivé d'Arede, nom d'un saint au VIe siècle.

Aressa *kabyle*
D'Aurès, massif algérien.

Arifa *arabe*
Qui détient la connaissance.

Ariane *basque, français, germanique et latin*
En grec, chaste, pure, ou diminutif d'Adriane. Ariane est, dans la mythologie grecque, la fille de Minos

Arinelle *basque*
Dérivé d'Arine.

Armanusse
Variante d'Armand, homme fort.

Arna *germanique*
D'« arn », aigle et de « waldan », commander, gouverner.

Aroti *tahitien*
De « Te-vahine-o-te-noho-au », la femme vigilante de la demeure agréable.

Arriane *français*
Variante d'Ariane, chaste, pure.

Arsille *français*
De l'ancien français « argille », argile, du latin « argilla ».

Artigine *français*
Du germanique « artige », aimable, sage.

Aryanna *français*
Variante d'Ariane, chaste, pure.

Asceline *français*
Dérivé d'Asselin, du germanique « adel », noble.

Asdrig *arménien*
Petite étoile.

Aselle *français*
Nom d'une sainte qui vécut recluse à partir de l'âge de douze ans et mourut vers 406.

Ashley *anglo-saxon*
Bois de frêne. Ashley Tisdale joue dans la série *Charmed*.

Ashlie *anglo-saxon*
Variante d'Ashley, bois de frêne.

Asma *arabe*
Sublime, belle, qui a de beaux traits.

Asmaa *arabe*
Variante d'Asma, sublime, belle, qui a de beaux traits.

Asmahame *arabe*
Dérivé d'Asma, sublime, belle, qui a de beaux traits.

Asmha *arabe*
Variante d'Asma, sublime, belle, qui a de beaux traits.

Asselle *français*
Dérivé d'Asselin, du germanique « adel », noble.

Assia *arabe*
Celle qui soigne, qui console et apporte soutien et protection.

Assila *arabe*
Noble, bien née.

Assimata *arabe*
Dérivé d'Assim, qui préserve, qui ne peut être atteint par le mal ou l'adversité.

Astruga *basque*
Dérivé d'Astruget, du gascon « astruc », favorisé par la chance.

Atarah *hébreu*
Couronne, diadème.

Athene *grec*
Variante d'Athena, nom de la déesse grecque de la Sagesse.

Atiffe *arabe*
Dérivé d'Atif, affectueuse.

Atte *français et scandinave*
Du nom d'un saint du IVe siècle.

Attica *arabe*
Variante d'Atika, dérivé d'Atik, belle, bonne et généreuse, personne de qualité. Au sens ancien, ce nom désignait une femme libre et émancipée.

Attracta *irlandais*
Nom d'une sainte irlandaise, contemporaine de saint Patrick au Ve siècle.

Atuat *inuit*
Nom de la fiancée d'Atanarjuat, héros du premier film inuit de Zacharias Kunuk, en 2002.

Aubierge *français*
Variante d'Adalberge, du latin Edilburga.

Aubine *français*
Dérivé d'Aubin, du latin « albus », blanc.

Auerii *tahitien*
De « Aue-rii-e-au-i-te-anau-tamarii », petits gémissements comme les pleurs d'un enfant.

Augustia *hispanique*
Dérivé d'Auguste, du romain « augustus », majestueux, respectable.

Aura *grec et italien*
Diminutif d'Isaura, du grec Isauria, nom de lieu.

Auranite *français*
Dérivé d'Aura, diminutif d'Isaura, du grec Isauria, nom de lieu.

Aureia
Dérivé d'Aure, de l'hébreu « aure », lumière.

Aurelene *basque*
Dérivé d'Aurelen, variante d'Aurélien, semblable à l'or.

Aurelianna
Dérivé d'Aurelian, variante d'Aurélien, semblable à l'or.

Austreberte *français*
Dérivé d'Austrebert, du germanique « aust », de l'Est et « bert », brillant.

Austregilde *français*
Sainte, mère de saint Loup de Sens, au VIIe siècle.

Auxillia *français*
Enregistré lors d'un mariage à Angers, dans le Maine-et-Loire, le 10 juin 1889.

Auxlina *français*
Enregistré à Caullery, dans le Cambrésis, le 13 décembre 1831.

Ava *anglo-saxon, catalan, germanique et latin*
Oiseaux. Ava Gardner était une actrice américaine d'une extrême beauté.

Aveline *français et latin*
Variante d'Éveline, du gothique « awi », grâce, remerciements ou du latin « abellana », noisette ou bien de l'hébreu « havvah », vie.

Aviah *hébreu*
Dieu est mon père.

Avissa *français*
Variante d'Avisse, prénom littéraire.

Avoye *français*
Du latin « avia », ancêtre féminin.

Avrill *anglo-saxon*
Variante d'Avril, sanglier, bataille.

Awala *kabyle*
Une histoire.

Awatif *arabe*
Sentiments affectueux.

Awattef *arabe*
Variante d'Awatif, sentiments affectueux.

Awina *kabyle*
L'autre.

Ayât *arabe*
Miracle, signe.

Aye *wallon*
Sainte, épouse de saint Hidulphe, comte du Hainaut, entra au monastère de Mons, en Belgique, morte vers 714.

Ayelet *hébreu*
Petite biche ou gazelle.

Ayell *kabyle*
Vers.

Ayellah *hébreu*
Variante d'Ayalah, biche ou gazelle.

Aylema *arabe*
Tendre, délicate.

Ayllin *turc*
Variante d'Aylin, dérivé d'Aylema, tendre, délicate.

Aymelia
Dérivé d'Aimé, du latin « amare », aimer.

Aymone *français et germanique*
Dérivé d'Aymon, maison, puissant, conseil, protecteur.

Ayna *arabe*
Une femme qui a de grands yeux noirs et beaux et un regard profond.

Azaïs *français*
Du latin « adjacens », heureux, qui a une certaine aisance.

Azania *kabyle*
De « Azoun », clan, dynastie, famille.

Azaride *basque*
Enregistré à Ustaritz, en Labourd, au Pays basque, en 1256.

Azedine *arabe*
Dérivé d'Azzedine.

Azénia *français*
Enregistré à Caullery, dans le Cambrésis, le 24 janvier 1844.

Azénor *breton*
Correspond au dérivé en « -ad » de « enor », honneur, honoré.

Azhar *arabe*
Brillant, fleur, éclat, d'une blancheur éblouissante.

Aziade *arabe*
D'origine turque, liberté, richesse et prospérité.

Azima *kabyle*
Nom d'une ville numide en Tunisie.

Azmiya *arabe*
Dérivé d'Azmi, fidèle à ses engagements.

Aznivie *arménien*
De « azn », noble.

Azza *arabe*
Honorée, très précieuse et peut désigner une jeune gazelle.

B

Babeau *français*
Dérivé d'Élisabeth, de l'hébreu « elisheba », Dieu est mon serment.

Babesne *basque*
Du basque « babes », abri.

Bachera *arabe*
Variante de Bachira, dérivé de Bachir, qui annonce de bonnes nouvelles.

Bacoline *français*
En béarnais, petite vache.

Badira *arabe*
Dérivé de Badir, aussi belle que la planète lune.

Badrah *arabe*
Variante de Badra, dérivé de Badr, pleine lune.

Bahdja *arabe*
Allégresse.

Bahera *arabe*
Dérivé de Baher, resplendissante.

Bahiga *arabe*
Variante de Bahija, dérivé de Bahij, pleine d'allégresse.

Baidzare *arménien*
Claire, brillante.

Baija *arabe*
Variante de Bahija, dérivé de Bahij, pleine d'allégresse.

Baïque *français*
Autorisé par la loi du 1er avril 1803.

Bairbre *latin*
Barbares.

Bakarne *basque*
Unique.

Bake *basque*
Du latin « pax » ou « pacis », paix.

Bakhta *arabe*
Bonheur, chance.

Balbine *basque et français*
Du latin « balbus », bègue.

Balde *français*
De la racine germanique « bhaltr », brillant.

Baldegonde *français*
Sainte, abbesse de la Sainte-Croix, à Poitiers, morte vers 580.

Baldina *germanique*
Amie forte.

Balentina *basque*
Autorisé par le greffe du tribunal civil de Bayonne, en décembre 1957.

Balira *arabe*
Éloquente.

Balsamine *français*
Du latin « balsamum », baume.

Baltrum *germanique*
Mystère, magie.

Baptistine *français*
Baptisée.

Baqira *arabe*
Dérivé de Baqir, riche en biens et en science.

Barbary *anglo-saxon et latin*
Variante ancienne de Barbara, barbares.

Barbasa *basque*
Enregistré à Domezain, en Basse-Navarre, au Pays basque, en 1368.

Barbe *français*
Du grec «barbaros» ou du latin «barbari» signifiant étrangers ou barbares.

Barberine *français*
Dérivé de Barbe, du grec «barbaros» ou du latin «barbari» qui signifient étrangers ou barbares.

Baria *arabe*
Distinguée, habile, excellente.

Bariza *arabe*
Éminente.

Barta *arabe*
Variante de Bakhta, chance, qui se distingue.

Barthélemie *italien*
Dérivé de Barthélemy, de l'hébreu «bar», fils et «talmai», qui trace les sillons, laboureur ou en araméen, «Bar Tolomai», fils de Tolomai ou de Tholomée.

Bartholomée *français*
Dérivé de Barthélemy, de l'hébreu «bar», fils et «talmai», qui trace les sillons, laboureur ou en araméen, «Bar Tolomai», fils de Tolomai ou de Tholomée.

Bartomea *catalan*
Dérivé de Barthélemy, de l'hébreu «bar», fils et «talmai», qui trace les sillons, laboureur ou en araméen, «Bar Tolomai», fils de Tolomai ou de Tholomée.

Bartomée *catalan*
Bartomée, veuve de Jean Sabater, fait un legs à Sainte-Catherine, de Biarra, en 1440.

Basilia *basque, corse et grec*
Dérivé de Basile, roi.

Basilisse *français*
Variante de Basile, du grec «basileus», roi ou de l'arabe «bâdhil», très généreux.

Basilla *italien*
Sainte romaine, refusa d'épouser un patricien romain, elle est morte martyre en 304.

Bâsima *palestinien*
De «bâsim», radieux, souriant, sourire.

Basine *français*
Basine, épouse de Childéric, roi des Francs.

Basire *français*
Attesté à Saint-Placide-de-Rouen, en Seine-Maritime, le 7 novembre 1575.

Basma *arabe*
Sourire.

Basse *français*
Autorisé par la loi du 1er avril 1803.

Bassema *arabe*
Dérivé de Bassem, souriante.

Bassira *arabe*
Perspicace, au regard pénétrant, douée d'intuition.

Bastiana *corse et italien*
Dérivé de Sébastien, du grec «sebastos», digne d'honneur et de respect, vénérable.

Bastiane *grec*
Honorée.

Bastienne *français*
Dérivé de Sébastien, du grec «sebastos», digne d'honneur et de respect, vénérable.

Batcheva *hébreu*
Fille d'opulence.

Bathilde *français et scandinave*
Du germanique «bath», bataille et «hild», combat. La guerrière combattante, audacieuse.

Batoula *arabe*
Consacrée à Dieu.

Baudouine *français et germanique*
Dérivé de Baudouin, ami audacieux.

Baudour *français*
Autorisé par la loi du 1er avril 1803.

Baya *arabe*
Éclatante de beauté.

Baye *anglo-saxon*
Sainte, maîtresse spirituelle de sainte Maure, qui vécut recluse avec elle en Écosse au Xe siècle.

Bazalote *français*
Autorisé par la loi du 1er avril 1803.

Bazela *arabe*
Dérivé de Bazel, très généreuse.

Bazire *français*
Attesté à Notre-Dame de Lillebonne, en Seine-Maritime, le 22 novembre 1639.

Bazkoara *basque*
Enregistré à Cirauqui, en Navarre, au Pays basque, en 1366.

Béasse *français*
Attribué à Saint-Sever, dans le Calvados, le 11 décembre 1869.

Beata *latin et polonais*
Du latin « beatus », heureuse, bénie, celle qui rend heureux.

Beatha *hébreu*
Dieu est mon serment.

Béchira *arabe*
Dérivé de Béchir, porteuse de bonnes nouvelles.

Beckie *hébreu*
Vache.

Bedra *arabe*
Pleine lune.

Begga *français*
Sainte, fondatrice et abbesse du monastère féminin d'Andenne-sur-Meuse, morte en 698.

Begnine *français*
Enregistré une fois à Saint-Pierre-de-Varennes, en Saône-et-Loire, entre 1686 et 1695.

Begona *basque et castillan*
Colline dominante.

Béguinne *français*
Enregistré lors d'un mariage à Tourlaville, dans la Manche, le 11 février 1794.

Behija *arabe*
Dérivé de Béhij, pleine d'allégresse.

Beileag *écossais*
Diminutif d'Iseabail, variante d'Isabelle, forme ibérique d'Élisabeth, de l'hébreu « elisheba », Dieu est mon serment.

Bekki *hébreu*
Vache.

Belaskita *basque*
Dérivé de Belasko, du basque « bele » ou « bela », corbeau ou de « belatz », épervier, faucon.

Bele *germanique*
Brillante.

Belengera *basque*
Enregistré à Larraga, en Navarre, au Pays basque, en 1330.

Belicia *hispanique*
Diminutif d'Isabela, variante d'Isabelle, forme ibérique d'Élisabeth, de l'hébreu « elisheba », Dieu est mon serment.

Belida *basque*
Enregistré à Peralta, en Navarre, au Pays basque, en 1350.

Belin *français*
De « belenos », dieu celtique ou dérivation à partir de la racine germanique « bili », doux.

Belinda *anglo-saxon, français et hébreu*
En hébreu, Dieu est mon serment.

Béline *français*
Dérivé de Belin, de « belenos », dieu celtique ou dérivation à partir de la racine germanique « bili », doux.

Bélise *français et hispanique*
Dérivé d'Élisabeth, de l'hébreu « elisheba », Dieu est mon serment.

Belita *basque et hispanique*
Enregistré à Artajona, en Navarre, au Pays basque, en 1330.

Bella *anglo-saxon, basque, corse, hébreu, hongrois et slave*
Diminutif d'Isabelle, dérivé d'Élisabeth. De l'hébreu « elisheba », Dieu est mon serment. En russe, sombre, passive, triste, affligeante.

Bellende *français*
Autorisé par la loi du 1er avril 1803.

Bellesa *catalan*
Recensé une fois à Perpignan, dans les Pyrénées-Orientales, entre 1536 et 1545.

Belline *français*
Sainte, vierge chrétienne, honorée à Maure en Champagne.

Bellissante *normand*
Attribué une fois dans l'analyse de l'état civil ancien de Gouville, dans la Manche, sur les actes de mariage inscrits en 1829.

Belzire *français*
Attribué à Sassetot-le-Mauconduit, en Seine-Maritime, le 13 mai 1793.

Bénarde *français*
Attesté dans un registre du tabellionage d'Argences, de Troarn et de Varaville, dans le Calvados, entre 1386 et 1417.

Bendita *basque*
Enregistré à Cascante, en Navarre, au Pays basque, en 1366.

Benga *basque*
Autorisé par le greffe du tribunal civil de Bayonne, en décembre 1957.

Bénigna *germanique et latin*
Variante de Bénigne, du latin « benignus », bienveillant, bienfaisant.

Bénilde *français et hispanique*
Sainte, née à Cordoue, morte martyre, condamnée au bûcher, en 853.

Bennigez *breton*
Dérivé de Benniged, bénie.

Benoîte *français et latin*
Dérivé de Benoît, du latin « benedictus », béni, sous-entendu « béni des dieux ».

Bénonie *français*
Attribué à Raimbeaucourt, dans le Nord, en 1771.

Bentje *scandinave*
Variante frisonne de Bernhardine, du germanique « ber », ours et « hard », dur, courageux.

Beppa *hébreu*
Dieu ajoute.

Berardina *gascon*
Enregistré en Béarn et en Bigorre du XIe au XIVe siècle.

Berenda *germanique*
Dérivé de Berend, variante contractée de Bernard, ours, dur, courageux.

Berenguela *castillan et germanique*
Variante de Bérengère, se préparer au combat.

Berenguera *catalan*
Variante de Bérengère, du germanique « ber », ours et « gari », lance.

Bérénice *français et grec*
Du grec « pherein », apporte et « nike », la victoire.

Prénom étonnant… accepté !
Bergamote, prénom féminin, a été autorisé à Lille, en 1975.

Bérénike *grec*
Du grec « pherein », apporte et « nike », la victoire.

Berenjere *catalan, français et germanique*
Variante de Bérengère, dérivé de Bérenger, ours, lance.

Berex *basque*
Enregistré en Basse-Navarre, au Pays basque, en 1368.

Bergamote *français*
De l'italien « bergamotta », du turc « beg-armâdé », poire du seigneur (voir encadré).

Bergerette *français*
Dérivé du nom de métier « berger », issu du latin « berbicarius ».

Berliane *indonésien*
En balinais, diamant brut.

Berlinde *français*
Sainte, bénédictine à Sainte-Marie, à Moorsel en Belgique, recluse à Meerbeke, morte en 702.

Bernada *catalan*
Dérivé de Bernard, du germanique « ber », ours et « hard », dur, courageux.

Bernadeta *basque*
Autorisé par le greffe du tribunal civil de Bayonne, en décembre 1957.

Bernadine *français*
Enregistré à Caullery, dans le Cambrésis, le 27 juillet 1803.

Bernadota *gascon*
Enregistré en Béarn et en Bigorre du XIe au XIVe siècle.

Bernarde *français*
Dérivé de Bernard, ours, courageux.

Bernardine *français et germanique*
Autorisé par la loi du 1er avril 1803.

Bernhilde *scandinave*
La guerrière qui a les qualités de l'ourse.

Bernice *anglo-saxon, français et grec*
Dérivé de Bérénice, apporter la victoire.

Berota *gascon*
Variante de Bérot, jolie.

Berra *kabyle*
Dehors !

Berteline *français et germanique*
Dérivé diminutif de Berthe, brillante.

Berthelonne *français*
Enregistrée à la Tourlandry en Anjou, sous l'Ancien Régime.

Berthière *français*
Dérivé de Berthier, du germanique « bert », brillant et « hari », armée.

Berthilde *français et scandinave*
Du germanique « bert », brillant, illustre et « hild », combat.

Bertille *français et germanique*
Brillante.

Bertina *germanique*
Noble, célèbre.

Bertoaire *français*
Sainte, abbesse de Notre-Dame de Sales, en Savoie, morte après 614.

Bertomiva *gascon*
Enregistré en Béarn et en Bigorre du XIe au XIVe siècle.

Bertrade *français et scandinave*
La brillante conseillère.

Bertrana *catalan*
Dérivé de Bertran, variante de Bertrand, du germanique « bert », brillant et « hramm », corbeau.

Bertrande *français*
Attribué à Archignac en Dordogne, en 1745.

Bertrane *français et grec*
Dérivé de Bertrand, du germanique « bert », brillant et « hramm », corbeau.

Bertranota *gascon*
Enregistré en Béarn et en Bigorre du XIe au XIVe siècle.

Bertrun *germanique*
Magicienne vigoureuse.

Bertude *germanique*
Variante de Gertrude, d'origine franque, la forte porteuse d'épieu.

Bettina *hébreu et italien*
Variante d'Élisabeth, de l'hébreu « elisheba », Dieu est mon serment.

Betty *anglo-saxon et hébreu*
Variante d'Élisabeth, de l'hébreu « elisheba », Dieu est mon serment.

Bervardine *français*
Enregistré à Caullery, dans le Cambrésis, le 17 septembre 1847.

Bethany *hébreu*
Dieu est mon serment.

Bethsabée *hébreu*
De « bethsheva », septième fille (étymologie controversée). Personnage biblique, Bethsabée est la mère de Salomon.

Bette *anglo-saxon et français*
Dérivé diminutif d'Élisabeth, de l'hébreu « elisheba », Dieu est mon serment.

Bettina *hébreu et italien*
Variante d'Élisabeth, de l'hébreu « elisheba », Dieu est mon serment.

Beulah *hébreu*
Mariée.

Beuzega *breton*
Dérivé de Beuzeg, victorieux.

Beverley *anglo-saxon*
Ambitieuse.

Biancaluna *hispanique*
Dérivé de Blanche, claire.

Bianka *germanique*
Claire.

Biarnesota *gascon*
Enregistré en Béarn et en Bigorre du XIe au XIVe siècle.

Bibiane *français et latin*
Dérivé de Viviane, du latin « vivus », vivant, pleine de vie.

Bibliade *français*
Autorisé par la loi du 1er avril 1803.

Biblis *français*
Sainte, faisait partie des martyrs de Lyon livrés aux fauves, sous Marc Aurèle en 177.

Bibia *français*
Dérivé diminutif de Bibiane, pleine de vie.

Bidane *basque*
De « bide », chemin.

Biddy *celte*
Force.

Bietrix *français*
Du latin « beatrix », tiré du verbe « beare » rendre heureuse, dans le sens qui apporte le bonheur et rend les autres heureux.

Biganna *breton*
Formé à partir de Biig-Anna, Biig jouant ici le rôle de diminutif d'Anna
Goutte de mer.

Bilhah *hébreu*
Mélange.

Bilhilde *français et scandinave*
Douce guerrière.

Bilke *grec*
Qui connaît la volonté des dieux.

Billa *hébreu*
Dieu est mon serment.

Billie *anglo-saxon et germanique*
Diminutif de William, variante de Guillaume, du nom franc Wilhelm ou du germanique « witu », bois. Volonté, protection.

Bina *breton, dogon et germanique*
Dérivé de Sabin, du latin « Sabinus », habitant de la Sabine. En pays dogon (Mali), dérivé de Binem, de « binou », il est revenu. En breton, blanc.

Binelle *latin*
Habitant de la Sabine.

Binenn *breton*
Dérivé diminutif d'Albinenn, blanc.

Binete *français*
Variante féminine de Binet, abréviation de Robinet, diminutif de Robin, dérivé de Robert. De l'ancien haut-allemand « hruod », gloire et « bert », brillant.

Binta *peulh*
Dérivé de « ben », en arabe : fils de.

Bionda *italien*
La blonde.

Biramonda *basque*
Enregistré à Ostabat, en Navarre, au Pays basque, en 1364.

Birte *celte*
Force.

Bisqalina *maltais*
Du nom de lieu Bisqallin.

Bittori *basque*
Sainte, qui vécut au XIIe siècle en Italie.

Bittorina *basque*
Autorisé par le greffe du tribunal civil de Bayonne, en décembre 1957.

Bixenta *basque*
Dérivé de Vincent, du latin Vincentius, dont le participe « vincens », vainqueur, qui remporte la victoire, qui triomphe.

Blaezou *breton*
Dérivé de Blaise, du latin Blaesus, nom d'une famille romaine, qui bégaie.

Blaisette *français et latin*
Dérivé de Blaise, du latin Blaesus, nom d'une famille romaine, qui bégaie.

Blaisiane *français et latin*
Dérivé de Blaise, du latin Blaesus, nom d'une famille romaine, qui bégaie.

Blance *français*
Attesté à Notre-Dame-de-Gravenchon, en Seine-Maritime, le 24 janvier 1575.

Blanchandine *français*
Dérivé de Blanche, du germanique « blank », clair, brillant.

Blancota *gascon*
Dérivé de Blanca, caressante, flatteuse.

Blanda *italien et latin*
Sainte, morte martyre vers 230 avec son époux, saint Félix, sous Alexandre Sévère.

Blasia *catalan*
Dérivé de Blaise, du latin Blaesus, nom d'une famille romaine, qui bégaie.

Bleiza *breton*
Dérivé de Bleiz, qui bégaie.

Bleizenn *breton*
Dérivé de Bleiz, qui bégaie.

Bleuenn *breton*
Fleur.

Bleuzenn *breton*
S'apparente au nom de femme gallois que l'on trouve sous la forme « Blodwen » qui signifie « fleur blanche » ou s'oriente vers le moyen-breton « bleuzuenn », fleur.

Blezou *breton*
Variante de Plezou, natte.

Blezvenn *breton*
Variante de Bleizenn, dérivé de Bleiz, qui bégaie ou de Blez, natte.

Blinne *germanique*
Claire, brillante.

Blithilde *scandinave*
La guerrière agile comme un éclair.

Blodwen *gallois*
Fleurs blanches.

Blondine *catalan et français*
Dérivé de Blond, du germanique « blund », évoque la couleur des cheveux.

Bodil *scandinave*
La combattante.

Bogdana *slave*
Présent de Dieu.

Bogna *polonais et slave*
Dérivé de Bogdan, traduction du grec Theodoros, don de Dieu. En slave, grand, impulsif, puissant, donné par Dieu.

Bogumila *polonais et slave*
Aimable à Dieu, aimée de Dieu.

Boguslawa *polonais et slave*
Dérivé de Bogudlaw, homme qui doit célébrer le nom de Dieu.

Boizi *basque*
Autorisé par le greffe du tribunal civil de Bayonne, en décembre 1957.

Bona *basque, castillan, catalan, germanique, italien et latin*
Du latin « bona », bonne.

Bonadona *catalan*
Du latin « bona », bonne.

Bonafilla *catalan*
Bonafilla, abbesse du monastère de Sant Daniel de Girona, en Gironès, en 1029.

Boneta *basque et catalan*
Enregistré à Lerin, en Navarre, au Pays basque, en 1350.

Bongota *basque*
D'« ona », bon.

Bonifatia *latin*
Celle qui a bonne face.

Bonina *gascon*
Enregistré en Béarn et en Bigorre du XIe au XIVe siècle.

Bonita *hispanique*
La belle.

Bonizelle *italien*
Sainte italienne qui, devenue veuve, remit tous ses biens aux pauvres, morte en 1300.

Bonnie *français et écossais*
Jolie. Bonnie Tyler est une chanteuse pop très connue dans les années 1980, elle sort aujourd'hui encore des albums.

Bonora *basque*
Enregistré à Milagro, en Navarre, au Pays basque, en 1330.

Borghild *normand et scandinave*
Guerrière protectrice.

Borglinde *normand et scandinave*
Celle qui protège et apaise.

Bosmat *hébreu*
Parfumée.

Botilde *normand et scandinave*
La combattante.

Bouleire *dogon (Mali)*
De « boule », famille et « ire », il vaut mieux.

Boussaïma *arabe*
Belle femme à la peau douce.

Boussaina *arabe*
De « buthauna », diminutif de « bathna », terre sablonneuse, désigne une femme à la peau douce.

Bozena *polonais, slave et tchèque*
Cadeau de Dieu.

Braconne *français*
Du germanique « brakko », chien de chasse.

Bradamante *corse*
Aimée, brillante.

Brakhah *hébreu*
Bénédiction.

Brancarda *catalan*
Recensé trois fois à Perpignan, dans les Pyrénées-Orientales, entre 1576 et 1595.

Brandimena *catalan*
Brandimena de Foix, épouse de Guillem d'Aniort, vicomte de Salt et seigneur de Niort, au XIIe siècle.

Branka *slave*
Gloire.

Breaca *irlandais*
Sainte irlandaise, disciple de sainte Brigitte de Kildare, aurait été en Cornouailles vers 460.

Briande *français*
Dérivé de Brian, du celtique « bri », élévation, hauteur, colline ou « brigh », force, puissance.

Bricette *français*
Variante diminutive de Brice, du celtique « brigh », force, puissance ou du latin « brictius » dérivé du celtique « bri », considération.

Briche *français*
Attribué à Sassetot-le-Mauconduit, en Seine-Maritime, le 23 octobre 1798.

Bricia *catalan*
Dérivé de Brice, du celtique « brigh », force, puissance ou du latin « brictius » dérivé du celtique « bri », considération.

Bridie *celte*
Force.

Brigide *français*
Variante de Brigitte, du celtique « brigh », force, puissance.

Brivaela *breton*
Élévation.

Brona *latin*
Brune.

Bronach *anglo-saxon*
Sainte Bronach figure dans le martyrologe du Donegal.

Bronislava *slave*
Sainte, nièce de saint Hyacinthe de Pologne, entra dans l'Ordre de Prémontré, morte en recluse, en 1259.

Bronislawa *polonais et slave*
Dérivé de Bronislaw, défenseur de la gloire ou célèbre défenseur.

Bronya *russe*
Protection.

Brouriah *hébreu*
Clarté de Dieu.

Bruna *gascon*
Dérivé de Brun, du germanique « brunja », cuirasse, armure ou du latin « brunus », brun.

Brune *catalan, français, germanique et latin*
Du germanique « brunja », cuirasse, armure ou du latin « brunus », brun.

Brunehaut *français*
Variante de Brunehilde, du germanique « brunja », cuirasse, armure et « hild », combat.

Brunehild *français, germanique et scandinave*
Variante de Brunehilde, du germanique franc « brunja », cuirasse, armure et « hild », combat.

Brunehilde *français et germanique*
Du germanique franc « brunja », cuirasse, armure et « hild », combat.

Brunette *français et latin*
Dérivé de Brun, du germanique « brunja », cuirasse, armure ou du latin « brunus », brun.

Bruni *germanique*
La combattante cuirassée.

Brygida *polonais et slave*
Connu en Europe depuis le XIIe siècle.

Bryony *grec*
Nom d'une plante.

Bulotte *français*
Attesté dans le Domfrontais, au début du XVe siècle.

Burgondofare *français*
Sainte, fondatrice et abbesse du monastère de Faremoutiers, dans le diocèse de Meaux, morte en 657.

Burienne *français*
Autorisé par la loi du 1er avril 1803.

Les prénoms rares et la loi

Depuis la loi du 11 Germinal de l'an XI (1er avril 1803), la législation en vigueur autorisait les officiers d'état civil à refuser les prénoms qui n'étaient pas cités dans les calendriers. Étaient également enregistrés les prénoms de la tradition biblique ou gréco-romaine.
En 1981, la Cour de cassation admet les prénoms « conformes à une tradition familiale ». En 1984, un autre arrêt de cette même cour autorise les « prénoms consacrés par l'usage et relevant d'une tradition étrangère ou française, nationale ou locale ».
La libre circulation des hommes et des idées trouve là un chemin naturel pour son expression. Avec la loi du 8 janvier 1993 enfin, les parents peuvent choisir librement le prénom de leur enfant (voir aussi encadré p. 257). Avant cette loi, de nombreux parents s'affranchissaient déjà du carcan législatif français et s'aventuraient dans le choix libre du prénom de leur enfant.

C

Cäcilie *germanique*
Variante de Cécile, du latin « caecus », aveugle ou de Caecilia, nom d'une célèbre famille romaine.

Cairistine *gaélique*
Variante de Christine, du grec « khristos », messie ou du latin « christianus », chrétien, disciple du Christ.

Calamandre *français*
Autorisé par la loi du 1er avril 1803.

Calcia *castillan*
Calcia, mère de sainte Quiterée.

Calista *basque*
Dérivé de Caliste, du grec « kallistês », le plus beau.

Callinice *français*
Sainte, très riche, dépensa sa fortune pour aider les chrétiens, morte martyre vers 250.

Callirhoé *français*
Prénom révolutionnaire, enregistré en Loire-Atlantique en l'an III (1794-1795).

Callisthène *français*
Autorisé par la loi du 1er avril 1803.

Calorine *français*
Du latin « calor », chaleur.

Calypso *français et grec*
Du latin « kalos », beauté.

Camélia *français*
Du latin botanique « camellia » en l'honneur du père Camelli, jésuite morave et botaniste qui a introduit cette plante en Europe.

Camellina *corse*
Variante de Camille, du latin « camillus », nom du jeune homme qui assistait le prêtre pendant les sacrifices à Rome.

Camomille *français*
Du bas latin « camomilla », du grec « khamaimélon », de « khamai », à terre et « mêlon », pomme.

Canace *grec*
Dans la mythologie grecque, Canace serait la mère des Géants jumeaux, Otos et Éphialtès.

Cance *français*
Autorisé par la loi du 1er avril 1803.

Candace *anglo-saxon*
Attesté dans un registre du tabellionage d'Argences, Troarn et Varaville, dans le Calvados, entre 1386 et 1417.

Candia *catalan et italien*
Dérivé de Candide, du latin « candidus », d'un blanc brillant.

Candida *anglo-saxon et corse*
Dérivé de Candide, du latin « candidus », d'un blanc brillant.

Candine *français*
Enregistré, lors d'un mariage à Caullery, dans le Cambrésis, le 6 novembre 1851.

Cannelle *français*
Du latin médiéval « cannella », en italien, « tuyau ».

Cannera *irlandais*
Sainte, vierge irlandaise, recluse et morte vers 530.

Cantianille *français*
Autorisé par la loi du 1er avril 1803.

Cantienne *français*
Du nom latin Canutus.

Capitoline *français*
Sainte, morte martyre sous Dioclétien en 304.

Caramande *français*
Du nom d'un chef gaulois qui fit la guerre aux Marseillais, vers l'an 485 avant J.-C.

Cardete *français*
Contraction de Cardinette, dérivé de Richard, du germanique « ric », puissant et « hard », fort, dur.

Cardine *français et normand*
Dérivé de Richard, du germanique « ric », puissant et « hard », fort, dur.

Carissime *français*
Sainte, née à Albi au Ve siècle, refusa de se marier et se retira comme recluse dans une forêt.

Caritaine *français*
Autorisé par la loi du 1er avril 1803.

Carite *français*
Autorisé par la loi du 1er avril 1803.

Caritine *français*
Autorisé par la loi du 1er avril 1803.

Carlar *catalan*
Dérivé de Charles, du germanique « karl », viril, gaillard.

Carletta *corse*
Variante de Charlotte, dérivé de Charles, du germanique « karl », viril.

Carline *français*
De l'italien « carlina » ou de Carolus, l'armée de Charles-Quint, ayant utilisé cette plante pour guérir de la peste de Barbarie.

Carmeline *française*
Enregistré à Cherbourg, dans la Manche, le 18 novembre 1981.

Carmenta *hispanique*
Dérivé diminutif de Carmen, du latin, chanson.

Carmette *catalan*
Attribué à Llo, dans les Pyrénées-Orientales, le 3 mars 1873.

Carmondique *français*
Autorisé par la loi du 1er avril 1803.

Carrides *français*
Figurait dans le calendrier républicain à partir du 27 novembre 1793.

Casarie *français*
Autorisé par la loi du 1er avril 1803.

Cascentienne *français*
Nom de saint cité dans *Le Nouveau Savoir-vivre* de Paul Reboux, édité en 1930.

Casdoé *français*
Sainte perse, morte martyre avec son mari et son fils, sous Sapor II, vers 350.

Casilde *français et hispanique*
Dérivé du germanique Hatuhild, de « hathu », bataille et de « hild », combat ou de l'arabe « kassilda », chant.

Casille *français*
Attribué à Bréel, dans l'Orne, le 29 novembre 1856.

Casine *français*
Autorisé par la loi du 1er avril 1803.

Cassandea
Variante de Cassandre, du grec « kassandra », qui aide les hommes.

Cassienne *français*
Dérivé de Cassien, du latin « cassius », nom d'une famille romaine, pauvre et démunie.

Cassilde *français*
Variante de Casilde, dérivé du germanique Hatuhild, de « hathu », bataille et de « hild », combat ou de l'arabe « kassilda », chant.

Castelloza *catalan*
Dérivé de « castel », château.

Castorienne *français*
Dérivé de Castor, du grec « kastôr », castor.

Catalina *castillan, corse et gascon*
Dérivé de Catherine, du grec « ekaté », un des surnoms de la déesse Diane ou de « katharos », pur.

Cataut *français*
Dérivé de Catherine, du grec « ekaté », un des surnoms de la déesse Diane ou de « katharos », pur.

Catelinota *gascon*
Enregistré en Béarn et en Bigorre du XIe au XIVe siècle.

Catiche *français*
Dérivé de Catherine, du grec « ekaté », un des surnoms de la déesse Diane ou de « katharos », pur.

Catinous *français*
Dérivé diminutif de Catherine, du grec « ekaté », un des surnoms de la déesse Diane ou de « katharos », pur.

Cattelain *français*
Enregistré, lors d'un mariage à Caullery, dans le Cambrésis, le 31 juillet 1869.

Caudasse *français*
Attesté dans un registre du tabellionage d'Argences, Troarn et Varaville, dans le Calvados, entre 1386 et 1417.

Causida *gascon*
Dérivé de Causit, choisie.

Cayetana *catalan*
Dérivé de Gaétan, du latin Caietanus, originaire de Caieta.

Cecia *galicien*
Variante de Cécile, du latin « caecus », aveugle ou de Caecilia, nom d'une célèbre famille romaine.

Cécire *français*
Attesté dans un registre du tabellionage d'Argences, Troarn et Varaville, dans le Calvados, entre 1386 et 1417.

Cefia *hispanique*
Diminutif de Seferina, dérivé de Zéphyrin et de Zéphyr, du grec « zephyros », zéphyr, nom d'un léger vent.

Célanie *français*
Attribué une fois dans l'analyse de l'état civil ancien de Gouville, dans la Manche, sur les actes de mariage inscrits en 1844.

Célerine *français*
Sainte, tante de saint Célerin, morte martyre au IIIe siècle.

Célètine *français*
Variante de Célestine, dérivé de Célestin, du latin « caelestis », céleste.

Célhia *italien*
Dérivé de Cécile, du latin « caecus », aveugle ou de Caecilia, nom d'une célèbre famille romaine.

Célicie *français*
Enregistré à Caullery, dans le Cambrésis, le 28 avril 1852.

Celidonia *catalan*
Recensé trois fois à Perpignan, dans les Pyrénées-Orientales, entre 1596 et 1605.

Celinda *corse*
Dérivé de Céline, du latin « celare », céler, tenir secret, taire ou de « caèlus », ciel ou du grec « selène », la lune.

Célinie *français*
Enregistré à Valloire, en Savoie, après 1840.

Celisia *français*
Enregistré, lors d'un mariage à Caullery, dans le Cambrésis, le 14 septembre 1852.

Celsina *français*
Variante de Celsin, du latin « celsus », sublime, généreux.

Celyha
Variante de Célia, dérivé de Cécile ou de Cécilia, aveugle ou de « Caecilia » nom d'une célèbre famille romaine.

Centola *français et hispanique*
Sainte espagnole, morte martyre vers 304, dans la ville de Burgos.

Centella *catalan*
Centella, abbesse de Santa Maria de Valldauran, en Berguedà, en 1241.

Céphise *français*
Prénom révolutionnaire, enregistré en Loire-Atlantique en l'an III (1794-1795).

Cérina *français*
Dérivé de Cerin, du nom latin Cyrinnus.

Céronne *français*
Sainte, baptisée par Léonce, le saint évêque de Bordeaux, créa le premier monastère de femmes dans le diocèse de Sées, morte le 15 novembre 490.

Césarée *français*
Dérivé de César, du latin « caesaries », chevelu.

Céssille *français*
Attesté à Saint-Nicolas-de-la-Taille, en Seine-Maritime, le 24 janvier 1656.

Cevryne
Variante de Séverine, dérivé de Séverin, du latin « severus », sévère, rigoureux.

Chabha *kabyle*
La belle.

Chabiba *arabe*
Jeunesse, commencement.

Chabica *hispanique*
Diminutif d'Isabela, forme ibérique d'Élisabeth, de l'hébreu « elisheba », Dieu est mon serment.

Chabina *basque*
Autorisé par le greffe du tribunal civil de Bayonne, en décembre 1957.

Chadia *arabe*
Dérivé de Chadi, chanter mélodieusement.

Chafiqa *arabe*
Dérivé de Chafiq, compatissant, bienveillant.

Chafik *arabe*
Dérivé de Chafiq, compatissant, bienveillant.

Chakiba *arabe*
Dérivé de Chakib, donne beaucoup.

Charel *dérivé de Charles*
Du germanique « karl », viril, gaillard et de l'hébreu « eli », Dieu.

Chastity *anglo-saxon*
Chastity Bono, fille de la chanteuse Cher.

Chafiya *arabe*
Dérivé de Chafi, qui guérit.

Châheda *arabe*
Dérivé de Châhed, témoin, martyr, qui témoigne de sa foi jusqu'à la mort.

Chakiba *arabe*
Dérivé de Châkib, donne beaucoup.

Chakira *arabe*
Dérivé de Châkir, remerciant.

Chalvah *hébreu*
Calme, paix.

Chamame *arménien*
De l'iranien, de « chah », roi et « mam », mère.

Chamirane *arménien*
De l'iranien, mon nom est grandeur.

Chani *hébreu*
Désigne un tissu très fin comme la soie.

Chantcha *basque*
Autorisé par le greffe du tribunal civil de Bayonne, en décembre 1957.

Chaouqia *arabe*
Dérivé de Châouqi, désigne celui qui désire ardemment Dieu.

Chardine *français*
Dérivé de Richard, du germanique « ric », puissant et « hard », fort, dur.

Charie *français*
Diminutif de Zacharie, dérivé de l'hébreu « Zekaryah » ou « Zekharyah », Iahvé se souvient, Mémoire de Dieu.

Charifa *arabe*
Dérivé de Chârif, noble, d'illustre ascendance.

Charitine *français*
Sainte, vierge chrétienne, morte martyre vers 304, torturée sous Dioclétien.

Charlette *français*
Dérivé de Charles, du germanique « karl », viril.

Chatemie *français*
Dérivé de Chat, du bas latin « cattus »

Chaterine *français*
Variante de Catherine, du grec « ekaté », un des surnoms de la déesse Diane ou de « katharos », pur.

Chavit *hébreu*
Comète.

Chawqia *arabe*
Dérivé de Châwqi, désigne celui qui désire ardemment Dieu.

Chayma *arabe*
Marquée d'un grain de beauté.

Cheberina *basque*
Autorisé par le greffe du tribunal civil de Bayonne, en décembre 1957.

Cheikha *arabe*
De « chaykh », plein de sagesse, maître vénérable, guide spirituel.

Chela *hispanique*
Diminutif d'Isabela, forme ibérique d'Élisabeth, de l'hébreu « elisheba », Dieu est mon serment.

Chéline *français*
Dérivé de Céline, du latin « celare », céler, tenir secret, taire ou de « caèlus », ciel ou du grec « selène », la lune.

Chelomit *hébreu*
Variante de Chlomit, dérivé de « chalom », paix.

Chenorik *arménien*
Dérivé de Chenork, de « chenorh », grâce.

Chérame *arménien*
Ver à soie.

Christelline *français*
Dérivé et diminutif de Christine
Du grec « khristos », messie ou du latin « christianus », chrétien, disciple du Christ.

Chéta *français*
Du nom occitan Chesta, variante de « cesta » ou du latin « cista », corbeille en osier.

Cheyenne *français*
Enregistré à Colmar, dans le Haut-Rhin, le 1er juin 1995. Marlon Brando avait une fille qui portait le prénom de Cheyenne.

Chibolet *hébreu*
Épi.

Chifrah *hébreu*
Beauté.

Chila *catalan*
Chila, seconde épouse du seigneur Umbert de Rocafort, dans le Bages, en 1092.

Chilgiah *hébreu*
Dérivé de « chélég », neige, équivaut à Blanche-Neige.

Chillina *corse*
Dérivé d'Achille, du grec « akhilleus », fils de serpent.

Chimrit *hébreu*
Dérivé de « chmaria », Dieu a gardé.

Chionie *français*
Sainte, morte martyre en 304, avec ses sœurs Agape et Irène, brûlées vives à Thessalonique, sous Dioclétien.

Chiqmah *hébreu*
Sycomore.

Chiqueta *catalan*
Dérivé de Françoise, du germanique « frank », courageux, intrépide.

Chirine *arabe*
D'origine persane, douce, charmante et qui a une voix mélodieuse.

Chiriza *corse*
Dérivé de Chirgu, variante de Cyr, du grec « kurios », seigneur, consacré au seigneur ou du vieux persan « kürush », soleil ou encore de l'hébreu « korèsh », trône.

Chirote *français*
Attesté dans un registre du tabellionage d'Argences, Troarn et Varaville, dans le Calvados, entre 1386 et 1417.

Chlodephile *français*
Variante de Chlotilde, du germanique « hlod », gloire, célébrité, renommée, et « hild », combat.

Chlomit *hébreu*
Dérivé de « chalom », paix.

Chobadin *basque*
Autorisé par le greffe du tribunal civil de Bayonne, en décembre 1957.

Chochanah *hébreu*
Lis ou lotus.

Choghere *arménien*
Variante de Choghig, pluriel de « chogh », rayon de lumière.

Choghik *arménien*
Variante de Choghig, pluriel de « chogh », rayon de lumière.

Chola *hispanique*
Variante de Zoila, du grec « zoe », vie.

Chouchane *arménien*
Le lis.

Choukriya *arabe*
Dérivé de Choukri, reconnaissant.

Choulamite *hébreu*
Variante de Choulamit, dérivé de Salomon, sain et sauf, harmonieux.

Chounamit *hébreu*
De Sunam.

Christienne *français*
Autorisé par la loi du 1er avril 1803.

Chryséis *grec*
Dans la mythologie grecque, Chryséis est la fille du prêtre d'Apollon, que les Grecs avaient enlevée et donnée à Agamemnon.

Chrysoline *français*
Autorisé à Lille, dans le Nord, en 1979.

Churdana *basque*
Autorisé par le greffe du tribunal civil de Bayonne, en décembre 1957.

Churia *basque*
Autorisé par le greffe du tribunal civil de Bayonne, en décembre 1957.

Cica *kabyle*
Mode musical.

Cicatella *corse*
Dérivé de Francesca, variante de Françoise, du germanique « frank », courageux, intrépide ou du latin « francus », homme libre.

Cidélie *français*
Cidélie, épouse du roi d'Angleterre Henri Ier, assiste à la remise des reliques

de saint Romain en la cathédrale de Rouen, le vendredi 28 juin 1124.

Cilina *français*
Variante de Céline, du latin « celare », céler, tenir secret, taire ou de « caèlus », ciel ou du grec « selène », la lune.

Cilma *kabyle*
Nom d'une ville numide en Tunisie.

Cimilia *français*
Attribué à Vire, dans le Calvados, le 6 janvier 1846.

Cindyana
Dérivé de Cindy, diminutif de Cinderella, traduction anglaise de « Cendrillon », personnage d'un conte de Perrault.

Cinnie *anglo-saxon*
Sainte, princesse d'Ulster, convertie par saint Patrick, religieuse au Ve siècle.

Cirga *corse*
Forme féminine analogique de Cyr, du grec « kurios », seigneur, consacré au seigneur ou du vieux persan « kürush », soleil ou de l'hébreu « korèsh », trône

Cirilla *corse*
Dérivé de Cyrille, du grec « kurios », seigneur, consacré au divin.

Ciriola *corse*
Dérivé de Cyrille, du grec « kurios », seigneur, consacré au divin.

Claartje *scandinave*
Variante de Claire, du latin « clarus », brillant ou « clara », claire.

Clairisse *français*
Enregistré, lors d'un mariage à Caullery, dans le Cambrésis, le 22 mai 1866.

Clairmise *haitien*
Dérivé de Claire, du latin « clarus », brillant, illustre ou « clara », claire.

Clairotte *français*
Enregistré à Cambrai, dans le Cambrésis, en 1784.

Claphyre *français*
Nom de sainte cité dans *Le Nouveau Savoir-vivre* de Paul Reboux, édité en 1930.

Clarette *français*
Dérivé de Claire, du latin « clarus », brillant, illustre ou « clara », claire.

Clariana *gascon*
Enregistré en Béarn et en Bigorre, du XIe au XIVe siècle.

Clarice *français*
Attribué à Melleville, en Seine-Maritime, le 24 août 1838.

Clarie *français*
Dérivé de Claire, du latin « clarus », brillant, illustre ou « clara », claire.

Clariota *gascon*
Dérivé de Claire, du latin « clarus », brillant, illustre ou « clara », claire.

Clarita *polynésien*
Dérivé de Claire, du latin « clarus », brillant, illustre ou « clara », claire.

Clarmonda *gascon*
Enregistré en Béarn et en Bigorre, du XIe au XIVe siècle.

Claudienne *français*
Dérivé de Claudien, du latin « claudus », boiteux.

Claurinde *français*
Prénom révolutionnaire, enregistré en Loire-Atlantique en l'an VI (1797-1798).

Clavera *catalan et gascon*
Héritière, qui détient les clés.

Clayra *catalan*
Clayra Valer, citée parmi les habitants de Saint-Laurent-de-Cerdans, dans les Pyrénées-Orientales, en 1292.

Cléanthis *français et grec*
Dérivé de Cléanthe, philosophe grec au IIIe siècle avant J.-C., successeur de Zénon à la tête de l'école stoïcienne.

Clécie *français*
Dérivé de Clélie, du latin « cloelius », nom d'une famille romaine ou de « lenita », douce.

Clélie *français*
Variante de Clélia, du latin « cloelius », nom d'une famille romaine ou de « lenita », douce.

Clemenza *corse*
Dérivé de Clément, du latin « clemens », doux, clément, bon.

Cléontine *français*
Dérivé de Cléon, chef du parti populaire athénien au ve avant J.-C.

Cléophane *français*
Dérivé de Cléo, du grec « kleiô », célébrer.

Cléophée *français*
Attesté à Norville, en Seine-Maritime, en 1546.

Cléophine *français*
Dérivé de Cléo, du grec « kleiô », célébrer.

Clerana *catalan*
Dérivé de Claire, du latin « clarus », brillant.

Clérantine *français*
Enregistré à Caullery, dans le Cambrésis, le 11 avril 1795.

Clérette *français*
Attesté à Villiers-le-Bel, dans le Val-d'Oise, le 3 mars 1572.

Clérice *français*
Variante de Clarisse, dérivé de Claire, du latin « clarus », brillant.

Clervie *français*
Attribué à Boulogne-Billancourt, entre le 21 mai et le 28 juillet 2002.

Clervilia *martiniquais*
Prénom issu du toponyme Clerville ou Clairville et du suffixe « -ia ».

Cléverie *français*
Attribué une fois dans l'analyse de l'état civil ancien de Gouville, dans la Manche, sur les actes de mariage inscrits en 1880.

Climenzia *corse*
Variante de Clémence, dérivé de Clément, du latin « clemens », doux, bon.

Climène *français*
Dérivé de Célimène, du grec « klymenè », célèbre, renommé.

Clodine *français*
Variante de Claudine, dérivé de Claude, du latin « claudus », boiteux.

Clorinte *français*
Attribué à Marconne, dans le Pas-de-Calais, le 14 septembre 1841.

Clossine *français*
Autorisé par la loi du 1er avril 1803.

Clovise *français*
Dérivé de Clovis, du germanique « hlod », gloire et « hilde », combat ou adaptation.

Clydia
Variante de Clyde, dérivé abréviatif de Climène, du grec « klymenè », célèbre, renommé.

Clytie *grec*
Dans la mythologie grecque, Clytie est une jeune fille qui aime le dieu Soleil, mais celui-ci la dédaigne.

Colinette *français*
Diminutif de Colin, dérivé de Nicolas, le vainqueur des peuples.

Collecta *français*
Enregistré lors d'un mariage à Bourgtheroulde, dans l'Eure, en 1550.

Coloma *catalan, gascon et hispanique*
Dérivé de Colomba, du latin « columba », colombe, pigeon.

Colometa *gascon*
Dérivé de Colom et de Colombe, du latin « columba », colombe, pigeon.

Chanel : le parfum d'un prénom

Nous sommes en 1990 et par admiration pour la chanteuse américaine **Chanael**, Monsieur et Madame Rivat décident d'appeler ainsi leur petite fille nouvellement née. Les services de l'état civil de Saint-Dizier sont en émoi. Le maire refuse cet enregistrement et renvoie les parents devant le procureur de la République. Conciliants, les parents francisent le prénom et décident de le modifier en **Chanel** ! Pour éviter toute confusion, le procureur exige que soient ajoutés deux autres prénoms, ce sera donc Michelle et Arlette.
L'affaire aurait pu s'arrêter là si le 4 juillet 1990, la société Chanel n'avait pas introduit un recours devant le tribunal administratif de Châlons-sur-Marne à l'encontre du maire et des services d'état civil de Saint-Dizier. La société Chanel parle d'une « marque déposée », de « dénomination commerciale » et souhaite « protéger l'enfant, éviter qu'elle devienne une femme-sandwich ». Cette société réclame donc « la radiation du prénom Chanel du registre d'état civil de la commune de Saint-Dizier ». Le tribunal s'est déclaré incompétent aux motifs que le dossier de la petite Chanel concerne « l'état des personnes » et « la protection d'une marque déposée. »

Conchinne *français*
Autorisé par la loi du 1er avril 1803.

Condessa *gascon*
Enregistré en Béarn et en Bigorre, du XIe au XIVe siècle.

Condorina *gascon*
Enregistré en Béarn et en Bigorre, du XIe au XIVe siècle.

Conrade *français*
Dérivé de Conrad, du germanique « chuon », audacieux et « rad », conseil.

Conradine *français*
Dérivé de Conrad, du germanique « chuon », audacieux et « rad », conseil.

Consolte *français*
Autorisé par la loi du 1er avril 1803.

Consorce *français*
Sainte, fondatrice d'un couvent et vénérée à Cluny, morte vers 570.

Constante *français*
Dérivé de Constant, du latin « constans », constant, fidèle à soi-même.

Contasina *catalan*
Recensé huit fois à Perpignan, dans les Pyrénées-Orientales, entre 1595 et 1685.

Coppelia *français*
Peut-être de l'ancien français « copel », copeau ou mince éclat de bois.

Coqueline *français*
Dérivé de Coque, du latin « coccum », excroissance.

Coradine *français*
Dérivé de Coradin, du grec « korè », jeune fille.

Coralise *français*
Dérivé de Corinne, du celtique « carent », parenté ou « kar », ami.

Cordula *germanique*
Sainte apocryphe dont le culte a été supprimé en 1969.

Corentine *français*
Dérivé de Corentin, du celtique « carent », parenté, entourage ou du latin « carus », mot de même origine ou du breton « korventeen », tempête, ouragan.

Corette *français*
Dérivé de Cora, du grec « korè », jeune fille.

Coriande *français*
Variante orthographique de Coriandre, du grec « coris », punaise.

Corinthe *français*
Attribué dans la paroisse de Bellevue à Meudon, dans les Hauts-de-Seine, le 15 février 1793.

Cornélie *français*
Dérivé de Corneille, du nom latin Cornelius, nom d'une famille romaine, confondu avec le mot latin « cornix », corbeau.

Corole *français*
Variante de Carole, dérivé de Charles, du germanique « karl », viril.

Corradina
Dérivé de Conrad. En germanique, audacieux et conseil.

Corry *néerlandais*
Diminutif de Cornélie, dérivé de Corneille, du nom latin Cornelius, nom d'une famille romaine, confondu avec le mot latin « cornix », corbeau.

Cortesa *gascon*
Enregistré en Béarn et en Bigorre, du XIe au XIVe siècle.

Cosimette *français*
Dérivé diminutif de Cosima, dérivé de Côme, du grec « kosmos », l'univers.

Couloume *catalan*
Variante de Colombe, du latin « columba », colombe, pigeon.

Couronne *français*
Autorisé par la loi du 1er avril 1803.

Craphaïlde *français*
Autorisé par la loi du 1er avril 1803.

Crépine *français*
Dérivé de Crépin, du latin « crispus », aux cheveux crépus.

Crescentienne *français*
Autorisé par la loi du 1er avril 1803.

Cresence *rwandais*
Enregistré à Kigali, en 1920.

Crespina *catalan*
Dérivé de Crispin, du latin « crispus », aux cheveux crépus.

Crespine *français*
Dérivé de Crispin, du latin « crispus », aux cheveux crépus.

Crislaine *français*
Autorisé à Lille, dans le Nord, en 1977.

Crispine *français*
Sainte, riche femme africaine, morte martyre en 304, décapitée après avoir été torturée.

Cristalie
Diminutif de Cristal ou de Christel, dérivé de Christian, en grec, messie ou en latin, chrétien, disciple du Christ.

Crotilde *français*
Variante de Clotilde, du germanique « hlod », gloire, célébrité, renommée et « hilde », combat.

Crystal *anglo-saxon*
Enregistré à Colmar, dans le Haut-Rhin, le 12 janvier 1995.

Cunégonde *français*
Du germanique « kuni », lignée et « gund », combat.

Cuphainne *français*
Attesté, à Bretoncelles, dans l'Orne, en 1655.

Curnelia *corse*
Dérivé de Cornelia, variante de Corneille, du nom latin Cornelius, nom d'une famille romaine, confondu avec le mot latin « cornix », corbeau.

Custanzia *corse*
Variante de Constance, du latin « constans », constant, fidèle à soi-même.

Cutheberge *anglo-saxon et français*
Sainte anglaise, sœur du roi du Wessex, fondatrice et abbesse du monastère de Wimburn dans le Dorset, morte vers 725.

Cybèle *grec*
Dans la mythologie grecque, Cybèle est une déesse phrygienne souvent assimilée à Rhéa, mère des dieux, déesse de la Nature et de la Civilisation.

Cylia *anglo-saxon*
Diminutif de Prescillia, du latin « priscus », antique, très ancien.

Cyndie *anglo-saxon*
Variante de Cyndi, dérivé diminutif de Cinderella, traduction anglaise de « Cendrillon », personnage d'un conte de Perrault.

Cynthia *anglo-saxon*
Dans la mythologie grecque, Cynthia est l'autre nom d'Artémis, du mont Cynthos à Délos, où elle naquit.

Cypriane *français*
Dérivé de Cyprien, du grec « kupris » ou du latin « cyprius », originaire de l'île de Chypre, lieu de naissance de Vénus.

Cyprine *féminin*
Dérivé de Cyprien, du grec « kupris » ou du latin « cyprius », originaire de l'île de Chypre, lieu de naissance de Vénus.

Cyriaca *latin*
Sainte, romaine, abrita des chrétiens persécutés dans sa demeure, morte martyre en 307.

Cyriane *français*
Dérivé de Cyr, du grec « kurios », seigneur, consacré au seigneur ou du vieux persan « kürush », soleil ou de l'hébreu « korèsh », trône.

Cyrielle *français*
Enregistré à Colmar, dans le Haut-Rhin, le 12 janvier 1995.

Cyrilia
Variante de Cyrilla, dérivé de Cyrille, du grec « kurios », seigneur, consacré au divin.

Cyrine *français*
Autorisé par la loi du 1er avril 1803.

Cythie *français*
Prénom révolutionnaire, enregistré en Loire-Atlantique en l'an VIII (1799-1800).

Czeslawa *polonais et slave*
Dérivé de Czeslaw, celui qui estime l'honneur et la gloire, hospitalier et vertueux.

D

Dafnah *hébreu*
Laurier.

Dafney
Variante de Daphné, du grec « daphnè », laurier.

Dafnit *hébreu*
Petit laurier.

Dafrose *français*
Autorisé par la loi du 1er avril 1803.

Daghild *scandinave*
La guerrière brillante comme le jour.

Dagmara *germanique, polonais et scandinave*
Brillante comme le jour.

Dagoberta *germanique*
Dérivé de Dagobert, du germanique « dag », jour et « bert », brillant.

Dagoberte *français*
Dérivé de Dagobert, du germanique « dag », jour et « bert », brillant.

Dahlia *français*
Du nom du botaniste suédois Andreas Dahl (1751-1789).

Dahud *breton*
De « da », bon et de « hud », magie ou forme populaire bretonne de David, de l'hébreu « daoud » ou « yadad », aimé, chéri.

Daisie *anglo-saxon*
Variante de Marguerite, du persan « margiritis », perle.

Daisy *anglo-saxon*
Variante de Marguerite, du persan « margiritis », perle. Le prénom Daisy est bien connu des enfants, c'est en effet la femme de Donald Duck.

Dalda *catalan*
Dalda de Timor, seconde épouse de Guerau Alemany V, seigneur de Cervelló, dans le Baix Lloregat, au XIIe siècle.

Dalia *hébreu*
Dalia Rabin, fille de Yitzhak Rabin, général et homme politique israélien.

Dalie *français*
Dérivé d'Adèle, du germanique « adel », noble.

Daliette *français*
Dérivé d'Adèle, du germanique « adel », noble.

Dalila *arabe, corse et hébreu*
En arabe ancien, coquette. En hébreu, guide, preuve. Dans la mythologie Dalila était la femme de Samson à qui elle coupa les cheveux (secret de sa force).

Dalit *hébreu*
Petit dalhia.

Dalla *scandinave*
Dérivé de Dalila, en arabe ancien, coquette. En hébreu, guide, preuve.

Dalmava *catalan*
Recensé deux fois à Perpignan, dans les Pyrénées-Orientales, entre 1556 et 1595.

Dama *kabyle*
Nom d'une ville numide en Algérie.

Damaris *français*
Variante de Damarisse.

Damarisse *français*
Enregistré à Caullery, dans le Cambrésis, le 5 janvier 1816.

Damiana *catalan et germanique*
Dérivé de Damien, de Damianus en latin, c'est-à-dire « originaire de Damas » ou du grec Damia, nom d'une divinité.

Damiane *français*
Dérivé de Damien, de Damianus en latin, c'est-à-dire « originaire de Damas » ou du grec Damia, nom d'une divinité.

Damiene *français*
Variante de Damienne, dérivé de Damien, vainqueur, dompteur.

Damienne *français*
Dérivé de Damien, de Damianus en latin, c'est-à-dire « originaire de Damas » ou du grec Damia, nom d'une divinité.

Damierine *français*
Porté par la marraine, lors d'un baptême, dans le registre paroissial de la commune de Riaville dans la Meuse, le 13 décembre 1682.

Damiette *français*
Dérivé de Damien, de Damianus en latin, c'est-à-dire « originaire de Damas » ou du grec Damia, nom d'une divinité.

Dana *italien*
Dérivé de Daniel, de l'hébreu « dan », juge et « el », contraction d'« elohim », un des noms de Dieu.

Danaë *basque et grec*
Dans la mythologie grecque, Danaë est la fille unique du roi d'Argos, Acrisios.

Danelle *basque*
Variante de Danièle. En hébreu, Dieu est mon juge.

Dania *scandinave*
Dérivé de Daniel, de l'hébreu « dan », juge et « el », contraction d'« elohim », un des noms de Dieu.

Danjela
Dérivé de Danjel, variante de Danièle. En hébreu, Dieu est mon juge.

Danuta *lithuanien et polonais*
Diminutif de Daniela, variante de Danielle. En hébreu, Dieu est mon juge.

Daphenie
Variante de Daphné, du grec « daphnè », laurier.

Dara *hébreu*
Variante de Darah, variante orthographique de Sarah, en hébreu, souveraine.

Darerca *irlandais*
Du gaélique « Diar-Sheare », constante et ferme dans l'amour.

Darerque *français*
Autorisé par la loi du 1er avril 1803.

Daria *basque, corse, italien, polonais et slave*
Dérivé de Dario, du prénom grec Dareios, qui possède des richesses, en slave, éclatante, joyeuse, puissante.

Darie *français, slovaque et tchèque*
Dérivé du grec Dareios ou peut-être de Darayavahush, nom d'un ancien roi persan.

Dariolette *français*
Dérivé du grec Dareios ou peut-être de Darayavahush, nom d'un ancien roi persan.

Dassa *kabyle*
Aujourd'hui.

Datevig *arménien*
Datevig Sazandarian, chanteuse célèbre de l'opéra d'Erevan.

Dative *français*
Sainte, africaine, sœur de sainte Denise, morte martyre, écorchée vive, en 484, sous Hunéric.

Daviane *français*
Dérivé de David, de l'hébreu « daoud » ou « yadad », aimé, chéri.

Davie *français*
Enregistré à Valloire, en Savoie, à partir de 1840.

Davinia *corse*
Dérivé de Davin, nom d'un saint arménien du XIe siècle.

Dea *corse*
Enregistré à Colmar, dans le Haut-Rhin, le 31 juillet 1995.

Deana *anglo-saxon*
Enregistré à La Louvière, en Belgique, en janvier 1999.

Deborain *français*
Variante de Deborah, de l'hébreu « deborah », abeille.

Debra *anglo-saxon*
Variante de Deborah, de l'hébreu « deborah », abeille.

Deetje *normand et scandinave*
Frison.

Defonsine *français*
Enregistré à Caullery, dans le Cambrésis, le 15 décembre 1852.

Déicola *latin*
Dérivé de Déicole, saint.

Deidamie *français et grec*
Dans la mythologie grecque, Deidamie est la mère de Sarpédon.

Déjanire *grec*
Dans la mythologie grecque, Déjanire est une jeune princesse, enjeu du combat entre Hercule et Achéloüs, et qui devint la femme d'Hercule.

Délaïde *français*
Diminutif d'Adélaïde, du germanique « adel », noble et « heit », lignée, race, rang ou de « haid », serment ou du nom latin Adalhaïdis.

Deleaz *français*
Enregistré à Valloire, en Savoie, avant 1726.

Delfina *basque, corse et italien*
Variante de Delphine, du grec « delphis », dauphin.

Délia *corse et italien*
Enregistré à Rochefort, en Charente-Maritime, en 1824.

Delicia *anglo-saxon, catalan et hispanique*
Dérivé du latin « deliciae » délicieuse, enchanteresse.

Délie *français*
Dérivé d'Adèle, du germanique « adel », noble.

Delilah *anglo-saxon et hébreu*
De l'hébreu « delīlāh », délicate.

Délima *français*
Enregistré lors d'un mariage à Angers, dans le Maine-et-Loire, le 19 juillet 1880.

Delina *kabyle*
Hier.

Deliska *français*
Enregistré lors d'un mariage à Angers dans le Maine-et-Loire, le 4 juillet 1892.

Délita *français*
Dérivé d'Adèle. En germanique, noble et douce.

Delizia *italien*
Delizia Cirolli, miraculée de Lourdes en 1997.

Della *copte*
Dérivé d'Adèle, du germanique « adel », noble.

Dellea *français*
Enregistré à Valloire, en Savoie, avant 1726.

Demaigne *français*
Attesté dans un registre du tabellionage d'Argences, Troarn et Varaville, dans le Calvados, entre 1386 et 1417.

Demera *kabyle*
Pousser.

Déméter *grec*
Dans la mythologie grecque, fille de Cronos et de Rhéa.

Demétria *basque et catalan*
Du nom de Demetria, déesse romaine de la Terre.

Démètrie *français*
Autorisé par la loi du 1er avril 1803.

Dennya *dérivé de Denis*
Du grec « dionysos », fils de Dieu.

Denyse *français*
Autorisé par la loi du 1er avril 1803.

Déotila *français*
Sainte, sœur de sainte Gertrude et fille de sainte Berthe, se retira dans le monastère de Blangy-sur-Ternois, dans le Pas-de-Calais, au VIIIe siècle.

Déotile *français*
Enregistré à Valloire, en Savoie, à partir de 1840.

Derbala *kabyle*
Loque.

Dermeline *français*
Enregistré à Courcelles, près de Binche, en Belgique, vers 1890.

Derphute *français*
Autorisé par la loi du 1er avril 1803.

Derva *kabyle*
Couverture.

Derzélie *français*
Attesté dans une inscription hypothécaire relevée dans l'arrondissement de Caen, dans le Calvados, entre 1920 et 1922.

Desdémone *anglo-saxon et français*
Du grec « desdemona », misère.

Desiderata *basque*
Enregistré à Ustaritz, en Labourd, au Pays basque, en 1249.

Desirada *gascon*
Enregistré en Béarn et en Bigorre, du XIe au XIVe siècle.

Dévote *corse et français*
Du latin « devotus », dévoué à Dieu.

Dganiah *hébreu*
De « dagân », céréale.

Dganit *hébreu*
Petite céréale.

Dhuoda *hispanique*
Dhuoda, aristocrate carolingienne, épouse le duc Bernard de Septimanie, comte de Barcelone, le 29 juin 824 à Aix-la-Chapelle.

Diadima *corse*
Variante de Diadème, dérivé de Didyme, en grec, bandeau royal.

Dieudonne *français*
Variante d'Adéodat. En latin, donné par Dieu.

Dinna *kabyle*
Là-bas.

Didiane *français*
Dérivé de Didier, variante de Désiré, du nom latin Desiderius, Désir, formé sur le latin « desiderium », de « sidus », « sideris », astre.

Didière *français*
Attesté, à Saint-Martin-du-Pont de Rouen, en Seine-Maritime, le 12 mai 1750.

Dido *anglo-saxon*
Du grec « didôni », donner.

Didon *grec*
Du grec « didôni », donner.

Didrika *scandinave*
Dérivé de Didrik, du germanique « diet », peuple et « ric », puissant. Celle qui est puissante dans le peuple.

Diega *catalan*
Dérivé de Didako et de Jacques, du grec « didaché », doctrine ou « didaskein », enseigner.

Diémode *français*
Sainte, bénédictine en Bavière, vécut en solitaire et consacra sa vie à la copie de manuscrits, morte vers 1130.

Diethilde *germanique*
Dérivé de Dieter, du germanique « diet », peuple et « her », guerrier.

Dietlind *germanique*
Variante de Dietlinde, du germanique « diet », peuple et « linde », tilleul ou bouclier en bois de tilleul ou bien de « linde », doux, calme.

Dietlinde *germanique*
Du germanique « diet », peuple et « linde », tilleul ou bouclier en bois de tilleul ou « linde », doux, calme.

Dietlindis *français*
Variante de Dietlinde. Prénom médiéval.

Digna *castillan, catalan et italien*
Sainte, vierge romaine, morte martyre sous Valérien, vers 259, avec sainte Emerita.

Digne *français*
Autorisé par la loi du 1er avril 1803.

Diguemo *dogon (Mali)*
De « diguem », il ou elle suit.

Diké *grec*
Dans la mythologie grecque, Diké est une auguste figure assise auprès du trône de Zeus dans l'Olympe, la Justice humaine.

Dikra *arménien*
De l'iranien « tigra », flèche et « rana », qui se bat.

Dikranouhie *arménien*
Dikranouhie était la sœur du roi Dikran II le Grand.

Dille *scandinave*
Dérivé d'Odile et diminutif d'Ottilia, du germanique « odo », richesse et « hild », combat.

Dillia *sénégalais*
Enregistré à Kolda, en Casamance, au Sénégal, le 8 décembre 1956.

Dimga *dogon (Mali)*
De « dimia », il reste et de « yega », longtemps.

Dimmodo *dogon (Mali)*
De « dounou », il pose et de « bodo », il abandonne.

Dimo *dogon (Mali)*
Qu'elle ne s'arrête pas.

Dimou *dogon (Mali)*
Dérivé de Dimga, de « dimia », il reste et de « yega », longtemps.

Dina *basque, hawaïen et slave*
Variante de Dinah, de l'hébreu « dinãh », jugée, vengée. En russe, active, bonne, généreuse.

Dinach *français*
Autorisé par la loi du 1er avril 1803.

Dinah *anglo-saxon, égyptien et hébreu*
De l'hébreu « dinãh », jugée, vengée.

Dinarzade *arabe*
Personnage des contes des *Mille et Une Nuits*.

Dinem *dogon (Mali)*
De « dinem », ils restent ensemble.

Dinemou *dogon (Mali)*
Dérivé de Dinem, de « dinem », ils restent ensemble, « ben », rester groupés.

Dioné *grec*
Dans la mythologie grecque, Aphrodite est née de Zeus et de Dioné.

Dionysia *germanique*
Dérivé de Dionysos, du grec « dionysos », fils de Dieu.

Diqlah *hébreu*
Dérivé de Deqel, palmier.

Dirouhie *arménien*
De « der », Dieu, maître.

Disa *scandinave*
Dérivé de Désirée, du latin « desideratus », souhaité, désiré.

Disciole *français*
Autorisé par la loi du 1er avril 1803.

Disote *français*
Enregistré à Caudéran, en Gironde, le 7 janvier 1842.

Dita *germanique et scandinave*
D'origine franque, diminutif des prénoms en « dit ».

Ditgarde *germanique et scandinave*
Celle qui protège le peuple.

Dithilde *germanique et scandinave*
Celle qui combat pour le peuple.

Ditlinde *germanique et scandinave*
Celle qui est sage dans le peuple.

Ditsouhie *arménien*
Déesse.

Dive *français*
Dérivé de Divine, du latin « divinus », divin.

Divete *normand*
Attesté dans un registre du tabellionage d'Argences, Troarn et Varaville, dans le Calvados, entre 1386 et 1417.

Divine *français*
Dérivé diminutif de Ludivine, du latin « divinus », divin.

Divinité *français*
Prénom révolutionnaire, enregistré en Loire-Atlantique en l'an IV (1795-1796).

Divota *corse*
Variante de Dévote, du latin « devotus », dévoué à Dieu.

Diya *arabe*
Lumière, clarté.

Djamala *arabe*
Variante de Djamila, de « jamila », belle.

Djamia *arabe*
Variante de Djamila, de « jamila », belle.

Djamila *arabe*
De « jamila », belle.

Djema *kabyle*
Dérivé de Djemaa Sarridj, village en Kabylie.

Dlilah *hébreu*
Variante de Dalila, en hébreu, guide, preuve.

Dobote *basque*
Variante de Dorothée, du grec « dorôn », don, cadeau et « theos », Dieu.

Doca *gascon*
Variante de Douce, du latin « dulcis », doux.

Docile *français*
Attesté à Champ-du-Boult, dans le Calvados, le 31 décembre 1838.

Docina *gascon*
Enregistré en Béarn et en Bigorre, du XIe au XIVe siècle.

Diwezha *breton*
Prénom refusé en 1960.

Docota *gascon*
Variante de Douce, du latin « dulcis », doux.

Doctrovée *français*
Prénom médiéval.

Doda *catalan*
Doda, épouse de Bernat I, seigneur de Saportella, en Berguedà, au XIe siècle.

Dode *français*
Autorisé par la loi du 1er avril 1803.

Dogmaela *breton*
Dérivé de Dogmael, saint.

Dogobalou *dogon (Mali)*
De « dogo », honte et de « balou », ce n'est pas.

Doinoria *basque*
Enregistré à Casanava, au Pays basque, en 1330.

Dolça *catalan*
Dolça de Provença, épouse du comte de Barcelone, Ramon Berenguer III, au XIe ou XIIe siècle.

Dolinda *corse*
Variante de Dolinde, dolente.

Dolinde *français*
Dolente.

Doline *français*
Attesté à Saint-Remy de Dieppe, en Seine-Maritime, le 31 août 1700.

Doliom *dogon (Mali)*
Soit de « dolu », elle n'arrive pas, soit de « dolo », stérile.

Dolise *corse*
Variante de Dolinde, dolente.

Dollyana
Dérivé de Dolly, diminutif de Dolorès. De l'espagnol « dolores », douleur, peine.

Dolors *catalan*
Dérivé de Dolorès, de l'espagnol « dolores », douleur, peine ou du latin « doleo », souffrir.

Doltza *basque*
Enregistré à Iraxte, en Navarre, au Pays basque, en 1197.

Dolza *basque*
Enregistré à Dicastillo, en Navarre, au Pays basque, en 1330.

Domange *basque*
Dérivé de Dominique, du latin « dominicus », consacré au Seigneur.

Domeintch *basque*
Autorisé par le greffe du tribunal civil de Bayonne, en décembre 1957.

Domeintx *basque*
Variante de Dominique, du latin « dominicus », consacré au Seigneur.

Domeka *basque*
Autorisé par le greffe du tribunal civil de Bayonne, en décembre 1957.

Domekato *basque*
Enregistré à Pampelune, en Navarre, au Pays basque, en 1366.

Domeke *basque*
Variante de Dominique, du latin « dominicus », consacré au Seigneur.

Domekoitza *basque*
Variante de Dominique, du latin « dominicus », consacré au Seigneur.

Domena *basque*
Variante de Dominique, du latin « dominicus », consacré au Seigneur.

Domenga *basque*
Enregistré à Artajona, en Navarre, au Pays basque, en 1330.

Domengea *gascon*
Dérivé de Domenge, variante de Dominique, du latin « dominicus », consacré au Seigneur.

Domengette *gascon*
Dérivé de Domenge, variante de Dominique, du latin « dominicus », consacré au Seigneur.

Domengina *gascon*
Dérivé de Domenge, variante de Dominique, du latin « dominicus », consacré au Seigneur.

Domenja *catalan et gascon*
Dérivé de Domenge, variante de Dominique, du latin « dominicus », consacré au Seigneur.

Dometine *français*
Enregistré, lors d'un décès, à Caullery, dans le Cambrésis, 26 décembre 1803.

Domiciane *français et rwandais*
Enregistré à Kigali, au Rwanda, en 1980.

Domikutza *basque*
Variante de Dominique, du latin « dominicus », consacré au Seigneur.

Dominga *catalan et hispanique*
Dérivé de Dominique, du latin « dominicus », consacré au Seigneur.

Dominika *anglo-saxon, basque et polonais*
Autorisé par le greffe du tribunal civil de Bayonne, en décembre 1957.

Domintx *basque*
Variante de Dominique, du latin « dominicus », consacré au Seigneur.

Domithile *français*
Variante de Domithile, dérivé de Domitien, du latin « domitor », dompteur, dominateur.

Domitia *italien*
Domitia Calvilla, mère de Marc-Aurèle.

Domitiane *français*
Dérivé de Domitian, du latin « domitor », dompteur, dominateur.

Domitienne *français*
Dérivé de Domitien, du latin « domitor », dompteur, dominateur.

Domitilde *français*
Enregistré à Caullery, dans le Cambrésis, le 31 mai 1836.

Domitille *français*
Autorisé par la loi du 1er avril 1803.

Domitine *français*
Dérivé de Domitien, du latin « domitor », dompteur, dominateur.

Domitrie *rwandais*
Enregistré à Kigali, au Rwanda, en 1960.

Domna *latin*
Sainte, morte martyre avec ses compagnons, en 303, sous Dioclétien, à Nicomédie.

Domne *français*
Autorisé par la loi du 1er avril 1803.

Domnine *français*
Sainte, morte martyre, avec ses deux filles, vers 305 en Syrie, sous Dioclétien.

Domou *dogon (Mali)*
Dérivé de Dommo, de « domyo », il protège.

Domyo *dogon (Mali)*
Dérivé de Dommo, de « domyo », il protège.

Donate *français*
Autorisé par la loi du 1er avril 1803.

Donatienne *français*
Dérivé de Donatien, du latin « donatus », donné par Dieu.

Donatille *français*
Sainte, jeune vierge, morte martyre avec ses compagnes, vers 304, à Tuburbe en Afrique, sous Dioclétien.

Donatine *français*
Dérivé de Donat, du latin « donatus », donné par Dieu.

Donazuria *basque*
De « dona », dame et « zuria », blanche.

Doneta *basque*
Enregistré à Amendieux, en Basse-Navarre, au Pays basque, en 1350.

Donia *corse*
Dérivé de Donatienne, du latin « donatus », donné par Dieu.

Donna *corse*
Dérivé de Donatienne, du latin « donatus », donné par Dieu. Donna Summer est une chanteuse de pop américaine née au milieu du siècle dernier.

Donuine *français*
Autorisé par la loi du 1er avril 1803.

Dora *basque, corse et grec*
Variante d'Isadora, dérivé d'Isidore, du grec Isis, nom de la déesse et « dôron », cadeau, présent ou variante de Doris et diminutif de Dorothée ou Théodora. Dora est le personnage principal d'un joli dessin animé éponyme.

Doralice *corse*
Dérivé composé de Dora, du grec Isis, nom de la déesse et « dôron », cadeau, présent et d'Alice, d'Adélaïde, issu du germanique « adel », noble et « haid », bruyère ou « heid », aspect, manière.

Doranny *basque, corse et grec*
Dérivé de Dora, diminutif d'Isadora, dérivé d'Isidore, du grec Isis, nom de la déesse et « dôron », cadeau, présent.

Dordoniz *basque*
Nom d'un lieu de culte à Notre-Dame en Alaba, au Pays basque.

Dorence *français*
Enregistré lors d'un mariage à Angers, dans le Maine-et-Loire, le 8 juin 1936.

Dores *galicien*
Variante de Dolorès, de l'espagnol « dolores », douleur, peine ou du latin « doleo », soufrir.

Dori *anglo-saxon*
Dérivé diminutif de Doris, de Théodore, du grec « theos », dieu et « dorôn », don, présent.

Doria *corse*
Dérivé de Doris, de Théodore, du grec « theos », dieu et « dorôn », don, présent.

Doriane *anglo-saxon*
Dérivé de Dorian, de Théodore, du grec « theos », dieu et « dorôn », don, présent.

Dorianne *anglo-saxon*
Dérivé de Dorian, de Théodore, du grec « theos », dieu et « dorôn », don, présent.

Dorina *français*
Du grec « chrysos », or et « splèn », rate.

Dorinda *italien*
Variante de Dorine, du grec « chrysos », or et « splèn », rate.

Dorine *français*
Du grec « chrysos », or et « splèn », rate.

Dorisa *kabyle*
Nom d'une dynastie Amazir.

Doristée *français*
Dérivé de Doris, dérivé de Dorothée ou Théodora, du grec « dorôn », don, présent.

Dorit *hébreu*
Dérivé de Dor, en hébreu, génération.

Dorith *hébreu*
Dérivé de Dor, en hébreu, génération.

Dorlaie *français*
Autorisé par la loi du 1er avril 1803.

Dorleta *basque*
Nom de lieu à Leintz Gatzaga, en Guipuscoa, au Pays basque.

Dorota *basque et polonais*
Variante de Dorothée, du grec « dorôn », don, cadeau et « theos », Dieu.

Dorotheea
Variante de Dorothée, du grec « dorôn », don, cadeau et « theos », Dieu.

Dorougo *dogon (Mali)*
De « mouy », moi ou me et de « dologo », il achète, il rachète.

Dorsina *français*
Enregistré lors d'un mariage à Angers, dans le Maine-et-Loire, le 9 juin 1920.

Dory *grec*
Dérivé d'Isidore, du grec Isis, nom de la déesse et « dôron », cadeau, présent.

Doryeri *dogon (Mali)*
De « doru », il ou elle bouge et « yeloum », il n'y a pas.

Doryse *anglo-saxon*
Dérivé diminutif de Doris, de Théodore, du grec « theos », dieu et « dorôn », don, présent.

Dosia *catalan*
Nom écourté par l'usage de Dionysa, dérivé de Dionysos, dieu grec très populaire, dieu de la Vigne et du Vin.

Dosine *français*
De « dousin », plaisir ponctuel.

Dota *basque*
Enregistré en Navarre, au Pays basque, vers 1200.

Douce *français*
Du latin « dulcis », doux.

Douceline *français*
Dérivé de Douce, du latin « dulcis », doux.

Doucette *français*
Dérivé diminutif de Douce, du latin « dulcis », doux.

Douga *kabyle*
Nom d'une ville numide en Tunisie.

Dougit *hébreu*
Petite barque de pêcheurs.

Douha *arabe*
Matinée, clarté d'esprit, lucidité.

Doumengette *gascon*
Dérivé de Domenge, variante de Dominique, du latin « dominicus », consacré au Seigneur.

Douna *kabyle*
Nom d'un village près de Khemis en Tunisie.

Doune *français*
Dans le glossaire du centre de la France, de H.-F. Jaubert, la « doune » est un don, un cadeau.

Douniha *arabe*
Variante de Dounia.

Dovrah *hébreu*
Radeau.

Doza *basque*
Enregistré en Navarre, au Pays basque, en 1200.

Drausine *français*
Dérivé de Drausin, saint.

Drorah *hébreu*
Dérivé de Dror, liberté.

Drouette *français*
Dérivé de Drouet, de Drogon, saint.

Druda *catalan*
Dérivé de Gertrude, du germanique « ger », pique, lance et « trud », fidèle.

Druidine *français*
Dérivé de Druide, du latin « druida », druide.

Druonne *français*
Dérivé de Druon, du gaulois « druto », fort, vigoureux.

Drusiana *français*
Dérivé de Drusus, nom du frère de Tibère, mort en l'an IX avant J.-C.

Drusilla *basque*
Dérivé de Drusus, nom du frère de Tibère, mort en l'an IX avant J.-C.

Drusille *français*
Dans la Bible, Drusille, fille cadette d'Hérode, épouse Félix, procurateur romain en Judée.

Druyonne *français*
Variante de Druonne, du gaulois « druto », fort, vigoureux.

Druzienne *français*
Attribué à Barretali, en Corse, le 22 janvier 1843.

Duha *kabyle*
Petit berceau.

Duhua *chinois*
Du morphème « du », unique et de « hua », fleur.

Dulce *portugais*
Variante de Douce, du latin « dulcis », doux.

Dulcia *catalan*
Variante de Douce, du latin « dulcis », doux.

Dulinda *corse*
Variante de Dolinde, dolente.

Dultzia *basque*
Enregistré à Ustaritz, en Labourd, au Pays basque, en 1249.

Dulza *maltais*
Variante de Douce, du latin « dulcis », doux.

Dumini *français*
Dérivé de Dumine, saint.

Dumitilla *corse*
Variante de Domitille, sainte.

Dunata *corse*
Dérivé de Donat, du latin « donatus », donné par Dieu.

Dune *français*
Cité dans le carnet du jour du *Figaro* une fois en 1996.

Duniche *basque*
Autorisé par le greffe du tribunal civil de Bayonne, en décembre 1957.

Dunize *basque*
Variante de Denise, du grec « dionysos », fils de Dieu.

Dunvel *breton*
De « tunv- », du latin « tum- », tertre, tombeau et « -el », final de « mael », prince, chef.

Duolia *français*
Enregistré à Cenon, en Gironde, le 22 février 1902.

Duranceta *gascon*
Enregistré en Béarn et en Bigorre, du XIe et le XIVe siècle.

Durancina *gascon*
Enregistré en Béarn et en Bigorre, du XIe et le XIVe siècle.

Durl *germanique*
Désigne la femme, en général, en Bavière.

Dušana *slovaque et tchèque*
Dérivé de Dušan, de « dusha », esprit, âme.

Duzina *basque*
Enregistré à Cize, en Basse-Navarre, au Pays basque, en 1397.

Dvorah *hébreu*
Abeille.

Dwynwen *gaélique*
Sainte galloise, vénérée au pays de Galles et en Cornouailles où des églises lui sont dédiées.

Dyambelou *dogon (Mali)*
De « dyamma », mal et de « yeloum », il n'y a pas.

Dyane
Variante de Diane, du latin Diana, nom de la déesse de la Nature, homologue de la déesse grecque Artémis.

Dyena
Variante de Diane, du latin Diana, nom de la déesse de la Nature, homologue de la déesse grecque Artémis.

Dyennagolou *dogon (Mali)*
De « mou », je, moi, de « dyenne », ville de Djenné et de « goloum », je ne viens pas.

Dyhia *kabyle*
Nom d'une reine Amazir qui a combattu l'invasion Arabe.

Dymphna *irlandais*
Sainte, se serait enfuie en Belgique en compagnie de son chapelain, leurs reliques ont été découvertes près d'Anvers, au XIIIe siècle.

Dympne *français*
Autorisé par la loi du 1er avril 1803.

Dzaghig *arménien*
Fleur.

Dzovinare *arménien*
De « dzovian », lacustre.

E

Eadda *anglo-saxon*
Variante d'Ada, dérivé d'Édith, du germanique « ed », patrimoine, biens et « gyth », combat.

Eanflède *français*
Sainte, princesse de Northumbrie, mère de sainte Elflède, baptisée par saint Paulin, morte vers 700.

Eanswithe *anglo-saxon*
Sainte, petite-fille du roi du Kent, abbesse d'un couvent près de Folkestone en 630.

Eba *basque*
De l'hébreu « hawwâk », vivant.

Edyta *germanique et polonais*
Variante d'Édith, heureuse, apportant la richesse.

Elwira *polonais*
Variante d'Elvire, en wisigoth Alverat, protectrice de tous.

Embla *scandinave*
Dans la mythologie nordique, Embla est le nom donné à la première femme.

Émilande *bourguignon*
Dérivé d'Émile, celui qui rivalise avec quelqu'un, jaloux.

Emmeline *français*
Dérivé d'Émilie, du latin Aemilius, nom d'une famille romaine ou de « aemulus », rival ou du grec « haimulos », rusé.

Enam *arabe*
Du verbe « an'ama », consacrer, bénédiction.

Enara *basque*
Hirondelle.

Enata *tahitien*
Cela est tatoué diversement des dieux.

Encarnacion *hispanique*
En théologie, l'Incarnation est le mystère de Dieu fait homme en Jésus-Christ.

Encratide *français et hispanique*
Autorisé par la loi du 1er avril 1803.

Endellion *breton*
Sainte, sœur de saint Nectan, fille de Brychan, a vécu au VIe siècle.

Endera *basque*
Enregistré au Pays basque, en 1305.

Endike *basque*
Autorisé par le greffe du tribunal civil de Bayonne, en décembre 1957.

Endregot *basque*
Enregistré à Arancou, en Basse-Navarre, au Pays basque, en 1119.

Endza *arménien*
Cadeau, offrande.

Enea *basque et italien*
Du basque « ene », mien, mienne.

Enekoiza *basque*
Dérivé d'Eneko, variante d'Ignace, du grec « ignatios », indigène, par l'intermédiaire du nom latin Ignatius.

Eneloum *dogon (Mali)*
Dérivé d'Analoum, d'« ana », hommes, de « nana », il a oublié et de « lou », ne pas.

Eneriz *basque*
Variante d'Eneritz, nom d'une commune de Navarre, au Pays basque.

Enés *hispanique*
Variante d'Inès, forme ibérique d'Agnès, du latin « agnus », agneau ou du grec « agnos » ou « agnê », pur.

Enganduxa *basque*
Enregistré en Navarre, au Pays basque, au XIIIe siècle.

Engelberte *français*
Dérivé d'Engelbert, du germanique « Angil », nom ethnique des Angles et « bert », brillant.

Engelma *germanique*
Dérivé d'Engelmar, du germanique « Angil », nom ethnique des Angles et « mar », renommé, célèbre.

Engelou *dogon (Mali)*
Dérivé probable d'Egel, de « egel », compris, entendu et de « lu », ne pas.

Engevina *gascon*
Enregistré en Béarn et en Bigorre du XIe au XIVe siècle.

Engracia *castillan et catalan*
Variante d'Engrasse, autorisé par la loi du 1er avril 1803.

Engrasse *français*
Variante d'Encratide, autorisé par la loi du 1er avril 1803.

Engrazi *basque*
Autorisé par le greffe du tribunal civil de Bayonne, en décembre 1957.

Enguerande *français*
Dérivé d'Enguerrand, du germanique « engil », ange et « hramm », corbeau.

Engúncia *catalan*
Engúncia de Lluçà, fille du vicomte de Cardona, épouse d'Ermenir Ier, vicomte d'Osona et de Cardona, au Xe siècle.

Enide *français*
Erec et Enide, premier roman de Chrétien de Troyes, vers 1170.

Enime *dogon (Mali)*
L'enfant aura peur, respectera le patriarche et les autres vieux de la famille.

Énimie *français*
Dérivé de Germaine, du latin « germanus », issu du même sang, de même race ou du celtique « gair », voisin et « man », peuple, qui appartient à la Germanie.

Enjorenne *français*
Attesté à Rouen, en Seine-Maritime, en 1390.

Enlumine *français*
Enregistré à Caullery, dans le Cambrésis, le 28 avril 1859.

Ennemonde *français*
Dérivé d'Ennemond, autorisé par la loi du 1er avril 1803.

Enola *italien*
Attribué en Belgique, dans le Hainaut, à La Louvière, entre le 1er mai et le 30 juin 2004.

Enora *breton*
Variante d'Honorée, du latin « honoratus », honoré.

Enquilia *catalan*
Enquilia, petite-fille de l'évêque d'Urgell et arrière-petite-fille de Guifré I, comte de Barcelone, décédée vers 950.

Ensvide *français*
Autorisé par la loi du 1er avril 1803.

Envela *breton*
Dérivé d'Envel, sainte.

Ényo *grec*
Dans la mythologie grecque, Ényo est la déesse de la Guerre qui marche aux côtés d'Arès.

Eozena *breton*
Dérivé d'Eozen, variante d'Eudon, composé de « eu- », bon et de « don », talent.

Éphigénie *français*
Variante d'Iphigénie, du grec «iphigenos», de race courageuse.

Epicaride *français*
Autorisé par la loi du 1er avril 1803.

Epicharis *français*
Prénom révolutionnaire, enregistré en Loire-Atlantique en l'an III (1794-1795).

Epifania *hispanique*
Dérivé d'Épiphane, du grec «Épiphaneia», apparition.

Epigène *basque*
Variante d'Iphigénie, du grec «iphigenos», de race courageuse.

Epigenia *hispanique*
Variante d'Iphigénie, du grec «iphigenos», de race courageuse.

Épiphanie *français*
Du grec «épiphaneia», apparition.

Épistème *français*
Autorisé par la loi du 1er avril 1803.

Eponine *français*
Enregistré à Colmar, dans le Haut-Rhin, le 13 avril 1995.

Eragone *basque*
Variante d'Assomption, du latin «assumptio», du verbe «assumere», prendre avec soi.

Erasma *basque*
Dérivé d'Érasme, du grec «erasmios», gracieux.

Erbinaka *basque*
Dérivé d'Erbin, du basque «armin», étroit passage.

Ercongotha *français*
Sainte, moniale à Farmoutiers-en-Brie, morte très jeune en 660.

Erdoitza *basque*
Nom de lieu à Izurtza, en Biscaye, au Pays basque.

Erdotza *basque*
Enregistré à Marquina, en Biscaye, au Pays basque.

Erell *breton*
Proche de l'irlandais «airell», extrêmité, pointe.

Éremberte *français*
Autorisé par la loi du 1er avril 1803.

Érembourg *italien et normand*
Erembourg, fille du comte de Mortain, épouse de Roger Ier (1031-1101).

Érentrude *français*
Autorisé par la loi du 1er avril 1803.

Erga *basque*
Nom de lieu à Irurzun, en Navarre, au Pays basque.

Ergite *basque*
Nom de lieu de culte à Bedona, en Guipuscoa, au Pays basque.

Ergnate *français*
Autorisé par la loi du 1er avril 1803.

Erigone *grec*
Dans la mythologie grecque, Erigonne, fille d'Icare, est déesse de la Fécondité.

Erikje *scandinave*
Toute puissante, comblée de biens.

Erina *tahitien*
La femme qui a miné les berges de la rivière.

Érine *français*
Du grec «erinéos», qui est de laine.

Eriphyle *grec*
Dans la mythologie grecque, Eriphyle est la femme d'Amphiaraos, beau-frère du roi d'Argos.

Erisenda *basque*
Enregistré à Leyre, en Navarre, au Pays basque, en 1099 et en 1110.

Erita *tahitien*
Espèce de coco royal de la grande vallée.

Eriu *français*
Dans *Cligès*, second roman de Chrétien de Troyes, Eriu est la Terre mère, la souveraineté de l'Irlande.

Erius *catalan*
Erius, épouse de Geribert, seigneur de Gelida et Masquela, dans le Baix Lloregat, au XIe siècle.

Erkunden *basque*
Nom de lieu à Alsasua, en Navarre, au Pays basque.

Erlanda *basque*
Autorisé par le greffe du tribunal civil de Bayonne, en décembre 1957.

Ermante *français*
Attesté à Goderville, en Seine-Maritime, le 18 octobre 1826.

Ermanzia *italien*
Variante d'Hermance, dérivé d'Hermann, du germanique « hari », armée et « man », homme.

Ermelinde *français et scandinave*
Du germanique « irmin », majesté, totalité.

Ermenburge *français*
Sainte, épouse du roi de Mercie, fondatrice du monastère de Minster dans l'île de Thanet, vers 670, morte vers 700.

Ermengarde *breton, catalan et français*
Du nom germanique Ermengard, du vieil haut-allemand « erman », immense et « gard », enclos, maison.

Ermengite *français*
Sainte, moniale près de sainte Ermenburge, sa sœur, morte vers 680.

Ermenhild *normand et scandinave*
Celle qui combat sous la protection du dieu Irmin.

Ermenjarde *catalan*
Variante d'Ermengarde, du nom germanique Ermengard, du vieil haut-allemand « erman », immense et « gard », enclos, maison.

Ermentrude *français*
Ermentrude, née en 825, épouse de Charles II le Chauve, morte en 869.

Ermesinda *basque*
Enregistré à Leyre, en Navarre, au Pays basque, en 1110.

Ermessende *catalan et français*
Entre 1362 et 1374, est enregistrée une lettre d'Ermessende de Foxa à propos des fiefs qu'elle détient dans la paroisse d'Armentera.

Ermetruit *catalan*
Ermetruit, épouse de Guifré I, seigneur de Saportella, en Berguedà, au XIe siècle.

Ermezeline *français*
Attribué à Raimbeaucourt, dans le Nord, en 1745.

Ermina *scandinave*
Dérivé d'Ermin, du nom latin Irmina.

Erminia *corse*
Dérivé d'Ermin, du nom latin Irmina.

Ermoïga *catalan*
Ermoïga et son époux vendent deux champs à Calldetenes, dans le comté d'Osona, en 881.

Ermua *basque*
Enregistré à Zula, en Navarre, au Pays basque.

Ernelinde *français et scandinave*
Ernelinde, princesse de Norvège, tragédie lyrique d'Antoine-Alexandre-Henri Poinsinet, présentée à Paris, le 24 novembre 1767.

Ernestelle *français*
Attribué une fois, dans l'analyse de l'état civil ancien de Gouville, dans la Manche, sur les actes de mariage inscrits en 1861.

Ernestina *italien*
Dérivé d'Ernest, du germanique « ernust », combat.

Erniobe *basque*
Nom de lieu à Tolosa, en Guipuscoa, au Pays basque.

Érothéide *français*
Autorisé par la loi du 1er avril 1803.

Érotide *français*
Sainte, morte martyre, brûlée vive, au IVe siècle.

Erregine *basque*
Reine.

Errestituta *basque*
Variante de Restitute, sainte.

Errita *basque*
Variante de Rita, sainte.

Erromane *basque*
Dérivé de Romain, du prénom latin « romanus », romain.

Errosate *basque*
Variante de Rosalie, dérivé de Rose, du grec « rhodon », rose ou du latin « rosa », rose.

Errosali *basque*
Variante de Rosalie, dérivé de Rose, du grec « rhodon », rose ou du latin « rosa », rose.

Errosenda *basque*
Variante de Rose, du grec « rhodon », rose ou du latin « rosa », rose.

Errukine *basque*
Du basque « erruki », pitié.

Errupine *basque*
Dérivé de Rufin, du latin « rufus », rougeâtre.

Errut *basque*
Variante de Ruth, de l'hébreu « ruth », amie, compagne.

Ersilia *corse et italien*
Rosée.

Esabela *hispanique*
Variante d'Isabelle, forme ibérique d'Élisabeth, de l'hébreu « elisheba », Dieu est mon serment.

Esabella *hispanique*
Variante d'Isabelle, forme ibérique d'Élisabeth, de l'hébreu « elisheba », Dieu est mon serment.

Esclamonda *catalan*
Recensé trois fois à Perpignan, dans les Pyrénées-Orientales, entre 1576 et 1665.

Escolastica *castillan et catalan*
Variante de Scolastique, du latin « scholastica », de l'école, disciple.

Escoperana *gascon*
Enregistré en Béarn et en Bigorre entre le XIe et le XIVe siècle.

Esebella *hispanique*
Variante d'Isabelle, forme ibérique d'Élisabeth, de l'hébreu « elisheba », Dieu est mon serment.

Eskarne *basque*
Autorisé par le greffe du tribunal civil de Bayonne, en décembre 1957.

Eskintza *basque*
Nom d'une montagne en Navarre, au Pays basque.

Esklarmonda *basque*
Enregistré en Navarre, au Pays basque, en 1188 et en 1249.

Eskolunbe *basque*
Nom de lieu à Cuartango, en Alaba, au Pays basque.

Esmée *français*
Attesté à Saint-Remy de Dieppe, en Seine-Maritime, le 12 septembre 1701.

Esmene *basque*
Enregistré à Urcuit, en Labourd, au Pays basque, en 1266.

Esmengart *français*
Variante d'Ermengarde, du nom germanique Ermengard, du vieil haut-allemand « erman », immense et « gard », enclos, maison.

Esmeralde *français*
Variante d'Esmeralda, de l'espagnol « esmeralda », émeraude.

Esmeraldina *hispanique*
Diminutif d'Esmeralda, de l'espagnol « esmeralda », émeraude.

Esmérie *français*
Attribué à Marconne, dans le Pas-de-Calais, le 20 avril 1836.

Esmerolda *hispanique*
Variante d'Esmeralda, de l'espagnol « esmeralda », émeraude.

Espaina *basque*
Enregistré à Lantabat, en Basse-Navarre, au Pays basque, en 1350.

Espasie *français*
Attribué à Melleville, en Seine-Maritime, le 2 août 1835.

Espérance *français*
Du latin « sperare », espérer.

Esperancia *catalan*
Variante d'Espérance, du latin « sperare », espérer.

Esperta *occitan*
Enregistré dans le Lot, au XIVe siècle.

Espine *français*
Enregistré à Ambourville-sur-Seine, en Seine-Maritime, le 16 septembre 1616.

Essam *arabe*
Diminutif d'Ibtissam, du verbe « basama », sourire.

Essoline *français*
Attribué une fois dans l'analyse de l'état civil ancien de Gouville, dans la Manche, sur les actes de mariage inscrits en 1891.

Essya *kabyle*
Par ci.

Estasia *catalan*
Estasia Vilar, de Perpignan, citée dans une procédure civile contre une veuve, en 1699.

Estebania *basque*
Dérivé d'Étienne, du grec « stephanos », couronne.

Estée *français*
Estée Lauder (1907-2004), fondatrice de l'empire des produits de beauté pour femmes portant sa griffe.

Estefana *basque*
Dérivé d'Étienne, du grec « stephanos », couronne.

Estela *catalan*
Variante d'Estelle, du latin « stella », étoile.

Estenvette *français*
Dérivé d'Étienne, du grec « stephanos », couronne.

Ester *castillan, catalan et italien*
Variante d'Esther, de l'hébreu « ester », étoile.

Esterelle *français*
Dérivé d'Esther, de l'hébreu « ester », étoile.

Esther *anglo-saxon, basque, catalan, français, germanique et hébreu*
De l'hébreu « ester », étoile. *Esther* est une tragédie de Racine.

Estibalitz *basque*
Du latin « aestivalis », estival.

Estieneta *catalan*
Dérivé d'Étienne, du grec « stephanos », couronne.

Estiennette *français*
Dérivé d'Étienne, du grec « stephanos », couronne.

Estoline *français*
Attribué une fois sur les actes de mariage de Gouville, dans la Manche, inscrits en 1866.

Estrella *basque, castillan, catalan et galicien*
Variante d'Estelle, du latin « stella », étoile.

Estrid *scandinave*
Variante d'Astrid, dérivé d'Ássfridr, vieux-norois composé d'« áss », dieu et de « fridr », belle, beau.

Eszter *slave*
Variante d'Esther, de l'hébreu « ester », étoile.

Etelka *hongrois*
Variante d'Ethel, du vieil anglais « aethel », noble.

Etera *tahitien*
Femme au panier de soleil rouge.

Etetara *tahitien*
Corbeille d'enchantement de la déesse.

Ethelburge *français*
Autorisé par la loi du 1er avril 1803.

Etheldrede *anglo-saxon*
Sainte anglaise, fille du roi Annas, abbesse du monastère d'Ely, morte en 679.

Etheldrite *anglo-saxon*
Sainte, fille du roi de Mercie, recluse dans l'île de Croyland, morte en 834.

Ethelvide *français*
Du grec « stephanos », couronne.

Etheldwithe *anglo-saxon*
Sainte, princesse anglo-saxonne, veuve, elle se retire au monastère de Winchester, où elle meurt en 903.

Ethelgarde *français*
Dérivé d'Ethel, du vieil anglais « aethel », noble.

Eticem *arabe*
Le sourire.

Étienna *martiniquais*
Attesté dans l'annuaire téléphonique de la Martinique, en 1985.

Etine *français*
Dérivé d'Étienne, du grec « stephanos », couronne.

Etini *tahitien*
Il y a de nombreuses fleurs blanches sur le chemin.

Etorne *basque*
Autorisé par le greffe du tribunal civil de Bayonne, en décembre 1957.

Eubule *français*
Autorisé par la loi du 1er avril 1803.

Eucarie *français*
Attribué une fois sur les actes de mariage de Gouville, dans la Manche, inscrits en 1849.

Eudala *catalan*
Recensé neuf fois à Perpignan, dans les Pyrénées-Orientales, entre 1636 et 1715.

Eudeline *français*
Dérivé d'Eudes, du germanique « eod », le preux.

Eudia *français*
Dérivé d'Eudes, du germanique « eod », le preux.

Eudine *français*
Dérivé d'Eudes, du germanique « eod », le preux.

Eudoce *français*
Autorisé par la loi du 1er avril 1803.

Eudoksii *slave*
Variante d'Eudoxie, sainte.

Eudoxie *français*
Sainte née en 98, prostituée d'Héliopolis, au Liban, convertie au christianisme, morte martyre en 117, décapitée.

Eufemia *basque, castillan, catalan et galicien*
Variante d'Euphémie, du grec « euphemios », qui s'exprime avec justesse.

Eufigenia *hispanique*
Dérivé d'Ifigenia, variante d'Iphigénie, du grec « iphigenos », de race courageuse.

Eugenia *catalan, corse, germanique, hispanique et polonais*
Dérivé d'Eugène, du grec « eugénios », bien né.

Eugénie *français*
Autorisé par la loi du 1er avril 1803. L'impératrice Eugénie était la femme de Napoléon III.

Eugratie *français*
Cité dans *Le Nouveau Savoir-vivre* de Paul Reboux, édité en 1930.

Eukene *basque*
Variante d'Eugénie, dérivé d'Eugène, du grec « eugénios », bien né.

Eulàlia *basque, castillan, catalan et italien*
Variante d'Eulalie, du grec « eulalos », qui parle bien.

Eulalie *anglo-saxon, français et germanique*
Du grec « eulalos », qui parle bien.

Eulampie *français*
Autorisé par la loi du 1er avril 1803.

Eulma *français*
Attribué à Caullery, dans le Cambrésis, le 19 octobre 1848.

Eumice *français*
Enregistré à Caullery, dans le Cambrésis, le 16 mai 1834.

Euna *catalan*
Euna, veuve de Pierre-Arnald de Cascatel, seigneur du château de Fontcouverte, en 1337.

Eunice *anglo-saxon et français*
Enregistré à Caullery, dans le Cambrésis, le 26 février 1856.

Eunomie *français*
Autorisé par la loi du 1er avril 1803.

Eupeme *basque*
Variante d'Euphémie, du grec « euphemios », qui s'exprime avec justesse.

Euphémie *français*
Du grec « euphemios », qui s'exprime avec justesse.

Euphine *français*
Attribué à Raimbeaucourt, dans le Nord, en 1774.

Euprépie *français*
Autorisé par la loi du 1er avril 1803.

Eupure *français*
Autorisé par la loi du 1er avril 1803.

Euridice *français*
Variante d'Eurydice, épouse d'Orphée dans la mythologie grecque.

Euriel *breton*
Variante d'Eurielle, sainte.

Eurielle *français*
Sainte, fille du roi de Bretagne au VIIe siècle, sœur de saint Judicaël.

Europe *français*
Dans la mythologie, Europe, fille d'Agénor, nymphe enlevée par Zeus transformé en taureau, devint la mère de Minos.

Eurosie *français*
Autorisé par la loi du 1er avril 1803.

Euryale *grec*
Dans la mythologie grecque, Euryale est l'une des trois Gorgones.

Euryclée *grec*
Dans la mythologie grecque, Euryclée est la vieille nourrice d'Odysseus.

Eurydice *français et grec*
Dans la mythologie grecque, Eurydice est l'épouse d'Orphée.

Eusébie *français*
Dérivé d'Eusèbe, du grec « eusébios », pieux.

Euséline *français*
Enregistré à Caullery, dans le Cambrésis, le 10 mars 1843.

Eusoye *français*
Sainte-Eusoye, hameau près de Hardivillers, dans l'Oise.

Eustachia *italien*
Sainte, née à Messine en Sicile en 1434, clarisse, morte à Mont-Évergine en 1485.

Eustadiole *français*
Sainte née à Bourges, veuve, fondatrice et abbesse dans le monastère de sa ville, morte en 690.

Eustolie *français*
Autorisé par la loi du 1er avril 1803.

Eustreberga *français*
Variante d'Austreberte, du germanique « aust », de l'Est et « bert », brillant.

Eustreberta *français*
Variante d'Austreberte, du germanique « aust », de l'Est et « bert », brillant.

Euterpe *grec*
Dans la mythologie grecque, Euterpe est l'une des neuf Muses, attachée à la Poésie lyrique et à la Musique.

Euticia *français*
Euticia, mère de saint Tautin, au IVe siècle.

Eutrope *français*
Du grec « eutropia », bon tempérament, humeur douce.

Eutropie *français*
Autorisé par la loi du 1er avril 1803.

Evadova *hispanique*
Dérivé d'Éve, de l'hébreu « havvah », source de vie.

Evahonne *français*
Dérivé d'Éve, de l'hébreu « havvah », source de vie.

Evane *français*
Dérivé d'Evan, variante d'Yves, du germanique « iv », if.

Evangèle *français*
Variante d'Angèle ou d'Ange, du grec « èggelos », messager ou du latin « angelus », messager.

Évangéline *anglo-saxon et français*
Dérivé d'Angèle ou d'Ange, du grec « èggelos », messager ou du latin « angelus », messager.

Evangélista *corse et italien*
Dérivé d'Évangéliste, saint.

Évarde *rwandais*
Enregistré à Kigali, au Rwanda, en 1974.

Évelaine *français*
Variante d'Éveline, du gothique « awi », grâce, remerciements ou du latin « abellana », noisette ou encore de l'hébreu « havvah », vie.

Evélina *français*
Enregistré lors d'un mariage à Angers, dans le Maine-et-Loire, le 8 août 1933.

Éveline *anglo-saxon et français*
Du gothique « awi », grâce, remerciements ou du latin « abellana », noisette ou encore de l'hébreu « havvah », vie.

Evelyn *anglo-saxon*
Dérivé d'Évelyne, du gothique « awi », grâce, remerciements ou du latin « abellana », noisette ou encore de l'hébreu « havvah », vie.

Le hit-parade européen

En janvier 2007, les prénoms les plus enregistrés sont **Emma** pour les filles en Belgique, en Finlande, en Norvège et en Suède. Ce même nom de baptême est en seconde position en Écosse et en France. **Marie** est première en Allemagne, juste devant **Maria** qui est deuxième en Espagne. **Irati** est en tête dans les registres du Pays basque.

Évelyne *français*
Du gothique « awi », grâce, remerciements ou du latin « abellana », noisette ou encore de l'hébreu « havvah », vie.

Éverilde *français*
Autorisé par la loi du 1er avril 1803.

Evermode *anglo-saxon et germanique*
Dérivé d'Évremond, d'« eber », sanglier et « mund », protection.

Èvette *français*
Dérivé d'Éve, de l'hébreu « havvah », source de vie.

Evie *anglo-saxon et français*
Dérivé d'Éve, de l'hébreu « havvah », source de vie.

Evita *hispanique*
Dérivé d'Ève, de l'hébreu « havvah », source de vie. *Evita* est un film d'Alan Parker qui raconte la vie d'Eva Peron, femme politique argentine.

Evodia *germanique*
Dérivé d'Évode, saint.

Évrilde *français*
Sainte, religieuse à York et abbesse d'Éveringham à la fin du VIIe siècle.

Évroine *français*
Autorisé par la loi du 1er avril 1803.

Èvy *anglo-saxon*
Dérivé d'Ève, de l'hébreu « havvah », source de vie.

Ewa *polonais*
Variante d'Ève, de l'hébreu « havvah », source de vie.

Exilma *français*
Attesté dans une inscription hypothécaire relevée dans l'arrondissement de Caen, dans le Calvados, entre 1920 et 1922.

Exina *français*
Enregistré lors d'un mariage à Angers, dans le Maine-et-Loire, le 4 avril 1893.

Exodie *français*
Attribué à Crouttes, dans l'Orne, le 13 octobre 1831.

Extefana *basque*
Variante de Stéphanie, du grec « stephanos », couronne.

Exupérie *français*
Sainte, épouse de saint Symphrone et mère de saint Théodule, morte martyre en 257, brûlée vive avec sa famille.

Eya *kabyle*
Viens.

Eylah *hébreu*
Pistachier sauvage.

Eynav *hébreu*
Humble, modeste.

Ezemma *français*
Enregistré, lors d'un mariage à Caullery, dans le Cambrésis, le 3 mai 1873.

Ezki *basque*
De Ezkio, nom de lieu en Guipuscoa, au Pays basque.

Ezkioga *basque*
De Ezkio, nom de lieu en Guipuscoa, au Pays basque.

Ezoline *français*

Enregistré à Chauny, dans l'Aisne, le 13 mai 1824.

Eztibalitz *basque*

Autorisé par le greffe du tribunal civil de Bayonne, en décembre 1957.

Admis... refusés !

Anisy a été admis en 1862 à Roullours, dans le Calvados ; **Bonnerose** en 1865 et **Luxima** en 1867 à Paris ; **Innocentine** en 1874, **Hydie** en 1880, **Rougette** en 1887, **Sylphilide** en 1892 à Dame-Marie dans l'Eure ; et **Ena** en 1907 à Chartres, en Eure-et-Loir.

En revanche, le prénom **Henriette** a été refusé en 1907 à Paris, ce qui provoqua une certaine émotion dans la presse. La même année, **Louis-quatorze** le fut à Argenteuil, dans le Val-d'Oise, **Délaissé** en 1991 à Nantua, dans l'Ain, **Sanita** en 1919 à Paris, **Bénéfice** en 1920 à Saint-Chéron, dans la Marne, **Aurore** et **Crépuscule**, en 1921 à Saint-Etienne, dans la Loire, **Nénuphar** la même année à Nancy, en Meurthe-et-Moselle, alors que **Boghoss** a été accepté à Saint-Ouen en Seine-Saint-Denis.

F

Fa'anui *tahitien*
La femme bien conservée de la grande vallée.

Faberizia *corse*
Variante de Fabrice, du latin « faber », ouvrier, artisan, forgeron.

Fabià *catalan, corse et italien*
Dérivé de Fabien, du nom latin Fabius, dérivé de « faba », fève ou de « faber », ouvrier, artisan, forgeron.

Fabiane *français*
Variante de Fabienne, du nom latin Fabius, dérivé de « faba », fève ou de « faber », ouvrier, artisan, forgeron.

Fabiole *français*
Autorisé par la loi du 1er avril 1803.

Fabriziane *basque et italien*
Dérivé de Fabrice, du latin « faber », ouvrier, artisan, forgeron.

Fadela *arabe*
Variante de Fadila, supérieur, excellent.

Fadette *français*
Dérivé de Fadet, du bas latin « fada », fée ou « fadus », démon, farfadet.

Fadia *arabe*
Dérivé de Fadi, qui sacrifie ses biens ou sa vie pour sauver quelqu'un.

Fadila *arabe*
Dérivé de Fadil, supérieur, excellent.

Fadrica *romanche*
Dérivé de Fadri, rencontré dans le canton des Grisons, en pays romanche.

Fahima *arabe*
Dérivé de Fahim, personne clairvoyante, qui a une vive intelligence.

Faina *rwandais et slave*
En slave, sombre, triste, affligeant.

Faine *français*
Autorisé par la loi du 1er avril 1803.

Faiqa *arabe*
Dérivé de Faiq, personne qui domine, qui surpasse, personne éminente.

Fairouz *arabe*
Du persan « fayrûz », turquoise. Nom de scène d'une célèbre chanteuse libanaise.

Falak *arabe*
Firmament, étoiles, corps céleste.

Falcina *corse*
Désigne une faux.

Fanchéa *irlandais*
Sainte, fondatrice et abbesse du couvent de Rossory, en Irlande, morte vers 585.

Fanchenn *breton*
Variante de Françoise, du germanique « frank », courageux, intrépide ou du latin « francus », homme libre.

Fanchette *français*
Dérivé de François, du germanique « frank », courageux, intrépide ou du latin « francus », homme libre.

Fanchita *hispanique*
Variante diminutive de Françoise, du germanique « frank », courageux, intrépide ou du latin « francus », homme libre.

Fancine *français*
Dérivé diminutif de Françoise, du germanique « frank », courageux, intrépide ou du latin « francus », homme libre.

Fanette *français*
Enregistré à Colmar, dans le Haut-Rhin, le 11 août 1995.

Fania *catalan et italien*
Dérivé de Stéphanie, du grec « stephanos », couronne.

Faniète *français*
Dérivé diminutif de Françoise, du germanique « frank », courageux, intrépide ou du latin « francus », homme libre.

Fannie *français*
Dérivé diminutif de Françoise, du germanique « frank », courageux, intrépide ou du latin « francus », homme libre.

Fantig *breton*
Dérivé diminutif de Fant, du germanique « frank », courageux, intrépide ou du latin « francus », homme libre.

Fantine *français*
Fantine, mère de Cosette, héroïne du roman de Victor Hugo, *Les Misérables*.

Faouz *arabe*
De « fawz », succès, victoire, délivrance, salut.

Faouziya *arabe*
Dérivé de Faouzi, de « fawzi », prédisposé au succès.

Faraïlde *français*
Autorisé par la loi du 1er avril 1803.

Fare *français*
Sainte, fondatrice et abbesse du monastère de Faremoutiers, près de Meaux, au VIIe siècle.

Fareani *tahitien*
Maison demandée par les poètes.

Fareura *tahitien*
Maison des plumes de l'armée des guerriers.

Fargette *français*
Dérivé de Fargeau, autorisé par la loi du 1er avril 1803.

Farha *arabe*
Gaieté, joie.

Faria *arabe*
Svelte, belle, élevée.

Farie *français*
Attesté à Lintot, en Seine-Maritime, le 6 juin 1581.

Farouja *arabe*
Poussin.

Fasa *kabyle*
De « tafsut », printemps.

Fassiha *arabe*
Dérivé de Fassih, de « fasîh », perspicace, intelligent.

Fateata *tahitien*
Apparaît le nuage de la femme réveillant les dieux.

Fateha *arabe*
Dérivé de Fateh, conquérant, victorieux.

Fathia *arabe*
Dérivé de Fathi, victorieux, personne qui a un caractère ouvert.

Faticune *français*
Sainte citée dans *Le Nouveau Savoir-vivre* de Paul Reboux, édité en 1930.

Fatime *arabe*
Dérivé de Fatim, qui est sevré.

Fatina *arabe*
Dérivé de Fatine, intelligent et perspicace.

Fatoumata *ivoirien et sénégalais*
De l'arabe « fatama », celle qui est écartée du feu ou jeune chamelle sevrée.

Fausta *basque, italien et romanche*
Dérivé de Faust, du latin « faustus », heureux, favorisé ou de l'allemand « faust », poing.

Fauste *basque et français*
Autorisé par la loi du 1er avril 1803.

Faustina *basque, catalan, corse et italien*
Dérivé de Faust, du latin « faustus », heureux, favorisé ou de l'allemand « faust », poing.

Faye *français*
De « fagus », hêtre, arbre sacré des Celtes. Faye Dunaway, actrice américaine, oscar de la meilleure actrice en 1977 pour le film *Network*.

Fe *hispanique*
Variante de Foi, sainte.

Fébremie *français*
Enregistré à Cambrai, dans le Cambrésis, en 1826.

Fébronie *français*
Sainte, religieuse, morte martyre en 304 sous Dioclétie, en Mésopotamie.

Fébrurie *français*
Attribué à Bourgthéroulde, dans l'Eure, le 21 mai 1799.

Federica *italien*
Dérivé de Frédéric, du germanique « fried », protecteur et « ric », puissant.

Fedila *arabe*
Variante de Fadila, supérieur, excellent.

Fedjidja *kabyle*
Lumineuse.

Fédora *italien et slave*
Dérivé de Fédor, dérivé de Théodore, du grec « theos », dieu et « dorôn », don, présent.

Fedra *italien*
Variante de Frédéric, du germanique « fried », protecteur et « ric », puissant.

Feginia *hispanique*
Dérivé d'Ifigenia, variante d'Iphigénie, du grec « iphigenos », de race courageuse.

Feirouz *arabe*
Du persan « fayrûza », turquoise.

Felicia *catalan et corse*
Variante de Félicie, du latin « felix », heureux.

Feliciane *français*
Variante de Félicie, du latin « felix », heureux.

Felicidad *hispanique*
Variante de Félicité, du latin « felicitas », bonheur, chance.

Félicienne *français*
Autorisé par la loi du 1er avril 1803.

Felicina *corse*
Variante de Félicie, du latin « felix », heureux.

Félicula *français*
Autorisé par la loi du 1er avril 1803.

Féline *français*
Enregistré à Boulogne-Billancourt, dans les Hauts-de-Seine, le 11 mars 1899.

Feliva *catalan*
Recensé une fois à Perpignan, dans les Pyrénées-Orientales, entre 1546 et 1555.

Félixine *français*
Attribué à Vimoutiers, dans l'Orne, le 10 mars 1877.

Felizia *basque*
Variante de Félicie, dérivé de Félix, du latin « felix », heureux.

Felizitas *germanique*
Variante de Félicité, du latin « felicitas », bonheur, chance.

Fella *kabyle*
Percer.

Felorena *hawaïen*
Variante de Florence, du latin « florens », en fleur, floraison.

Fély *français*
Diminutif de Félicie, dérivé de Félix, du latin « felix », heureux.

Femnota *gascon*
Enregistré en Béarn et en Bigorre entre le XIe et le XIVe siècle.

Fénicia *latin*
Enregistré à Cherbourg, dans la Manche, le 23 octobre 1980.

Fercinte *français*
Autorisé par la loi du 1er avril 1803.

Ferdinande *français*
Dérivé de Ferdinand, du germanique « fried », protecteur et « nant », hardi, courageux.

Férecincte *français*
Sainte, vierge, martyrisée à Tolède, en Espagne, revenue dans le diocèse de Poitiers où son culte a été très répandu.

Feria *arabe*
De « fâria », svelte, belle.

Ferida *arabe*
Variante de Farida, une perle de grande valeur.

Feriel *kabyle*
Nom d'une princesse numide.

Fermine *français*
Dérivé de Firmin, du latin « firmus », ferme dans sa foi, solide.

Fernande *français*
Dérivé de Fernand, du germanique « fried », protecteur et « nant », courageux, téméraire.

Ferrera *basque*
Dérivé de Ferrero, du latin « ferreus », fer, de fer.

Ferriola *catalan*
Dérivé de Ferréol, du latin « ferreus », fer, de fer.

Fiacrette *français*
Enregistré lors d'un baptême dans la paroisse de Saint-Pierre-de-Varennes, en Saône-et-Loire, le 7 août 1670.

Fiacrine *français*
Dérivé très rare de Fiacre.

Fiammetta *italien*
Rencontré au Tessin, en Suisse italienne.

Fidan *kurde*
Dérivé de Fida, en arabe, rançon, sacrifice au profit d'autrui.

Fidela *basque et hispanique*
Dérivé de Fidèle, du latin « fidelis », de bonne foi, sincère.

Fidélice *français*
Dérivé de Fidèle, du latin « fidelis », de bonne foi, sincère.

Fidéline *français*
Dérivé de Fidèle, du latin « fidelis », de bonne foi, sincère.

Fidélité *français*
Prénom révolutionnaire, enregistré deux fois en Loire-Atlantique en l'an II, en 1794.

Fidelle *français*
Prénom révolutionnaire, enregistré deux fois en Loire-Atlantique en l'an II, en 1794.

Fidelmie *français*
Sainte, fille du roi Laoghair, sœur de sainte Ethénie, morte avec elle en 433.

Figenia *hispanique*
Dérivé d'Ifigenia, du grec « iphigenos », de race courageuse.

Fildila *catalan*
Fildila, citée comme signataire de l'acte de consécration de l'église du monastère de Santa Maria de Lluçà, en Osona, le 21 juin 905.

Filiberta *hispanique*
Dérivé de Filiberto, du germanique « fili », beaucoup et « bert », brillant.

Filicina *corse*
Dérivé de Félix, du latin « felix », heureux.

Filiola *catalan*
Filiola, citée comme mère de Santa Maria d'Espirà de l'Aglí, en Roussillon, entre le XIIe et le XVIe siècle.

Filipa *catalan et germanique*
Dérivé de Filip, du grec « philo », ami et « hippos », cheval, qui aime les chevaux.

Filippine *corse et italien*
Dérivé de Filip, du grec « philo », ami et « hippos », cheval, qui aime les chevaux.

Filizia *basque*
Dérivé de Félix, du latin « felix », heureux.

Filla *catalan*
Filla de Saportella, abbesse de Valldaura, décédée vers 1341.

Filmera *catalan*
Filmera, abbesse de Sant Pere les Puelles, dans le Bages, en 972.

Filomena *basque, castillan, catalan, italien et romanche*
Variante de Philomène, du grec « philouménè », aimée.

Fima *russe*
Dérivé de Séraphin, de l'hébreu « seraphim », séraphin, ange, dérivé de « saraph », brûler.

Fimia *basque*
Enregistré en Navarre, au Pays basque, en 1330.

Fina *basque, catalan, corse, hispanique et kabyle*
Variante diminutive de Joséphine, de l'hébreu « vosef », qu'Iahvé ajoute. En kabyle, à propos de l'autre.

Fine *français*
Autorisé par la loi du 1er avril 1803.

Finette *français*
Dérivé diminutif de Joséphine, de l'hébreu « vosef », qu'Iahvé ajoute.

Finia *basque*
Nom de lieu à Leache, en Navarre, au Pays basque.

Finsèque *français*
Autorisé par la loi du 1er avril 1803.

Fiora *corse*
Variante de Fleur, du latin « florens », en fleurs, floraison.

Fiordalice *corse*
Dérivé de Fiora, variante de Fleur, du latin « florens », en fleurs, floraison.

Fiorella *corse et italien*
Variante de Fleur, du latin « florens », en fleurs, floraison.

Fiorenza *italien*
Variante de Florence, du latin « florens », en fleurs, floraison.

Fiorina *italien*
Dérivé de Fleur, du latin « florens », en fleurs, floraison.

Firdaous *arabe*
Du persan « paradisu », arabisé en « farâdis », paradis.

Firmine *français*
Sainte, vierge romaine, morte martyre, en Ombrie, vers 303.

Firminienne *français*
Dérivé de Firmin, du latin « firmus », ferme dans sa foi, solide.

Firouza *arabe*
Variante de Feirouza, du persan « fayrûza », turquoise.

Fiurentina *corse*
Variante de Florentine, du latin « florens », en fleurs, floraison.

Fiurenza *corse*
Variante de Florence, du latin « florens », en fleurs, floraison.

Fiurina *corse*
Variante de Florine, du latin « florens », en fleurs, floraison.

Flaive *français*
Autorisé par la loi du 1er avril 1803.

Flamenca *occitan*
La flamme.

Flamine *français*
Du nom latin Flaminia, de « flamen », prêtre.

Flaminia *corse et italien*
Variante de Flamine, du nom latin Flaminia, de « flamen », prêtre.

Flammenn *breton*
De « flamm », feu ou flamme.

Flandina *catalan*
Flandina, fille de Ramon II, châtelain de Farners, en Selva, au IIIe siècle.

Flandrine *français*
Dans *Doon de Mayence*, chanson de gestes du XIIIe siècle, Flandrine, fille d'Aubigant, épouse Doon avec qui elle a douze enfants.

Flaviane *français*
Dérivé de Flavien, du latin Flavius, dérivé de « flavus », blond, jaune.

Flavie *français et italien*
Autorisé par la loi du 1er avril 1803.

Flavière *français*
Variante de Flavienne, dérivé de Flavien, du latin Flavius, dérivé de « flavus », blond, jaune.

Fleurance *français*
Dérivé de Fleur, du latin « florens », en fleurs, floraison.

Fleurantine *français*
Enregistré à Nibas, dans la Somme, en l'an XI (1802-1803).

Fleurette *français*
Dérivé de Fleur, du latin « florens », en fleurs, floraison.

Fleuridor *français*
Prénom révolutionnaire, enregistré en Loire-Atlantique, en l'an II, en 1794.

Fleurimonde *français*
Variante de Florimonde, dérivé de Fleur, du latin « florens », en fleurs, floraison.

Fleurye *français*
Attesté à Goderville, en Seine-Maritime, le 17 juillet 1565.

Flipote *français*
Dérivé diminutif de Philippine, du grec « philo », ami et « hippos », cheval, qui aime les chevaux.

Flobarde *français*
Autorisé par la loi du 1er avril 1803.

Flora *anglo-saxon, basque, castillan, catalan, français, germanique et italien*
Du nom latin Flora, déesse des Fleurs.

Florane *français*
Dérivé de Flora, déesse des Fleurs.

Floréale *français*
Dérivé de Floréal, du latin « floreus », fleuri.

Florelle *français*
Enregistré, lors d'un mariage, à Saint-Thomas-la-Chaussée, en Seine-Maritime, le 3 novembre 1688.

Florencia *castillan, catalan et galicien*
Variante de Florence, du latin « florens », en fleur, floraison.

Florensa *catalan*
Variante de Florence, du latin « florens », en fleurs, floraison.

Florentine *anglo-saxon, catalan et français*
Dérivé de Florentin, du latin « florens », en fleurs, floraison.

Florentxa *basque*
Variante de Florence, du latin « florens », en fleurs, floraison.

Florenza *italien*
Variante de Florence, du latin «florens», en fleurs, floraison.

Floresca *français*
Dérivé de Flora, du nom latin Flora, déesse des Fleurs.

Floreta *catalan et gascon*
Dérivé abréviatif de Flora, déesse des Fleurs.

Florette *français*
Dérivé de Flora, déesse des Fleurs.

Floriale *français*
Dérivé de Floréal, du latin «floreus», fleuri.

Floribanne *français*
Enregistré à Nibas, dans la Somme, en 1806.

Florica *roumain*
Enregistré à Paris, dans le Vᵉ arrondissement, le 3 avril 1919.

Floride *français*
Autorisé par la loi du 1ᵉʳ avril 1803.

Florie *français*
Dérivé de Flora, déesse des Fleurs.

Florimonde *français*
Attesté à Saint-Lô de Rouen, en Seine-Maritime, le 9 décembre 1587.

Florinda *germanique*
Variante de Florinde, dérivé de Flora, déesse des Fleurs.

Florine *français*
Dérivé de Florent, du latin «florens», en fleur, floraison.

Florise *français*
Le Ravissement de Florise ou l'Heureux événement des oracles, tragi-comédie de De Cormeil, parue à Paris, en 1632.

Flory *anglo-saxon*
Dérivé de Flora, déesse des Fleurs.

Flourance *français*
Enregistré à Caullery, dans le Cambrésis, le 30 avril 1795.

Flourie *français*
Attesté dans un registre du tabellionage d'Argences, Troarn et Varaville, dans le Calvados, entre 1386 et 1417.

Flurina *romanche*
Variante de Florence, du latin «florens», en fleur, floraison.

Flurinda *romanche*
Variante de Florence, du latin «florens», en fleur, floraison.

Flutur *albanais*
Papillon.

Flyssa *kabyle*
D'Iflissene, région côtière de Kabylie.

Foi *français*
Sainte, vierge d'Agen, morte martyre, entre douze et seize ans, au IIIᵉ siècle sous Maximilien Hercule.

Folcrana *catalan*
Recensé une fois à Perpignan, dans les Pyrénées-Orientales, entre 1556 et 1565.

Folquine *français*
Attribué à Marconne, dans le Pas-de-Calais, le 19 septembre 1840.

Forassa *kabyle*
Variante de Aforas, nom d'une dynastie Amazir.

Forcine *français*
Attribué à Marconne, dans le Pas-de-Calais, le 6 septembre 1840.

Foreta *français*
Enregistré lors d'un mariage à Bourgtheroulde, dans l'Eure, en 1553.

Fortina *gascon*
Enregistré en Béarn et en Bigorre entre le XIᵉ et le XIVᵉ siècle.

Fortuna *français et germanique*
Variante de Fortune, du latin «fortunatus», favorisé par le sort.

Fortunata *italien*
Variante de Fortunate, du latin «fortunatus», favorisé par le sort.

Fortunée *français*
Autorisé par la loi du 1er avril 1803.

Fosca *italien*
Rencontré au Tessin, en Suisse italienne.

Fouda *kabyle*
Nom d'une ville numide près de Sétif.

Fragana *breton*
Dérivé de Fragan, du prénom irlandais Fraochan, nom d'un druide vivant au VIe siècle.

Fragie *français*
Enregistré à Caullery, dans le Cambrésis, le 7 février 1841.

Fraisse *français*
Attribué à Étrechy, dans l'Essonne, le 29 octobre 1800.

Framehilde *français*
Framehilde, épouse du comte d'Hesdin au VIIe siècle.

Frameuze *français*
Autorisé par la loi du 1er avril 1803.

Franceline *français*
Dérivé de Francelin, du germanique «frank», courageux, intrépide ou du latin «francus», homme libre.

Franceschina *corse*
Variante de Françoise, du germanique «frank», courageux, intrépide ou du latin «francus», homme libre.

Francette *français*
Dérivé diminutif de France, du germanique «frank», courageux, intrépide ou du latin «francus», homme libre.

Franche *italien*
Sainte italienne, née en 1170, moniale à quatorze ans, abbesse du couvent cistercien de Pittoli, morte en 1218.

Franchoyse *français*
Variante de Francoise, du germanique «frank», courageux, intrépide ou du latin «francus», homme libre.

Franciade *français*
Prénom révolutionnaire, enregistré en Loire-Atlantique, en l'an II, en 1793.

Francillette *français*
Dérivé de Francoise, du germanique «frank», courageux, intrépide ou du latin «francus», homme libre.

Frankeline *français*
Dérivé de Franklin, du germanique «frankeleyn», homme libre, petit propriétaire terrien.

Franque *français*
Autorisé par la loi du 1er avril 1803.

Fransenda *germanique*
Fransenda, épouse de Tancrède de Hauteville, au XIe siècle.

Fransine *français*
Variante de Francine, du germanique «frank», courageux, intrépide ou du latin «francus», homme libre.

Frantcha *basque*
Variante francisée de Françoise, du germanique «frank», courageux, intrépide ou du latin «francus», homme libre.

Franza *maltais*
Diminutif de Françoise, du germanique «frank», courageux, intrépide ou du latin «francus», homme libre.

Franzaischa *romanche*
Variante de Françoise, du germanique «frank», courageux, intrépide ou du latin «francus», homme libre.

Franziska *germanique et slave*
Variante de Françoise, du germanique « frank », courageux, intrépide ou du latin « francus », homme libre.

Frasie *français*
Enregistré à Caullery, dans le Cambrésis, le 2 novembre 1829.

Frasina *catalan*
Recensé quatre fois à Perpignan, dans les Pyrénées-Orientales, entre 1656 et 1715.

Fraxinette *français*
Variante orthographique de Fraxinelle, du latin « fraxinella », de « fraxinus », frêne.

Freda *germanique*
Diminutif de Siegfrida, du germanique « sieg », victoire et « fried », ami, protecteur.

Frédégonde *français*
Frédégonde, née en 545, troisième épouse de Chilpéric Ier, roi des Francs de Neustrie, morte en 597.

Frediana *corse*
Dérivé de Frédien, du germanique « fried », protecteur.

Frédienne *français*
Dérivé de Frédien, du germanique « fried », protecteur.

Frégona *hispanique*
L'Illustre Frégona, zarzuela en trois actes avec danses, présentée à l'Opéra de Paris, le 16 février 1931.

Freia *anglo-saxon et germanique*
Variante de Freya, du germanique « Freya », nom d'une des plus anciennes divinités de la mythologie nordique.

Freine *français*
Attesté, lors d'un baptême, en la paroisse de Sainte-Paix de Caen, dans le Calvados, le 11 juillet 1790.

Freja *germanique et scandinave*
Attesté, à Cherbourg, dans la Manche, le 8 février 1993.

Frerika *germanique*
Dérivé diminutif de Frederika, du germanique « fried », protecteur et « ric », puissant.

Frévisse *français*
Autorisé par la loi du 1er avril 1803.

Freya *anglo-saxon, germanique et scandinave*
Dans l'ancienne religion germanique, Freya était la déesse de la Beauté et de l'Amour.

Frideborg *normand et scandinave*
Protectrice.

Frideswide *anglo-saxon*
Sainte, princesse anglaise, fondatrice du couvent bénédictin de Sainte-Marie à Oxford, morte vers 735.

Fridhilde *scandinave*
Guerrière protectrice.

Fridlinde *scandinave*
Bouclier protecteur.

Fridoline *français et germanique*
Dérivé de Fridolin, saint.

Friedel *germanique*
Dérivé diminutif d'Elfriede, du germanique « elf », elfe et « rad », conseiller.

Friederike *germanique*
Variante de Frédérik, du germanique « fried », protecteur et « ric », puissant.

Friedl *germanique*
Dérivé diminutif d'Elfriede, du germanique « elf », elfe et « rad », conseiller.

Frigg *scandinave*
Dérivé de Frédéric, du germanique « fried », protecteur et « ric », puissant.

Frigga *scandinave*
Dans la mythologie nordique, Frigga, femme d'Odin, déesse fort sage, très silencieuse, ne communiquait sa science à personne.

Frime *hébreu*
Variante de Frume, pieuse.

Frique *français*
Dérivé d'Affrique, saint.

Frise *français*
Enregistré dans le Gers, aux XVIIe et XVIIIe siècles.

Frisette *français*
Enregistré dans le Gers, aux XVIIe et XVIIIe siècles.

Frison *français*
Enregistré dans le Gers, aux XVIIe et XVIIIe siècles.

Fritiliaire *français*
Dérivé de Fritillaire, du latin « fritillaria », de « fritillus », cornet à dés.

Fritsie *germanique*
Dérivé de Fritz, du germanique « fried », protecteur et « ric », puissant.

Frocise *français*
Attesté à Saint-Remy de Dieppe, en Seine-Maritime, le 13 novembre 1697.

Froia *catalan*
Froia, épouse d'Ego, vicomte de Conflent, décédée vers 1012.

Frontina *basque*
Du latin « frons », front ou « fronto », grand front.

Fructueuse *français*
Autorisé par la loi du 1er avril 1803.

Frug *catalan*
Frug, épouse de Longoard, vicomte de Conflent, en 968.

Frume *hébreu*
Pieuse.

Fuda *kabyle*
D'« ifude », il a soif.

Fulberte *français*
Dérivé de Fulbert, du germanique « folc », peuple et « bert », brillant.

Fulvia *italien*
Variante de Fulvie, du latin « fulvus », fauve, jaune-rouge.

Fulviane *français*
Dérivé de Fulvien, du latin « fulvus », fauve, jaune-rouge.

Fulvie *français*
Dérivé de Fulvien, du latin « fulvus », fauve, jaune-rouge.

Fumeterre *français*
Du latin médiéval « fumus terræ », fumée de la terre.

Fura *kabyle*
S'évaporer.

Furgence *français*
Variante de Fulgence, du latin « fulgur », foudre, brillant.

Furtunata *corse*
Dérivé de Fortunat, du latin « fortunatus », favorisé par le sort.

Fusca *corse*
Sainte, jeune vierge, morte martyre à Ravenne, vers 250.

Fuscienne *français*
Dérivé de Fuscien, du latin « fuscus », noir.

Fusque *français*
Autorisé par la loi du 1er avril 1803.

G

Gabiane *français*
Variante de Gabin, de l'hébreu « gabar », force ou du latin « gabinus », originaire de Gabie, dans le Latium.

Gabina *castillan et italien*
Dérivé de Gabin, de l'hébreu « gabar », force ou du latin « gabinus », originaire de Gabie, dans le Latium.

Gachina *basque*
Autorisé par le greffe du tribunal civil de Bayonne, en décembre 1957.

Gaela *breton*
Dérivé de Gaël, du germanique « walah », étranger.

Gaëtane *français*
Dérivé de Gaëtan, du latin « Caietanus », originaire de la ville de Caieta.

Gaïa *catalan, grec et hébreu*
Dans la mythologie, Gaïa, déesse grecque de la Terre.

Gaïenne *français*
Autorisé par la loi du 1er avril 1803.

Gaiétana *corse*
Dérivé de Gaétan, du latin « Caietanus », originaire de la ville de Caieta.

Gaizkane *basque*
Dérivé de Gaizka, sauveur.

Gala *grec*
De « galact », lait.

Galadriel *breton*
Attribué à Granville, dans la Manche, le 21 février 1993.

Galane *français*
Dérivé de Gala, du grec « galact », lait.

Galdarica *catalan*
Dérivé de Galderic, du germanique « waldarich », gouverneur puissant.

Galiah *hébreu*
Dérivé de Gal, du grec « galact », lait.

Galina *slave*
Du grec « galene », calme ou du latin « galina », poule.

Galit *hébreu*
Petite vague.

Galla *italien*
Sainte romaine, recluse sur la colline du Vatican, morte vers 550.

Gallianne *français*
Du latin Gallia, Gaule.

Galmière *français*
Dérivé de Galmier, saint.

Galtière *français*
Dérivé de Gautier, puissant dans l'armée.

Galvane *français*
Dérivé de Galvan, du vieux gallois « gwalch-mai », faucon de la plaine.

Gana *basque*
Autorisé par le greffe du tribunal civil de Bayonne, en décembre 1957.

Garachane *basque*
Autorisé par le greffe du tribunal civil de Bayonne, en décembre 1957.

Garama *kabyle*
Mot qui aurait désigné une dynastie Amazir.

Garance *français*
Du latin « ruber », rouge ou du germanique « wratja », garantie.

Gararda *français*
Dérivé de Gerda, du germanique «gerdr», protectrice, protection.

Garauda *catalan*
Dérivé de Gérald, puissant par l'épieu, porteur de lance.

Garbine *basque*
Autorisé par le greffe du tribunal civil de Bayonne, en décembre 1957.

Garda *germanique*
Dérivé de Gerda, du germanique «gerdr», protectrice, protection.

Gargura *maltais*
De Gargur, nom de ville.

Garine *arménien, basque et français*
Gracieuse.

Garoa *basque*
En basque, rosée ou fougère.

Garsende *français*
Variante de Gersende, du germanique «ger», pique, lance et «swinth», qui remporte des succès.

Garsija *maltais*
Du nom Garcia.

Gasparda *français et italien*
Dérivé de Gaspard, de l'hébreu «ghaz», trésor et «bar», administrer ou du latin «gaspardus», celui qui vient voir.

Gasparine *français*
Dérivé de Gaspard, de l'hébreu «ghaz», trésor et «bar», administrer ou du latin «gaspardus», celui qui vient voir.

Gastonha *gascon*
Dérivé de Gaston, du germanique «gast», guerrier itinérant, voyageur.

Gatienne *français*
Dérivé de Gatien, saint.

Gauburge *français*
Autorisé par la loi du 1er avril 1803.

Gaudeberte *français*
Dérivé de Gaudebert, du germanique «gault», nom de divinité et «bert», brillant.

Gaudine *français*
Forme féminine de Gaudin, du nom latin Gaudinus.

Gaultière *français*
Dérivé de Gaultier, du germanique «waldan», commander, gouverner et «her», armée.

Gava *kabyle*
Nom d'une ville numide en Tunisie.

Gavriouna *slave*
Variante de Gabrielle, dérivé de Gabriel, homme de Dieu ou Dieu est mon courage.

Gawa *kabyle*
Habitants mythiques du Djurdjura.

Gawane *anglo-saxon*
Dérivé de Gauvain, du vieux gallois «gwalch-mai», faucon de la plaine.

Gaxina *basque*
Dérivé de Grazia, du latin «gratia», grâce.

Gaya *français, hispanique et kabyle*
Du nom du botaniste français Jacques Gay (1786-1864). En kabyle, divinité païenne de la terre ou la terre fertile.

Gayané *arménien*
Déesse dans la mythologie arménienne.

Gaynime *dogon (Mali)*
De «gadyi», le mal, faire le mal et de «nime», utile.

Geertje *scandinave*
Dérivé frison de Gertrude, du germanique «ger», pique, lance et «trud», fidèle.

Geffine *français*
Attesté à Saint-Nicolas-de-la-Taille, en Seine-Maritime, le 19 septembre 1555.

Gelvira *catalan*
Gelvira, seconde épouse de Berenguer Guadall de Santvicenç, en Maresme, au XIe siècle.

Gémina *français*
Dérivé de Gemin, saint.

Gemma *basque, catalan, français et italien*
En latin, pierre précieuse.

Genciana *catalan*
Variante de Gentiane, du nom de Gentius, roi d'Illyrie.

Gencina *gascon*
Enregistré en Béarn et en Bigorre entre le XIe et le XIVe siècle.

Généreuse *français*
Autorisé par la loi du 1er avril 1803.

Genetta *français*
Enregistré à Valloire, en Savoie, avant 1726.

Geneviesme *français*
Variante de Geneviève, du germanique « gen », jeune et « waiba », femme.

Geneviesve *français*
Variante de Geneviève, du germanique « gen », jeune et « waiba », femme.

Genevieva *catalan*
Variante de Geneviève, du germanique « gen », jeune et « waiba », femme.

Genevote *français*
Dérivé de Geneviève, du germanique « gen », jeune et « waiba », femme.

Genisa *catalan*
Recensé deux fois à Perpignan, dans les Pyrénées-Orientales, entre 1556 et 1565.

Genssine *français*
Attesté à Saint-Patrice de Rouen, en Seine-Maritime, en février 1569.

Gentienne *français*
Dérivé de Gentien, du latin « gens », famille.

Gentilesca *corse*
Variante de Gentil, saint.

Genuvefa *corse*
Variante de Geneviève, du germanique « gen », jeune et « waiba », femme.

Georgette *français*
Dérivé de Georges, du grec « gé », terre et « ergon », travail.

Georgiane *français*
Dérivé de Georges, du grec « gé », terre et « ergon », travail.

Georgine *français*
Dérivé de Georges, du grec « gé », terre et « ergon », travail.

Geoulah *hébreu*
Délivrance, libération, rédemption.

Geralaine *scandinave*
Dérivé de Gérald, du germanique « ger », pique, lance et « waldan », gouverner, commander.

Geralda *catalan*
Dérivé de Gérald, du germanique « ger », pique, lance et « waldan », gouverner, commander.

Gérarde *français*
Dérivé de Gérard, du germanique « gari », pique, lance et « hard », courageux, dur.

Gérardesca *italien*
Dérivé de Gérard, du germanique « gari », pique, lance et « hard », courageux, dur.

Gérardine *français*
Dérivé de Gérard, du germanique « gari », pique, lance et « hard », courageux, dur.

Geraula *catalan*
Geraula de Montesquiu, épouse de Bernat IV, seigneur de la baronie de la Portella, en Berguedà, au XIIIe siècle.

Geraxane *basque*
Variante de Gratianne, du latin « gratia », aimable, apprécié.

Gerburge *français*
Autorisé par la loi du 1er avril 1803.

Gerda *germanique et scandinave*
Du germanique « gerdr », protectrice, protection.

Gergoria *basque*
Dérivé de Grégoire, du grec « gregoréo », veiller, dérivé d'« egeiro », réveiller et de l'adjectif « gregórios », vigilant.

Gerhild *scandinave*
Variante de Gérald, du germanique « ger », pique, lance et « waldan », gouverner, commander.

Gerita *maltais*
Diminutif de Marguerite, du persan « margiritis », perle.

Gerlaug *scandinave*
Du scandinave « geir », épieu.

Gerlinde *français et scandinave*
Un épieu et un bouclier.

Gerloc *scandinave*
De l'ancien norrois et de l'ancien suédois « geirlaug », de « geirr », pique, javelot et de « laug » qui signifiait peut-être le bain.

Gerlone *français*
Du nom germanique Gerilonis, hypocoristique dérivé de « ger », lance.

Germana *basque, catalan, corse et italien*
Dérivé de Germain, du latin « germanus », issu du même sang, de même race ou du celtique « gair », voisin et « man », peuple, qui appartient à la Germanie.

Germanette *français*
Dérivé de Germain, du latin « germanus », issu du même sang, de même race ou du celtique « gair », voisin et « man », peuple, qui appartient à la Germanie.

Germonda *gascon*
Enregistré en Béarn et en Bigorre, entre le XIe et le XIVe siècle.

Geromina *corse*
Dérivé de Jérôme, du grec « hieros », sacré et « onoma », nom.

Gersa *germanique*
Diminutif de Gersende, du germanique « ger », pique, lance et « swinth », qui remporte des succès.

Gersende *français*
Du germanique « ger », pique, lance et « swinth », qui remporte des succès.

Gerta *scandinave*
Variante de Gerda, du germanique « gerdr », protectrice, protection.

Gertrude *anglo-saxon, basque, catalan, français, germanique, normand et scandinave*
Du germanique « ger », pique, lance et « trud », fidèle.

Gertrudis *basque, castillan et catalan*
Variante de Gertrude, du germanique « ger », pique, lance et « trud », fidèle.

Gervaise *catalan et français*
Dérivé de Gervais, du latin Gervaius, nom d'un martyr de l'époque de Dioclétien ou de Néron.

Gervazia *corse*
Dérivé de Gervais, du latin Gervaius, nom d'un martyr de l'époque de Dioclétien ou de Néron.

Getoussia *slave*
Dérivé de Gertrude, du germanique « ger », pique, lance et « trud », fidèle.

Geuffina *français*
Enregistré lors d'un mariage à Boscherville, dans l'Eure, en 1566.

Géva *français et hébreu*
En hébreu, colline.

Gévrise *français*
Gévrise Emane, née en 1982 au Cameroun, championne du monde de judo des moins de 70 kg, en 2007.

Ghada *arabe*
Belle, vertueuse.

Ghania *arabe*
Femme qui peut se dispenser de toute parure grâce à sa beauté et ses vertus.

Ghazala *arabe*
Gazelle ou soleil levant.

Ghislène *français*
Variante de Ghislaine, du germanique « ghil », otage et « hard », dur.

Ghofrane *arabe*
Dérivé de Ghoufrane, pardon divin.

Giabica *corse*
Variante de Jacqueline, de l'hébreu « ya'aqob », que Dieu favorise, qui supplante.

Gianina *italien*
Variante de Jeanne, de l'hébreu « Yohânân », Iahvé a fait grâce.

Gibitrude *français*
Sainte, moniale de Faremoutiers-en-Brie, morte vers 655.

Gilah *hébreu*
Dérivé de Gil, du germanique « gisi », pousse, descendant ou du grec « aigidos », bouclier.

Gildine *français*
Dérivé de Gildas, du celtique « gwelt », chevelure (étymologie controversée).

Gildrina *italien*
Dérivé de Gilles, du germanique « gisil », pousse, descendant ou du grec « aigidos », bouclier.

Gilette *français*
Dérivé de Gilles, du germanique « gisil », pousse, descendant ou du grec « aigidos », bouclier.

Gilia *italien*
Dérivé de Gilles, du germanique « gisil », pousse, descendant ou du grec « aigidos », bouclier.

Gilianne *français*
Dérivé de Gilian, du latin « Julia », nom d'une famille romaine descendant d'Iule, fils d'Énée ou du latin « oulos », entier.

Gillama *basque*
Autorisé par le greffe du tribunal civil de Bayonne, en décembre 1957.

Gilleberte *français*
Dérivé de Gilbert, de Gislebert, de « gisil », pousse, descendant et « bert », brillant.

Gillemette *français*
Attesté à Saint-Patrice de Rouen, en Seine-Maritime, le 31 juillet 1612.

Gillemyne *français*
Dérivé de Guillaume, du nom franc Wilhelm ou du germanique « witu », bois, confondu avec le nom de saint Vitus, du latin « vita », vie.

Ginah *hébreu*
Jardin.

Ginevra *italien*
Variante de Geneviève, du germanique « gen », jeune et « waiba », femme.

Gionne *français*
Attesté à Sassetot-le-Mauconduit, en Seine-Maritime, le 10 juillet 1620.

Giralda *basque et corse*
Dérivé de Gérald, du germanique « ger », pique, lance et « waldan », gouverner, commander.

Girarde *français*
Dérivé de Gérard, du germanique « gari », pique, lance et « hard », courageux, dur.

Girauda *catalan*
Dérivé de Giraud, du germanique « ger », pique, lance et « waldan », gouverner, commander.

Girautine *basque*
Enregistré à Garris, en Basse-Navarre, au Pays basque, en 1404.

Girba *kabyle*
Autre transcription de Djerba, l'île tunisienne.

Girette *français*
Enregistré lors d'un mariage à Tourlaville, dans la Manche, le 18 septembre 1631.

Gironne *français*
Attesté, lors d'un mariage, à La Motte-Fouquet, dans l'Orne, le 24 mai 1681, comme celui de la mère de l'épouse.

Gisberte *français*
Dérivé de Gilbert, du nom germanique Gislebert, de « gisil », pousse, descendant et « bert », brillant.

Giseline *français*
Dérivé de Gisèle, du germanique « gisel », flèche ou « gisil », pousse, descendant (d'origine noble).

Gislinde *français et scandinave*
Variante de Ghislaine, du germanique « ghil », otage et « hard », dur.

Gitel *hébreu*
Bonne.

Gitit *hébreu*
Dans la Bible, instrument de musique de la ville de Gat.

Giuditta *corse et italien*
Variante de Judith, de l'hébreu « yehudit », la juive.

Giustina *corse*
Variante de Justine, du latin « justus », raisonnable, juste.

Giva *kabyle*
Se pencher.

Glafira *slave*
En grec, habile gracieuse, svelte et en slave, active, terne, calme.

Glannon *breton*
Du breton « glan », pur et « mon », supériorité.

Glaphyre *français*
Autorisé par la loi du 1er avril 1803.

Glaudivine *français*
Dérivé de Claude, du latin « claudus », boiteux.

Glorie *français*
Variante de Gloria, du latin « gloria », fameux, réputé, du vieux français « glorier », glorifier.

Glossinde *français*
Autorisé par la loi du 1er avril 1803.

Glycérie *français*
Sainte, vierge romaine, morte martyre à Héraclée vers 177.

Gobnet *français*
Autorisé par la loi du 1er avril 1803.

Godantzia *basque*
Sainte, honorée à Labastide-Clairence, en Basse-Navarre, au Pays basque.

Godeberte *français*
Autorisé par la loi du 1er avril 1803.

Godeliève *flamand et français*
Du vieil haut-allemand « got », dieu et « leip », fils, descendant.

Godeline *français*
Variante de Godeliève, du vieil haut-allemand « got », dieu et « leip », fils, descendant.

Goizane *basque*
Du basque « goiz », matin.

Gondène *français*
Sainte, morte martyre à Carthage, en 203.

Gonthilde *français*
Autorisé par la loi du 1er avril 1803.

Gontrane *français*
Dérivé de Gontran, du germanique « gund », combat et « hramm », corbeau.

Gorane *basque*
Dérivé de Goran, variante de Georges, du grec « gé », terre et « ergon », travail.

Gorema *kabyle*
Variante de Ghomera, dynastie Amazir aux îles Canaries.

Gorgona *serbe*
Dérivé de Gorgon, variante de Georges, du grec « gé », terre et « ergon », travail.

Gorgonie *français*
Autorisé par la loi du 1er avril 1803.

Gorke *basque*
Autorisé par le greffe du tribunal civil de Bayonne, en décembre 1957.

Gostantza *basque*
Enregistré à Azagra, en Navarre, au Pays basque, en 1330.

Gosuinthe *français*
Gosuinthe, sœur de Brunehaut, seconde épouse de Chilpéric Ier, roi de Soissons, morte étranglée sur ordre de son époux.

Gothon *français*
Diminutif de Marguerite, du persan « margiritis », perle.

Gotzone *basque*
Autorisé par le greffe du tribunal civil de Bayonne, en décembre 1957.

Goulvena *breton*
Dérivé de Goulven, du gallois « gwolwch », prière et « gwenn », blanc, heureux (étymologie controversée).

Gounette *français*
Du germanique « gund », combat.

Graça *anglo-saxon*
Graça Machel, épouse de Nelson Mandela.

Grachi *basque*
Autorisé par le greffe du tribunal civil de Bayonne, en décembre 1957.

Graciane *français*
Dérivé de Grâce, du latin « gratia », grâce.

Gracieta *gascon*
Dérivé de Grâce, du latin « gratia », grâce.

Grahida *catalan*
Recensé quatre fois à Perpignan, dans les Pyrénées-Orientales, entre 1516 et 1575.

Granada *basque*
Variante de Granat, du latin « granatum », grenat.

Grasida *catalan*
Variante de Grâce, dérivé du latin « gratia », grâce.

Grate *français*
Autorisé par la loi du 1er avril 1803.

Gratienne *français*
Dérivé de Gratien, du latin « gratia », aimable, appréciée.

Graziana *basque*
Autorisé par le greffe du tribunal civil de Bayonne, en décembre 1957.

Grazide *basque*
Enregistré à Bayonne, en Labourd, au Pays basque, en 1266.

Grazja *maltais*
Variante de Grâce, du latin « gratia », grâce.

Grazyna *polonais et slave*
Création littéraire, de « grazus », belle.

Gregoria *basque*
Autorisé par le greffe du tribunal civil de Bayonne, en décembre 1957.

Grégorine *français*
Dérivé de Grégoire, du grec « gregoréo », veiller, dérivé d'« egeiro », réveiller et de l'adjectif « gregórios », vigilant.

Gretel *germanique et scandinave*
Dérivé de Marguerite, du persan « margiritis », perle.

Grimalda *catalan et corse*
Dérivé de Grimaud, du nom latin Grimbaldus.

Grimhild *scandinave*
De «grima-hiltja», casque au combat.

Grimonie *français*
À Gouville, dans la Manche, sur les actes de mariage inscrits entre 1837 et 1868, Grimonie est attribué trois fois.

Griselda *anglo-saxon et germanique*
Du germanique «grisja», gris et «hild», combat.

Grisélidis *germanique*
Dérivé de Griselda, du germanique «grisja», gris et «hild», combat.

Gualharda *français*
Enregistré dans le Lot, au XIVe siècle.

Guasca *catalan*
Guasca Bonadona, seconde épouse de Bernat de Balsareny, dans le Bages, au XIe siècle.

Guaya *français*
Enregistré dans le Lot, au XIVe siècle.

Gudélie *français*
Autorisé par la loi du 1er avril 1803.

Gudiera *basque*
Enregistré à Falces, en Navarre, au Pays basque, en 1350.

Gudrun *germanique et scandinave*
Du germanique «gund», combat et «runô», magie, mystère, secret.

Gudule *français*
Du germanique «Gott», Dieu (étymologie controversée).

Guema *kabyle*
Croissance.

Guenièvre *français*
Dérivé de Geneviève, du germanique «gen», jeune et «waiba», femme. Dame Guenièvre fut l'épouse du roi Arthur.

Guennola *irlandais*
Dérivé de Guénolé, saint.

Gueraula *catalan*
Gueraula de Saportella, abbesse de Valldaura, au XIIIe siècle.

Guérine *français*
Attesté à Bretoncelles, dans l'Orne, en 1661.

Guermoussia *slave*
Variante de Germaine, du latin «germanus», issu du même sang ou du germanique «germen», de la même race ou du celtique «gair», voisin et «man», peuple, qui appartient à la Germanie.

Guiborade *français*
Autorisé par la loi du 1er avril 1803.

Guidonne *français*
Dérivé de Guidon, autorisé par la loi du 1er avril 1803.

Guiessine *français*
Enregistré à Ambourville-sur-Seine, en Seine-Maritime, le 19 juin 1559.

Guilhalma *gascon*
Dérivé de Guillaume, du nom franc Wilhelm ou du germanique «witu», bois, confondu avec le nom de saint Vitus, du latin «vita», vie.

Guilhemine *français*
Dérivé de Guillaume, du nom franc Wilhelm ou du germanique «witu», bois, confondu avec le nom de saint Vitus, du latin «vita», vie.

Guillaine *français*
Variante de Ghislaine, du germanique «ghil», otage et «hard», dur.

Guille *français*
Dérivé de Guillaume, du nom franc Wilhelm ou du germanique «witu», bois, confondu avec le nom de saint Vitus, du latin «vita», vie.

Guillema *basque*
Dérivé de Guillaume, du nom franc Wilhelm ou du germanique « witu », bois, confondu avec le nom de saint Vitus, du latin « vita », vie.

Guillemona *catalan*
Dérivé de Guillaume, du nom franc Wilhelm ou du germanique « witu », bois, confondu avec le nom de saint Vitus, du latin « vita », vie.

Guillemette *français*
Dérivé de Guillaume, du nom franc Wilhelm ou du germanique « witu », bois, confondu avec le nom de saint Vitus, du latin « vita », vie.

Guillemine *français*
Dérivé de Guillaume, du nom franc Wilhelm ou du germanique « witu », bois, confondu avec le nom de saint Vitus, du latin « vita », vie.

Guillerma *catalan et hispanique*
Recensé une fois à Perpignan, dans les Pyrénées-Orientales, entre 1546 et 1555.

Guilmine *français*
Enregistré à Ambourville-sur-Seine, en Seine-Maritime, le 6 juin 1594.

Guiraude *français*
Dérivé de Gérald, du germanique « ger », pique, lance et « waldan », gouverner, commander.

Guirautina *gascon*
Dérivé de Gérald, du germanique « ger », pique, lance et « waldan », gouverner, commander.

Guirida *catalan*
Recensé deux fois à Perpignan, dans les Pyrénées-Orientales, entre 1646 et 1655.

Guisa *basque*
Enregistré à Leyre, en Navarre, au Pays basque, en 1097.

Guiscarda *gascon*
Enregistré en Béarn et en Bigorre, entre le XIe et le XIVe siècle.

Guiseima *basque*
Enregistré en Navarre, au Pays basque, en 1191.

Guite *français*
Diminutif de Marguerite, du persan « margiritis », perle.

Gulizar *arménien*
Du persan « gul », rose et « zar », or.

Gulla *kabyle*
Nom d'une ville numide près de Constantine.

Gundeline *français*
Sainte, fille du duc d'Alsace, abbesse du couvent de Niedermunster, morte vers 750.

Gunhild *scandinave*
Guerrière.

Gunvor *scandinave*
Avisée au combat.

Gunwera *germanique*
De « gund », combat.

Gurenda *basque*
Victoire.

Gursa *kabyle*
Nom d'une ville numide en Tunisie.

Gurutze *basque*
Dérivé de Gurutz, en basque, croix.

Gusmana *maltais*
Nom de famille.

Gussa *kabyle*
Venir.

Gustaline *français*
Enregistré lors d'un décès à Avesnes-sur-Helpe, dans le Hainaut, en 1880.

Le combat gaélique

Parmi les prénoms des douze enfants Le Goarnic, **Adraboran**, **Garlon**, **Gwen**, **Gwendal**, **Malven** ont été refusés à l'état civil français en 1946 et 1963. Tous les enfants, nés dans cette famille bretonne, portant des prénoms gaéliques, après dix-neuf ans de démarches, ont obtenu l'intervention du Conseil de l'Europe et de la cour internationale de La Haye. Ils se sont vus décerner une carte d'identité de citoyen européen de nationalité bretonne reconnue par plus de quarante ambassades étrangères. Par la suite, leur situation fut régularisée en France.

Gustaphine *français*
Dérivé de Gustave, support de la divinité.

Gustaviane *français*
Dérivé de Gustave, support de la divinité.

Gustine *français*
Dérivé diminutif d'Augustine, du romain « augustus », majestueux, respectable.

Guyette *français*
Dérivé de Guy, du germanique « witu », bois, confondu avec le nom de saint Vitus, du latin « vita », vie.

Guyonne *français*
Enregistré lors d'un mariage à Tourlaville, dans la Manche, le 14 février 1623.

Guyotte *français*
Dérivé de Guy, du germanique « witu », bois, confondu avec le nom de saint Vitus, du latin « vita », vie.

Gwellaouen *breton*
De « gwenn », blanc, heureux et de « loauen », joyeux.

Gweltaza *breton*
Dérivé de Gweltaz, variante de Gildas, dérivé de « gwelt », chevelure.

Gwenda *breton*
Dérivé de Gwenaël, du celtique « gwenn », heureux, blanc et « hael », généreux.

Gwendaline *breton*
Dérivé de Gwendal, du celtique « gwenn », heureux, blanc et « tal », front, valeur.

Gwenhaela *breton*
Dérivé de Gwenaël, du celtique « gwenn », heureux, blanc et « hael », généreux.

Gwennan *breton*
Dérivé de Gwenn, du celtique « gwenn », heureux, blanc.

Gwennie *breton*
Dérivé de Gwendoline, cercle blanc, cercle heureux, cercle du bonheur.

Gwennoal *breton*
Dérivé de Gwenaël, du celtique « gwenn », heureux, blanc et « hael », généreux.

Gwladys *anglo-saxon*
Dérivé de Gladys, du gallois « gwladys », qui commande sur un grand territoire ou du breton ancien « glad », richesse.

Gwyneth *anglo-saxon*
Du vieux-gallois « gwyned », heureuse, bénie.

Gyonne *français*
Cité quatre fois à Fontenay-sur-Mer, dans la Manche, au XVIe siècle.

H

Ha'amoe *tahitien*
Endormir les dieux au cœur farouche.

Habérille *français*
Sainte, recluse dans une abbaye bénédictine en Suisse, morte vers 1100.

Hadar *hébreu*
Agrumes.

Hadéloge *français*
Sainte, princesse franque, fondatrice et abbesse du couvent de Kitzingen, morte vers 745.

Hadia *arabe*
Dérivé d'Hadi, guide.

Hadiyatallah *arabe*
De « hadiyyat-Allâh », don de Dieu.

Hadrienne *français*
Dérivé d'Adrien, du latin « adrianus », nom d'un personnage originaire de la ville d'Adria, du latin « ater », noir, sombre.

Haeretua *tahitien*
Marche au large de la mer sacrée.

Hafeza *arabe*
Dérivé d'Hafiz, qui protège et connaît le Coran par cœur et veille à son intégralité et à son respect.

Hafsa *arabe*
Dérivé de Hafs, de « hafs », petite lionne.

Hagar *hébreu*
Du grec « are », colère.

Haggit *hébreu*
Née un jour de fête.

Haia *hébreu*
Vivante.

Haiasdane *arménien*
Arménie.

Haida *arabe*
Dérivé d'Haid, qui retourne vers Dieu.

Haiele *hébreu*
Dérivé diminutif d'Haia, vivante.

Haïka *hébreu*
Dérivé d'Haïg, patriarche descendant de Noé.

Haila *arabe*
De « hâla », auréole, halo de lumière.

Haïoutah *hébreu*
De « haï », vie.

Haise *français*
Du franc « haisi » ou « haisia », latinisé « hasia », haie vive qui forme une clôture pour fermer les chemins particuliers.

Haizea *basque*
Dérivé de Haiz, vent.

Hakema *arabe*
Dérivé d'Hakim, juge équitable, celui qui rompt le pain.

Halia *grec*
Halia, divinité marine, de la racine d'un des noms de la mer, en tant qu'élément salé.

Halima *arabe*
Patiente, indulgente et pleine de mansuétude.

Halina *polonais*
Variante d'Aline, dérivé diminutif d'Adeline, calme ou poule couveuse.

Halloie *français*
Autorisé par la loi du 1er avril 1803.

Hamesde *arménien*
Modeste.

Hamida *arabe*
Dérivé d'Hamid, digne de louange.

Hamoutal *hébreu*
Mon beau-père est comme de la rosée.

Hana *arabe*
Réjouissance, félicitation.

Hanane *arabe*
De « hanân », tendresse, compassion, bénédiction.

Hangeline *français*
Dérivé d'Ange, du grec « èggelos », messager ou du latin « angelus », messager.

Hani *tahitien*
Femme caressée par le soleil.

Hania *arabe*
Tranquille, heureuse.

Hanîfa *arabe*
Dérivé d'Hanif, personne qui rejette la déviation pour rester sur la Voie de la Rectitude.

Hanit *hébreu*
Javelot, lance.

Hanitah *hébreu*
Maturation du fruit.

Hann *germanique*
Variante d'Anne, du prénom hébraïque « Hannâ » ou « hannah », comblée de grâce, gracieuse.

Hannan *palestinien*
Variante d'Anne, du prénom hébraïque « Hannâ » ou « hannah », comblée de grâce, gracieuse.

Hanschen *germanique*
Dérivé d'Hans, du latin Johannes ou de l'hébreu « Yohanân », Iahvé a fait grâce.

Hansel *germanique*
Dérivé d'Hans, du latin Johannes ou de l'hébreu « Yohanân », Iahvé a fait grâce.

Hanska *germanique*
Dérivé d'Hans, du latin Johannes ou de l'hébreu « Yohanân », Iahvé a fait grâce.

Haoua *arabe*
Variante d'Hawa, de l'hébreu « hawa », source de vie.

Hardouine *français*
Dérivé d'Hardouin, du germanique « hard », audacieux, intrépide et « win », ami.

Harmina *germanique*
Dérivé d'Hermann, du germanique « hari », armée et « man », homme.

Harmonia *italien*
Variante d'Harmonie, du grec « harmos », unité.

Harmonie *français et grec*
Du grec « harmos », unité, concorde.

Harriette *français*
Attesté à Saint-Lô de Rouen, en Seine-Maritime, le 9 avril 1630.

Harumi *japonais*
Beauté de printemps.

Harvyse *français*
Harvyse, épouse de Robert, comte de Winchester, au XIIe siècle.

Hasèque *français*
Autorisé par la loi du 1er avril 1803.

Hasmig *arménien*
Jasmin.

Hasna *arabe*
Très belle.

Hassiba *arabe*
Dérivé d'Hassib, estimé, considéré.

Haudina *basque*
Enregistré à Sorhapuru, en Basse-Navarre, au Pays basque, en 1398.

Haulani *hawaïen*
De « hau » préfixe ajouté au nom des déesses ainsi qu'à de nombreux prénoms communs et « lani » divine, royale, aristocratique, majestueuse.

Havatselet *hébreu*
Colchique ou amaryllis.

Havoise *français*
Entre le XIe et le XIIe siècles, figure parmi les prénoms les plus courants.

Hawa *arabe et kabyle*
En arabe, variante d'Ève, de l'hébreu « hawa », source de vie, du kabyle « ihawa », l'air ou la pluie.

Hayat *arabe*
Vie.

Hayley *anglo-saxon*
Du nom de lieu Hailey, du vieil anglais « heg » foin et de « leah » clairière, prairie.

Haytissa *hébreu*
Citée comme abbesse de Notre-Dame du Pré à Bayeux, au XIIe siècle.

Hayyah *hébreu*
Vivante.

He *chinois*
Lotus.

Hébé *français*
Du grec « hebe », jeunesse.

Hectoria *français*
Dérivé d'Hector, du grec « ekhein », celui qui possède ou du gaélique « eachann », cheval brun.

Hedia *arabe*
Dérivé d'Hadi, guide.

Hedvah *hébreu*
Joie.

Hedvig *scandinave*
Variante d'Edwige, au combat et à la bataille.

Hedwig *anglo-saxon et germanique*
Variante d'Edwige, au combat et à la bataille.

Hedwige *français, germanique, normand et scandinave*
Du germanique « had », bataille et « wig », combat, confondu avec « wiha », sacré.

Heftsi-Bah *hébreu*
J'aspire à la terre promise.

Hegoa *basque*
Dérivé d'Hego, sud ou aile.

Heia *tahitien*
La beauté couronnée de plumes.

Heidi *germanique, normand et scandinave*
Variante diminutive d'Adélaïde, de noble origine.

Heimanu *tahitien*
Couronne d'oiseaux s'envolant en tournoyant dans le ciel.

Heimata *tahitien*
Couronne d'yeux des requins du roi.

Heinui *tahitien*
Grande couronne.

Heipua *tahitien*
Couronne de fleurs rouges de la vallée verdoyante.

Heirani *tahitien*
Couronne du ciel aux nuages se mouvant sans cesse.

Heiseli *germanique*
Dérivé d'Élisabeth, de l'hébreu « elisheba », Dieu est mon serment.

Héla *scandinave*
Dans la mythologie nordique, Héla est la déesse des Morts.

Hélayne *français*
Attesté à Saint-Barthélemy, en Seine-Maritime, le 20 février 1607.

Helconide *français*
Autorisé par la loi du 1er avril 1803.

Héleah *hébreu*
Rouille.

Héleine *français*
Variante d'Hélène, du grec « élê », éclat du soleil, brillance ou « élyein », couvrir.

Heleni *basque*
Variante d'Hélène, du grec « élê », éclat du soleil, brillance ou « élyein », couvrir.

Helenia *italien*
Variante d'Hélène, du grec « élê », éclat du soleil, brillance ou « élyein », couvrir.

Helesne *français*
Variante d'Hélène, du grec « élê », éclat du soleil, brillance ou « élyein », couvrir.

Heleyne *français*
Variante d'Hélène, du grec « élê », éclat du soleil, brillance ou « élyein », couvrir.

Helewise *germanique*
Variante d'Héloise, dérivé d'Éloi, du latin « eligius », élu.

Héliade *français*
Autorisé par la loi du 1er avril 1803.

Héliane *français*
Attesté à Abidjan, en Côte d'Ivoire, le 12 août 1959.

Hélie *hébreu*
Variante d'Élie, de l'hébreu « eli », Dieu.

Héliette *français*
Dérivé d'Élie, de l'hébreu « eli », Dieu.

Héliote *français*
Dérivé d'Héliot, variante d'Élie, de l'hébreu « eli », Dieu.

Hellé *germanique et grec*
Du germanique « heil », chance, bonheur, prospérité.

Héloisa *hispanique*
Variante d'Héloise, dérivé d'Éloi, du latin « eligius », élu.

Helvire *français*
Variante d'Elvire, protectrice de tous.

Helvise *germanique*
Helvise est la fille de Tustingus, chevalier du Pays de Caux, en 1051.

Helyette *français*
Dérivé d'Élie, de l'hébreu « eli », Dieu.

Hemma *germanique et scandinave*
Variante d'Emma, porteuse de casque.

Hen *breton et hébreu*
Du breton « hen », ancien ou de l'hébreu, beauté.

Hendrika *germanique*
Dérivé d'Henri, du germanique « heim », foyer, maison et « ric », puissant.

Hénédine *français*
Autorisé par la loi du 1er avril 1803.

Henrye *français*
Dérivé d'Henri, du germanique « heim », foyer, maison et « ric », puissant.

Heodez *breton*
Du vieux breton « heldes », qui élève, qui nourrit (au sens de nourrice ou forme évolutive de la combinaison de Heldes et du nom franc Haude.)

Héra *grec*
Dans la mythologie grecque, déesse olympienne, déesse du Mariage et de la Maternité.

Herberte *germanique*
Dérivé d'Herbert, brillant dans l'armée.

Herdewina *germanique*
Dérivé d'Hardouin, du germanique « hard », audacieux, intrépide et « win », ami.

Hereata *tahitien*
Le grand soleil piégeant les nuages.

Hérénie *français*
Autorisé par la loi du 1er avril 1803.

Herenui *tahitien*
Grand amour des dieux du ciel.

Hereswide *français*
Sainte, sœur de sainte Hilda, moniale bénédictine, morte vers 690.

Heriknaze *arménien*
De « hérik », beaucoup, très et de « naz », grâce.

Herlève *français*
Herlève, épouse d'Herluin de Conteville, frère utérin de Guillaume le Conquérant.

Herlinde *français, germanique et scandinave*
Autorisé par la loi du 1er avril 1803.

Hermana *basque*
Dérivé d'Hermann, un homme dans l'armée.

Hermance *français*
Dérivé d'Hermann, un homme dans l'armée.

Hermelind *belge et scandinave*
Dérivé de Hermelinde, du vieil haut-allemand « irmin », tout puissant (Irmin, dieu des Herminons) et « lindis », doux.

Hermelindis *germanique*
Dérivé de Hermelinde, du vieil haut-allemand « irmin », tout puissant (Irmin, dieu des Herminons) et « lindis », doux.

Hermeline *belge et scandinave*
Variante d'Hermelinde, du vieil haut-allemand « irmin », tout puissant (Irmin, dieu des Herminons) et « lindis », doux.

Hermence *français*
Enregistré à Caullery, dans le Cambrésis, le 18 janvier 1818.

Hermenegilde *catalan*
Dérivé d'Hermenegild, du nom latin Hermenigildus.

Hermidre *français*
Attribué à Marconne, dans le Pas-de-Calais, le 10 octobre 1772.

Hermienne *français*
Dérivé d'Hermine, sous la protection du dieu Irmin.

Hermine *français et scandinave*
Du germanique « irmin », très grand, majestueux, immense, sous la protection du dieu Irmin.

Herminia *germanique et hispanique*
Variante d'Hermine, sous la protection du dieu Irmin.

Herminie *français*
Variante d'Hermine, sous la protection du dieu Irmin.

Hermione *français*
Du germanique « irmin », très grand, majestueux, immense. Dans la mythologie grecque, Hermione est la femme de Néoptolème, fils d'Achille.

Hernersine *français*
Attribué à Roullours, dans le Calvados, le 19 mai 1856.

Hérondine *français*
Autorisé par la loi du 1er avril 1803.

Herout *hébreu*
Indépendance, liberté.

Hersé *grec*
Dans la mythologie grecque, Hersé est l'une des trois filles de l'homme-dragon Cécrops.

Hersent *français*
Attesté à Rouen, en Seine-Maritime, en 1390.

Hersilie *français*
Hersilie, épouse de Romulus, morte pendant l'enlèvement des Sabines.

Hervéa *breton*
Dérivé d'Hervé, du celtique « houarn », fer et « bev », ardent, vif.

Herveline *français*
Dérivé d'Hervé, du celtique « houarn », fer et « bev », ardent, vif.

Herveva *breton*
Dérivé d'Hervé, du celtique « houarn », fer et « bev », ardent, vif.

Hesione *français et grec*
Dans la mythologie grecque, Hésione est la fille de Laomédion, roi de Troie.

Hesmérie *français*
Hesmérie, sœur de sainte Anne.

Hester *anglo-saxon et français*
Attesté à Saint-Lô de Rouen, en Seine-Maritime, le 18 septembre 1632.

Hestia *grec*
Dans la mythologie grecque, Hestia est l'une des trois déesses vierges de l'Olympe.

Hetty *anglo-saxon*
Dérivé d'Esther, de l'hébreu « ester », étoile.

Hiacinta *catalan*
Du grec « hyakhintos », la fleur jacinthe ou pierre précieuse.

Hiacinthe *français*
Du grec « hyakhintos », la fleur jacinthe ou pierre précieuse.

Hialeah *indien*
De « haiyakpo hili », jolie prairie.

Hiba *arabe*
Don, cadeau.

Hibba *kabyle*
Impression.

Hidalia *hispanique*
Variante d'Idalia, jeune et puissante.

Hidolina *hispanique*
Variante d'Idolina, du latin « idolom », idole, image.

Hihiura *tahitien*
Rayon rouge du beau coucher de soleil.

Hikma *arabe*
Savoir, sagesse, science.

Hilal *arabe*
Un fin croissant de lune.

Hilaria *germanique*
Dérivé d'Hilaire, du latin « hilaris », gai.

Hilarie *français*
Dérivé d'Hilaire, du latin « hilaris », gai.

Hilarine *wallon*
Dérivé d'Hilaire, du latin « hilaris », gai.

Hilary *anglo-saxon*
Hilary, épouse du président des États-Unis, Bill Clinton.

Hilchen *germanique*
Variante d'Hélène, du grec « élê », éclat du soleil, brillance ou « élyein », couvrir.

Hilda *anglo-saxon, basque, français, germanique et scandinave*
Autorisé par la loi du 1er avril 1803.

Hilde *français et scandinave*
Autorisé par la loi du 1er avril 1803.

Hildeberta *scandinave*
Dérivé d'Hildebert, du germanique « hild », combat et « berht », brillant, renommé.

Hildeborg *scandinave*
Du nom latin Hildeburgis, la guerrière protectrice.

Hildeburge *français*
Autorisé par la loi du 1er avril 1803.

Hildegarde *français et germanique*
Du germanique « hild », combat. Hildegarde fut la troisième épouse de Charlemagne.

Hildegonde *français*
Du germanique « hild », bataille, guerre et « gund », combat. La guerrière au combat.

Hildegund *germanique*
Variante d'Hildegonde, la guerrière au combat.

Hildelite *anglo-saxon et français*
Sainte, princesse anglo-saxonne, religieuse en France, rappelée en Angleterre, abbesse de Barking, morte vers 712.

Hildemarque *français*
Autorisé par la loi du 1er avril 1803.

Hildy *germanique*
Variante d'Hilda, du germanique « hild », combat.

Hilel *arabe*
Dérivé d'Hilal, fin croissant de lune.

Hilsinde *français*
Sainte, née dans la famille des ducs de Lorraine, abbesse du couvent de Thorn sur la Marne, morte en 1028.

Hiltraut *scandinave*
Variante d'Hiltrude, du germanique « hild », combat et « trud », valeureuse.

Hiltrude *français et scandinave*
Du germanique « hild », combat et « trud », valeureuse.

Himaya *arabe*
Défense, protection infaillible.

Himelda *hispanique*
Variante d'Imelda, du germanique Irmenhild, d'« irmen », entière et « hild », bataille.

Hinanui *tahitien*
Grande Hina, déesse de la Lune.

Hinatea *tahitien*
Arrière-petite-fille blanche, admirée des déesses.

Hind *arabe*
Troupeau de cent à deux cents chameaux, signe d'abondance.

Hipolita *catalan et basque*
Dérivé d'Hippolyte, du grec « hippos », cheval et « lutos », dompteur, délieur.

Hirena *hispanique*
Variante d'Irène, du grec « eirène », paix.

Hirune *basque*
Du basque « hiru », trois, relatif à la Trinité.

Hisabeau *français*
Attesté à La Poterie, en Seine-Maritime, le 26 mai 1587.

Hisolda *irlandais*
Variante d'Isolde, du celtique « essylt », agréable à regarder, belle.

Hispania *basque*
Enregistré à Urcuit, en Labourd, au Pays basque, en 1249.

Hitiura *tahitien*
Les deux côtés rouges du rocher à pic, la frontière rouge.

Hiva *tahitien*
Compagnie gardant le gouvernement royal.

Hjördis *scandinave*
Attesté à Caen, dans le Calvados, le 27 mai 1993.

Hnazante *arménien*
Docile.

Hoani *tahitien*
Oiseau cajolé des dieux.

Hodeiza *basque*
Dérivé d'Hodei, nuage.

Hoglah *hébreu*
Perdrix.

Hoki *basque*
Nom de lieu en Soule, au Pays basque.

Holda *scandinave*
Favorable, gracieuse, indulgente.

Holly *anglo-saxon*
Traduction du houx, du vieil-anglais « holegn », piquer.

Hombeline *français*
Sainte, sœur de saint Bernard, mondaine et dévergondée, se convertit et entra en religion.

Homberge *français*
Autorisé par la loi du 1er avril 1803.

Homerine *wallon*
Dans le Hainaut, enregistré dix-huit fois sur les listes électorales de Jemappes, en 1938.

Honesta *catalan*
Recensé deux fois à Perpignan, dans les Pyrénées-Orientales, entre 1646 et 1655.

Hong *vietnamien*
Rose.

Honora *italien*
Dérivé d'Honoré, du latin « honoratus », honoré, loué.

Honorada *catalan*
Dérivé d'Honoré, du latin « honoratus », honoré, loué.

Honorade *français*
Dérivé d'Honoré, du latin « honoratus », honoré, loué.

Honorata *italien*
Dérivé d'Honorat, du latin « honoratus », honoré, loué.

Honorate *français*
Autorisé par la loi du 1er avril 1803.

Honorée *français*
Dérivé d'Honoré, du latin « honoratus », honoré, loué.

Honorine *français*
Sainte, morte vierge et martyre vers le IVe siècle, honorée en Normandie.

Honourée *français*
Variante d'Honorée, du latin « honoratus », honoré, loué.

Honourette *français*
Variante d'Honorée, du latin « honoratus », honoré, loué.

Horatia *germanique*
Nom d'une famille romaine.

Hortance *français*
Variante d'Hortense, du latin « hortus », jardin.

Hortensa *catalan*
Variante d'Hortense, du latin « hortus », jardin.

Hortenz *germanique*
Variante d'Hortense, du latin « hortus », jardin.

Hosanna *italien*
Sainte, née à Mantoue, tertiaire dominicaine, morte en 1505.

Houarneva *breton*
Du celtique « houarn », fer et « bev », ardent, vif, en breton moderne, « houarner » désigne le ferronnier.

Houda *arabe*
De « hudâ », la voie.

Houldah *hébreu*
De « héléd », durée.

Houmah *hébreu*
Brune.

Houra *kabyle*
Nom d'une dynastie Amazir des îles Canaries.

Houri *arménien et hébreu*
De l'araméen « horîn », liberté ou d'origine persane, de « hour », feu.

Houriya *arabe*
De « hûrriya » ou « houri », jeune femme à la beauté incomparable.

Housna *arabe*
De « husnâ », femme douée de grandes qualités et très belle.

Housniya *arabe*
Dérivé d'Housni, naturellement beau et très bon.

Hrandouhie *arménien*
Dérivé de Hrant, variante d'Oronte, de « hour », feu et de « ant », champ.

Hranouche *arménien*
De « hour », feu et de « anouche », fille.

Hrarpie *arménien*
De « hour », feu et de « arpi », soleil.

Hualavanae *indien jivi (Venezuela)*
Femme dans la coiffure, celle qui fait les nattes, qui tresse les cheveux.

Huangxian *chinois*
De « huang », jaune et de « xian », d'abord.

Huberdina *italien*
Dérivé d'Hubert, du germanique « hug », intelligence et « bert », brillant.

Huberdine *français*
Dérivé d'Hubert, du germanique « hug », intelligence et « bert », brillant.

Huberta *germanique*
Dérivé d'Hubert, du germanique « hug », intelligence et « bert », brillant.

Huberte *français*
Dérivé d'Hubert, du germanique « hug », intelligence et « bert », brillant.

Hubertine *français*
Dérivé d'Hubert, du germanique « hug », intelligence et « bert », brillant.

Huga *basque*
Dérivé d'Hug, du germanique « hug », intelligence, compréhension.

Hugolina *italien*
Dérivé d'Hugues, du germanique « hug », intelligence, compréhension.

Hugolinne *français*
Dérivé d'Hugues, du germanique « hug », intelligence, compréhension.

Hugone *basque*
Dérivé d'Hugues, du germanique « hug », intelligence.

Hugueta *catalan*
Dérivé d'Hugues, du germanique « hug », intelligence.

Hulda *germanique et scandinave*
Hulda opéra en quatre actes d'après une légende scandinave, représenté au Théâtre de Monte-Carlo, le 4 mars 1894.

Hulma *français*
Enregistré à Caullery, dans le Cambrésis, le 29 août 1868.

Humbeline *français*
Dérivé d'Humbert, du germanique « hunn », ours et « berth », brillant.

Humberta *français*
Dérivé d'Humbert, du germanique « hunn », ours et « berth », brillant.

Humiliane *français*
Autorisé par la loi du 1er avril 1803.

Humilité *français*
Sainte, religieuse, fondatrice de deux monastères de bénédictines, morte en 1310.

Hunégonde *français*
Autorisé par la loi du 1er avril 1803.

Hunna *germanique*
Variante de Hunne, sainte.

Hunne *français*
Sainte alsacienne, surnommée « la sainte blanchisseuse », morte en 679.

Hurbanne *français*
Enregistré à Valloire, en Savoie, avant 1726.

Hurraka *basque*
Enregistré à Falces, en Navarre, au Pays basque, en 1330.

Hyacinthe *français*
Du grec « hyakhintos », la fleur jacinthe ou pierre précieuse.

Hyacinthide *français*
Dérivé de Hyacinthe, du grec « hyakhintos », la fleur jacinthe ou pierre précieuse.

Hyeronima *catalan*
Dérivé de Jérôme, du grec « hieros », sacré et « onoma », nom.

Hygée *grec*
Dans la mythologie grecque, Hygée est la déesse de la Santé, parfois dite fille d'Esculape.

Iadine *français*
Dérivé de Sidon, du nom d'une divinité cananéenne « Tsid » ou du nom de la ville de Sidon, au Liban ou du nom latin Sidonius.

Ianete *hawaïen*
Dérivé de Jean, de l'hébreu « Yohânân », Iahvé a fait grâce, Dieu a fait grâce.

Ianthe *grec et hébreu*
Du nom d'une fleur, d'« ion », violet et « anthos », fleur.

Ibane *basque*
Dérivé d'Iban, de l'hébreu « Yohânân », Iahvé a fait grâce, Dieu a fait grâce.

Ibo *dogon (Mali)*
D'« ibewo », aime.

Ibtisan *palestinien*
Du verbe « basama », sourire.

Ibtissam *arabe*
Du verbe « basama », sourire.

Icha *arabe*
Du sanscrit « iccha », désir.

Ichabod *hébreu*
De l'hébreu « í-khãbhõdh », sans honneur.

Ichidora *basque*
Dérivé d'Isidore, du grec « Isis », nom de la déesse et « dôron », cadeau, présent.

Icia *galicien*
Variante de Cécile, du latin « caecus », aveugle ou de Caecilia, nom d'une célèbre famille romaine.

Idaa *hindou*
Terre.

Idaberge *français*
Autorisé par la loi du 1er avril 1803.

Idalea *hispanique*
Jeune et puissante.

Idalie *germanique*
Variante d'Idalia, du vieil allemand « ida », femme sage, voyante, devineresse, sorcière ou du germanique « idh », travail.

Idaline *français*
Du vieil allemand « ida », femme sage, voyante, devineresse, sorcière ou du germanique « idh », travail et « lind », doux.

Idania *corse*
Du vieil allemand « ida », femme sage, voyante, devineresse, sorcière ou du germanique « idh », travail et du prénom hébraïque « Hannâ » ou « hannah », comblée de grâce, gracieuse.

Ide *français et irlandais*
Variante d'Ida, du vieil allemand « ida », femme sage, voyante, devineresse, sorcière ou du germanique « idh », travail.

Idelette *français*
Idelette, épouse du réformateur français Jean Calvin (1509-1564).

Idette *germanique*
Du germanique « idh », travail et du suffixe diminutif français « ette ».

Idissa *kabyle*
Côtés.

Idit *hébreu*
Terre fertile.

Idolina *hispanique*
Du latin « idolom », idole, image.

Idonia *hispanique*
Du latin « idoneus », de bonne disposition.

Idowu *yoruba (Niger)*
Premier enfant après des jumeaux.

Idra *hébreu*
En araméen, figuier.

Idriya *hébreu*
Canard.

Iduna *germanique et scandinave*
Dérivé d'Ida, du vieil allemand « ida » (germanique « itis »), femme sage, voyante, devineresse, sorcière ou du germanique « idh », travail.

Iemimah *hébreu*
Jour ou colombe.

Ienega *basque*
Dérivé d'Ignace, du grec « ignatios », indigène, par l'intermédiaire du latin Ignatius, nom de personne.

Ienipa *hawaïen*
Variante de Jennifer, du gallois « gwenhwyfar », forme blanche ou blonde.

Ietse *scandinave*
Variante d'Ida, du vieil allemand « ida » (germanique « itis »), femme sage, voyante, devineresse, sorcière ou du germanique « idh », travail.

Ieva *balte et scandinave*
Variante d'Ève, de l'hébreu « havvah », source de vie.

Ifama *ibo (Niger)*
Tout est bien, chaque chose est jolie.

Ifetayo *yoruba (Niger)*
L'amour apporte le bonheur et la joie.

Iffeat *hébreu*
Beauté, éclat.

Ifigenia *castillan, catalan et corse*
Variante d'Iphigénie, du grec « iphigenos », de race courageuse.

Iginia *italien*
Du grec Hyginos, nom de la déesse de la Santé.

Ignacine *corse*
Dérivé d'Ignace, du grec « ignatios », indigène, par l'intermédiaire du latin Ignatius, nom de personne.

Ignasia *catalan*
Dérivé d'Ignace, du grec « ignatios », indigène, par l'intermédiaire du latin Ignatius, nom de personne.

Ignatia *slave*
Dérivé d'Ignace, du grec « ignatios », indigène, par l'intermédiaire du latin Ignatius, nom de personne.

Igora *slave*
Dérivé d'Igor, du germanique « ing », dénominatif de filiation et « ward », protecteur ou du slave « ingvar », gardien de la jeunesse.

Ihitza *basque*
Dérivé d'Ihintz, du germanique « ing », dénominatif de filiation et « ward », protecteur ou du slave « ingvar », gardien de la jeunesse.

Ihsan *arabe et turc*
D'« ihsãn », charité, bienfait, pardon.

Ikapela *hawaïen*
Variante d'Isabelle, de l'hébreu « elisheba », Dieu est mon serment.

Iken *scandinave*
Jeune et puissante.

Iklil *arabe*
Diadème.

Iku *japonais*
Nourrissante.

Ikuko *japonais*
Enfant soutenant.

Ikuseghan *benin (Niger)*
La paix est meilleure que la guerre.

Ila *hindou*
Terre.

Ilah *hébreu*
Halo, auréole autour de la lune.

Ilana *hébreu et slave*
Dérivé d'Ilan. En hébreu, arbre.

Ilaria *corse et italien*
Dérivé d'Hilaire, du latin « hilaris », gai.

Ilarka *slave*
Dérivé d'Hilaire, du latin « hilaris », gai.

Ildiko *hongrois*
En germanique, guerrier.

Ileana *roumain et slave*
Variante d'Hélèna, du grec « élê », éclat du soleil, brillance ou « élyein », couvrir.

Ileina *hawaïen*
Variante d'Hélèna, du grec « élê », éclat du soleil, brillance ou « élyein », couvrir.

Ilesha *hindou*
Composé des éléménts « il », terre et « ísa », seigneur de la terre.

Ilham *arabe*
Inspiration.

Ilka *hongrois*
Diminutif d'Ilona, variante d'Hélène, du grec « élê », éclat du soleil, brillance ou « élyein », couvrir.

Illia *slave*
Dérivé d'Ilian et de Gilles, du germanique « gisil », pousse, descendant ou du grec « aigidos », bouclier.

Illidge *néerlandais*
Dérivé supposé d'Éloi, du latin « eligius », élu.

Illuminée *français*
Autorisé par la loi du 1er avril 1803.

Ilma *kabyle*
D'Ilmayen, nom d'un village en Kabylie.

Ilonka *hongrois*
Diminutif d'Ilona, variante d'Hélène, du grec « élê », éclat du soleil, brillance ou « élyein », couvrir.

Ilsabe *germanique*
Variante d'Élisabeth, de l'hébreu « elisheba », Dieu est mon serment.

Iltuda *breton*
Dérivé d'Iltud, saint.

Iluska *hongrois*
Diminutif d'Ilona, variante d'Hélène, du grec « élê », éclat du soleil, brillance ou « élyein », couvrir.

Ilya *slave*
Dérivé d'Ilian et de Gilles, de l'hébreu Elyahu, Jehovah, forteresse de Dieu ou du germanique « gisil », pousse, descendant ou du grec « aigidos », bouclier.

Ima *japonais*
Présent, maintenant.

Imae *japonais*
Génération présente.

Imaelde *hispanique*
Variante d'Imelda, dérivé du germanique Irmenhild, d'« irmen », entière et « hild », bataille.

Imaine *wallon*
Sainte, abbesse cistercienne près de Namur, puis à Flines, morte en 1270.

Imako *japonais*
Enfant présent.

Imdad *arabe*
Assistance, aide.

Imelda *castillan, catalan et italien*
Dérivé du germanique Irmenhild, d'« irmen », entière et « hild », bataille.

Imma *basque, germanique, kabyle et scandinave*
Dérivé du latin « immacula », sans tache, en référence à la Vierge Marie.
En kabyle, ma mère.

Immacolata *maltais*
Très rare, se dit Concetta, vient de l'Immaculée Conception.

Immaculée *français*
Dérivé du latin « immacula », sans tache, en référence à la Vierge Marie.

Immina *slave*
Dérivé d'Imma, dérivé du latin « immacula », sans tache, en référence à la Vierge Marie.

Immokalee *indien cherokee (Amérique du Nord)*
Chute d'eau.

Imogen *anglo-saxon*
Dérivé du gaélique « inghean », jeune fille.

Impere *français*
Autorisé par la loi du 1er avril 1803.

Imperia *corse, italien et maltais*
Irrésistible.

Imtissal *arabe*
D'« imtithât », soumission, conformité.

Inas *arabe*
Amabilité, bonne humeur.

Inam *arabe*
Du verbe « an'ama », consacrer
Bénédiction.

Inaya *arabe*
Sollicitude, attention, providence divine.

Indira *hindou*
Du sanscrit « indirã », beauté, splendeur.
Indira Gandhi, femme politique indienne, fille de Nehru.

Indolina *hispanique*
Variante d'Idolina, du latin « idolom », idole, image.

Indrayani *hindou*
Femme d'Indra, dieu du Ciel et de l'Atmosphère.

Indu *hindou*
Lune.

Inesa *basque*
Variante d'Inès, du latin « agnus », agneau ou du grec « agnos » ou « agnê », pur.

Inessa *slave*
Variante d'Inès, forme ibérique d'Agnès, du latin « agnus », agneau ou du grec « agnos » ou « agnê », pur.

Ingeborg *germanique, français et scandinave*
Sous la protection du dieu Ing, dieu de la Prospérité.

Ingegärd *suédois*
La forteresse d'Ing.

Ingerid *germanique*
Dérivé d'Ingrid, du germanique « ing », dénominatif de filiation et « fridh », aimée, belle.

Inina *kabyle*
Rapporteuse.

Inle *dogon (Mali)*
Peut-être d'« ine », il se lave et de « le », deux, avec.

Inma *basque et slave*
En slave, simple, tendre, généreuse.

Innbal *hébreu*
Battant de la cloche.

Innbar *hébreu*
Ambre.

Innocente *français et italien*
Variante d'Innocent, du latin « innocens », innoffensif, sans méchanceté, qui n'est pas coupable.

Innocentinne *français*
Dérivé d'Innocent, du latin « innocens », innoffensif, sans méchanceté, qui n'est pas coupable.

Inola *indien cherokee (Amérique du Nord)*
Renard noir.

Inoussia *slave*
Dérivé d'Inge, du germanique « ing », dénominatif de filiation ou Inge, nom de divinité.

Invenia *catalan*
Recensé une fois à Perpignan, dans les Pyrénées-Orientales, entre 1566 et 1575.

Ioana *italien et roumain*
Variante de Jeanne, de l'hébreu « Yohânân », Iahvé a fait grâce.

Iokepina *hawaïen*
Variante de Joséphine, dérivé de Joseph, de l'hébreu « vosef », qu'Iahvé ajoute.

Iola *italien*
Variante diminutive de Yolande, du germanique « vêl », adresse, habileté et « land », pays.

Iolana *hawaïen*
Variante de Yolande, du germanique « vêl », adresse, habileté et « land », pays ou du latin « viola », violet.

Iolanda *catalan, italien et roumain*
Variante de Yolande, du germanique « vêl », adresse, habileté et « land », pays.

Ionia *anglo-saxon et grec*
Du nom de la Ionie, ancienne région à l'ouest de l'Asie mineure, colonisée par les Grecs au XIe siècle ou dérivé du grec « ion », violet.

Iosepine *hawaïen*
Variante de Joséphine, dérivé de Joseph, de l'hébreu « vosef », qu'Iahvé ajoute.

Iphigenia *germanique*
Variante d'Iphigénie, du grec « iphigenos », de race courageuse.

Iphigénie *français*
Du grec « iphigenos », de race courageuse. Dans la mythologie grecque, Iphigénie est la fille d'Agamemnon. C'est aussi le titre d'une tragédie de Racine.

Ippolita *italien*
Dérivé d'Hippolyte, du grec « hippos », cheval et « lutos », dompteur, délieur.

Iradi *basque*
Fougeraie.

Iraida *arménien et basque*
Du grec Hera, nom de la déesse, protectrice du Mariage, et de « eidos », descendant.

Iraïde *basque et français*
Autorisé par la loi du 1er avril 1803.

Iraïs *slave*
Variante d'Iris, du grec « iris », arc-en-ciel, se rattache à « uiris », racine indo-européenne, « bande ininterrompue ».

Iraun *basque*
Durer, persévérer.

Irca *tchécoslovaque*
Diminutif d'Irène, du grec « eirène », paix.

Ireane *hispanique*
Variante d'Irène, du grec « eirène », paix.

Irena *corse, grec, polonais, russe et scandianve*
Variante d'Irène, du grec « eirène », paix.

Irenca *slave*
Dérivé d'Irène, du grec « eirène », paix.

Irenia *hispanique*
Variante d'Irène, du grec « eirène », paix.

Irenka *tchécoslovaque*
Diminutif d'Irène, du grec « eirène », paix.

Irfane *arabe*
D'« irfân », gratitude, connaissance, bienfait.

Iriata *polynésien*
La peau des nuages.

Iride *italien*
Variante d'Iris, du grec « iris », arc-en-ciel, se rattache à « uiris », racine indo-européenne, « bande ininterrompue ».

Iriena *slave*
Variante d'Irène, du grec « eirène », paix.

Irinei *slave*
Variante d'Irène, du grec « eirène », paix.

Irinka *slave*
Variante d'Irène, du grec « eirène », paix.

Iris *anglo-saxon, grec, hébreu, italien et scandinave*
Du grec « iris », arc-en-ciel, se rattache à « uiris », racine indo-européenne, « bande ininterrompue ».

Irisa *grec*
Variante d'Iris, du grec « iris », arc-en-ciel, se rattache à « uiris », racine indo-européenne, « bande ininterrompue ».

Irit *hébreu*
Asphodèle.

Irkusne *basque*
Dérivé d'Irkus, de tradition sabinienne, du basque « irakus », montré.

Irlas *arabe*
Pureté d'intention, sincérité d'agir en vue de Dieu.

Irmchen *slave*
Variante d'Irma, diminutif d'Irmine, du germanique « irmo », majestueux, très grand.

Irme *germanique*
Dérivé d'Irma, diminutif d'Irmine, du germanique « irmo », majestueux, très grand.

Irmela *germanique*
Dérivé d'Irma, diminutif d'Irmine, du germanique « irmo », majestueux, très grand.

Irmeline *français*
Dérivé d'Irma, diminutif d'Irmine, du germanique « irmo », majestueux, très grand.

Irmengard *germanique*
Sainte, fille du roi Louis II le Germanique, petit-fils de Charlemagne, morte en 866.

Irmentrude *germanique*
Variante d'Irma, diminutif d'Irmine, du germanique « irmo », majestueux, très grand.

Irmerud *scandinave*
Variante d'Irma, diminutif d'Irmine, du germanique « irmo », majestueux, très grand.

Irmine *français et germanique*
Dérivé d'Irmin, nom de divinité, d'origine franque, du germanique « irmo », majestueux, très grand.

Irmouchka *slave*
Variante d'Irma, diminutif d'Irmine, du germanique « irmo », majestueux, très grand.

Irmuska *hongrois*
Diminutif d'Irma, du germanique « irmo », majestueux, très grand.

Irna *kabyle*
Elle a rajouté.

Iroucha *slave*
Variante d'Irène, du grec « eirène », paix.

Iroumanou *dogon (Mali)*
D'« irou », pensées et de « mannay », est gâté, perdu.

Irounia *slave*
Variante d'Irène, du grec « eirène », paix.

Irsane *français*
Francisation de l'arabe « ihsãn », charité, bienfait, pardon, recherche de la perfection.

Irune *basque*
Autorisé par le greffe du tribunal civil de Bayonne, en décembre 1957.

Iruntze *basque*
D'« iruntza », rosée.

Isaba *basque*
Dérivé diminutif d'Isabelle, forme ibérique d'Élisabeth, de l'hébreu « elisheba », Dieu est mon serment.

Isabeau *français*
Dérivé diminutif d'Isabelle, forme ibérique d'Élisabeth, de l'hébreu « elisheba », Dieu est mon serment.

Isabel *anglo-saxon, basque, catalan, écossais, germanique, hispanique, irlandais et portugais*
Variante d'Isabelle, forme ibérique d'Élisabeth, de l'hébreu « elisheba », Dieu est mon serment.

Isabelet *français*
Dérivé d'Élisabeth, forme ibérique d'Élisabeth, de l'hébreu « elisheba », Dieu est mon serment.

Isabelinha *portugais*
Dérivé d'Isabelle, forme ibérique d'Élisabeth, de l'hébreu « elisheba », Dieu est mon serment.

Isabiau *français*
Variante d'Isabelle, forme ibérique d'Élisabeth, de l'hébreu « elisheba », Dieu est mon serment.

Isabiela *slave*
Variante d'Isabelle, forme ibérique d'Élisabeth, de l'hébreu « elisheba », Dieu est mon serment.

Isadora *anglo-saxon et grec*
Dérivé d'Isidore, issu du grec « Isis », nom de la déesse et « dôron », cadeau, présent.

Isadore *grec*
Dérivé d'Isidore, issu du grec « Isis », nom de la déesse et « dôron », cadeau, présent.

Isaline *français*
Diminutif d'Élisabeth, de l'hébreu « elisheba », Dieu est mon serment.

Isamu *japonais*
Vigoureuse, robuste, énergique.

Isarna *catalan*
Dérivé d'Isarne, du germanique « is », glace et « arn », aigle.

Isbergue *français*
Sainte, religieuse en Artois, aurait été la sœur de Charlemagne. Elle est morte vers 800.

Iseabail *écossais*
Variante d'Isabelle, forme ibérique d'Élisabeth, de l'hébreu « elisheba », Dieu est mon serment.

Isebela *hispanique*
Variante d'Isabelle, forme ibérique d'Élisabeth, de l'hébreu « elisheba », Dieu est mon serment.

Isée *français*
Dans le conte *Histoire de la princesse Isée*, la princesse Isée est la plus jolie personne du monde.

Iselda *italien*
Iselda di Normandia ballet fantastique, représenté au théâtre de la Scala, à Milan, en 1846.

Isha *hindou*
Dérivé du sanscrit « ísa », seigneur, celui qui protège.

Ishana *hindou*
Désir.

Ishbel *écossais*
Variante d'Isabelle, forme ibérique d'Élisabeth, de l'hébreu « elisheba », Dieu est mon serment.

Ishi *japonais*
Pierre, dure de caractère.

Ishiko *japonais*
Enfant de pierre, dure de caractère.

Isi *indien choctaw (Amérique du Nord)*
Cerf.

Isibéal *irlandais*
Variante d'Isabelle, dérivé d'Élisabeth, de l'hébreu « elisheba », Dieu est mon serment.

Isidora *catalan, corse et italien*
Variante d'Isidore, du grec Isis, nom de la déesse et « dôron », cadeau, présent.

Isidorine *français*
Dérivé d'Isidore, du grec Isis, nom de la déesse et « dôron », cadeau, présent.

Isiorina *corse*
Variante d'Isis, nom de la déesse grecque.

Isis *égyptien*
Du grec « Isis », nom de la divinité égyptienne, déesse du Mariage et du Foyer domestique.

Iskouhie *arménien*
Véritable.

Isma *arabe*
Protection, vertu.

Ismène *basque et français*
Variante d'Ismena, du grec Isis, nom d'une déesse et « méné », lune.

Isménie *français*
Variante d'Ismena, du grec Isis, nom d'une déesse et « méné », lune.

Ismérine *français*
Enregistré à Cambrai, dans le Cambrésis, en 1831.

Isoke *benin (Niger)*
Merveilleux cadeau de Dieu.

Isolde *anglo-saxon, français, gallois, germanique, irlandais et scandinave*
Du celtique « essylt », agréable à regarder, belle.

Isoline *français et wallon*
Dérivé d'Isolde, du celtique « essylt », agréable à regarder, belle.

Isore *français*
Variante d'Isaure, du grec « Isauria », nom de lieu.

Isotta *germanique*
Variante d'Isolde, du celtique « essylt », agréable à regarder, belle.

Issabela *hispanique*
Variante d'Isabelle, forme ibérique d'Élisabeth, de l'hébreu « elisheba », Dieu est mon serment.

Issam *arabe*
Du verbe « basama », sourire.

Ita *anglo-saxon et irlandais*
Dérivé diminutif de Judith, de l'hébreu « yehudit », la juive ou variante d'Ida, du vieil allemand « ida » (germanique « itis »), femme sage, voyante, devineresse, sorcière ou du germanique « idh », travail.

Ite *français*
Autorisé par la loi du 1er avril 1803.

Itia *hébreu*
Dieu est avec moi.

Itiel *hébreu*
Dieu est avec moi.

Itinsa *indien tlingit (Amérique du Nord)*
Cascade.

Itiya *hébreu*
Dieu est avec moi.

Itje *slave*
Variante d'Ide, du vieil allemand « ida » (germanique « itis »), femme sage, voyante, devineresse, sorcière ou du germanique « idh », travail.

Ito *japonais*
Fil.

Itsaso *basque*
Mer.

Itta *anglo-saxon*
Dérivé diminutif de Judith ou variante d'Ida, du germanique « id », travail et « hari », armée (étymologie controversée).

Itxaro *basque*
Variante d'Espérance, du latin « sperare », espérer.

Itxaso *basque*
Du basque « itsaso », mer.

Iudita *hawaïen*
Variante de Judith, de l'hébreu « yehudit », la juive.

Iugina *hawaïen*
Dérivé de Iugini, variante d'Eugène, du grec « eugénios », bien né.

Iukika *hawaïen*
Variante de Judith, de l'hébreu « yehudit », la juive.

Iukina *hawaïen*
Dérivé de Iukini, variante d'Eugène, du grec « eugénios », bien né.

Iulalia *hawaïen*
Variante d'Eulalie, du grec « eulalos », qui parle bien.

Iulia *hawaïen et roumain*
Variante de Julie, dérivé de Jules, du latin « Julia », nom d'une famille romaine descendant d'Iule, fils d'Énée ou du latin « oulos », entier.

Iune *hawaïen*
Variante de June, du latin « Juno », nom du mois de juin.

Iusitina *hawaïen*
Variante de Justine, du latin « justus », raisonnable, juste.

Ivanka *tchécoslovaque*
Diminutif d'Ivana, dérivé d'Ivan, variante de Jean, de l'hébreu « Yohânân », Iahvé a fait grâce, Dieu a fait grâce.

Ivanna *russe*
Dérivé d'Ivan, variante de Jean, de l'hébreu « Yohânân », Iahvé a fait grâce, Dieu a fait grâce.

Ivanne *français*
Dérivé d'Ivan, variante de Jean, de l'hébreu « Yohânân », Iahvé a fait grâce, Dieu a fait grâce.

Iveline *français*
Dérivé d'Yves, du germanique « iv », if.

Iverem *tiv (Niger)*
Bonne fortune, bienfait, avantage.

Ivet *bulgare*
Variante d'Yvette, du germanique « iv », if.

Iveta *tchécoslovaque*
Variante d'Yvette, du germanique « iv », if.

Ivey *anglo-saxon*
Variante d'Ivy, du nom d'une plante grimpante, du vieil anglais « ifig », grimpante.

Ivka *tchécoslovaque*
Diminutif d'Iveta, variante d'Yvette, du germanique « iv », if.

Ivona *breton*
Dérivé d'Ivon, du germanique « iv », if.

Iwa *japonais et kabyle*
En japonais, pierre, dure de caractère. En kabyle, mûr ou cuit.

Iwala *kabyle*
Elle a vu.

Iwona *germanique et polonais*
Fille armée d'un arc d'if.

Ixa *basque*
Variante diminutive d'Isabelle, forme ibérique d'Élisabeth, de l'hébreu « elisheba », Dieu est mon serment.

Ixabel *basque*
Variante d'Isabelle, forme ibérique d'Élisabeth, de l'hébreu « elisheba », Dieu est mon serment.

Ixia *français*
Dérivé d'Alix, variante d'Alice, forme contractée du prénom Adélaïde, issu du composé germanique « adel », noble et « haid », bruyère ou « heid », aspect, manière.

Izabeau *français*
Variante d'Isabelle, forme ibérique d'Élisabeth, de l'hébreu « elisheba », Dieu est mon serment.

Izabela *hispanique, polonais et roumain*
Variante d'Isabelle, forme ibérique d'Élisabeth, de l'hébreu « elisheba », Dieu est mon serment.

Izar *basque*
Autorisé par le greffe du tribunal civil de Bayonne, en décembre 1957.

Izdihar *arabe*
Floraison.

Izegbe *benin (Niger)*
Enfant longtemps attendue.

Izevel *hébreu*
Variante de Jezabel, de « zvoul », demeure.

Iziar *basque*
Autorisé par le greffe du tribunal civil de Bayonne, en décembre 1957.

Izidora *catalan*
Dérivé d'Isidore, du grec Isis, nom de la déesse et « dôron », cadeau, présent.

Izild *germanique*
Variante d'Isolde, du celtique « essylt », agréable à regarder, belle.

Izold *breton*
Variante d'Isolde, du celtique « essylt », agréable à regarder, belle.

Izolda *slave*
Variante d'Isolde, du celtique « essylt », agréable à regarder, belle.

Iztebeni *basque*
Variante d'Étiennette, dérivé d'Étienne, du grec « stephanos », couronne.

Izzie *anglo-saxon*
Diminutif d'Isabelle, dérivé d'Élisabeth, de l'hébreu « elisheba », Dieu est mon serment.

J

Jââli *breton*
Enregistré sur l'île de Groix, au XVIIIe siècle.

Jabiera *basque*
Dérivé de Xavier, de l'espagnol « Javier », nom de lieu ou du basque « etxaberri », maison neuve.

Jachinta *basque*
Dérivé de Hyacinthe, du grec « hyakhintos », la fleur jacinthe ou pierre précieuse.

Jacinte *français*
Dérivé de Hyacinthe, du grec « hyakhintos », la fleur jacinthe ou pierre précieuse.

Jachinta *basque*
Autorisé par le greffe du tribunal civil de Bayonne, en décembre 1957.

Jacinthe *français*
Dérivé de Hyacinthe, du grec « hyakhintos », la fleur jacinthe ou pierre précieuse.

Jacmina *catalan*
Dérivé de Jacques, de l'hébreu « ya'aqob », que Dieu favorise.

Jacobea *romanche*
Rencontré dans le canton des Grisons, en pays romanche.

Jacobina *romanche*
Variante de Jacob, de l'hébreu « ya'aqob », que Dieu favorise.

Jacobine *français*
Prénom révolutionnaire, attribué à Raimbeaucourt, dans le Nord, le 17 octobre 1793.

Jacolyn *anglo-saxon*
Variante de Jacqueline, dérivé de Jacques, de l'hébreu « ya'aqob », que Dieu favorise, qui supplante.

Jacomine *français*
Dérivé de Jacques, de l'hébreu « ya'aqob », que Dieu favorise, qui supplante.

Jacotte *français*
Dérivé diminutif de Jacqueline, de l'hébreu « ya'aqob », que Dieu favorise.

Jacquelène *français*
Dérivé de Jacqueline, de l'hébreu « ya'aqob », que Dieu favorise, qui supplante.

Jacquelle *français*
Dérivé de Jacques, de l'hébreu « ya'aqob », que Dieu favorise, qui supplante.

Jacquemine *français*
Enregistré à Valloire, en Savoie, l'un des plus fréquents, en 1561.

Jacqueta *français*
Enregistré lors d'un mariage à Boscherville, dans l'Eure, en 1554.

Jacquette *français*
Attesté à Goderville, en Seine-Maritime, le 26 juillet 1552.

Jacquine *français*
Attesté à Bretoncelles, dans l'Orne, en 1652.

Jacquotte *français*
Dérivé de Jacques, de l'hébreu « ya'aqob », que Dieu favorise, qui supplante.

Jadwiga *germanique et polonais*
Variante d'Edwige, personne belliqueuse ou combattante.

Jaenne *français*
Attesté à Envronville, en Seine-Maritime, le 31 janvier 1645.

Jahida *arabe*
Dérivé de Jahid, personne qui fait un effort sur elle-même.

Jaimette *français*
Enregistré dans le Gers, au XVIIe siècle.

Jaione *basque*
Dérivé de Jaio, du basque «jaio», naître.

Jakelin *basque*
Variante de Jacqueline, de l'hébreu «ya'aqob», que Dieu favorise.

Jakeza *breton*
Dérivé de Jakez, de l'hébreu «ya'aqob», que Dieu favorise.

Jakinde *basque*
Variante de Hyacinthe, du grec «hyakhintos», la fleur jacinthe ou pierre précieuse.

Jakoba *germanique*
Dérivé de Jacob, de l'hébreu «ya'aqob», que Dieu favorise, qui supplante.

Jakobina *germanique*
Rencontré en Suisse alémanique.

Jala *arabe*
Lumière éclatante, apparition du jour, nom donné à la première levée du voile de la mariée devant son époux.

Jalscha *romanche*
Rencontré dans le canton des Grisons, en Pays romanche.

Jamaire *français*
Recensé une seule fois à Agon, dans la Manche, en 1923.

Jamila *arabe*
Belle.

Jammette *français*
Enregistré lors d'un mariage à Bellac en Haute-Vienne, en 1666.

Janekin *basque*
Enregistré à Bayonne, en Labourd, au Pays basque, en 1466.

Janetton *français*
Variante de Jeannette, dérivé de Jean, de l'hébreu « Yohânân», Iahvé a fait grâce.

Janey *anglo-saxon*
Variante de Jeanne, de l'hébreu « Yohânân», Iahvé a fait grâce, Dieu a fait grâce.

Janika *slovène*
Janika Kostelic, quatre fois championne olympique en ski alpin, abandonne la compétition à la suite de blessures, en 2007.

Janine *français*
Variante de Jeannine, dérivé de Jean, de l'hébreu « Yohânân», Iahvé a fait grâce, Dieu a fait grâce.

Janique *français*
En vogue après la diffusion du feuilleton *Janique Aimée* à la télévision française, en 1963.

Janna *slave*
En russe, fort, vaillant, compliqué.

Janne *français*
Variante de Jeanne, de l'hébreu « Yohânân», Iahvé a fait grâce, Dieu a fait grâce.

Januaria *italien*
Sainte, morte martyre à Porto Romano avec ses compagnons vers 305, sous Dioclétien.

Janvière *français*
Autorisé par la loi du 1er avril 1803.

Jaouahir *arabe*
Dérivé de Jawahir, perles et joyaux.

Jaouhara *arabe*
Dérivé de Jawhara, un joyau ou une perle.

Jaquemetta *français*
Enregistré à Valloire, en Savoie, avant 1726.

Jaquemina *français*
Enregistré à Valloire, en Savoie, avant 1726.

Jaquemine *français*
Variante de Jacquemine, dérivé de Jacques. De l'hébreu « ya'aqob », que Dieu favorise, qui supplante.

Jaqueta *catalan*
Recensé deux fois à Perpignan, dans les Pyrénées-Orientales, entre 1666 et 1685.

Jaquette *français*
Attesté à Saint-Patrice de Rouen, en Seine-Maritime, le 23 novembre 1573.

Jasmine *français*
Dérivé de Jasmin, de l'arabo-persan « yâsimîn », jasmin.

Jasone *basque et français*
Dérivé de Jason, de l'hébreu « Yéshoua », Yavhé sauve ou du grec « Easôn », nom de personne.

Jauke *flamand*
Petite-Jeanne.

Jauma *catalan*
Dérivé de Jaume, de l'hébreu « ya'aqob », que Dieu favorise, qui supplante.

Jaumeta *catalan*
Recensé six fois à Perpignan, dans les Pyrénées-Orientales, entre 1515 et 1575.

Jaune *catalan*
En basque, monsieur.

Javon *français*
Dérivé de Geneviève, du germanique « gen », jeune et « waiba », femme.

Javotte *français*
Dérivé de Geneviève, du germanique « gen », jeune et « waiba », femme.

Jawahir *arabe*
Perles ou joyaux.

Jawhara *arabe*
Joyau ou perle.

Jaya *indonésien*
Du lieu de l'Irian Jaya, nom d'une province en Papouasie.

Jayden *anglo-saxon*
Attribué à Mons, dans le Hainaut, entre le 1er mai et le 30 juin 2004.

Jazoua *arabe*
De « jazwa », récompense, rétribution.

Jeanie *anglo-saxon et français*
Dérivé de Jean, de l'hébreu « Yohânân », Iahvé a fait grâce.

Jeanine *français*
En tête des prénoms féminins entre 1930 et 1940, démodé après 1945, disparu depuis 1960.

Jeannelle *français*
Dérivé de Jeanne, de l'hébreu « Yohânân », Iahvé a fait grâce.

Jeanneton *français*
Dérivé diminutif de Jeanne, de l'hébreu « Yohânân », Iahvé a fait grâce.

Jeanneviève *français*
Variante de Geneviève, du germanique « gen », jeune et « waiba », femme.

Jeannice *français*
Dérivé de Jeanne, de l'hébreu « Yohânân », Iahvé a fait grâce.

Jeannick *français*
Dérivé de Jeanne, de l'hébreu « Yohânân », Iahvé a fait grâce.

Jeannie *français*
Variante de Jeanne, de l'hébreu « Yohânân », Iahvé a fait grâce.

Jeannotte *français*
Dérivé de Jeanne, de l'hébreu « Yohânân », Iahvé a fait grâce.

Jeanny *anglo-saxon*
Dérivé de Jeanne, de l'hébreu « Yohânân », Iahvé a fait grâce.

Jeanvillia *martiniquais*
Issu du nom de famille Jeanvill(e) et du suffixe « -ia ».

Jeffina *français*
Enregistré lors d'un mariage à Boscherville, dans l'Eure, en 1560.

Jehanete *français*
Attesté dans un registre du tabellionage d'Argences, Troarn et Varaville, dans le Calvados, entre 1386 et 1417.

Jehanna *français*
Enregistré cent quarante fois, à Valloire, l'un des plus fréquents en Savoie, en 1561.

Jehanne *français*
Dérivé de Jehan, de l'hébreu « Yohânân », Iahvé a fait grâce. Figure parmi les noms de baptême les plus courants en France, entre le XIIIe et le XIVe siècle.

Jehannette *français*
Dérivé de Jehan, de l'hébreu « Yohânân », Iahvé a fait grâce.

Jehenne *français*
Attesté à Envronville, en Seine-Maritime, le 24 avril 1563.

Jehennette *français*
Dérivé de Jehan, de l'hébreu « Yohânân », Iahvé a fait grâce.

Jella *kabyle*
Nom d'une ville numide en Tunisie.

Jeloua *arabe*
Variante de Jaloua, lumière éclatante, apparition du jour.

Jelscha *romanche*
Rencontré dans le canton des Grisons, en pays romanche.

Jemila *arabe*
Variante de Jamîla, belle.

Jenaye *anglo-saxon*
Attribué à l'une des filles de Yannick Noah et de la top-model britannique Heather Stewart-Whyte, en 1998.

Jene *français*
Attesté à Saint-Martin-en-Campagne, en Seine-Maritime, le 5 février 1560.

Jenin *français*
Dérivé d'Eugène, du grec « eugénios », bien né.

Jenne *français*
Attesté à Fultot, en Seine-Maritime, en 1550.

Jennevième *français*
Attesté à Saint-Martin-en-Campagne, en Seine-Maritime, le 22 août 1747.

Jennin *français*
Dérivé d'Eugène, du grec « eugénios », bien né.

Jenny *anglo-saxon*
Dérivé diminutif de Jeanne, de l'hébreu « Yohânân », Iahvé a fait grâce.

Jenofa *basque*
Variante de Geneviève, du germanique « gen », jeune et « waiba », femme.

Jenon *français*
Dérivé d'Eugène, du grec « eugénios », bien né.

Jenufa *slave*
Variante de Geneviève, du germanique « gen », jeune et « waiba », femme.

Jérémiah *anglo-saxon*
Dérivé de Jérémie, de l'hébreu « Yirmeyah », Iahvé élève.

Jérémine *français*
Dérivé de Jérémie, de l'hébreu « Yirmeyah », Iahvé élève.

Jermaine *anglo-saxon*
Variante de Germaine, du latin «germanus», issu du même sang, de même race ou du germanique «germen», du même sang, de la même race.

Jermena *basque*
Autorisé par le greffe du tribunal civil de Bayonne, en décembre 1957.

Jérômette *français*
Dérivé de Jérôme, du grec «hieros», sacré et «onoma», nom.

Jérômine *français*
Dérivé de Jérôme, du grec «hieros», sacré et «onoma», nom.

Jeronima *basque*
Autorisé par le greffe du tribunal civil de Bayonne, en décembre 1957.

Jéronime *français*
Attribué à Melville, en Seine-Maritime, le 29 janvier 1799.

Jerosòlima *catalan*
Jerosòlima Gudrielda, épouse du vicomte de Girona, seigneur de Oló, au Xe siècle.

Jerryline *français*
Composé de Jerry et de Line.

Jertruda *basque*
Autorisé par le greffe du tribunal civil de Bayonne, en décembre 1957.

Jery *français*
Attribué à Marconne, dans le Pas-de-Calais, le 23 octobre 1797.

Jessine *français*
Attesté à Sassetot-le-Mauconduit, en Seine-Maritime, le 10 juin 1615.

Jessye *anglo-saxon*
Jessye Noman, née en 1945, noire américaine, soprano, chanteuse d'opéras.

Jeuffine *français*
Attesté à Notre-Dame-de-Gravenchon, en Seine-Maritime, le 19 novembre 1552.

Jeustine *français*
Enregistré à Saint-Thomas-la-Chaussée, en Seine-Maritime, le 16 juillet 1563.

Jézebel *hébreu*
De l'hébreu «izebhel», impure
Jézebel est le titre d'une chanson d'Édith Piaf.

Jézekela *breton*
Dérivé de Judicaël, de «lud», roi, seigneur, accompagné de la terminaison diminutive en «-ig», devenue «-eg».

Jhenne *français*
Variante de Jehanne, dérivé de Jehan, de l'hébreu «Yohânân», lahvé a fait grâce.

Jianci *chinois*
De «ji», santé et «si», faire des vœux pour.

Jielai *indien jivi (Venezuela)*
Femme qui fabrique le tissage, femme en rapport avec l'artisanat.

Jihad *arabe*
Lutte contre soi-même et aussi contre un adversaire extérieur.

Jildaza *breton*
Dérivé de Gildas, du celtique «gwelt», chevelure (étymologie controversée).

Jinane *arabe*
De «jinân», pluriel de «janna», jardin paradisiaque.

Jingrong *chinois*
De «jing», capitale et «rong», glorieuse.

Joachima *catalan*
Dérivé de Joachim, de l'hébreu «Yehoyagim», lahvé met debout.

Joachine *français et wallon*
Dérivé de Joachim, de l'hébreu «Yehoyagim», lahvé met debout.

Joakima *basque*
Dérivé de Joachim, de l'hébreu «Yehoyagim», lahvé met debout.

Joandon *français*
Enregistré lors d'un mariage à Sévignac-Thèze, dans les Pyrénées-Atlantiques, en 1701.

Joane *basque*
Variante de Jeanne, de l'hébreu « Yohânân », Iahvé a fait grâce.

Joaneder *basque*
Autorisé par le greffe du tribunal civil de Bayonne, en décembre 1957.

Joaneiza *basque*
Variante de Jeanne, de l'hébreu « Yohânân », Iahvé a fait grâce.

Joaneta *basque*
Enregistré à Malerreka, en Navarre, au Pays basque, en 1566.

Joanita *catalan*
Recensé deux fois à Perpignan, dans les Pyrénées-Orientales, entre 1636 et 1646.

Joanitza *basque*
Variante de Jeanne, de l'hébreu « Yohânân », Iahvé a fait grâce.

Joanne *français et catalan*
Enregistré à Montauriol, en Roussillon, le 22 juin 1805.

Joaquima *basque et catalan*
Dérivé de Joaquim, de l'hébreu « Yehoyagim », Iahvé met debout.

Joaquina *hispanique*
Sainte, née en Espagne en 1783, retirée à Vich, fondatrice de l'institut des Sœurs carmélites de la Charité, morte à Barcelone en 1854.

Joasine *français*
Dérivé de Joas ou de Jonas, de l'hébreu « yonah », colombe.

Jocaste *grec*
Dans la mythologie grecque, Jocaste est l'épouse du roi de Thèbes.

Jocelyne *français*
Dérivé de Josselin, du germanique Gauz, Dieu et d'« ing », dénominatif de filiation (étymologie controversée).

Joconde *français et italien*
Autorisé par la loi du 1er avril 1803.

Jodoca *germanique*
Dérivé de Josse, du germanique Gauz, Dieu.

Jody *anglo-saxon*
Variante de Judith, de l'hébreu « yehudit », la juive.

Joëlline *français*
Dérivé diminutif de Joëlle, de l'hébreu Yô'el, Iahvé est Dieu.

Joette *français*
Variante de Josette, dérivé de Joseph, de l'hébreu « vosef », qu'Iahvé ajoute.

Joey *anglo-saxon*
Variante de Joyce, du celtique « josse », champion.

Joffrette *français*
Dérivé du nom Joffre, maréchal durant la guerre de 1914-1918.

Johanella *catalan*
Dame Johanella, reine de Jérusalem et de Sicile, accorde des franchises commerciales aux navires catalans et aragonais dans les mers de Naples, Gaïta et Pussiles, entre 1207 et 1434.

Johanika *basque*
Enregistré en Navarre, au Pays basque, en 1350.

Joehline *français*
Dérivé diminutif de Joëlle, de l'hébreu Yô'el, Iahvé est Dieu.

Joichime *français*
Dérivé de Joachim, de l'hébreu « Yehoyagim », Iahvé met debout.

Jokine *basque*
Autorisé par le greffe du tribunal civil de Bayonne, en décembre 1957.

Jolanda *basque, germanique et italien*
Variante de Violette et de Yolande, du latin « viola », violette.

Jolanta *polonais*
Variante de Violette et de Yolande, du latin « viola », violette.

Joliana *catalan*
Dérivé de Jules, du latin « Julia », nom d'une famille romaine descendant d'Iule, fils d'Énée ou du latin « oulos », entier.

Jolienne *français*
Enregistré, lors d'un mariage, à Caullery, dans le Cambrésis, le 20 mai 1846.

Jorane *français*
Dérivé de Joran, du germanique « Gauz », Dieu et « hramm », corbeau.

Jordaine *basque et français*
Dérivé de Jordan, de l'araméen « yordan », qui répand la vie.

Jordane *français*
Dérivé de Jordan, de l'araméen « yordan », qui répand la vie.

Josafat *basque, castillan et catalan*
Variante de Josaphat, de l'hébreu « vosef », qu'Iahvé ajoute.

Josapha *martiniquais*
Variante de Josepha, de l'hébreu « vosef », qu'Iahvé ajoute.

Josefa *castillan, catalan et germanique*
Variante de Josèphe, de l'hébreu « vosef », qu'Iahvé ajoute.

Josefina *basque et romanche*
Variante de Joséphine, de l'hébreu « vosef », qu'Iahvé ajoute.

Josefine *germanique*
Variante de Joséphine, de l'hébreu « vosef », qu'Iahvé ajoute.

Joseline *français*
Enregistré, lors d'un décès, à Caullery, dans le Cambrésis, le 4 octobre 1806.

Joselita *hispanique*
Attesté dans l'annuaire de la Martinique, en 1985.

Joselyne *français*
Variante de Jocelyne, du germanique Gauz, Dieu et d'« ing », dénominatif de filiation (étymologie controversée).

Josepa *basque et catalan*
Autorisé par le greffe du tribunal civil de Bayonne, en décembre 1957.

Josepha *hispanique*
Sainte, née en 1820 en Espagne, orpheline à treize ans, se consacre à Dieu cinq ans après, morte en 1893.

Josèphe *français*
Dérivé de Joseph, de l'hébreu « vosef », qu'Iahvé ajoute.

Joseta *basque*
Autorisé par le greffe du tribunal civil de Bayonne, en décembre 1957.

Josiane *français*
Dérivé de Joseph, de l'hébreu « vosef », qu'Iahvé ajoute.

Josseline *féminin*
Dérivé de Josselin, du germanique Gauz, Dieu et d'« ing », dénominatif de filiation (étymologie controversée).

Josuen *basque*
Dérivé de Jesus, de l'hébreu « Yéshoua », Iahvé sauve.

Josyane *français*
Variante de Josiane, dérivé de Joseph, de l'hébreu « vosef », qu'Iahvé ajoute.

Jouda *arabe*
De « jûda », perfection, de qualité supérieure.

Jouenne *français*
Attesté dans un registre du tabellionage d'Argences, Troarn et Varaville, dans le Calvados, entre 1386 et 1417.

Jouine *français*
Inscrit sur le registre des baptêmes à Saint-Jouin-de-Marnes, dans les Deux-Sèvres, le 17 juin 1584.

Joumana *arabe*
De « jumâna », la perle ou un joyau en argent qui imite la perle.

Jourdaine *français*
Dérivé de Jourdain, de l'hébreu « vardèn », qui descend, le descendeur.

Jouweria *arabe*
De « juwayriya », diminutif de « jûriya », jeune fille ou jeune servante réputée pour sa piété.

Jovanka *yougoslave*
Dérivé de Jean, de l'hébreu « Yohânân », Iahvé a fait grâce.

Jovienne *français*
Dérivé de Jovien, du latin Jovis, nom de Jupiter au génitif.

Jovita *germanique*
Dérivé de Jovite, saint.

Joxepa *basque*
Dérivé de Joseph, de l'hébreu « vosef », qu'Iahvé ajoute.

Joxune *basque*
Dérivé de Jesus, de l'hébreu « Yéshoua », Iahvé sauve.

Joyosa *catalan*
Recensé une fois à Perpignan, dans les Pyrénées-Orientales, entre 1515 et 1525.

Juane *basque et hispanique*
Variante de Jeanne, de l'hébreu « Yohânân », Iahvé a fait grâce.

Juconde *français*
Autorisé par la loi du 1er avril 1803.

Judette *breton*
Dérivé de Jude, saint apôtre.

Judic *français*
Dérivé de Judicaël, du vieux-breton « iud », seigneur et « hael », généreux.

Judict *français*
Attesté à Saint-Amand-de-Rouen, en Seine-Martime, le 10 août 1606.

Judicth *français*
Dérivé de Judith, de l'hébreu « yehudit », la juive.

Judie *anglo-saxon*
Attesté à Saint-Remy-de-Dieppe, en Seine-Maritime, le 24 novembre 1700.

Judit *castillan et catalan*
Variante de Judith, de l'hébreu « yehudit », la juive.

Juditta *romanche*
Rencontré dans le canton des Grisons, en pays romanche.

Judy *anglo-saxon*
Dérivé de Judith, de l'hébreu « yehudit », la juive.

Jugette *français*
Attesté à Saint-Remy-de-Dieppe, en Seine-Maritime, en avril 1615.

Jule *français*
Autorisé par la loi du 1er avril 1803.

Julene *basque*
Variante de Julienne, du latin « Julia », nom d'une famille romaine descendant d'Iule, fils d'Énée ou du latin « oulos », entier.

Juliaantje *néerlandais*
Variante de Juliette, du latin « Julia », nom d'une famille romaine descendant d'Iule, fils d'Énée ou du latin « oulos », entier.

Juliane *français*
Attesté à Saint-Patrice-de-Rouen, en Seine-Maritime, en juin 1603.

Juliantje *néerlandais*
Variante de Juliette, du latin « Julia », nom d'une famille romaine descendant d'Iule, fils d'Énée ou du latin « oulos », entier.

Juliene *français*
Attribué une fois dans l'analyse de l'état civil ancien de Gouville, dans la Manche, sur les actes de mariage inscrits en 1695.

Julienne *français*
Sainte, née en 1270, première prieure de la communauté des tertiaires servites, morte en 1341.

Juliet *basque*
Variante de Juliette, du latin « Julia », nom d'une famille romaine descendant d'Iule, fils d'Énée ou du latin « oulos », entier.

Julina *antillais*
Dérivé de Jules, du latin « Julia », nom d'une famille romaine descendant d'Iule, fils d'Énée ou du latin « oulos », entier.

Juline *français*
Dérivé de Jules, du latin « Julia », nom d'une famille romaine descendant d'Iule, fils d'Énée ou du latin « oulos », entier.

Juliska *hongrois*
Dérivé de Jules, du latin « Julia », nom d'une famille romaine descendant d'Iule, fils d'Énée ou du latin « oulos », entier.

Julite *catalan*
Sainte honorée à Pia, en Roussillon.

Julitta *romanche*
Variante de Juliette, du latin « Julia », nom d'une famille romaine descendant d'Iule, fils d'Énée ou du latin « oulos », entier.

Julitte *français*
Autorisé par la loi du 1er avril 1803.

Julyote *français*
Attesté dans un registre du tabellionage d'Argences, Troarn et Varaville, dans le Calvados, entre 1386 et 1417.

June *basque*
Du latin Juno, nom de divinité.

Junette *français*
Dérivé de Junien, du latin Juno, nom de divinité.

Junie *français*
Dérivé de Junien, du latin Juno, nom de divinité.

Junine *français*
Dérivé de Junien, du latin Juno, nom de divinité.

Junon *latin*
Dans la mythologie romaine, fille de Saturne, épouse de Jupiter, Junon correspond à Héra.

Jurdana *basque*
Dérivé de Jordan, de l'araméen « yordan », qui répand la vie.

Jurdaneta *basque*
Enregistré à Estella, en Navarre, au Pays basque, en 1366.

Jusith *français*
Enregistré, lors d'un mariage à Caullery, dans le Cambrésis, le 20 décembre 1854.

Justa *basque, catalan, français et germanique*
Dérivé de Juste, du latin « justus », juste, équitable.

Justasine *français*
Dérivé de Juste, du latin « justus », juste, équitable.

Juste *catalan et français*
Du latin « justus », juste, équitable.

Justina *basque, catalan, germanique et romanche*
Dérivé de Juste, du latin « justus », juste, équitable.

Justinienne *français*
Dérivé de Juste, du latin « justus », juste, équitable.

Juthe *germanique*
Variante de Judith, de l'hébreu «yehudit», la juive.

Juthware *anglo-saxon*
Sainte anglaise, aurait vécu dans le Devonshire, au VIIe siècle.

Jutta *germanique*
Sainte Jutta, recluse près de Klumseel, morte en 1250, vénérée comme patronne de la Prusse.

Jutte *germanique*
Autorisé par la loi du 1er avril 1803.

Juturna *latin*
Dans la mythologie romaine, Juturna est la déesse des Sources.

Juvénale *français*
Dérivé de Juvénal, du latin «juvenalis», jeune, juvénile.

Juvénalie *français*
Dérivé de Juvénal, du latin «juvenalis», jeune, juvénile.

Juvinne *français*
Dérivé de Juvin, variante de Jouvin, du nom latin Jovinus, dérivé de Jovis, nom de Jupiter au génitif.

Juxta *basque*
Enregistré à Miranda de Arga, en Navarre, au Pays basque, en 1330.

Juztina *hongrois*
Dérivé de Justin, du latin «justus», juste, équitable.

K

Kahena *arabe*
Enregistré à Colmar, dans le Haut-Rhin, le 11 août 1995.

Kahina *kabyle*
Dyhia, surnommée Kahina par les Arabes.

Kaleria *slave*
Bonne, généreuse, petite.

Kalliope *basque*
Du grec « kalliope », qui a une belle voix.

Kamila *arabe et basque*
En arabe, dérivé de Kamil, parfait, intégral, accompli. En basque, variante de Camille, du latin « camillus », nom du jeune homme qui assistait le prêtre pendant les sacrifices à Rome.

Kamilka *arabe*
Dérivé de Kâmil, parfait, intégral, accompli.

Kamilla *basque*
Variante de Camille, du latin « camillus », nom du jeune homme qui assistait le prêtre pendant les sacrifices à Rome.

Kamra *arabe*
Lune.

Kanamo *indien jivi (Venezuela)*
Femme qui lutte pour la culture, pour le social.

Kaneza *arabe*
De « kanz », trésor.

Kanna *breton*
Forme de Kann en « -a » de « kann », blanc, éclatant.

Kaoukab *arabe*
De « kawkab », astre, étoile.

Kaoura *breton*
Dérivé de Kaourintin, de l'ancienne forme « Chourentin(us) ».

Kapitolina *slave*
Lucide, rapide, sans danger.

Karel *breton et tchèque*
Variante de Karine, du germanique « karl », viril.

Karell *slave*
Variante de Karine, du germanique « karl », viril.

Karen *breton*
Variante de Karine, du germanique « karl », viril. Karen Cheryl, chanteuse de disco des années 1970 et 1980.

Karène *français*
Variante de Karine, du germanique « karl », viril.

Karia *basque*
Nom de lieu en Navarre, au Pays basque.

Karin *germanique et scandinave*
Dérivé de Karine, du germanique « karl », viril.

Karina *basque*
Variante de Karine, du germanique « karl », viril.

Karlota *basque et germanique*
Variante de Charlotte, du germanique « karl », viril.

Karmel *basque et hébreu*
Du basque « kamal », mûrir ou de l'hébreu, verger.

Karmelah *hébreu*
Dérivé de Karmel, verger.

Karmele *basque*
Dérivé de Karmel, de « kamal », mûrir.

Karmen *basque*
Variante de Carmen, du latin « carmen », chanson.

Karmina *basque*
Variante de Carmen, du latin « carmen », chanson.

Karmit *hébreu*
De « kérem », vigne en espalier.

Karola *germanique*
Dérivé de Charles, du germanique « karl », viril.

Karolina *basque, germanique et scandinave*
Dérivé de Charles, du germanique « karl », viril.

Karoline *germanique*
Variante de Caroline, dérivé de Charles, du germanique « karl », viril.

Karolka *slave*
Dérivé de Charles, du germanique « karl », viril.

Karoune *arménien*
Printemps.

Kasimira *slave*
Dérivé de Casimir, du polonais « kasimierz », qui établit la paix ou de « kas », assemblée.

Kassya *français*
Kassya, opéra, représenté à Paris, le 13 mars 1893.

Kasturba *hindou*
Kasturba Gandhi (1869-1944), épouse du Mahatma Gandhi.

Katalin *basque*
Variante de Catherine, du grec « katharos », pure, vierge, sans reproche.

Katalina *basque*
Variante de Catherine, du grec « katharos », pure, vierge, sans reproche.

Katalinto *basque*
Variante de Catherine, du grec « katharos », pure, vierge, sans reproche.

Katar *slave*
Variante de Catherine, du grec « katharos », pure, vierge, sans reproche.

Katarin *basque et breton*
Variante de Catherine, du grec « katharos », pure, vierge, sans reproche.

Katarina *basque*
Variante de Catherine, du grec « katharos », pure, vierge, sans reproche.

Katarzyna *polonais*
Variante de Catherine, du grec « katharos », pure, vierge, sans reproche.

Katel *breton*
Variante de Catherine, du grec « katharos », pure, vierge, sans reproche.

Katelina *basque*
Variante de Catherine, du grec « katharos », pure, vierge, sans reproche.

Kateline *français*
Variante de Catherine, du grec « katharos », pure, vierge, sans reproche.

Katell *breton*
Variante de Catherine, du grec « katharos », pure, vierge, sans reproche.

Katellig *breton*
Variante de Catherine, du grec « katharos », pure, vierge, sans reproche.

Kateri *anglo-saxon*
Variante de Catherine, du grec « katharos », pure, vierge, sans reproche.

Katerin *basque*
Variante de Catherine, du grec « katharos », pure, vierge, sans reproche.

Katerina *basque*
Variante de Catherine, du grec «katharos», pure, vierge, sans reproche.

Katerine *basque et français*
Variante de Catherine, du grec «katharos», pure, vierge, sans reproche.

Katerinette *français*
Dérivé de Catherine, du grec «katharos», pure, vierge, sans reproche.

Katharina *germanique*
Variante de Catherine, du grec «katharos», pure, vierge, sans reproche.

Katharine *germanique*
Variante de Catherine, du grec «katharos», pure, vierge, sans reproche.

Kathe *anglo-saxon*
Variante diminutive de Catherine, du grec «katharos», pure, vierge, sans reproche.

Kathel *anglo-saxon*
Variante de Catherine, du grec «katharos», pure, vierge, sans reproche.

Kathelot *français*
Dérivé de Catherine, du grec «katharos», pure, vierge, sans reproche.

Katherina *slave*
Variante de Catherine, du grec «katharos», pure, vierge, sans reproche.

Katherine *français*
Variante de Catherine, du grec «katharos», pure, vierge, sans reproche.

Kathia *slave*
Variante diminutive de Catherine, du grec «katharos», pure, vierge, sans reproche.

Kathleen *anglo-saxon*
Variante de Catherine, du grec «katharos», pure, vierge, sans reproche.

Kathy *anglo-saxon*
Variante diminutive de Catherine, du grec «katharos», pure, vierge, sans reproche.

Katia *slave*
Variante diminutive de Catherine, du grec «katharos», pure, vierge, sans reproche.

Katicha *basque*
Variante de Catherine, du grec «katharos», pure, vierge, sans reproche.

Katina *slave*
Variante diminutive de Catherine, du grec «katharos», pure, vierge, sans reproche.

Katiouchka *slave*
Variante diminutive de Catherine, du grec «katharos», pure, vierge, sans reproche.

Katisa *basque*
Variante diminutive de Catherine, du grec «katharos», pure, vierge, sans reproche.

Katixa *basque*
Variante diminutive de Catherine, du grec «katharos», pure, vierge, sans reproche.

Katou *breton*
Variante diminutive de Catherine, du grec «katharos», pure, vierge, sans reproche.

Katoucha *arménien*
Variante diminutive de Catherine, du grec «katharos», pure, vierge, sans reproche.

Katrin *anglo-saxon et basque*
Variante de Catherine, du grec «katharos», pure, vierge, sans reproche.

Katrina *basque, breton et scandinave*
Variante diminutive de Catherine, du grec «katharos», pure, vierge, sans reproche.

Kattalin *basque*
Variante de Catherine, du grec «katharos», pure, vierge, sans reproche.

Kattalina *basque*
Variante de Catherine, du grec « katharos », pure, vierge, sans reproche.

Kattina *basque*
Variante diminutive de Catherine, du grec « katharos », pure, vierge, sans reproche.

Katyelem *dogon (Mali)*
Dieu refuse, il ne veut pas.

Kavanenn *breton*
Dérivé de Kavan, de « kad », combat et « man », sage, pensée.

Kayané *arménien*
Sainte, morte martyre en 301 sur l'ordre du roi Dertad III.

Kazbi *hébreu*
Dans la Bible, Kazbi est la fille du chef de Médiân.

Kazema *arabe*
Dérivé de Kazem, qui se contient, se domine.

Kazima *arabe*
Dérivé de Kazim, qui se contient, se domine.

Kazimiera *polonais et slave*
Celle qui proclame la gloire.

Keghanouche *arménien*
De « kégh », belle et « anouche », fille.

Keghetsig *arménien*
De « kéghétsgouhie », belle femme.

Keghouhie *arménien*
De « kégh », belle.

Kejana *basque*
Nom de lieu en Alaba, au Pays basque.

Kekilia *anglo-saxon*
Variante de Cécile, du latin « caecus », aveugle ou de Caecilia, nom d'une célèbre famille romaine.

Kelmene *basque*
Dérivé de Clément, du latin « clemens », doux, bon.

Kelopa *basque*
Variante de Cléopâtre, gloire du père.

Kelsey *anglo-saxon*
Enregistré à La Louvière, dans le Hainaut, en janvier 1999.

Keltouma *arabe*
Enregistré lors d'un mariage à Boulogne-Billancourt, dans les Hauts-de-Seine, entre le 21 mai et le 28 juillet 2002.

Keltsa *basque*
Variante de Celse, du latin « celsus », sublime, généreux.

Keltse *basque*
Variante de Celse, du latin « celsus », sublime, généreux.

Keltze *basque*
Variante de Celse, du latin « celsus », sublime, généreux.

Kemila *arabe*
Dérivé de Kâmil, parfait, intégral, accompli.

Kenami *indien Jivi (Venezuela)*
Femme qui s'occupe de tout ce qui est alimentation.

Kenize *turc*
Kenize Mourad, écrivain turc.

Kenna *anglo-saxon*
Dérivé de Kenneth, du celtique « cinaed », jailli du feu.

Kennera *écossais*
Sainte, recluse dans le Galloway, en Écosse, au IVe siècle.

Kennethina *anglo-saxon*
Dérivé de Kenneth, du celtique « cinaed », jailli du feu.

Kennocha *breton et écossais*
Sainte, morte en 1007.

Kennoque *breton, écossais et français*
Autorisé par la loi du 1er avril 1803.

Kentigerne
Autorisé par la loi du 1er avril 1803.

Kenza *arabe*
De « kanz », trésor.

Kepe *basque*
Autorisé par le greffe du tribunal civil de Bayonne, en décembre 1957.

Keperina *basque*
Autorisé par le greffe du tribunal civil de Bayonne, en décembre 1957.

Keren *anglo-saxon*
Variante de Karine, du germanique « karl », viril.

Kerkeb *berbère*
Kerkeb, danseuse berbère, drame musical, représenté à Paris, le 6 avril 1951.

Kermaria *breton*
Kermaria, idylle d'Armorique, présentée à Paris, le 8 février 1897.

Kerstin *scandinave*
Variante de Christine, du grec « khristos », messie ou du latin « christianus », chrétien, disciple du Christ.

Kéti *basque*
Autorisé par le greffe du tribunal civil de Bayonne, en décembre 1957.

Kewe *anglo-saxon et sénégalais*
Dérivé de Kigwe, sainte.

Keyna *anglo-saxon*
Sainte, galloise, recluse en Cornouailles, au VIe siècle.

Khadija *arabe*
Dans le Coran, première femme du Prophète.

Khaira *arabe*
Excellente, bonne.

Khairate *arabe*
De « khayrât », actions de bien.

Khaleda *arabe*
Dérivé de Khâlid, éternel, bienheureux, demeurant au Paradis pour l'éternité.

Khalida *arabe*
Dérivé de Khâlid, éternel, bienheureux, demeurant au Paradis pour l'éternité.

Khalissa *arabe*
Dérivé de Khâlis, droit, sincère, pur.

Khatoune *arménien*
Première femme du khan.

Khouloud *arabe*
De « khulûd », l'éternité.

Khouzama *arabe*
De « khuzâmâ », lavande.

Kiara *irlandais*
Sainte, vierge irlandaise, religieuse, morte vers 680.

Kigwe *anglo-saxon et français*
Sainte, au VIe ou VIIe siècle, vénérée dans le Gwent.

Kilem *dogon (Mali)*
De « kilem », il finit.

Kimberley *anglo-saxon*
Nom d'un diamant, découvert au début du XXe siècle en Afrique du Sud.

Kimberly *anglo-saxon*
Variante de Kimberley, diamant, découvert au début du XXe siècle en Afrique du Sud.

Kinane *arabe*
De « kinân », secret, voile.

Kinéret *hébreu*
De « kinor », violon.

Kinga *français et polonais*
Variante de Cunégonde, personne qui vient d'une famille brave.

Kini *dogon (Mali)*
Soit de « kine », foie (siège de la vie), cœur, soit de « kinu », souffle.

Kinnie *breton, français et irlandais*
Sainte, vierge irlandaise, baptisée par saint Patrick au Ve siècle.

Kinoube *dogon (Mali)*
De « kinu », vie et de « bodo », il laisse.

Kirsten *slave*
Dérivé de Christian, du grec « khristos », messie ou du latin « christianus », chrétien, disciple du Christ.

Kistine *basque*
Variante de Christine, du grec « khristos », messie ou du latin « christianus », chrétien, disciple du Christ.

Kitere *basque*
Variante de Quiterie, du latin « quietus », tranquille.

Kiyane *arabe*
De « kiyân », la nature intime de l'individu.

Klaudia *basque et slave*
Dérivé de Claude, du latin « claudus », boiteux.

Klavdia *slave*
Compliquée, courte.

Kléberte *français*
Dérivé de Kléber, général français.

Klémentine *germanique*
Variante de Clémentine, du latin « clemens », doux, bon.

Kléopatra *basque et néerlandais*
Variante de Cléopâtre, gloire du père.

Klervia *breton*
Variante de Klervie, du gallois « Creirwy », perle, joyau.

Klervie *breton*
Du gallois « Creirwy », perle, joyau.

Klodin *basque*
Variante de Claudine, du latin « claudus », boiteux.

Klodina *basque*
Variante de Claudine, du latin « claudus », boiteux.

Klothilde *germanique et scandinave*
Variante de Clothilde, du germanique, « hlod », gloire, célébrité, renommée, et « hilde », combat.

Koana *hawaïen*
Variante de Jeanne, de l'hébreu « Yohânân », Iahvé a fait grâce.

Koantic *breton*
De « koant » joli, gentil, mignon, issu du vieux français « cointe », élégant, gracieux, aimable.

Kohare *arménien*
Bijou, joyau.

Kokhav *hébreu*
Étoile.

Koleta *basque*
Variante de Colette, dérivé de Nicolas, le vainqueur des peuples.

Kolin *maltais*
Diminutif de Nicolina, dérivé de Nicolas, le vainqueur des peuples.

Kolonba *basque*
Sainte, morte en Bourgogne en 274.

Kolumbine *germanique*
Dérivé de Colombe, du latin « columba », colombe, pigeon.

Komitisa *basque*
Enregistré à Hasparen, en Labourd, au Pays basque, en 1249.

Kondesa *basque*
Enregistré à Ossès, en Basse-Navarre, au Pays basque, en 1350.

Konradine *germanique*
Dérivé de Conrad, du germanique «chuon», audacieux et «rad», conseil.

Konstancja *polonais*
Variante de Constance, du latin «constans», constant, fidèle à soi-même.

Kornelia *polonais*
Du nom d'une famille romaine Cornelius, corne.

Konstantza *basque*
Variante de Constance, du latin «constans», constant, fidèle à soi-même.

Konstanze *germanique*
Variante de Constance, du latin «constans», constant, fidèle à soi-même.

Kontesa *basque*
Enregistré à Béhorléguy, en Basse-Navarre, au Pays basque, en 1350.

Kontxesi *basque*
Du latin «concipere», concevoir.

Kontxi *basque*
Du latin «concipere», concevoir.

Kora *arménien et néerlandais*
En arménien, dérivé de Kor, de l'iranien «koroz», fier. En néerlandais, variante de Cora.

Kordula *germanique*
Dérivé de Cordule, sainte.

Korè *grec*
Jeune fille.

Kornelia *germanique et néerlandais*
Variante de Cornélia, du nom latin Cornelius.

Korrina *germanique*
Variante de Corinne, du celtique «kar», ami.

Kosepa *basque*
Dérivé de Joseph, de l'hébreu «vosef», qu'Iahvé ajoute.

Kostantza *basque*
Variante de Constance, du latin «constans», constant, fidèle à soi-même.

Kotilde *basque*
Variante de Clotilde, celle qui porte la gloire.

Koulm *breton*
Colombe.

Koulma *breton*
Dérivé de Koulm, du breton «koulm», colombe.

Koulmenn *breton*
Dérivé de Koulm, du breton «koulm», colombe.

Koulmez *breton*
Dérivé de Koulm, du breton «koulm», colombe.

Kounnolou *dogon (Mali)*
Ils n'ont pas écouté.

Kounouz *arabe*
De «kunûz», pluriel de «kanz», merveilles, trésors.

Koxepa *basque*
Dérivé de Joseph, de l'hébreu «vosef», qu'Iahvé ajoute.

Kreszentia *germanique*
Variante de Crescence, de Crescentius, nom de famille de praticiens romains.

Kreszenz *germanique*
Variante de Crescence, de Crescentius, nom de famille de praticiens romains.

Krichtina *basque*
Variante de Christine, du grec «khristos», messie.

Krimhild *germanique*
La guerrière casquée.

Krimhilde *germanique, normand et scandinave*
La guerrière casquée.

Krispina *germanique*
Dérivé de Crispin, du latin « crispus », aux cheveux crépus.

Krista *scandinave*
Variante de Christine, du grec « khristos », messie.

Kristel *anglo-saxon et scandinave*
Variante de Christine, du grec « khristos », messie.

Kristell *breton*
Variante de Christine, du grec « khristos », messie.

Kristiana *basque*
Variante de Christiane, du grec « khristos », messie ou du latin « christianus », chrétien, disciple du Christ.

Kristiane *breton*
Variante de Christiane, du grec « khristos », messie ou du latin « christianus », chrétien, disciple du Christ.

Kristiina *slave*
Variante de Christine, du grec « khristos », messie.

Kristin *basque et flamand*
Variante de Christine, du grec « khristos », messie.

Kristina *basque, breton et scandinave*
Variante de Christine, du grec « khristos », messie.

Kristobala *basque*
Dérivé de Cristobal, du grec « khristos », messie.

Kritine *slave et scandinave*
Variante de Christine, du grec « khristos », messie.

Krixtina *basque*
Variante de Christine, du grec « khristos », messie.

Kronfla *arabe*
Œillet.

Krystina *hispanique*
Variante de Christine, du grec « khristos », messie.

Ksenia *slave*
Variante de Xénia, du grec, « xenio », hospitalière, courtoise, généreuse, gentille.

Kuliana *hawaïen*
Variante de Julienne, du latin « Julia », nom d'une famille romaine.

Kunegonda *polonais*
Variante de Cunégonde, personne qui vient d'une famille brave.

Kurutze *basque*
Autorisé par le greffe du tribunal civil de Bayonne, en décembre 1957.

Kuttune *basque*
Du basque « kuttun », bien-aimé.

Kwejla *maltais*

Kyérane *français*
Attribué à Caen, dans le Calvados, le 22 mars 2004.

Kylie *anglo-saxon*
Kylie Minogue, née en 1969, comédienne et chanteuse australienne des années 2000.

Kyneburge *anglo-saxon et français*
Autorisé par la loi du 1er avril 1803.

Kyoko *japonais*
Jeune fille de la capitale.

L

Labba *kabyle*
Chargé.

Labiba *arabe*
Dérivé de Labib, intelligent, plein de bon sens et persévérant.

Lada *kabyle et slave*
En kabyle, il est passé. En russe, bon, vaillant.

Laëlia *germanique*
Dérivé de Laël, à Dieu.

Laghoua *kabyle*
De Laghouat, ville située aux portes du sud algérien.

Lahna *kabyle*
Paix.

Laida *basque*
Du latin « laudare », louer.

Laïla *arabe*
De « laylâ », début de l'ivresse amoureuse et spirituelle.

Lajos *hongrois*
Variante de Louise, du germanique « hlod », célèbre, illustre et « wig », combat, combattant.

Lalie *français*
Dérivé diminutif d'Eulalie, du grec « eulalos », qui parle bien.

Lalla *kabyle*
Princesse.

Lamindao *basque*
Nom d'un quartier de Dima en Biscaye, au Pays basque.

Lana *russe*
Diminutif de Svetlana, du russe « swjet », brillant, lumière.

Lancelote *français*
Dérivé de Lancelot, du germanique « lanzo » ou « landa », terre.

Landelina *hispanique*
Dérivé de Landelin, saint.

Landeline *français*
Dérivé de Landelin, saint.

Landerra *basque*
De « lander », pauvre, miséreux.

Landrade *belge et français*
Sainte, abbesse du couvent de Munsterbilsen, en Belgique, morte vers 690.

Laodomie *grec*
Dans la mythologie grecque, Laodomie est la femme de Protésilas.

Larina *philippin*
Larina Perpinan, âgée de dix-sept ans, condamnée à mort aux Philippines, en 1998.

Larissa *slave*
Belle, majestueuse, joyeuse.

Larra *basque*
Du basque « larre », lande.

Lassar *irlandais*
Flamme.

Lauda *corse*
Honorable.

Laudia *catalan*
Recensé deux fois à Perpignan, dans les Pyrénées-Orientales, entre 1536 et 1555.

Laudine *littéraire*
Dans *Yvain*, roman de Chrétien de Troyes du XIIe siècle, Laudine est la jeune veuve du chevalier tué par Yvain.

Laurane *basque*
Dérivé de Laure, du latin « laurus », laurier.

Lauranne *français*
Dérivé de Laure, du latin « laurus », laurier.

Laureline *français*
Dérivé de Laure, du latin « laurus », laurier.

Laurena *germanique*
Dérivé de Laure, du latin « laurus », laurier.

Laurencia *basque et catalan*
Variante de Laurence, du latin « laurus », laurier.

Laurendia *basque*
Variante de Laurence, du latin « laurus », laurier.

Laurène *français*
Dérivé de Laure, du latin « laurus », laurier.

Laurentine *français*
Dérivé de Laurent, du latin « laurus », laurier.

Laurenzina *corse*
Variante de Laurence, du latin « laurus », laurier.

Laureta *catalan*
Variante de Laurette, du latin « laurus », laurier.

Laurévane *français*
Dérivé diminutif de Laure, du latin « laurus », laurier.

Lauriane *français*
Dérivé de Laure, du latin « laurus », laurier.

Laurie *français*
Dérivé de Laure, du latin « laurus », laurier.

Laurienne *français*
Dérivé de Laurien, du latin « laurus », laurier.

Laurina *corse et italien*
Variante diminutive de Laure, du latin « laurus », laurier.

Laurine *français*
Dérivé de Laure, du latin « laurus », laurier.

Lauryne *français*
Dérivé de Laure, du latin « laurus », laurier.

Lavena *breton*
Variante de Lavinia, du celte « levenez », joie.

Layne *chinois*
Évoque le moment de la douzième heure.

Laysa *kabyle*
Nom d'une princesse numide.

Lazarette *français*
Dérivé de Lazare, de l'hébreu « El'azar », Dieu a secouru.

Lazarine *français*
Dérivé de Lazare, de l'hébreu « El'azar », Dieu a secouru.

Leandra *italien*
Dérivé de Léandre, du grec « leandros », homme de son peuple (étymologie controversée).

Léanne *français*
Attribué à Lorient, dans le Morbihan, le 7 novembre 2002.

Lebeda *kabyle*
Nom ancien.

Lechoslawa *polonais*
Dérivé de Lech, diminutif de Leslaw, rusé, audacieux.

Léda *catalan, grec et italien*
Dans la mythologie grecque, Léda est la femme de Tyndare, roi de Sparte.

Ledgarda *catalan*
Ledgarda, épouse du vicomte de Berguedà ou Berga, au XIe siècle.

Legalou *dogon (Mali)*
De « lega », mal, il a fait le mal et de « lu », ne pas.

Leïla *anglo-saxon, arabe et hébreu*
Variante de Laïla, de « laylâ », début de l'ivresse amoureuse et spirituelle. En hébreu, née pendant la nuit.

Lélia *italien*
Variante de Lélie, du grec « làlos », parlant.

Léliane *français*
Dérivé de Lélie, du grec « làlos », parlant.

Lélie *français et irlandais*
Du grec « làlos », parlant (par l'intermédiaire d'un nom de famille romain).

Lenaig *breton*
Variante d'Hélène, du grec « élê », éclat du soleil, brillance ou « élyein », couvrir.

Léocabi *yougoslave*
Variante de Léocadie, du grec « leukas », blanc, de couleur blanche (étymologie controversée) ou de Leukada, nom d'une île ionienne.

Leocadia *castillan, catalan et corse*
Variante de Léocadie, du grec « leukas », blanc, de couleur blanche (étymologie controversée) ou de Leukada, nom d'une île ionienne.

Léocadie *belge et français*
Du grec « leukas », blanc, de couleur blanche (étymologie controversée) ou de Leukada, nom d'une île ionienne.

Léocrice *français*
Autorisé par la loi du 1er avril 1803.

Léodie *wallon*
Dans le Hainaut, en Wallonie, enregistré quatre fois sur les listes électorales de Jemappes, en 1938.

Leokadia *basque et germanique*
Variante de Léocadie, du grec « leukas », blanc, de couleur blanche (étymologie controversée) ou de Leukada, nom d'une île ionienne.

Léona *français*
Dérivé de Léon, du latin « leo », lion.

Leonarda *catalan, italien et germanique*
Variante de Léonarde, dérivé de Léonard, du latin « leo », lion et « hart », fort.

Léonarde *français*
Dérivé de Léonard, du latin « leo », lion et « hart », fort.

Léoncine *français et ivoirien*
Dérivé de Léon, du latin « leo », lion.

Léonia *italien*
Variante de Léonie, du latin « leo », lion.

Léonie *français*
Dérivé de Léon, du latin « leo », lion.

Leonila *italien*
Variante de Léonille, dérivé de Léon, du latin « leo », lion.

Léonilde *français*
Dérivé de Léon, du latin « leo », lion.

Léonille *français*
Dérivé de Léon, du latin « leo », lion.

Leonina *corse*
Dérivé de Léon, du latin « leo », lion.

Léonise *français*
Attesté, lors d'un mariage à Villettes, dans l'Eure, le 13 novembre 1850.

Léonne *français*
Dérivé de Léon, du latin « leo », lion.

Léonora *basque, corse, italien et romanche*
Dérivé d'Éléonore, de l'arabe « ellinor », Dieu est ma lumière ou du celtique « el », richesse et « enor », honneur.

Léonore *français et germanique*
Dérivé d'Éléonore, de l'arabe « ellinor », Dieu est ma lumière ou du celtique « el », richesse et « enor », honneur.

Léontina *basque, corse et italien*
Variante de Léontine, du latin « leo », lion.

Léontine *français*
Dérivé de Léon, du latin « leo », lion.

Leopolda *basque, corse et italien*
Dérivé de Léopold, du germanique « leut », peuple, troupe et « bald », audacieux.

Léopoldine *français*
Dérivé de Léopold, du germanique « leut », peuple, troupe et « bald », audacieux.

Leping *chinois*
De « le », heureux et « ping », paix.

Lernouhie *arménien*
Dérivé de Lernig, de « ler », montagne et le suffixe diminutif en « -ig ».

Lesley *anglo-saxon et écossais*
Variante de Leslie, du gaélique « liosliath », habitant la forteresse grise.

Leslie *anglo-saxon et gaélique*
Du gaélique « liosliath », habitant la forteresse grise.

Letice *anglo-saxon*
Dérivé de Laetitia, du latin « laetitia », allégresse, joie.

Leticia *catalan*
Variante de Laetitia, du latin « laetitia », allégresse, joie.

Letizia *basque, corse, italien et romanche*
Variante de Laetitia, du latin « laetitia », allégresse, joie.

Léto *grec*
Dans la mythologie grecque, Léto, fille des Titans.

Lévana *hébreu*
Dans la mythologie romaine, déesse, protectrice des Nouveau-nés.

Lévanah *hébreu*
Blanche, lune.

Lévinne *français*
Autorisé par la loi du 1er avril 1803.

Levounia *arménien*
Dérivé de Levoun, variante de Léon, du latin « leo », lion.

Lexandrine *français*
Enregistré à Saint-Paul-du-Bois, dans le Maine-et-Loire, sous l'Ancien Régime.

Lezaeta *basque*
Village en Navarre, au Pays basque.

Lia *corse et italien*
Variante diminutive d'Eulalie, du grec « eulalos », qui parle bien.

Liana *italien*
Variante de Liane, du latin « lilium », lis ou diminutif de Liliane ou d'Éliane.

Liane *français*
Du latin « lilium », lis ou diminutif de Liliane ou d'Éliane.

Liat *hébreu*
Tu es à moi.

Liaz *français*
Enregistré à Valloire, en Savoie, avant 1726.

Liban *celte*
Dans une légende celte, c'est le prénom initial de Morgane, la sirène.

Libby *anglo-saxon*
Dérivé diminutif d'Élisabeth, de l'hébreu « elisheba », Dieu est mon serment.

Liberata *catalan, corse et italien*
Recensé une fois à Perpignan, dans les Pyrénées-Orientales, entre 1726 et 1738.

Liberate *italien*
Sainte, vierge italienne, fondatrice du couvent Sainte-Marguerite, à Côme, morte en 580.

Libertine *français*
Attribué à Raimbeaucourt, dans le Nord, le 22 mai 1795.

Libière *français*
Sainte, morte vierge et martyre, honorée à Meaux.

Libiaire *français*
Libiaire Parlier, mère du célèbre navigateur français, Yves Parlier.

Licette *français*
Dérivé diminutif d'Alice, forme contractée d'Adélaïde, composé germanique « adel », noble et « haid », bruyère ou « heid », aspect, manière.

Licia *italien*
Diminutif d'Alicia, variante d'Alice, forme contractée d'Adélaïde, composé germanique « adel », noble et « haid », bruyère ou « heid », aspect, manière.

Liddia *corse*
Variante de Lydia, du grec Lydios, nom d'une région.

Lide *basque*
Variante de Lydia, du grec Lydios, nom d'une région.

Lidi *basque*
Variante de Lydie, du grec Lydios, nom d'une région.

Lidia *basque, castillan, catalan, italien, romanche et slave*
Variante de Lydia, du grec Lydios, nom d'une région.

Lidine *français*
Personnage dans *La Jeune fille Violaine* de Paul Claudel (1868-1955).

Liduvina *castillan et catalan*
Variante de Ludivine, du germanique « liut », peuple et « win », ami.

Lidwina *germanique*
Variante de Ludivine, du germanique « liut », peuple et « win », ami.

Lidwine *français*
Variante de Ludivine, du germanique « liut », peuple et « win », ami.

Lidy *français*
Variante de Lydia, du grec Lydios, nom d'une région.

Liénor *français*
Attesté à Lintot, en Seine-Maritime, le 5 juin 1547.

Liénord *français*
Enregistré une fois dans le canton de Longueville, en Seine-Maritime, au XVIe siècle.

Lierni *basque*
La chapelle de Notre-Dame-de-Lierni, située à Mutiloa, en Guipuscoa, au Pays basque.

Liévine *belge et français*
Dérivé de Liévin, du nom latin Livinus d'après Liafnus, Lébuin.

Ligresga *romanche*
Rencontré dans le canton des Grisons, en pays romanche.

Li Hi *hébreu*
Elle est à moi.

Lil *français et turc*
Lil Maaz, chanteur, d'origine turque.

Lilakh *hébreu*
Lilas.

Lilia *français, kabyle et slave*
Variante de Liliane, du latin « lilium », lis. En kabyle, récipient.

Liliana *italien*
Variante de Liliane, du latin « lilium », lis.

Liliane *anglo-saxon et français*
Du latin « lilium », lis.

Liline *français*
Liline et Valentin, opérette, présentée à Paris, le 30 juin 1864.

Lilith *hébreu*
Relatif à la nuit, espèce de chouette, considérée comme un démon femelle.

Lilitha *hébreu*
Variante de Lilith, relatif à la nuit, espèce de chouette, considérée comme un démon femelle.

Lillibeth *anglo-saxon*
Variante diminutive d'Élisabeth, de l'hébreu « elisheba », Dieu est mon serment.

Lillie *français*
Variante diminutive d'Élisabeth, de l'hébreu « elisheba », Dieu est mon serment.

Lillina *corse*
Dérivé de Lilius, lis.

Lima *kabyle*
Nom d'une ville numide au Maroc.

Limbanie *français*
Sainte, née à Chypre, bénédictine à Gênes, recluse dans un souterrain de l'église Saint-Thomas de cette ville, morte en 1294.

Limisa *kabyle*
Nom d'une ville numide de Tunisie.

Limor *hébreu*
Ma myrrhe, mon parfum.

Lina *basque, arabe, corse, germanique, italien et romanche*
Dérivé de Lin, du grec « lino », lin ou variante diminutive d'Adeline
En arabe, douceur, souplesse telle que celle des rameaux du palmier.

Lindrue *français*
Autorisé par la loi du 1er avril 1803.

Linette *français*
Dérivé d'Adeline, du germanique « adel », noble et « lind », doux.

Linoulia *slave*
Dérivé de Linda, du germanique « lindi », serpent.

Linour *hébreu*
Mon feu.

Lioba *germanique*
Variante de Liobe, sainte.

Liobe *anglo-saxon et français*
Sainte anglaise, abbesse de Bishoffsheim, en Allemagne, morte vers 781.

Lionella *italien*
Dérivé de Lionel, du latin « leo », lion.

Lionelle *français*
Dérivé de Lionel, du latin « leo », lion.

Lionnetta *français*
Enregistré à Valloire, en Savoie, avant 1726.

Lionnette *français*
Enregistré à Dole, en Franche-Comté, avant 1608.

Lior *hébreu*
Ma lumière.

Liorah *hébreu*
Ma danse, ma joie, ma lumière.

Lioudmila *slave*
Variante de Ludmilla, du vieux slave « ljudumilu », aimé de son peuple.

Liraz *hébreu*
Mon secret.

Lisabe *basque*
Variante d'Élisabeth, de l'hébreu « elisheba », Dieu est mon serment.

Lisabet *romanche*
Variante d'Élisabeth, de l'hébreu « elisheba », Dieu est mon serment.

Lisabeth *germanique*
Variante d'Élisabeth, de l'hébreu « elisheba », Dieu est mon serment.

Lisabetta *corse et romanche*
Variante d'Élisabeth, de l'hébreu « elisheba », Dieu est mon serment.

Lisaïde *français*
Enregistré à Courteilles, dans l'Eure, le 28 mars 1805.

Lisandra *corse*
Variante diminutive d'Alexandra, du grec « alexein », défendre, repousser et « andros », génitif d'« aner », de l'ennemi, de l'homme.

Lisandrina *corse*
Variante diminutive d'Alexandra, du grec « alexein », défendre, repousser et « andros », génitif d'« aner », de l'ennemi, de l'homme.

Lisel *français*
Dérivé diminutif d'Élisabeth, de l'hébreu « elisheba », Dieu est mon serment.

Liselotte *français*
Dérivé diminutif d'Élisabeth, de l'hébreu « elisheba », Dieu est mon serment.

Liseron *français*
Du latin « convolvere », s'enrouler.

Lisia *français*
Dérivé diminutif d'Élisabeth, de l'hébreu « elisheba », Dieu est mon serment.

Lisna *martiniquais*
Attesté dans l'annuaire téléphonique de la Martinique, en 1985.

Lissounia *slave*
Variante d'Élisabeth, de l'hébreu « elisheba », Dieu est mon serment.

Liubé *français*
Attribué à Norville, en Seine-Maritime, le 28 septembre 1772.

Liudwina *germanique*
Variante de Ludivine, du germanique « liut », peuple et « win », ami.

Livète *français*
Dérivé de Livie, du latin « lividus », gris, livide, pâle (étymologie controversée).

Livia *corse et italien*
Variante de Livie, du latin « lividus », gris, livide, pâle (étymologie controversée).

Liviane *français*
Dérivé de Livie, du latin « lividus », gris, livide, pâle (étymologie controversée).

Livie *français, germanique et hébreu*
Du latin « lividus », gris, livide, pâle (étymologie controversée).

Livnat *hébreu*
De « lavân », blanc.

Livrade *français*
Autorisé par la loi du 1er avril 1803.

Lixandrine *français*
Variante d'Alexandrine, dérivé d'Alexandre, du grec « alexein », défendre, repousser et « andros », génitif d'« aner », de l'ennemi, de l'homme.

Lixia *chinois*
Évoque la date du commencement de l'été, le 6 mai.

Liyâna *palestinien*
Liyâna Badr, née à Jérusalem en 1952, romancière et journaliste palestinienne.

Lizagain *basque*
Lieu de culte à Notre-Dame à Anue, en Navarre, au Pays basque.

Lizanne *français*
Variante diminutive d'Élisabeth, de l'hébreu « elisheba », Dieu est mon serment.

Liziane *français*
Dérivé d'Élisabeth, de l'hébreu « elisheba », Dieu est mon serment.

Lizinias *français*
Prénom révolutionnaire, enregistré en Loire-Atlantique, en 1794, en l'an II.

Lizzie *anglo-saxon*
Variante diminutive d'Élisabeth, de l'hébreu « elisheba », Dieu est mon serment.

Llatzara *catalan*
Dérivé de Lazare, de l'hébreu « El'azar », Dieu a secouru.

Llaurensa *catalan*
Dérivé de Laurent, du latin « laurus », laurier.

Llorensa *catalan*
Variante de Laurence, du latin « laurus », laurier.

Llucià *catalan*
Variante de Lucien ou de Lucie, du latin « lux », lumière.

Llucrecia *catalan*
Variante de Lucrèce, de Lucretius, nom d'une famille romaine ou du latin « lucrator », gagnant.

Loba *basque*
Dérivé de Lobo, variante de Loup, du latin « lupus », loup.

Locaye *français*
Variante de Léocadie, du grec « leukas », blanc, de couleur blanche (étymologie controversée) ou de Leukada, nom d'une île ionienne.

Lodoiska *français*
Lodoïska, héroïne de l'opéra joué à Nantes, en 1792 et 1793.

Lodovica *italien*
Variante de Louise, du germanique « hlod », célèbre, illustre et « wig », combat, combattant.

Loé *français*
Enregistré, lors d'un mariage à Caullery, dans le Cambrésis, le 1er août 1874.

Loéline *français*
Attribué à Paris, dans le XIIIe arrondissement, le 15 novembre 2001.

Lofa *kabyle*
De « lofane », bébé.

Lona *martiniquais*
Attesté dans l'annuaire téléphonique de la Martinique, en 1985.

Lorantza *basque*
Autorisé par le greffe du tribunal civil de Bayonne, en décembre 1957.

Loredi *basque*
Jardin de fleurs.

Lorette *français*
Dérivé de Laurent, du latin « laurus », laurier.

Loria *basque*
Du latin « gloria », gloire.

Loriane *français*
Dérivé de Laurent, du latin « laurus », laurier.

Lorig *arménien*
De « lor », caille et le suffixe diminutif « -ig ». Petite caille.

Losa *maltais*
Dérivé de Rose, du grec « rhodon », rose ou du latin « rosa », rose.

Lotis *grec*
Dans la mythologie grecque, nymphe qui se transforme en lotus pour se soustraire à un poursuivant.

Loubna *arabe*
De « lubnâ », le benjoin, résine aromatique utilisée en médecine.

Louève *français*
Autorisé par la loi du 1er avril 1803.

Louima *martiniquais*
Attesté dans l'annuaire téléphonique de la Martinique, en 1985.

Louisia *martiniquais*
Usage affectif de la forme latine ou pseudo-latine de Louisa.

Loussig *arménien*
De « louïs », lumière.

Loussiné *arménien*
Lune.

Loutfiya *arabe*
Dérivé de Loutfi, doux, courtois, gentil et délicat.

Loyse *français*
Variante de Louise, dérivé de Louis, du germanique « hlod », célèbre, illustre et « wig », combat, combattant.

Lucence *français*
Autorisé par la loi du 1er avril 1803.

Lucette *français*
Dérivé de Luc, du latin « lux », lumière.

Luchila *basque*
Autorisé par le greffe du tribunal civil de Bayonne, en décembre 1957.

Lucianne *français*
Variante de Lucienne, dérivé de Luc, du latin « lux », lumière.

Lucida *italien*
Variante de Lucie, dérivé de Luc, du latin « lux », lumière.

Lucile *français*
Variante de Lucille, sainte.

Lucilla *catalan et italien*
Variante de Lucille, sainte.

Lucille *français*
Sainte, morte martyre, vers 260, sous Gallien. Attribué à Caen, dans le Calvados, le 2 avril 2002.

Lucinda *anglo-saxon et italien*
Dérivé de Lucie, du latin « lux », lumière.

Lucinde *français*
Dérivé de Lucie, du latin « lux », lumière.

Lucine *français et grec*
Dérivé de Lucie, du latin « lux », lumière.

Lucja *polonais*
Du latin « lucinus », lumière, lumineux ou née à l'aube.

Lucrèce *français*
De Lucretius, nom d'une famille romaine ou du latin « lucrator », gagnant.

Lucrezia *corse et italien*
Variante de Lucrèce, de Lucretius, nom d'une famille romaine ou du latin « lucrator », gagnant.

Lucyna *polonais*
Du latin « lucinus », lumière, lumineux ou née à l'aube.

Ludmilla *slave*
Variante de Ludmille, du vieux slave « ljudumilu », aimé de son peuple.

Ludmille *slave*
Du vieux slave « ljudumilu », aimé de son peuple.

Ludovika *basque*
Dérivé de Ludovic, du germanique « hlod », célèbre, illustre et « wig », combat, combattant.

Ludwika *polonais*
Variante de Louise, dérivé de Louis, fameux pour son courage et sa bravoure.

Lufa *kabyle*
Abondance.

Lufthilde *germanique*
Sainte, ermite près de Cologne, morte vers 850.

Lumine *français*
Attribué à Caullery, dans le Cambrésis, le 17 février 1823.

Luna *kabyle*
Nom d'une ville numide en Algérie.

Lustaria *basque*
Nom de lieu à Olite, en Navarre, au Pays basque.

Lutgarde *germanique*
Du germanique « liut », peuple et « gard », maison.

Luthmile *français*
Autorisé par la loi du 1er avril 1803.

Luxila *basque*
Variante de Lucile, du latin « lux », lumière.

Luzia *basque et germanique*
Variante de Lucie, du latin « lux », lumière.

Lybia *grec*
Dans la mythologie grecque, Lybia est l'épouse de Poséidon et mère d'Agénor.

Lyndette *français*
Dérivé de Linda, du germanique « lindi », serpent.

Lyuba *français et germanique*
Dérivé de Liutbald, du germanique « leut », peuple, troupe et « bald », audacieux.

Lyvia *italien*
Variante de Livie, du latin « lividus », gris, livide, pâle (étymologie controversée).

M

Maald *scandinave*
Enregistré à Bayeux, dans le Calvados, le 12 novembre 1983.

Maayan *hébreu*
Source d'eau.

Mabenna *germanique*
Sainte, fille de Brychan de Brecknock, vécut au VIe siècle.

Macette *français*
Attesté à Pommeréval, en Seine-Maritime, le 14 août 1609.

Macina *kabyle*
De Massinissa, roi Amazir.

Macrine *français*
Sainte, née vers 327, religieuse, abbesse d'un monastère, morte en 379.

Madalenne *français*
Variante de Madeleine, de l'hébreu Magdala, nom de lieu.

Madara *kabyle*
Nom d'une ville numide en Tunisie.

Maddalinella *corse*
Variante de Madeleine, de l'hébreu Magdala, nom de lieu.

Madelberte *français*
Sainte, fille de sainte Waudru, abbesse à Maubeuge vers 697, morte en 706.

Madeline *français*
Dérivé de Madeleine, de l'hébreu Magdala, nom de lieu.

Madlen *germanique*
Variante de Madeleine, de l'hébreu Magdala, nom de lieu.

Madrona *castillan et catalan*
Variante de Matrone, du latin « matrona », femme illustre sous l'ancienne Rome.

Maevia *italien*
Porté à l'époque romaine.

Mafalde *hispanique*
Sainte, née en 1203, princesse du Portugal, mariée à l'âge de douze ans au roi Henri Ier de Castille, entra au couvent cistercien d'Arouca au Portugal, morte en 1252.

Magalona *germanique*
Variante de Magali, dérivé de Marguerite, du persan « margiritis », perle.

Magdalanne *français*
Variante de Madeleine, de l'hébreu Magdala, nom de lieu.

Magdalen *anglo-saxon*
Variante de Madeleine, de l'hébreu Magdala, nom de lieu.

Magdalena *basque, castillan, catalan, corse, galicien et germanique*
Variante de Madeleine, de l'hébreu Magdala, nom de lieu.

Magdaleyne *français*
Variante de Madeleine, de l'hébreu Magdala, nom de lieu.

Magdelenne *français*
Variante de Madeleine, de l'hébreu Magdala, nom de lieu.

Magine *français*
Dérivé de Magin, variante de Maxime, du latin « maximus », le plus grand ou du latin hispanique « maginus ».

Maguelonne *français*
Variante de Marguerite, du persan « margiritis », perle.

Mahalia *hébreu*
Dérivé de « malalah », pardon.

Mahassine *arabe*
De « mahâsin », vertus, qualités, belles actions.

Mahaut *français*
Variante de Mathilde, du germanique « maht », puissance, vigueur et « hild », combat.

Mahdia *arabe*
Dérivé de Mahdi, bien guidé.

Maheline *normand*
Dérivé de Mahel, variante francisée de Mael, chef, prince.

Maheut *français*
Attesté à Rouen, en Seine-Maritime, en 1390.

Mahiete *français*
Attesté à Saint-Nicolas-de-la-Taille, en Seine-Maritime, le 10 août 1570.

Mahira *arabe*
Dérivé de Mahir, adroit, habile, ingénieux.

Mai *vietnamien*
De « mari », prunus.

Maïa *basque, grec et slave*
Dérivé de Marie, de l'hébreu « myriam », dame, maîtresse de maison, voyante
En russe, bonne, courageuse, puissante.

Maialen *basque*
Variante de Madeleine, de l'hébreu Magdala, nom de lieu.

Maiana *basque*
Variante de Marianne, du latin « Marius », nom d'une famille romaine ou de l'hébreu Mariamne, nom de l'épouse du roi juif Hérode le Grand ou contraction de Marie et d'Anne.

Maika *basque*
Variante de Marie, de l'hébreu « myriam », dame, maîtresse de maison, voyante.

Maimouna *arabe*
De « maymana », la félicité.

Maina *kabyle*
Reconnaître son impuissance.

Maiora *basque*
Du latin « major », plus grand.

Maira *kabyle*
D'« imâira », objet.

Mairanouche *arménien*
De « maïr », mère et d'« anouche », douce.

Maissam *arabe*
De « maysam », beauté.

Maissara *arabe*
De « maysara », aisance, richesse.

Maissoun *arabe*
De « maysûn », celle qui a la démarche d'une gazelle.

Maitane *basque*
De « maite », aimée.

Maitena *basque*
La plus aimée.

Majda *arabe*
Très noble, très glorieux.

Makrouhie *arménien*
De « makour », pure.

Malaurie *français*
Variante de Mallory, du vieux français « malorie », malheureux ou du latin « malum », mal, mauvais ou du germanique « mund », protection et « hari », armée.

Maldea *basque*
Nom de lieu à Contrasta, en Labourd, au Pays basque.

Malda *arabe*
Délicate, tendre.

Maldeberte *français*
Sainte, abbesse de Maubeuge au VIIe siècle.

Refusé !

À Paris, comme prénom féminin, **Manhattan** a été refusé par jugement de la Cour de cassation, en 1984.

Malea
Enregistré en Navarre, au Pays basque, en 1262.

Malgorzata *polonais*
Variante de Marguerite, du persan « margiritis », perle.

Malha *kabyle*
Charmante.

Malicia *italien*
Du latin « malitia », méchant, rusé.

Maliha *arabe*
Dérivé de Malih, personne qui a un beau visage.

Malina *slave*
Framboise.

Mallada *basque*
Enregistré en Navarre, au Pays basque, en 1254.

Mallina *kabyle*
De Tamalleni, ville au Maroc.

Malvine *scandinave*
Dérivé de Malvin, du germanique « mahal », lieu où l'on parle en public et « win », ami ou du gaélique « maol », front et « mhin » ou « wyn », blanc, pur, uni.

Mamyque *français*
Autorisé par la loi du 1er avril 1803.

Manda *catalan et français*
Diminutif d'Amanda, dérivé d'Amand, du latin « amandus », qui doit être aimé.

Mandina *catalan et français*
Enregistré lors d'un mariage à Bourgtheroulde, dans l'Eure, en 1550.

Maneka *hindou*
Maneka, épouse de Sanjay Gandhi, belle-fille d'Indira Gandhi.

Mangeotte *français*
Féminin de Mangeot, dérivé de Dominique, du latin « dominicus », consacré au Seigneur.

Manig *arménien*
Sainte, religieuse, accompagna Hripsimé en Arménie en 301, pour y prêcher.

Manioussa *slave*
Variante de Marie, de l'hébreu « myriam », dame, maîtresse de maison, voyante.

Manoua *arabe*
De « manwâ », intention, but visé, dessein.

Manwela *maltais*
Dérivé d'Emmanuelle, de l'hébreu « imanu-el », Dieu est avec nous.

Marale *arménien*
Du turc « maral », biche, gazelle Gracieuse.

Marane *français*
Sainte qui vécut en ermite, en Syrie, au Ve siècle.

Marcy *français*
Diminutif de Marcelle, du latin « marcus », marteau, issu de la racine aryenne « mar », broyer.

Mardiya *arabe*
Acceptée, qui jouit de la satisfaction divine.

Margalit *hébreu*
Perle.

Marguarida *occitan*
Variante de Marguerite, du persan « margiritis », perle.

Mariaka *basque*
Nom de lieu à Ulibarri, en Navarre, et à Aramaio, en Alaba, au Pays basque.

Marianka *slave*
Variante de Marianne, du latin « Marius », nom d'une famille romaine ou de l'hébreu Mariamne, nom de l'épouse du roi juif Hérode le Grand qui la fit assassiner ou contraction de Marie et d'Anne.

Mariette *catalan et français*
Dérivé familier de Marie, de l'hébreu « myriam », dame, maîtresse de maison, voyante.

Marinette *français*
Dérivé de Marie, de l'hébreu « myriam », dame, maîtresse de maison, voyante.

Mariona *basque*
Composé de Marie et d'« ona », bonne.

Mariotte *français*
Dérivé de Marie, de l'hébreu « myriam », dame, maîtresse de maison, voyante.

Maritza *arménien*
Dérivé de Marie, de l'hébreu « myriam », dame, maîtresse de maison, voyante.

Marjane *arabe*
De « marjân », corail.

Markaride *arménien*
Sœur du roi Hétoum de Cilicie au XIIe siècle.

Markiza *maltais*
Prénom très rare.

Maroussia *slave*
Variante de Marie, de l'hébreu « myriam », dame, maîtresse de maison, voyante.

Martane *français*
Sainte, morte martyre, à Rome, sous Valérien, vers 257.

Martyna *polonais*
Variante de Martine, dérivé de Martin, du dieu latin Mars, le broyeur d'hommes d'où est issu « martinus », petit Mars, brave.

Marwa *arabe*
Rocher.

Marzena *polonais*
Variante de Myriam, usage affectif de la forme latine de Marie. Remplir de joie.

Masa *kabyle*
Prénom ancien.

Masako *japonais*
Masako, épouse du prince héritier du Japon.

Masella *kabyle*
L'écoute.

Masiba *kabyle*
Prénom ancien.

Mass *kabyle*
Noble.

Massa *kabyle*
Madame.

Massana *kabyle*
Mademoiselle.

Massia *catalan*
Recensé huit fois à Perpignan, dans les Pyrénées-Orientales, entre 1606 et 1685.

Massiva *kabyle*
Nom de la fille de Gaïa et sœur de Massinissa.

Mathea *français*
Dérivé de Matthieu, de l'hébreu « mattaï », don, présent et « Yah », Iahvé.

Mathive *français*
Dérivé de Matthieu, de l'hébreu « mattaï », don, présent et « Yah », Iahvé.

Matriona *slave*
Variante de Matrone, du latin « matrona », femme illustre sous l'ancienne Rome.

Mattea *catalan et corse*
Dérivé de Matthieu, de l'hébreu « mattaï », don, présent et « Yah », Iahvé.

Mattia *maltais*
Dérivé de Matthieu, de l'hébreu « mattaï », don, présent et « Yah », Iahvé.

Maturine *breton et français*
Dérivé de Mathurin, du latin « maturus », mûr.

Maurane *français*
Dérivé de Maur, diminutif d'Amaury, du germanique « amal », racine qui doit son succès aux rois wisigoths Amalis et « ric », puissant.

Maurine *basque*
Dérivé de Maurice, du nom latin Mauritius ou Maurus, Africain de Mauritanie, qui a le teint d'un Maure, c'est-à-dire le brun ou le basané.

Maxellende *français*
Sainte, morte martyre, vers 670 à Caudry, tuée à coups de pieds par Hardouin de Solesmes parce qu'elle préférait se faire religieuse plutôt que de l'épouser.

Mayah *hébreu*
De « mayyim », eau.

Mayalen *basque*
Variante diminutive de Madeleine, de l'hébreu « Magdala », nom de lieu.

Maymonna *arabe*
De « maymon », heureux.

Mazal *hébreu*
Chance.

Mazara *kabyle*
La vue.

Mazarine *français*
Cité au Longeron, en Anjou, sous l'Ancien régime.

Mazaya *arabe*
Pluriel de « maziyya », qualités excellentes, privilège, mérite.

Mazouna *kabyle*
Nom d'une ville en Algérie, le mot a été mis en relation avec Azoun.

Meala *breton*
Dérivé de Maël, du vieux-breton « mael », chef, prince.

Mechtilde *français et germanique*
Variante de Mathilde, du germanique « maht », puissance, vigueur et « hild », combat.

Medana *irlandais*
Dérivé de Medan, en hébreu, être fort.

Médéa *basque*
Variante de Médée, du nom du personnage de la mythologie grecque, Medeia.

Medousa *kabyle*
Guerrière qui a combattu les Grecs.

Méduline *français*
Enregistré à Boissey, dans le Calvados, le 20 juillet 1879.

Medyline *français*
Attribué à La Louvière, dans le Hainaut, entre le 1er juillet et le 30 août 2004.

Mégarée *grec*
Dans la mythologie grecque, Mégarée, princesse que les Thébains offrent comme épouse à Hercule.

Megawati *indonésien*
Megawati Soekarnoputri, fille du président Soekarno, élue présidente de l'Indonésie en 2001.

Meïrah *hébreu*
Dérivé de Méïr, il illumine.

Mektilde *germanique*
Variante de Mathilde, du germanique « maht », puissance, vigueur et « hild », combat.

Mélagnie *corse*
Variante de Mélanie, du grec « melas », brun foncé, noir.

Mégane pourra garder son prénom

La petite Mégane Renaud est née au début du mois de mars 1999. La mairie refuse d'enregistrer ce prénom, en raison de l'« effet préjudiciable » que pourrait avoir pour l'enfant un rapprochement avec l'un des modèles du constructeur automobile Renault. Les parents de Mégane se tournent vers le juge aux affaires familiales de Nantes pour faire reconnaître leur bon droit. Le mardi 7 décembre 1999, la cour décide que la petite Mégane pourra garder son prénom. Les juges ont estimé que l'enfant « ne sera scolarisée que dans deux ans et que les gammes de voitures évoluent rapidement ».
Contre cette décision, le procureur de la République engage un recours en appel.
Le jeudi 4 mai 2000, la cour d'appel de Rennes, saisie par le ministère public, rend son arrêt « Le prénom Mégane ne peut être en lui-même contraire à l'intérêt de l'enfant », alors que « la suppression de son prénom entraînerait inévitablement pour l'enfant une grande perturbation dans la construction de sa personnalité ».

Mélaine *anglo-saxon, breton et français*
Dérivé de Mélanie, du grec « mélas », noir.

Mélane *breton*
Dérivé de Mélanie, du grec « mélas », noir.

Melania *castillan, catalan, corse et italien*
Variante de Mélanie, du grec « melas », brun foncé, noir.

Melany *anglo-saxon*
Variante de Mélanie, du grec « mélas », noir.

Melchiora *catalan*
Dérivé de Melchior, de l'hébreu « mélék », roi, royal et « or », lumière ou du grec « melchi », abréviatif de « eliméléк », Dieu est roi et « or », lumière.

Melen *basque*
Autorisé par le greffe du tribunal civil de Bayonne, en décembre 1957.

Melgar *basque*
Nom de lieu à Sansol, en Navarre, au Pays basque.

Méli *basque*
Autorisé par le greffe du tribunal civil de Bayonne, en décembre 1957.

Mélice *français*
Attribué une fois, dans l'analyse de l'état civil ancien de Gouville, dans la Manche, sur les actes de mariage inscrits en 1849.

Mélide *français*
Prénom révolutionnaire, enregistré en Loire-Atlantique en 1799.

Mélie *français*
Cité en Anjou sous l'Ancien Régime.

Méliné *arménien*
Sainte, née en 383, fonde un monastère à Bethléem, morte en 438.

Melisenda *basque*
Du latin « mel », miel.

Mélissende *français*
Du germanique « amal », racine d'origine wisigothe due à la famille des rois Amali, et « swintha » énergique, travailleur.

Mélitine *français*
Sainte, morte martyre au IIe siècle, en Thrace, sous Antonin le Pieux.

Melle *breton*
Sainte, née en Irlande, mère de saint Cannech et de saint Tigernach, abbesse de Doire-Melle, morte vers 780.

Melline *français*
Attesté à Saint-Barthélemy, en Seine-Maritime, le 6 octobre 1637.

Méloée *français*
Prénom de l'époque mérovingienne, attribué à Rouffiac en Charente-Maritime, en 1845.

Melsiona *catalan*
Recensé deux fois à Perpignan, dans les Pyrénées-Orientales, entre 1596 et 1615.

Memona *italien*
Variante de Maymonna, de l'arabe « maymon », heureux.

Mena *breton*
Enregistré sur l'île de Groix, au XVIIIe siècle.

Menaka *basque*
Nom d'une commune située en Biscaye, au Pays basque.

Menana *kabyle*
Grande sœur.

Ménanie *français*
Attribué une fois, dans l'analyse de l'état civil ancien de Gouville, dans la Manche, sur les actes de mariage inscrits en 1838.

Mencha *kabyle*
Nom d'une ville numide en Tunisie.

Ménéhaud *français*
Dérivé de Ménéhould, de l'hébreu « imanu-el », Dieu est avec nous.

Menehould *français*
Dérivé d'Emmanuel, de l'hébreu « imanu-el », Dieu est avec nous.

Meneire *dogon (Mali)*
De « mene », famille et d'« ire », il vaut mieux.

Mengdi *chinois*
De « meng », rêver et de « di », petit frère.

Ménie *français*
Cité en Anjou, au Longeron, dans le Maine-et-Loire, sous l'Ancien Régime.

Ménilla *français et italien*
Dans *La Magicienne et la Tarasque* des *Contes et légendes de la Camargue et des gitans*, de Jean Portail, paru en 1970, Ménilla est la jeune fiancée d'Andreosius.

Menna *catalan*
Sainte, née en Lorraine, morte vers 395.

Ménodore *français*
Autorisé par la loi du 1er avril 1803.

Menza *kabyle*
La plus jeune.

Mérance *français*
Cité en Anjou, sous l'Ancien Régime.

Mercedes *anglo-saxon, castillan, français, galicien et germanique*
Du latin « merces », peut payer une marchandise, en relation avec Mercure, dieu du Commerce.

Mercurie *français*
Dérivé de Mercure, du latin Mercurius, nom du dieu du Commerce.

Méréa *français*
Enregistré à Bernières-sur-Mer, dans le Calvados, à la fin du XIXe siècle.

Mérence *français*
Enregistré lors d'un mariage à Tournai-sur-Dives, dans le Calvados, le 19 février 1884.

Mérencienne *français*
Enregistré à Arleux, dans le Pas-de-Calais, en 1771.

Meret *hébreu*
Meret Meyer Chagall, petite-fille du peintre Marc Zcharovitch Chagall.

Meritxell *castillan et catalan*
Nom d'un célèbre sanctuaire en Andorre, construit en 1873, pour célébrer la Mère de Dieu.

Mesougo *dogon (Mali)*
De « mene », famille et de « dyugo », il sait.

Messad *kabyle*
Nom d'un village numide près de la montagne Amour en Algérie.

Messada *kabyle*
Nom d'un village numide près de Leghouat en Algérie.

Messaline *français*
Sainte, vierge de Folino, religieuse, reconnue comme chrétienne, morte martyre en 251.

Messence *français*
Du germanique « maht », puissance, vigueur et « hild », combat.

Métanire *grec*
Dans la mythologie grecque, Métanire, mère des jeunes filles qui accueillent Déméter lorsqu'elle s'établit sur la terre.

Metaxia *arménien*
De « métax », soie.

Metilde *scandinave*
Variante de Mathilde, du germanique « maht », puissance, vigueur et « hild », combat.

Métsadah *hébreu*
Forteresse.

Mevena *breton*
Dérivé de Meven, du vieux breton Meguenni, attesté en 1052, dérivé de « mau », agile, gai.

Mézoé *français*
Enregistré à Bernières-sur-Mer, dans le Calvados, à la fin du XIXe siècle.

Michalina *polonais et slave*
Variante de Michel, de l'hébreu « mika'el », qui est comme Dieu.

Missa *kabyle*
Totale.

Micheletta *français et italien*
Dérivé de Michel, de l'hébreu « mika'el », qui est comme Dieu.

Michkat *arabe*
Niche dans laquelle est placée une lampe.

Micolava *catalan*
Recensé trois fois à Perpignan, dans les Pyrénées-Orientales, entre 1566 et 1585.

Mieczyslawa *polonais et slave*
Dérivé de Mieczyslaw, celui qui doit atteindre la gloire ou qui l'atteindra avec une épée.

Miette *français*
De l'ancien français « mion », surnom évoquant la petite taille du personnage.

Mikita *slave*
Variante de Michèle, de l'hébreu « mika'el », qui est comme Dieu.

Milaine *français*
Attribué, lors d'un baptême en la paroisse de Saint-Ouen à Caen, dans le Calvados, le 9 février 1789.

Milana *slave*
Tendre, féminin, généreuse.

Mildred *anglo-saxon*
De l'anglo-saxon « milde », bienveillant, doux et « thryght » ou « thryth », force, puissance.

Mildrède *anglo-saxon, français et germanique*
De l'anglo-saxon « milde », bienveillant, doux et « thryght » ou « thryth », force, puissance.

Milia *basque et corse*
Variante diminutive d'Émilie, du latin « aemulus », rival.

Milicia *yougoslave*
Variante de Militza et d'Émilie, du latin « aemulus », rival.

Militza *slave*
De l'adjectif « milyï », charmante et du suffixe « -tsa ».

Milkah *hébreu*
Reine.

Milla *catalan*
Dérivé d'Émile, du latin Aemilius, nom d'une famille romaine ou de « aemulus », rival ou du grec « haimulos », rusé.

Millefleur *français*
Attribué à Mâcon, en Saône-et-Loire, le 25 février 1794.

Millette *français*
Du latin « mille », mille.

Mina *kabyle*
Actuellement Relizane, en Algérie.

Minane *arabe*
De « minan », bienfaits, grâces, faveurs.

Minh *vietnamien*
Lumière.

Minicola *corse*
Variante de Dominique, du latin « dominicus », consacré au Seigneur ou du grec « domos », tronc ou « dama », racine ou « damuna », domestique.

Minna *kabyle*
Nom d'un village au Maroc.

Minuda *kabyle*
De Numidie.

Miquella *catalan*
Forme catalane de Michelle, dérivé de Michel, de l'hébreu « mika'el », qui est comme Dieu.

Mira *polonais et slave*
Diminutif de Miroslawa, dérivé de Miroslaw, personne célèbre pour son amour de la paix.

Miramonda *basque*
Enregistré à Mauléon, en Soule, au Pays basque, en 1376.

Mireia *basque et catalan*
Variante de Mireille, du latin « miracula », miracle, prodige ou du provençal « Mirèio », nom inventé par Frédéric Mistral.

Mirelha *occitan*
Variante de Mireille, du latin « miracula », miracle, prodige ou du provençal « Mirèio », nom inventé par Frédéric Mistral.

Miren *basque*
Variante diminutive de Marie, de l'hébreu « myriam », dame, maîtresse de maison, voyante.

Mirenkaia *basque*
Variante diminutive de Marie, de l'hébreu « myriam », dame, maîtresse de maison, voyante.

Miresou *dogon (Mali)*
De « mene », famille et d'« odiou », chemin.

Mireya *castillan*
Variante de Mireille, du latin « miracula », miracle, prodige ou du provençal « Mirèio », nom inventé par Frédéric Mistral.

Miroslawa *polonais et slave*
Dérivé de Miroslaw, personne célèbre pour son amour de la paix.

Moanou *dogon (Mali)*
Dérivé de Mono, ils se rassemblent.

Modesta *germanique*
Variante de Modeste, du latin « modestus », calme, mesuré.

Modestine *antillais*
Variante de Modeste, du latin « modestus », calme, mesuré.

Modette *français*
Autorisé par la loi du 1er avril 1803.

Modye *dogon (Mali)*
De « modye », il reste.

Moeata *tahitien*
Dort dans les nuages.

Moetia *tahitien*
Dort debout.

Refusé... accepté !

Mariecke, prénom féminin, est une forme flamande extrêmement courante de Marie. Il a été accepté en France, à Pont-l'Abbé dans le département du Finistère, en 1967 et à Douai dans le département du Nord, en 1970. Il a été cependant refusé à Quimper dans le Finistère, en 1980.

Moline *français*
Attribué une fois, dans l'analyse de l'état civil ancien de Gouville, dans la Manche, sur les actes de mariage inscrits en 1857.

Mondina *catalan*
Recensé une fois à Perpignan, dans les Pyrénées-Orientales, entre 1515 et 1526.

Mondine *français*
Enregistré lors d'un décès à La Cassagne, en Dordogne, en 1755.

Monégonde *français*
Sainte, née à Chartres, vécut en ermite après le décès de ses deux filles, morte vers 570.

Monessa *corse et irlandais*
Sainte, fille d'un chef irlandais, convertie par saint Patrick, morte sur les fonds baptismaux en 456.

Monila *dogon (Mali)*
De « monou », mauvais et de « la », ne pas.

Monodi *français*
Attrinué à Étrechy, dans l'Essonne, le 18 novembre 1793.

Montaine *français*
Sainte, abbesse de Ferrières dans le diocèse de Sens, morte vers 1000.

Montserrat *basque, castillan et catalan*
Nom de lieu en Catalogne.

Mora *kabyle*
De Moravides, dynastie Amazir.

Morane *breton et français*
Variante de Moran, dérivé de « mor », mer.

Morgana *breton*
Dérivé de Morgan, du gallois « mawr », grand et « can », brillant ou du breton « mor », la mer et « gan », fils ou fille. Née de la mer.

Morille *français*
Du latin populaire « mauricula », de « maurus » ou du vieil haut-allemand « morhila ».

Morvane *français*
Dérivé de Morvan, du vieux-breton « mor », grand et « man », pensée.

Mouette *français*
De l'ancien français « maoue », mauve.

Mouhsana *arabe*
De « muhsana », femme vertueuse, qui se protège de l'extérieur.

Moulaïka *arabe*
De « Mulayka », diminutif de Malika, petite reine.

Moumina *arabe*
Dérivé de Moumine, de « mu'min », celui qui a la foi.

Mounia *arabe*
De « munya », souhait, désir, vœu.

Mounijida *arabe*
Celle qui vient en aide et porte secours.

Moura *slave*
C'est le prénom Marie, russifié en Moura, après le séjour d'un professeur d'anglais à Saint-Pétersbourg.

Mouza *slave*
Du nom de la déesse grecque des Arts, Musa. Calme, tendre, fragile.

Muda *kabyle*
Donner.

Muga *kabyle*
Comme.

Munielle *basque*
Enregistré à Laguardia, en Alaba, au Pays basque, en 1350.

Mustiole *français*
Autorisé par la loi du 1er avril 1803.

Myra *grec et hébreu*
En grec, chance.

Myranne *français*
Myranne de Magdala, drame en vers, paru à Dijon, en 1886.

Myrtha *martiniquais*
De myrte, du latin « myrtus » et du grec « murtos », arbrisseau à feuilles coriaces.

Myrtille *belge et français*
Du grec « murtos », myrte.

Myssa *kabyle*
Ramasser la mise.

N

Naamah *hébreu*
Jolie.

Naarah *hébreu*
Jeune fille.

Nabarre *basque*
Enregistré à Garris, en Basse-Navarre, au Pays basque, en 1351.

Nabila *arabe*
Dérivé de Nabil, chevaleresque, noble.

Nabona *basque*
Enregistré à Clairence, en Basse-Navarre, au Pays basque, en 1347.

Nadette *français*
Dérivé diminutif de Bernadette, du germanique « ber », ours et « hard », dur, courageux.

Nadija *maltais*
Variante de Nadège, du russe « nadesjda », espérance.

Nadima *arabe et italien*
Dérivé de Nadim, celui qui se repent et qui regrette.

Nadioussa *slave*
Dérivé de Nadège, du russe « nadesjda », espérance.

Nadira *arabe et hindou*
Dérivé de Nadir, rare, extraordinaire, exceptionnel.

Nadiya *arabe*
Généreuse ou dont la voix porte loin quand elle appelle.

Nadra *arabe*
Rareté ou parcelle d'or ou d'argent.

Naeemah *arabe*
Bienveillante, contente.

Naeleken *flamand*
Diminutif d'Adelheijde, du germanique « adel », noble et « heit », lignée, race, rang ou de « haid », serment ou encore du nom latin Adalhaïdis.

Nafal *arabe*
Cadeau, don.

Nafissa *arabe*
Nafîsa, sainte et théologienne, vécut au VIIe ou IXe siècle, arrière-petite-fille de Hasan, petit-fils du Prophète, inhumée au Caire.

Nahia *basque*
De « nahi », vouloir, volonté.

Nahid *arabe*
Jeune fille qui devient femme, qui a la poitrine formée.

Nahida *hindou*
Dérivé de Nahid, jeune fille qui devient femme, qui a la poitrine formée.

Nahla *arabe*
Boisson que l'on goûte pour la première fois.

Naida *hispanique*
Diminutif de Zénaïda, du latin « Zeno » dérivé du grec « Zènon » ou « zénos » qui a rapport avec Zeus, divinité grecque.

Naig *breton*
Dérivé diminutif d'Annaig, variante d'Anne, du prénom hébraïque « Hannâ » ou « hannah », comblée de grâce, gracieuse.

Nailah *arabe*
De « nã'il », issu de « nãla », atteindre, réussir.

Naima *arabe*
Dérivé de « na'îm », heureux, content.

Naïs *français*
Diminutif d'Anaïs, dérivé d'Anne, du prénom hébraïque « Hannâ » ou « hannah », comblée de grâce, gracieuse.

Najah *arabe*
Réussite, succès.

Najiba *arabe*
Dérivé de Najib, celui qui est de noble ascendance.

Najixa *hébreu*
Fille du juif Isaac Cansivo, établie à Oran, en Algérie, en 1591.

Najmia *arabe*
Dérivé de Najmi, étoilé.

Najoud *arabe*
De « najûd », intelligente, belle et distinguée.

Naki *adangbe (Ghana)*
Fille aînée.

Naleken *flamand*
Diminutif d'Adelheijde, du germanique « adel », noble et « heit », lignée, race, rang ou de « haid », serment ou encore du nom latin Adalhaïdis.

Nalin *hindou et apache (indien d'Amérique du Nord)*
En apache, jeune fille.

Namadie *français*
Sainte, veuve de saint Calmin, retirée comme moniale bénédictine à Marsat, morte vers 700.

Namono *luganda (Ouganda)*
La plus jeune des jumelles.

Namouna *français*
Namouna, ballet présenté à Paris, à l'Opéra, le 10 février 1882.

Nampayo *tewa (indien d'Amérique du Nord)*
Variante de Nampeyo, fille serpent.

Nanabah *navajo (indien d'Amérique du Nord)*
Femme de Henry Chee Dodge (1860-1947), chef de tribu.

Nancee *anglo-saxon*
Variante de Nancy, dérivé d'Anne, du prénom hébraïque « Hannâ » ou « hannah », comblée de grâce, gracieuse.

Nancie *français*
Voir encadré page 168.

Nancy *anglo-saxon, hébreu et irlandais*
Variante diminutive d'Anne, du prénom hébraïque « Hannâ » ou « hannah », comblée de grâce, gracieuse.

Nanda *corse*
Dérivé de Fernande, du germanique « fried », protecteur et « nant », courageux, téméraire.

Nandeke *flamand*
Diminutif de Fernanda, du germanique « fried », protecteur et « nant », courageux, téméraire.

Nandekie *flamand*
En usage à Cassel, dans le Nord, au XIXe siècle.

Nanée *arménien*
De Nana, seconde fille d'Aramazt, déesse arménienne.

Nanere *dogon (Mali)*
De « naneroum », déformation de « naneloum », il n'oublie pas.

Nanette *français*
Dérivé diminutif de Jeannette, de l'hébreu « Yohânân », Iahvé a fait grâce.

Nanghe *flamand*
Diminutif d'Adriana, du latin « adrianus », originaire de la ville d'Adria, du latin « ater », noir, sombre.

Nanine *flamand et français*
Diminutif d'Anna, du prénom hébraïque « Hannâ » ou « hannah », comblée de grâce, gracieuse.

Naninou *dogon (Mali)*
De « na », mère et de « ninou », bonne. Ma mère est bonne.

Nanke *flamand*
Diminutif d'Adriana, du latin « adrianus », originaire de la ville d'Adria, du latin « ater », noir, sombre.

Nankie *flamand*
En usage à Cassel, dans le Nord, au XIXe siècle.

Nanne *flamand*
Diminutif d'Anna, du prénom hébraïque « Hannâ » ou « hannah », comblée de grâce, gracieuse.

Nannette *flamand, français et hébreu*
Diminutif d'Anne, du prénom hébraïque « Hannâ » ou « hannah », comblée de grâce, gracieuse.

Nanny *français*
Dérivé d'Anne, du prénom hébraïque « Hannâ » ou « hannah », comblée de grâce, gracieuse.

Nanon *flamand et français*
Dérivé d'Anne, du prénom hébraïque « Hannâ » ou « hannah », comblée de grâce, gracieuse.

Nanthilde *français*
Deuxième épouse du roi Dagobert au VIIe siècle.

Nantsy *anglo-saxon et français*
Enregistré lors d'un mariage à Angers, dans le Maine-et-Loire, le 20 mai 1878.

Nanyamka *ewe (Ghana)*
Cadeau de Dieu.

Naoual *arabe*
Variante de Nawal, don, cadeau, faveur, grâce.

Naqiya *arabe*
De « niqiyya », pure, sans tache.

Narbonna *catalan et basque*
Dérivé de Narbonne, ville occitane.

Narcissa *anglo-saxon*
Dérivé de Narcisse, du grec « narké », engourdissement ou de « narkissos », narcisse.

Narda *italien*
Dérivé diminutif de Bernarda, du germanique « ber », ours et « hard », dur, courageux.

Nardouhie *arménien*
Variante de Nartouhie, de « nard », nom d'une plante exotique.

Narguize *arménien*
Variante de Narcisse, du grec « narké », engourdissement ou de « narkissos », narcisse.

Narine *arménien*
De l'iranien « narin », fine.

Narjissa *arabe*
Narcisse.

Naroa *basque*
De « naro », abondant.

Narsice *français*
Attribué à Raimbeaucourt, dans le Nord, en 1780.

Nasha *navajo (indien d'Amérique du Nord)*
Chouette.

Nasriya *arabe*
Dérivé de Nasrî, celui qui est de tempérament victorieux.

Nassama *arabe*
De « nasama », âme, souffle de vie.

Nassiha *arabe*
Dérivé de Nassih, de « nâsih », un ami sincère et loyal, un vrai conseiller et un miel pur.

Nassika *arabe*
Dérivé de Nassik, de « nâsik », exclusivement voué à Dieu.

Nassima *arabe*
Dérivé de Nassim, de « nasîm », une légère brise.

Nassira *arabe*
Dérivé de Nassir, de « nâsir », le défenseur, celui qui porte assistance.

Nastassia *slave*
Variante diminutive d'Anastasie, du grec latinisé « anastasius », né une nouvelle fois.

Natalène *féminin*
Variante de Nathalie, du latin « natalis » (dies), jour de la naissance (du Seigneur), c'est-à-dire Noël.

Natalie *flamand, français et germanique*
Sainte, vécut à Nicomédie et aida les prisonniers chrétiens pendant les persécutions sous Dèce, vers 251, morte à Constantinople vers 311.

Natalina *corse, italien et romanche*
Variante diminutive de Nathalie, du latin « natalis » (dies), jour de la naissance (du Seigneur), c'est-à-dire Noël.

Nataline *français*
Autorisé par la loi du 1er avril 1803.

Nataliya *russe*
Variante de Nathalie, du latin « natalis » (dies), jour de la naissance (du Seigneur), c'est-à-dire Noël.

Natana *catalan*
Dérivé de Nathan, de l'hébreu « natan », donner, forme abrégée de Natanya, Yah a donné ou d'Elnatan, Dieu a donné.

Natané *anglo-saxon, arapaho (indien d'Amérique du Nord) et polynésien*
Dérivé de Nathan, de l'hébreu « natan », donner, forme abrégée de Natanya, Yah a donné ou d'Elnatan, Dieu a donné. En indien arapaho, fille.

Nataniah *hébreu*
Dérivé de Nathan, de l'hébreu « natan », donner, forme abrégée de Natanya, Yah a donné ou d'Elnatan, Dieu a donné.

Nataniela *hébreu*
Dérivé de Nathan, de l'hébreu « natan », donner, forme abrégée de Natanya, Yah a donné ou d'Elnatan, Dieu a donné.

Natascha *slave*
Variante de Nathalie, du latin « natalis » (dies), jour de la naissance (du Seigneur), c'est-à-dire Noël.

Nathanaëlle *hébreu*
Dérivé de Nathan, de l'hébreu « natan », donner, forme abrégée de Natanya, Yah a donné ou d'Elnatan, Dieu a donné.

Nathane *hébreu*
Dérivé de Nathan, de l'hébreu « natan », donner, forme abrégée de Natanya, Yah a donné ou d'Elnatan, Dieu a donné.

Nathanela *hébreu*
Dérivé de Nathan, de l'hébreu « natan », donner, forme abrégée de Natanya, Yah a donné ou d'Elnatan, Dieu a donné.

Nathani *rwandais*
Enregistré à Kigali, au Rwanda, en 1980.

Nathifa *arabe*
Propre, pure.

Natividad *hispanique*
Nativité ou Noël.

Natoline *français*
Dérivé diminutif d'Anatole, du grec « anatolios », qui vient de l'Est ou d'Anatolia, ancien nom de l'Asie Mineure.

Nauasia *sauk (indien d'Amérique du Nord)*
Fille de Black Hawk, chef de tribu, et Asshewequa.

Naudine *français*
Attesté à Saint-Martin-en-Campagne, en Seine-Maritime, le 2 juillet 1583.

Vous aimez la chanson ?

La chanson offre un beau répertoire de prénoms aux parents mélomanes. En 1964, **Nathalie**, la charmante guide de Gilbert Bécaud, sur la Place Rouge, s'installe durablement dans les actes de naissance : un peu plus de douze mille Nathalie sont déclarées en 1963, plus de vingt et un mille le seront en 1964 et plus de vingt-neuf mille en 1965. D'autres chansons au contraire ont porté un coup fatal à la carrière de certains prénoms : que dire des fameux tétons de **Valentine**, chantés par Maurice Chevalier, des poils aux jambes de **Félicie** et du benêt **Ignace**, disgraciés par Fernandel.

Navaretta *basque*
Enregistré à Arbouet, en Basse-Navarre, au Pays basque, en 1350.

Nayira *arabe*
Dérivé de Nayir, de « nayyir », très brillant, splendide.

Nayo *yorouba (Nigéria)*
Elle est notre joie.

Nazaha *arabe*
Honnêteté, vertu, pureté.

Nazarena *italien*
Dérivé de Nazaire, du grec « nazoraios », originaire de Nazareth.

Nazaria *catalan*
Recensé deux fois à Perpignan, dans les Pyrénées-Orientales, entre 1556 et 1575.

Nazelie *arménien*
De l'iranien « naz », charme.

Nazig *arménien*
De l'iranien « naz », charme.

Naziha *arabe*
Vertueuse, honnête.

Nazima *arabe*
Dérivé de Nazim, celui qui établit l'ordre, l'harmonie et un poète qui compose des vers.

Nazira *arabe*
Dérivé de Nazir, d'origine coranique, de « nadhîr », celui qui vit consacré à Dieu, qui annonce le châtiment à tous les rebelles.

Nazubal *basque*
Lieu de culte à Notre Dame en Rioja, au Pays basque.

Necedah *winnebago (indien d'Amérique du Nord)*
Jaune.

Nedjma *arabe*
Employé chez les Berbères.

Neeltje *néerlandais*
Dérivé de Cornélie, dérivé de Corneille, du nom latin Cornelius, confondu avec le mot latin « cornix », corbeau.

Neema *swahili (est-africain)*
Née en temps de prospérité, durant une bonne époque.

Neenah *winnebago (indien d'Amérique du Nord)*
Eau courante.

Neese *flamand*
Diminutif d'Agnès, du grec « agnê », chaste, pure ou du latin « agnellus », petit agneau.

Neete *flamand*
Diminutif d'Agnès, du grec « agnê », chaste, pure ou du latin « agnellus », petit agneau.

Neeth *égyptien*
Variante de Neith, déesse de la Féminité, de la Maison et des Arts domestiques et déesse de la Guerre.

Neghe *flamand*
Diminutif d'Anna, du prénom hébraïque « Hannâ » ou « hannah », comblée de grâce, gracieuse.

Néhallenia *grec*
Déesse de la mythologie grecque que certains prennent pour la lune ou la nouvelle lune et que d'autres considèrent comme une déesse mère.

Néhamah *hébreu*
Consolation.

Nehanda *zezourou (Zimbabwe)*
Forte, puissante.

Neisa *romanche*
Rencontré dans le canton des Grisons, en pays romanche, et plus particulièrement en Engadine.

Neith *égyptien*
Dans la mythologie grecque, déesse de la Féminité, de la Maison et des Arts domestiques et déesse de la Guerre.

Nekane *basque*
De tradition sabinienne, correspond à Dolorès.

Nekie *flamand*
En usage à Cassel, dans le Nord, au XIXe siècle.

Nelia *flamand*
Diminutif de Cornelia, dérivé de Corneille, du nom latin Cornelius, confondu avec le mot latin « cornix », corbeau.

Nelke *flamand*
Diminutif du grec Petronilla, dérivé de Pierre, l'apôtre Simon, surnommé « Céphas » ou « Caiapha », en araméen le rocher (de la foi), en grec dialectal « Petros », pierre, rocher, ou en latin « Petrus ».

Nelkie *flamand*
En usage à Cassel, dans le Nord, au XIXe·siècle.

Nellette *français*
Dérivé d'Hélène, du grec « élê », éclat du soleil, brillance ou « élyein », couvrir.

Nellie *anglo-saxon*
Dérivé d'Hélène, du grec « élê », éclat du soleil, brillance ou « élyein », couvrir.

Nellig *breton*
Dérivé d'Oanellig, du breton « oan », agneau, correspond à saint Agnellus.

Némésis *grec*
Dans la mythologie grecque, Némésis est l'émotion personnifiée, la Juste Colère.

Nénaha *breton*
Nénaha reine des fées, légende bretonne, ballet, représenté au Grand Théâtre, à Bordeaux, le 3 mars 1863.

Nenoga *breton*
Dérivé de Ninnog, forme hypocoristique en « -og » du vieux breton « nin », sommet, élévation.

Néomaye *français*
Sainte, vierge de Poitou, morte au Ve siècle, près de Loudun, honorée en Vendée.

Néomésie *français*
Autorisé par la loi du 1er avril 1803.

Néomise *français*
Enregistré à Fort-de-France, en Martinique, le 4 avril 1890.

Neorah *hébreu*
Intelligente.

Nerea *basque*
Dérivé de Nérée, du nom du dieu marin de la mythologie grecque.

Nerina *italien*
Rencontré dans le canton du Tessin, en Suisse italienne.

Netteken *flamand*
Diminutif d'Antoinetta, du grec « antônios », courageux, qui fait face, tiré du nom d'une famille romaine Antonius ou du latin « antone », inestimable.

Netta *romanche*
Variante diminutive de Jeannette, dérivé de Jean, de l'hébreu « Yohânân », Iahvé a fait grâce.

Neus *catalan*
Variante de Neige, symbole de la couleur blanche, de la pureté et de l'innocence.

Nevada *américain*
Du nom d'un État de l'ouest américain, dérivé de l'hispanique « nevada », neigeux.

Nevarte *arménien*
De « nor », nouveau et « varte », rose.

Nevena *breton*
Dérivé de Neven, du vieux breton « nomen », ciel, dont le sens évoque celui du nom latin Celestinus ou variante de Nevin.

Neves *galicien*
Variante de Neige, symbole de la couleur blanche, de la pureté et de l'innocence.

Nèvia *catalan*
Nèvia de Santvicenç, en Maresme et Nèvia, première épouse de Bernat de Queralt, seigneur de Gurb, en Osona, au XIIe siècle.

Niaman *bambara (Mali)*
Tas d'ordures.

Nicarète *français*
Autorisé par la loi du 1er avril 1803.

Nicea *italien*
Rencontré dans le canton du Tessin, en Suisse italienne.

Nicette *français*
Dérivé de Nicet, du grec « nicêtios », victorieux.

Nicia *italien*
Rencontré dans le canton du Tessin, en Suisse italienne.

Nickisha *afro-américain*
Variante de Nikita, dérivé de Nicole, du grec « nikè », victoire et « laos », synonyme de « démos » peuple (« laus », louange en latin).

Nickole *américain*
Variante de Nicole, du grec « nikè », victoire et « laos », synonyme de « démos » peuple (« laus », louange en latin).

Nicolasse *français*
Attesté dans un registre du tabellionage d'Argences, Troarn et Varaville, dans le Calvados, entre 1386 et 1417.

Nicolaua *catalan*
Nicolaua de Santacillia, épouse de Ponç Descatllar, en Ripollès, au XIIIe siècle.

Nicolette *flamand et français*
Dérivé diminutif de Nicole, du grec « nikè », victoire et « laos », synonyme de « démos » peuple (« laus », louange en latin).

Nicoline *français*
Dérivé diminutif de Nicole, du grec « nikè », victoire et « laos », synonyme de « démos » peuple (« laus », louange en latin).

Niculina *corse et romanche*
Variante de Nicole, du grec « nikè », victoire et « laos », synonyme de « démos » peuple (« laus », louange en latin).

Nidia *italien*
Rencontré dans le canton du Tessin, en Suisse italienne.

Nieske *flamand*
Diminutif d'Agnès, du grec « agnê », chaste, pure ou du latin « agnellus », petit agneau.

Nieves *castillan*
Variante de Neige, symbole de la couleur blanche, de la pureté et de l'innocence.

Nika *anglo-saxon*
Dérivé de Nik, dérivé de Nicolas, du grec « nikè », victoire et « laos », synonyme de « démos » peuple (« laus », louange en latin).

Nikasia *basque*
Dérivé de Nicaise, du grec « nikaô », je suis vainqueur.

Nikeesha *afro-américain*
Variante de Nikita, dérivé de Nicole, du grec « nikè », victoire et « laos », synonyme de « démos » peuple (« laus », louange en latin).

Nikolacha *basque*
Autorisé par le greffe du tribunal civil de Bayonne, en décembre 1957.

Nikoucha *slave*
Variante de Nicole, du grec « nikè », victoire et « laos », synonyme de « démos » peuple (« laus », louange en latin).

Nilke *flamand*
Diminutif du latin Petronilla, dérivé de Pierre, l'apôtre Simon, surnommé « Céphas » ou « Caiapha », en araméen le rocher (de la foi), en grec dialectal « Petros », pierre, rocher, ou en latin « Petrus ».

Nilkie *flamand*
En usage à Cassel, dans le Nord, au XIXe siècle.

Nillon *français*
Dérivé d'Anne, du prénom hébraïque « Hannâ » ou « hannah », comblée de grâce, gracieuse.

Nimmia *italien*
Sainte, morte martyre à Rome avec ses compagnons vers 304.

Nine *français*
Attribué à l'aînée des filles d'Inès de La Fressange, mannequin français, en 1994.

Ninèle *slave*
Simple, vaillante, majestueuse. C'est également le nom de Lénine inversé.

Ninette *français*
Dérivé diminutif d'Anne, du prénom hébraïque « Hannâ » ou « hannah », comblée de grâce, gracieuse.

Ning *chinois*
Ancien nom de la ville de Nankin, de « ning », contraction de Nanjing, capitale du Sud.

Niniane *français*
Dérivé diminutif d'Anne, du prénom hébraïque « Hannâ » ou « hannah », comblée de grâce, gracieuse.

Ninoga *breton*
Dérivé diminutif de Ninogan, dérivé de Ninog, forme hypocoristique en « -og » du vieux breton « nin », sommet, élévation.

Nirah *hébreu*
Dérivé de « nir », labour.

Nisa *bochiman, français et slave*
Dérivé diminutif de Denise, du grec « dionysos », fils de Dieu. En russe, niche.

Nisrine *arabe*
De « nisrîn », l'églantier.

Nitje *flamand*
Diminutif d'Eugenia, dérivé d'Eugène, du grec « eugénios », bien né.

Nitsah *hébreu*
Joie.

Nitsan *hébreu*
Bourgeon.

Nitsanit *hébreu*
Petit bourgeon.

Nizam *arabe*
Ordre, harmonie.

Nizida *français*
Recensé une seule fois à Agon, dans la Manche, en 1823.

Njemile *yao (Malawi)*
Honorable.

Noa *hébreu*
Bouger, se déplacer.

Noadiah *hébreu*
Rencontre avec Dieu.

Noal *breton*
Orthographié Noial au XIIe siècle, attesté sous sa forme actuelle au début du XIIIe.

Noëline *français*
Variante diminutive de Noëlle, du latin « natalis » (dies), jour de la naissance (du Seigneur), c'est-à-dire Noël.

Noémia *galicien*
Variante de Noémie, de l'hébreu « naomi », ma douceur.

Noette *français*
Attribué dans la paroisse de Saint-Pierre-de-Varennes, à Vellenotte, en Saône-et-Loire, le 17 février 1670.

Noflète *français*
Autorisé par la loi du 1er avril 1803.

Nogah *hébreu*
Douce.

Noluen *breton*
Variante de Nolwenn, du celtique « oan », agneau et « gwenn », blanc, heureux ou du celtique Noal, nom de lieu et « gwenn », blanc, heureux.

Nomalanga *zoulou (sud-africain)*
Radieuse, ensoleillée.

Nombeko *xhosa (sud-africain)*
Respect.

Nombese *bénin, nigéria (ouest-africain)*
Une enfant merveilleuse, particulière.

Nomble *xhosa (sud-africain)*
Beauté.

Nominande *français*
Autorisé par la loi du 1er avril 1803.

Nomusa *ndebele (Zimbabwe)*
Compatissante, miséricordieuse.

Nonie *anglo-saxon*
Diminutif de Ione, dérivé du nom de la Ionie, ancienne région à l'ouest de l'Asie mineure.

Nonna *breton, martiniquais et slave*
En latin, nonne, en usage à partir de l'arabe « ellinor », Dieu est ma lumière ou du grec « eleos », compassion ou du latin « lenire », apaiser ou du celtique « el », richesse et « enor », honneur ou hypocoristique d'un prénom en « -ona » ou « -onna ». En russe, belle, éclatante, puissante.

Nonorke *flamand*
Diminutif d'Eleonora, de l'arabe « ellinor », Dieu est ma lumière ou du grec « eleos », compassion ou du latin « lenire », apaiser ou du celtique « el », richesse et « enor », honneur.

Nonorkie *flamand*
En usage à Cassel, dans le Nord, au XIXe siècle.

Noor *arabe, flamand et hindou*
Noor, née Elizabeth Alaby, américaine, reine de Jordanie, épouse du roi Hussein, mort en 1999.

Norada *catalan*
Dérivé de Honorat, du latin « honoratus », honoré, loué.

Norberte *français*
Dérivé de Norbert, du germanique « nord », nord et « berht », brillant.

Nordine *français*
Dérivé d'Eléonore, de l'arabe « ellinor », Dieu est ma lumière ou du grec « eleos », compassion ou du latin « lenire », apaiser ou du celtique « el », richesse et « enor », honneur.

Norig *celte*
Dérivé diminutif d'Enor, d'« enor », honneur.

Norine *flamand et normand*
Dérivé diminutif d'Eléonore, de l'arabe « ellinor », Dieu est ma lumière ou du grec « eleos », compassion ou du latin « lenire », apaiser ou du celtique « el », richesse et « enor », honneur.

Norma *castillan, catalan et italien*
Variante de Norman, du germanique « nord », nord et « man », homme.

Normantine *français et hébreu*
Enregistré lors d'un mariage à Angers dans le Maine-et-Loire, le 15 août 1904.

Norna *scandinave*
Déesse des Destins.

Nothburge *français*
Sainte, née au Tyrol, servante, aida les pauvres de sa région, morte en 1313.

Noton *français*
Diminutif de Renote, du latin « re-natus », né une deuxième fois.

Nouchig *arménien*
De « nouch », amande suivi du diminutif « -ig ».

Noudra *arabe*
De « nudra », rareté.

Nouelle *français*
Enregistré à Lintot, en Seine-Maritime, le 24 juillet 1557.

Noufaissa *arabe*
De « nufaysa », diminutif de « nafîsa », de grande valeur.

Nouné *arménien*
De l'assyrien « non », sainte, immaculée, pure.

Nour *arabe*
De « nûr », lumière.

Nourbese *béninois, nigérian (ouest-africain)*
Enfant merveilleuse, spéciale.

Noussaiba *arabe*
De « nusayba », diminutif de « nasîba », qui désigne une parente.

Nouzha *arabe*
De « nuzha », divertissement, plaisir innocent, promenade.

Nowara *arabe*
Dérivé de Nour, de « nûr », lumière.

Noyala *anglo-saxon et breton*
Sainte, vierge anglaise, morte martyre, décapitée à Beignan en Bretagne.

Noyale *breton*
Autorisé par la loi du 1er avril 1803.

Noyemsare *arménien*
De l'arabe « noy », tranquille.

Nunilone *français*
Autorisé par la loi du 1er avril 1803.

Nunziata *corse, italien et maltais*
Dérivé d'Annonciation, du latin « annunziata », notification.

Nurbertine *français*
Cité comme prénom de la marraine lors d'un baptême à Licques, dans le Pas-de-Calais, en 1743.

Núria *basque, castillan, catalan et français*
Du basque « núria », nom donné à une vallée merveilleuse ou d'« annuria », avec le préfixe « uria » qui peut signifier ruisseau, courant d'eau ou de l'arabe « nuri », la lumineuse.

Nyghe *flamand*
Diminutif de Melania, du grec « melas », brun foncé, noir.

Nykie *flamand*
En usage à Cassel, dans le Nord, au XIXe siècle.

Nyla *irlandais*
Dérivé de Nyle, variante de Neil, forme anglaise de Niall, ancien nom dérivé de « niadh », champion ou de « neall », nuage.

Nymphe *français*

Autorisé par la loi du 1er avril 1803.

Nymphodore *français*

Sainte, sœur des saintes Ménodore et Métrodore, morte martyre avec elles en 306, sous Maximilien Galère.

Le hit-parade français

Les prénoms féminins les plus enregistrés sont, dans l'ordre décroissant :

1 - Emma,
2 - Léa,
3 - Clara,
4 - Manon,
5 - Inès,
6 - Chloé,
7 - Camille,
8 - Jade,
9 - Sarah,
10 - Océane,
11 - Lola,
12 - Lilou,
13 - Eva,
14 - Lena,
15 - Marie,
16 - Anaïs,
17 - Lucie,
18 - Romane,
19 - Lou,
20 - Julie.

O

Oanellig *breton*
Dérivé diminutif d'Oan, d'« oan », agneau, correspond à saint Agnellus.

Oanez *breton*
Dérivé d'Oan, d'« oan », agneau.

Obdule *français*
D'Obdulio, correspond à l'arabe Abdallah.

Obeka *basque*
Dérivé d'Hobeko, du basque « hobe », meilleur.

Octava *catalan*
Variante d'Octavie, dérivé d'Octave, du latin « octavius », huitième.

Octavia *catalan et germanique*
Variante d'Octavie, du latin « octavius », huitième.

Octavie *belge et français*
Dérivé d'Octave, du latin « octavius », huitième.

Octavine *français*
Variante d'Octavie, du latin « octavius », huitième.

Oda *catalan, germanique et scandinave*
Dérivé diminutif d'Odile, du germanique « odo », richesse et « hild », combat.

Odaiah *hébreu*
Ode à Dieu.

Ode *français*
Sainte qui se mutila le visage pour échapper au mariage, morte en 1158.

Odelia *hispanique*
Variante d'Odile, du germanique « odo », richesse et « hild », combat.

Odeline *français*
Dérivé d'Odile, du germanique « odo », richesse et « hild », combat.

Odiah *hébreu*
Odiah Sidibé, née en 1970, médaille d'or aux championnats d'Europe d'athlétisme (relais 4 x 400 mètres) de Munich, le 11 août 2002.

Odilie *belge et français*
Dérivé d'Odile, du germanique « odo », richesse et « hild », combat.

Odine *français*
Dérivé d'Odin, chef des dieux Ases, ancêtre des premiers rois du Nord, il est le père universel.

Odinette *français*
Dérivé d'Odin, chef des dieux Ases, ancêtre des premiers rois du Nord, il est le père universel.

Oéline *français*
Cité dans les Landes.

Ofelia *castillan, catalan, corse et italien*
Variante d'Ophélie, du grec « ophéleia », assistance, secours.

Ofir *hébreu*
Pierre précieuse.

Ofirah *hébreu*
Variante d'Ofir, pierre précieuse.

Ofra *hébreu*
Dérivé d'« Ofer », faon.

Ofrah *hébreu*
Dérivé d'« Ofer », faon.

Ogotta *français*
Variante d'Agathe, du grec « agatha », bonne femme ou « agathos », bonne et vertueuse.

Ohaliba *hébreu*
Variante d'Ohalivah, ma tante est en elle, en terre d'Israël.

Ohalivah *hébreu*
Ma tante est en elle, en terre d'Israël.

Oihana *basque*
Dérivé d'Oihan, bois, forêt.

Oihane *basque*
Dérivé d'Oihan, bois, forêt.

Oinaze *basque*
Souffrance.

Oitia *basque*
Nom de lieu à Contrasta, en Alaba, au Pays basque.

Oka *basque*
Nom de lieu à Gorozika et d'une rivière, en Biscaye, au Pays basque.

Okendo *basque*
Nom de lieu à Lazcano, en Guipuscoa, au Pays basque.

Oki *inuit*
Oki souvenirs d'une jeune fille au pair, de Christian Godard, paru à Grenoble, chez Glénat, en 1998.

Oksana *slave*
Variante de Xénia, dérivé de « zinnia », plante originaire du Mexique ou francisation de Kseniia.

Olalia *basque*
Variante d'Eulalie, du grec « eulalos », qui parle bien.

Olaria *basque*
Nom de lieu en Alaba, au Pays basque.

Oldamie *français*
Enregistré à la fin du XIXe siècle à Bernières-sur-Mer, dans le Calvados.

Oldrade *français*
Sainte, morte vierge et martyre à Baelen, en Belgique.

Oléane *français*
En Belgique, dans le Hainaut, attribué à Manage, entre le 1er mai et le 30 juin 2004.

Olgoussia *slave*
Dérivé d'Olga, du germanique « heil », chance, bonheur, prospérité, invulnérabilité.

Oliacha *slave*
Dérivé d'Olga, du germanique « heil », chance, bonheur, prospérité, invulnérabilité.

Oliana *tchécoslovaque*
Dérivé d'Olga, du germanique « heil », chance, bonheur, prospérité, invulnérabilité.

Olinda *italien*
Recensé une fois à Agon, dans la Manche, en 1833.

Oliona *tchécoslovaque*
Variante d'Hélène, du grec « élê », éclat du soleil, brillance ou « élyein », couvrir.

Oliviane *français*
Dérivé d'Olive, du latin « oliva », l'olivier.

Olivie *français*
Dérivé d'Olive, du latin « oliva », l'olivier.

Olivine *français*
Dérivé d'Olive, du latin « oliva », l'olivier.

Olleta *basque*
Nom d'un village en Navarre, au Pays basque.

Oloriz *basque*
Nom d'un village en Navarre, au Pays basque.

Olympe *français*
Du grec « olumpios », qui vient de l'Olympe, nom de la montagne de Grèce où résidaient les dieux.

Omayra *colombien*
Omayra, par Murathan Mungan, paru à Istanbul, en 1993.

Omazette *français*
Omazette ou Jozet en Champagne, parodie d'*Omasis ou Joseph en Égypte*, vaudeville présenté le 4 février 1826.

Ombeline *français*
Du latin « umbella », ombrelle.

Oméline *français*
Attribué à Marconne, dans le Pas-de-Calais, le 2 juin 1788.

Omerine *belge et français*
Dérivé d'Omer, du germanique « od », biens, richesse et « mar », célèbre.

Omniya *arabe*
Variante d'Oumniya, d'« umniya », désir, souhait, aspiration.

Omphale *grec*
Dans la mythologie grecque, Omphale, reine de Lydie.

Onaz *basque*
Enregistré à Cardena, au Pays basque, en 959.

Ondeline *français*
Personnage dans *Pakita*, spectacle produit à Paris, de décembre 2000 à janvier 2001.

Ondine *français*
Du latin « unda », onde, flot, vague.

Oneka *basque*
Enregistré en Navarre, au Pays basque, en 1213.

Onenn *breton*
De l'irlandais « onn », personnage simple, solide, robuste et tranquille. La deuxième syllabe est issue de « gwenn », bienheureux.

Onera *basque*
Enregistré à Villefranque, en Labourd, au Pays basque, en 1297.

Onésie *français*
Attribué à Marconne, dans le Pas-de-Calais, le 6 septembre 1840.

Onette *français*
Cité en Anjou, sous l'Ancien Régime.

Onintza *basque*
D'« on », bon et d'« ihintz », rosée.

Onna *romanche*
Rencontré dans le canton des Grisons, en pays romanche.

Onofria *catalan*
Recensé dix fois à Perpignan, dans les Pyrénées-Orientales, entre 1606 et 1725.

Onoria *corse et italien*
Dérivé d'Honoré, du latin « honoratus », honoré, loué.

Onorina *basque et italien*
Variante d'Honorine, dérivé d'Honoré, du latin « honoratus », honoré, loué.

Opportune *français*
Du latin « opportuna », appropriée, convenable.

Opta *français*
Dérivé d'Optat, nom d'un saint du IVe siècle.

Orable *français*
Fille du roi Dagobert, épouse de Ciperis dans *Ciperis de Vignevaux*, poème épique composé vers 1400.

Orah *hébreu*
Lumière, joie, danse.

Orane *français*
Du grec « ouranos », céleste ou du latin « oriri », s'élever.

Oranne *français*
Variante d'Orane, du grec « ouranos », céleste ou du latin « oriri », s'élever.

Orazia *italien*
Variante d'Horace, de Horatia, nom d'une famille romaine, du latin « hora », heure.

Orbaine *français*
Sainte, morte martyre.

Orégane *breton*
Variante d'Oregan, dérivé d'Aouregan, composé d'« -aour », or et de « he-gan », naissance.

Orélie *wallon*
Dans le Hainaut, enregistré six fois sur les listes électorales de Jemappes, en 1938.

Orestie *français*
Dérivé d'Oreste, du grec « oros », montagne, par l'intermédiaire de l'adjectif « orestês », montagneux.

Oretta *italien*
Variante de Laurette, dérivé de Laurent, du latin « laurus », laurier.

Oria *basque*
Dérivé d'Orian, érudit, savant.

Orian *hébreu*
Érudit, savant.

Oriana *italien*
Du grec « ouranos », céleste ou du latin « oriri », s'élever.

Oriane *français*
Du grec « ouranos », céleste ou du latin « oriri », s'élever.

Orienne *français*
Attesté à Envronville, en Seine-Maritime, le 27 juillet 1574.

Oringa *corse*
Sainte, fondatrice d'un couvent d'augustines en Toscane, morte en 1310.

Orit *hébreu*
Petite lumière.

Orithie *grec*
Dans la mythologie grecque, Orithie, fille d'Érechtée, est l'une des trois sœurs de Procris.

Orlane *français*
Dérivé de Roland, du germanique « hrod », gloire et « land », pays

Ormène *français*
Ormène, dame d'honneur de la princesse d'Arménie, dans *Suréna*, de Pierre Corneille (1606-1684).

Ornah *hébreu*
Bolet (champignon).

Orosia *catalan*
Dérivé catalan d'Orots, nom d'un personnage de la mythologie basque.

Orosmane *français*
Personnage dans *Zaïre* (1732), de François Marie Arouet dit Voltaire (1694-1778).

Orpah *hébreu*
Celle qui tourne le dos.

Orpha *wallon*
Dans le Hainaut, enregistré six fois sur les listes électorales de Jemappes, en 1938.

Orphélie *français*
Attribué à Raimbeaucourt, dans le Nord, le 22 mai 1795.

Orsane *français*
Dérivé d'Ours, du latin « ursus », ours.

Orsenia *corse*
Dérivé d'Ours, du latin « ursus », ours.

Orsola *corse et italien*
Variante d'Ursule, du latin « ursulus », dérivé d'« ursus », ours.

Orsolya *hongrois*
Variante d'Ursule, du latin « ursulus », dérivé d'« ursus », ours.

Orthia *grec*
Dans la mythologie grecque, Orthia est le nom d'Artémis.

Osanne *français*
Attesté à Rouen, en Seine-Maritime, en 1390.

Osburge *anglo-saxon*
Sainte, première abbesse du couvent de Coventry en Angleterre, morte vers 1018.

Oscarine *wallon*
Dérivé d'Oscar, du germanique « os » ou « ans », Ase, divinité germanique et « gari », lance, pique.

Osiride *italien*
Rencontré dans le canton du Tessin, en Suisse italienne.

Osithe *français*
Sainte, princesse de Mercie, morte vers 700.

Oskia *basque*
Dérivé d'Oscar, du germanique « os » ou « ans », Ase, divinité germanique et « gari », lance, pique.

Osmanne *français et irlandais*
Sainte irlandaise, ermite en Bretagne, morte vers 650.

Osmonde *français*
Dérivé d'Osmond, du germanique « os », Ase et « mund », gardien, protection.

Osnat *hébreu*
Dans la Bible, Osnât, épouse de Joseph et mère de Manassé et d'Ephraïm.

Ostadia *basque*
Nom de lieu à Altsasua, en Navarre, au Pays basque.

Ostende *français*
Attribué à Étrechy, dans l'Essonne, le 8 janvier 1794.

Ostiane *français*
Dérivé d'Ostien, saint.

Otchanda *basque*
Autorisé par le greffe du tribunal civil de Bayonne, en décembre 1957.

Othilde *français*
Autorisé par la loi 1er avril 1803.

Othilia *germanique*
Variante d'Odile, du germanique « odo », richesse et « hild », combat.

Othilie *germanique*
Variante d'Odile, du germanique « odo », richesse et « hild », combat.

Otilia *castillan et catalan*
Variante d'Odile, du germanique « odo », richesse et « hild », combat.

Ottavia *corse et italien*
Variante d'Octavie, dérivé d'Octave, du latin « octavius », huitième.

Ottilie *français, germanique, scandinave et tchèque*
Dérivé d'Odile, du germanique « odo », richesse et « hild », combat.

Ottonia *germanique*
Dérivé d'Othon, variante d'Odon, du germanique « odo », richesse.

Otxanda *basque*
Dérivé d'Otxoa, du basque « otso », loup.

Ouadia *arabe*
Dérivé de Wadi, aimant, attentionné.

Ouafiya *arabe*
Variante de Wafiya, toujours fidèle à ses engagements.

Oualiya *arabe*
Dérivé de Wali, ami de Dieu, saint.

Ouassila *arabe*
Dérivé de Wassil, qui recherche Dieu.

Ouliacha *slave*
Variante de Louise, du germanique « hlod », célèbre, illustre et « wig », combat, combattant.

Oulianka *slave*
Variante de Louise, du germanique « hlod », célèbre, illustre et « wig », combat, combattant.

Oumaima *arabe*
D'« umayma », diminutif d'« umm », jeune mère.

Oumaya *arabe*
D'« umayya », jeune serviteur.

Oumniya *arabe*
D'« umniya », désir, souhait, aspiration.

Ounsiya *arabe*
Dérivé d'Ounsi, d'« unsî », intime, familier.

Oursèle *français*
Variante d'Ourselle, du latin « ursus », ours.

Ourseline *français*
Variante d'Ursuline, dérivé d'Ursule, du latin « ursus », ours.

Oussama *arabe*
D'« usâmâ », lion.

Oustinia *slave*
Variante de Justine, du latin « justus », raisonnable, juste.

Ouzia *kabyle*
Sacrifice d'un bœuf.

Ovély *français*
Attribué à L'Isle-sur-la-Sorgue, dans le Vaucluse, en septembre 1999.

Ovida *wallon*
Dans le Hainaut, enregistré deux fois sur les listes électorales de Jemappes, en 1938.

Ovila *français*
Enregistré lors d'un mariage à Angers, dans le Maine-et-Loire, le 27 juin 1910.

Ovsanna *arménien*
De l'hébreu « hoschi a-nâ », Hosanna, sauve-nous, cri de joie chanté le jour des Rameaux.

Oxeta *basque*
Dérivé d'Otxoa, du basque « otso », loup.

Ozanne *français*
Employé pendant les années révolutionnaires.

Ozenda *basque*
Enregistré à Falces, en Navarre, au Pays basque, en 1330.

P

Pacquette *français*
Attesté à Saint-Lô de Rouen, en Seine-Maritime, le 5 février 1559.

Pagane *français*
Dérivé de Pagan, du latin « paganus », païen, paysan.

Pagona *corse*
Du grec « pagoni », paon, symbole de la Résurrection.

Pakea *basque*
Du latin « pax », paix.

Palatiate *français*
Sainte, convertie par son esclave Laurence, morte martyre avec elle, à Fermo, en 302, sous Dioclétien.

Palmyre *belge, français et italien*
Du grec Palmyra, nom d'une ville ou de l'hébreu « thamar », palmier dattier.

Pamphile *français*
Autorisé par la loi du 1er avril 1803.

Panacée *français*
Sainte, née en Italie, en 1378, morte martyre en 1383, tuée à l'âge de cinq ans par sa belle-mère parce qu'elle priait.

Panaso *dogon (Mali)*
Dans la région de Pepey, de « pana », force et de « so », parole.

Pandonie *français*
Autorisé par la loi du 1er avril 1803.

Pangaso *dogon (Mali)*
De « pana », force et de « so », parole, action.

Panoria *corse*
En grec, toute belle.

Pantaleona *catalan*
Dérivé de Pantaléon, du grec « pantaleion », plein de compassion pour tous.

Pantasolea *corse*
De « panta », tout et « solea », solennel.

Pantchika *basque*
Autorisé par le greffe du tribunal civil de Bayonne, en décembre 1957.

Pantéa *normand*
Attribué à Cherbourg, dans la Manche, le 20 octobre 1976.

Paoline *français*
Variante de Pauline, dérivé de Paul, du latin « paulus », petit.

Paquette *français*
Dérivé de Paco, en latin, dompter, pacifier.

Parantzème *arménien*
Parantzème, épouse d'Archag II, au IVe siècle, était réputée pour sa beauté.

Parascève *français*
Autorisé par la loi du 1er avril 1803.

Parsilia *corse*
Dérivé de Parsius, tourne autour.

Parthénope *grec*
Visage de jeune fille.

Pascasie *français*
Dérivé de Paschase, de l'araméen « pascha », passage, de l'hébreu « pesakh », même sens ou du latin « pascha », la Pâque, l'homme de la Pâque.

Paschaline *français*
Dérivé de Paschal, de l'araméen «pascha», passage, venant de l'hébreu «pesakh», même sens ou du latin «paschalis», adjectif de «pascha», la Pâque, l'homme de la Pâque.

Paschasie *français*
Autorisé par la loi du 1er avril 1803.

Paskella *breton*
Dérivé de Paskal, de l'araméen «pascha», passage, venant de l'hébreu «pesakh», même sens ou du latin «paschalis», adjectif de «pascha», la Pâque, l'homme de la Pâque.

Pasquette *français*
Enregistré à Saint-Lô de Rouen, en Seine-Maritime, le 22 septembre 1560.

Pasquière *français*
Attesté à Bretoncelles, dans l'Orne, en 1659.

Pasquiette *français*
Attesté à Bretoncelles, dans l'Orne, en 1620.

Paterna *breton et catalan*
Dérivé de Paterne, du latin «paternus», paternel.

Patience *français*
Sainte, épouse de saint Orence, mère de saint Laurent, morte martyre avec son mari, vers 240.

Patralie *français*
Autorisé par la loi du 1er avril 1803.

Patricie *français et italien*
Dérivé de Patrick, du latin «patricius», patricien.

Paulella *corse*
Variante de Paule, dérivé de Paul, du latin «paulus», petit.

Paulexine *français*
Enregistré à Fourchambault, dans la Nièvre, le 26 octobre 1898.

Paulille *français*
Sainte, morte martyre avec ses compagnons, vers 300, à Nicomédie, sous Dioclétien.

Paulinka *polonais*
Dérivé de Paul, du latin «paulus», petit.

Pavagane *arménien*
Qui suffit.

Pavlina *hébreu et slave*
Variante de Pauline, dérivé de Paul, du latin «paulus», petit.

Payronne *français*
Attribué à Saint-Geniès, en Dordogne, en 1749.

Pazanne *français*
Variante de Pezenne, sainte.

Pearl *anglo-saxon*
Pearl Buck (1892-1979), romancière américaine.

Pearline *anglo-saxon*
Variante de Perle, du nom de la perle.

Pécine *français*
Variante de Pezenne, sainte.

Pederna *breton*
Dérivé diminutif de Pedern, du latin «paternus», paternel.

Pedroinna *hispanique*
Dérivé de Pedro, variante de Pierre, en grec dialectal «petros», pierre, rocher ou en latin «petrus».

Peggoty *anglo-saxon*
Variante de Marguerite, du persan ou du grec «margiritis», perle.

Pègue *français*
Autorisé par la loi du 1er avril 1803.

Pelagia *corse et italien*
Variante de Pélagie, dérivé de Pélage, du grec «pelagios», de la mer.

Pélagie *français*
Dérivé de Pélage, du grec « pelagios », de la mer.

Pelagueia *slave*
Variante de Pélagie, dérivé de Pélage, du grec « pelagios », de la mer.

Pénélope *anglo-saxon, basque, castillan, catalan, français et italien*
Du grec Pénèlopeia, nom de personne, se rattache à « péné », tissage, bobine de fil à tisser.

Penina *hébreu*
Variante de Pninnah, perle.

Penthésilée *grec*
Dans la mythologie grecque, Penthésilée est la reine des Amazones, qui les conduisit lors de leur combat contre les Grecs.

Pepan *breton*
Poupée, petite personne.

Pera *catalan*
Dérivé de Pierre, en grec dialectal « petros », pierre, rocher ou en latin « petrus ».

Pérète *français et normand*
Attesté à Fultot, en Seine-Maritime en 1547.

Perinne *français*
Dérivé de Pierre, en grec dialectal « petros », pierre, rocher ou en latin « petrus ».

Peritza *basque*
Autorisé par le greffe du tribunal civil de Bayonne, en décembre 1957.

Perlette *français*
Variante de Perle, du nom de la perle.

Perline *français*
Dérivé de Perle, du nom de la perle.

Pernelle *français*
Attribué à Brizambourg, en Charente-Maritime, en 1650.

Pernette *français*
Variante de Pierrette, dérivé de Pierre, en grec dialectal « petros », pierre, rocher ou en latin « petrus ».

Péroline *français*
Dérivé de Pierre, en grec dialectal « petros », pierre, rocher ou en latin « petrus ».

Peronella *catalan*
Peronella d'Arago, épouse de Ramon Berenguer IV, dit le Saint, comte de Barcelone de 1132 à 1162, lui donna cinq fils et deux filles.

Peronina *basque*
Enregistré à Bayonne, en Labourd, au Pays basque, en 1297.

Péronne *français*
Attesté à Saint-Remy-de-Dieppe, en Seine-Maritime, le 12 juillet 1620.

Péronnelle *français*
Autorisé par la loi du 1er avril 1803.

Pérouze *arménien*
Pierre précieuse de couleur bleue.

Perpétue *français et italien*
Sainte, morte martyre en 203, jetée aux fauves, avec sainte Félicité et leurs compagnons.

Perpinyana *catalan*
Du nom de la ville de Perpignan.

Perrenotte
Dérivé de Pierre, en grec dialectal « petros », pierre, rocher ou en latin « petrus ».

Perrette *français*
Attribué à Alizay, dans l'Eure, en 1549.

Perrote *français*
Dérivé de Pierre, en grec dialectal « petros », pierre, rocher ou en latin « petrus ».

Les prénoms oubliés

Chez les filles, ce sont par exemple : Abdonette, Abélia, Calamandre, Calorine, Calyssa, Dalila, Damierine, Fanchette, Hisabeau, Idana, Kasy, Liévine, Madalene, Nancie, Robinne, Valence, Vestine, etc.

Perryne *français*
Dérivé de Pierre, en grec dialectal « petros », pierre, rocher ou en latin « petrus ». Attesté à Fauville-en-Caux, en Seine-Maritime, le 28 juin 1553.

Perséphone *français et grec*
Dans la mythologie grecque, Perséphone est la vierge du printemps, fille unique de Déméter.

Persévérande *français*
Sainte, vierge espagnole, serait venue à Poitiers avec ses deux sœurs et y aurait fondé un monastère. Elle est morte, vers 726, dans le Poitou, poursuivie par le pirate Olivier.

Pervenche *français*
Du latin « pervinca », pervenche.

Pesnelle *français*
Enregistré, lors d'un mariage à Tourlaville, dans la Manche, le 27 juillet 1662.

Petoussia *slave*
Dérivé de Pierre, en grec dialectal « petros », pierre, rocher ou en latin « petrus ».

Petricella *corse*
Dérivé de Pierre, en grec dialectal « petros », pierre, rocher ou en latin « petrus ».

Pétroline *français*
Du latin « petra », pierre et « oleum », huile.

Pétronille *catalan et français*
Dérivé de Pierre, en grec dialectal « petros », pierre, rocher ou en latin « petrus ».

Pétrou *français*
Attribué à Saint-Geniès, en Dordogne, en 1749 et 1754.

Peyronne *français*
Enregistré à Calais, dans le Pas-de-Calais, au XIIe siècle.

Peyroune *français*
Attribué à La Cassagne, en Dordogne, en 1686.

Pezenne *français*
Sainte, vierge originaire d'Espagne, vint en Aquitaine, puis en Poitou pour échapper à la persécution de Dacien, au VIIIe siècle, morte dans le village qui porte son nom, près de Niort.

Pharaïlde *belge*
Sainte, née à Gand en Belgique, mariée contre son gré, morte des suites des mauvais traitements de son mari, vers 470.

Phellippyne *français*
Attesté à Fauville-en-Caux, en Seine-Maritime, le 15 octobre 1553.

Philiberte *français*
Dérivé de Philibert, du germanique « fili », beaucoup et « bert », brillant.

Philipa *catalan*
Recensé quatre fois, à Perpignan, dans les Pyrénées-Orientales, entre 1546 et 1615.

Philipine *français*
Dérivé de Philippe, du grec « philo », ami et « hippos », cheval, qui aime les chevaux.

Philipote *français*
Attesté dans un registre du tabellionage d'Argences, Troarn et Varaville, dans le Calvados, entre 1386 et 1417.

Philippette *français*
Attesté à Saint-Patrice-de-Rouen, en Seine-Maritime, le 3 mai 1620.

Philisienne *français*
Attribué à Saint-Germain-de-Tallevende, dans le Calvados, le 12 mars 1857.

Philomène *belge et français*
Du grec « philouménè », aimée.

Phoebé *anglo-saxon*
Sainte, diaconesse près de Corinthe au Ier siècle, citée, à tort, comme l'épouse de Paul.

Phonsine *français*
Cité en Anjou sous l'Ancien Régime.

Phoolan *hindou*
Phoolan Devi, membre du parlement indien, assassinée à l'âge de trente-huit ans devant son domicile de New Dehli, en 2001.

Phorienne *français*
Dérivé diminutif de Symphorienne, du grec « sumphoros », avantageux, utile.

Photide *français*
Sainte, morte martyre avec ses compagnons, à Rome, sous Néron.

Phyllis *anglo-saxon et français*
Du grec « phyllis », rameau vert, feuillage.

Pience *français*
Sainte, dame du pays de Rouen, enterra saint Nicaise et ses compagnons, martyrs sous Dioclétien. Morte pour la foi, peu après.

Pierina *italien*
Sainte italienne, née en 1931, morte assassinée en 1957 et béatifiée en 1987.

Pierronne *français*
Enregistré, lors d'un décès, à Caullery, dans le Nord, le 7 mars 1762.

Pietate *basque*
Du latin « pietas, pietatis », piété.

Pipan *breton*
Poupée, petite personne.

Pirhiah *hébreu*
Floraison.

Placidie *belge et français*
Sainte, née en 1815, morte en 1877 et béatifiée en 1951.

Plaire *catalan*
Attribué à Sainte-Léocadie, dans les Pyrénées-Orientales, le 1er octobre 1832.

Plaisance *français*
Plaisance du Bisson abandonne les droits qu'elle avait sur le patronage de l'église de Saint-Pierre de Sotteville, en Seine-Maritime, le 6 novembre 1283.

Plantille *français*
Attesté lors d'un mariage à Saint-Aubin d'Ecrosville, dans l'Eure, le 30 avril 1793.

Plasencia *catalan*
Recensé une fois, à Perpignan, dans les Pyrénées-Orientales, entre 1696 et 1705.

Platonide *français*
Sainte, diaconesse, fondatrice d'un couvent en Mésopotamie, morte vers 308.

Plectrude *gothique*
Cité dans le *Robert des noms propres*, d'Amélie Nothombe, en 2002.

Plêzou *breton*
De « plezh », tresse, natte.

Pninnah *hébreu*
Perle.

Poliá *catalan*
Recensé une fois, à Perpignan, dans les Pyrénées-Orientales, entre 1556 et 1565.

Policena *catalan*
Recensé six fois, à Perpignan, dans les Pyrénées-Orientales, entre 1566 et 1615.

Polidora *corse*
Dérivé de Polydore, saint du XVIe siècle.

Polina *basque et slave*
Variante de Pauline, dérivé de Paul, du latin « paulus », petit.

Pólita *catalan*
Dérivé d'Hyppolite, du grec « hippos », cheval et « lutos », dompteur, délieur.

Polybotte *français*
Du latin « polys », beaucoup et du germanique « butta », chaussure grosssière.

Polyxène *français et grec*
En grec, hospitalière.

Pome *français*
Autorisé par la loi du 1er avril 1803.

Pomeline *français*
Dérivé diminutif de Pomme, du latin « pomum » qui s'appliquait à tous les fruits produits par des arbres ou des arbustes.

Pompeia *corse*
Variante de Pompée, du nom de famille latin Pomanius ou du latin « pompa », du grec « pompé », pompe.

Pompone *français*
Attesté à Saint-Lô-de-Rouen, en Seine-Maritime, le 17 février 1700.

Poncette *français*
Dérivé de Ponce, du latin « pons », pont.

Ponsa *catalan*
Dérivé de Pons, variante de Ponce, du latin « pons », pont.

Porcie *français*
Fille de Caton d'Utique et épouse de Brutus, assassin de César, se donna la mort en 42 avant J.-C. en apprenant la défaite des Républicains.

Poriah *hébreu*
Fertile.

Potamienne *français*
Autorisé par la loi du 1er avril 1803.

Potentienne *français*
Nom de sainte, cité dans *Le Nouveau Savoir-vivre*, de Paul Reboux, édité en 1930.

Potine *français*
Forme féminine de Potin, variante de Pothin, du grec « pothos », passion.

Poûa *hébreu*
Jeune fille.

Pourasdane *arménien*
Jardin de fleurs parfumées.

Pouraya *dogon (Mali)*
Dérivé de Pourayolou, de « poura », le mal et de « lou », ne pas.

Pourayolou *dogon (Mali)*
De « poura », le mal et de « lou », ne pas.

Pourique *français*
Du béarnais « pourique », petite poularde.

Pourokouno *dogon (Mali)*
De « pouro », sanction donnée par le patriarche lors d'une dispute entre deux hommes de la même famille et de « kounno », ne mettez pas.

Pourommo *dogon (Mali)*
De « puraw », état de celui qui a payé la sanction « pouro » (amende infligée par le patriarche lors d'une dispute entre deux hommes de la même famille).

Praskovia *slave*
Du grec « paraskeue », vendredi.

Praxède *français*
Autorisé par la loi du 1er avril 1803.

Preciosa *catalan*
Variante de Précieuse, du latin « pretiosus », de « pretium », prix.

Predena *breton*
Dérivé de Preden, trouve son équivalent dans le gallois Prydain. Ce nom était souvent utilisé pour désigner la Bretagne.

Prichka *basque*
Autorisé par le greffe du tribunal civil de Bayonne, en décembre 1957.

Prima *basque et corse*
Enregistré à Tabar, en Navarre, au Pays basque, en 1366.

Primia *basque*
Nom de lieu à Bermeo, en Biscaye, au Pays basque.

Primice *français*
Autorisé par la loi du 1er avril 1803.

Primitive *anglo-saxon et français*
Autorisé par la loi du 1er avril 1803.

Principia *italien*
Sainte, vierge romaine, disciple de sainte Marcelle, morte vers 420.

Prinette *français*
Cité lors d'un mariage, à Mauregny-en-Haye, dans l'Aisne, le 25 novembre 1671.

Prisca *catalan et corse*
Sainte, vierge et martyre du IIIe siècle, vénérée à Rome où une église lui est dédiée.

Prisciane *français*
Dérivé diminutif de Priscillienne, du latin «priscus», antique, très ancien.

Priscille *français*
Dérivé diminutif de Priscillienne, du latin «priscus», antique, très ancien.

Priska *germanique*
Dérivé de Prisque, du latin «priscus», antique, très ancien.

Prisque *français*
Autorisé par la loi du 1er avril 1803.

Privela *breton*
Dérivé de Privel, du vieux breton «pritmael», de «prit», en gallois «pryd», belle allure, apparence, et de «mael», prince, chef.

Priyanka *hindou*
Priyanka Vadra, née en 1971, fille de Rajiv et Sonia Gandhi, petite-fille d'Indira Gandhi.

Prosdoce *français*
Autorisé par la loi du 1er avril 1803.

Proserpine *français*
Proserpine, tragédie lyrique en cinq actes, représentée devant Sa Majesté, à Saint-Germain-en-Laye, le 3 février 1680.

Prospera *catalan et italien*
Dérivé de Prosper, du latin «prosperus», heureux, prospère.

Prospérine *français*
Attribué à Melleville, en Seine-Maritime, le 25 juin 1845.

Protaise *français*
Dérivé de Protais, du grec «prôtos», premier.

Prudence *anglo-saxon et français*
Sainte, rejoignit les ermites de saint Augustin à Milan, abbesse fondatrice d'un couvent à Côme, morte en 1492.

Prudencia *catalan*
Variante de Prudence, du latin «prudens», prudent.

Prudenzia *corse*
Variante de Prudence, du latin «prudens», prudent.

Prudie *anglo-saxon*
Dérivé diminutif de Prudence, du latin «prudens», prudent.

Prunelle *français*
Dérivé de Prune, du latin «prunum», prune, venant du latin populaire «pruna», neutre pluriel pris comme substantif singulier.

Prusebia *corse*
Courtoise, respectueuse.

Puakali *indien jivi (Venezuela)*
Femme qui chante, celle qui fait de la musique.

Pudentienne *français*
Sainte, vierge romaine, morte à l'âge de seize ans au IIe siècle.

Pulchérie *belge et français*
Du latin « pulcher », belle, beau.

Pusinne *français*
Sainte, vierge de Champagne au Ve siècle, était l'aînée de huit sœurs.

Pyrrha *grec*
Dans la mythologie grecque, Pyrrha est la fille d'Épiméthée et de Pandore et l'épouse de Deucalion.

Q

Qamra *arabe*
Plus brillant que la lune ou clair de lune.

Qassema *arabe*
Dérivé de Qassem, celui qui partage ou qui a un joli visage.

Qassima *arabe*
Dérivé de Qassim, celui qui partage ou qui a un joli visage.

Qatada *arabe*
Arbrisseau du désert ou astragale.

Qeren *hébreu*
Rayon ou corne.

Qouboul *arabe*
De « qubûl », consentement, agrément.

Qtourah *hébreu*
De « qtorêt », encens.

Qtsiah *hébreu*
Cannelle.

Quartille *français*
Autorisé par la loi du 1er avril 1803.

Quartillosie *français*
Sainte, compagne de Montan, morte martyre à Carthage, en Tunisie, en 259.

Quatherine *français*
Attesté à Saint-Remy-de-Dieppe, en Seine-Maritime, le 17 janvier 1644.

Quentilienne *français*
Dérivé de Quentin, du latin « quintus », cinquième.

Quentine *français*
Dérivé de Quentin, du latin « quintus », cinquième.

Quieta *hispanique*
Dérivé de Quentin, du latin « quintus », cinquième.

Quiliza *corse*
Dérivé de Cyr, du grec « kurios », seigneur, consacré au seigneur ou du vieux persan « kürush », soleil ou de l'hébreu « korèsh », trône.

Quilizia *corse*
Dérivé de Cyr, du grec « kurios », seigneur, consacré au seigneur ou du vieux persan « kürush », soleil ou de l'hébreu « korèsh », trône.

Quima *catalan*
Dérivé de Quim, forme hypocoristique de Joaquim, par aphérèse, de l'hébreu Yehoyagim, Iahvé met debout.

Quinctille *français*
Dérivé de Quentin, du latin « quintus », cinquième.

Quinta *germanique et italien*
Dérivé de Quint, du latin « quintus », cinq.

Quintana *catalan*
Dérivé de Quint, du latin « quintus », cinq.

Quinte *français*
Autorisé par la loi du 1er avril 1803.

Quintiane *français*
Quintiane, épouse de Quriac, mère de saint Arnoul de Tours, au Ve siècle.

Quintienne *français*
Dérivé de Quintien, du latin « quintus », cinq.

Quintila *hispanique*
Dérivé de Quentin, du latin « quintus », cinq.

Quintiliana *corse*
Variante de Quentilienne, dérivé de Quentin, du latin « quintus », cinq.

Quintilinia *français*
Variante de Quentilienne, dérivé de Quentin, du latin « quintus », cinq.

Quintina *germanique*
Dérivé de Quintin, du latin « quintus », cinq.

Quirille *français*
Autorisé par la loi du 1er avril 1803.

Quirina *germanique*
Variante de Quirin, du nom latin Quirinus.

Quiriza *corse*
Dérivé de Cyr, du grec « kurios », seigneur, consacré au seigneur ou du vieux persan « kürush », soleil ou encore de l'hébreu « korèsh », trône.

Quitance *français*
Enregistré, lors d'un décès, à Caullery, dans le Nord, le 19 janvier 1826.

Quiterée *français*
Sainte Quiterée, née à Bayeux, dans le Calvados, morte en martyre, la tête tranchée.

Quiteria *castillan et catalan*
Variante de Quiterie, du latin « quietus », tranquille.

Quiterie *français*
Autorisé par la loi du 1er avril 1803.

Quittéria *catalan*
Variante de Quiterie, du latin « quietus », tranquille.

Quitterie *français*
Variante de Quiterie, du latin « quietus », tranquille.

Quoquille *français*
Attribué à Achères, dans les Yvelines, le 17 février 1794.

R

Rachelle *anglo-saxon et hébreu*
Variante de Rachel, de l'hébreu « rahel », brebis.

Rachilde *français et germanique*
Du germanique « ragin », conseil et « hild », combat.

Rachiqa *arabe*
Celle qui est svelte et élancée.

Radegonde *anglo-saxon, français et germanique*
Du germanique « rad », conseil, conseiller et « gund », combat.

Radiya *arabe*
Satisfaite.

Radulpha *germanique*
Dérivé de Raoul, du germanique « rad », conseil, conseiller et « wolf », loup.

Rafaella *italien*
Variante de Raphaël, de l'hébreu « repha'èl », Dieu guérit.

Rafida *arabe*
Dérivé de Rafid, celui qui porte secours ou un cours d'eau.

Rafiqa *arabe*
Dérivé de Rafiq, un ami ou compagnon de route attentionné et bienveillant.

Rahav *hébreu*
Place, rue.

Rahel *hébreu*
Brebis.

Rahima *arabe*
Dérivé de Rahîm, très clément.

Raïhane *arabe*
De « rayhân », plante aromatique telle que le basilic ou la myrrhe.

Rainelde *français*
Sainte, vierge et martyre du VIIIe siècle, patronne de Condé-sur-Escaut, dans le Hainaut.

Raingarde *français*
Autorisé par la loi du 1er avril 1803.

Rajia *arabe*
Dérivé de Raji, celui qui espère, qui place son espoir en Dieu.

Rajoua *arabe*
De « rajwâ », espérance, crainte de Dieu.

Rakina *arabe*
Dérivé de Rakine, ferme, posé, qui a un jugement sûr.

Ramatoulaye *bambara (Mali)*
Clémence.

Ramberte *hispanique*
Dérivé de Rambert, du germanique « hramm », corbeau et « bert », brillant.

Ramezia *arabe*
Dérivé de Ramzi, de « ramz », symbole, allusion ou allégorie.

Ramira *basque*
Enregistré à Miranda de Arga, en Navarre, au Pays basque, en 1330.

Ramiza *arabe*
Dérivé de Ramiz, noble, honoré, intelligent.

Ramona *basque et catalan*
Enregistré à Falces, en Navarre, au Pays basque, en 1366.

Ramziya *arabe*
Dérivé de Ramzi, de « ramz », allusion symbole, allégorie ou symbole vivant.

Rana *arabe*
Celle dont on admire la beauté.

Randi *scandinave*
Bouclier.

Raneda *arabe*
De « randa », laurier.

Raoufa *arabe*
Variante de Raouf, de « ra'ûf », bienveillant, compatissant.

Raoule *français*
Dérivé de Raoul, du germanique « rad », conseil, conseiller et « wolf », loup.

Raoulette *français*
Attesté à Hambye, dans la Manche, le 30 novembre 1680.

Raouline *français*
Cité à Saint-Lô-de-Rouen, en Seine-Maritime, le 14 août 1558.

Raounaq *arabe*
De « rawnaq », brillant, éclat.

Raphaela *catalan et hispanique*
Variante de Raphaël, de l'hébreu « repha'ël », Dieu guérit.

Raphaelle *catalan et français*
Sainte, née à Bilbao, en 1843, mère de famille nombreuse, fondatrice du Collège des Anges Gardiens, en 1894, morte en 1900.

Raqefet *hébreu*
Cyclamen.

Rasimée *français*
Attribué à Melleville, en Seine-Maritime, le 18 mars 1851.

Rastragenne *français*
Autorisé par la loi du 1er avril 1803.

Ratifa *kinyarwandais*
Attribué dans le district de Gasabo, au Rwanda, le 22 février 1991.

Raulette *français*
Enregistré lors d'un mariage à Tourlaville, dans la Manche, le 2 juillet 1658.

Rauline *français*
Enregistré à Buglise, en Seine-Maritime, le 14 septembre 1548.

Raveneuse *français*
Autorisé par la loi du 1er avril 1803.

Raya *arabe*
Dérivé de Rayane, de « rayyân », beau, jeune ou désaltéré.

Raymondine *français*
Dérivé de Raymond, du germanique « ragin », conseil et « mund », protecteur.

Razima *arabe*
Dérivé de Razine, de « razpîn », celui qui a un bon jugement, qui est équilibré.

Raziqa *arabe*
Celle qui comble de bienfaits, qui offre la subsistance.

Rebeka *basque*
Variante de Rebecca, de l'hébreu « ribgah », vache ou peut-être de l'hébreu « ribad », corde.

Rectitude *français*
Attribué à Raimbeaucourt, dans le Nord, le 6 février 1802.

Redagundis *catalan*
Variante de Radegonde, du germanique « rad », conseil, conseiller et « gund », combat.

Rédempte *français*
Sainte, vierge romaine, vivait avec ses compagnes près de l'église Sainte-Marie-Majeure, morte vers 580.

Refroie *français*
Autorisé par la loi du 1er avril 1803.

Régénérée *français*
Prénom révolutionnaire, attribué à Rouen, en Seine-Maritime, le 8 juillet 1794.

Régintrude *germanique*
Sainte, quatrième abbesse de Nonnberg, près de Salzbourg, morte vers 750.

Régiole *français*
Autorisé par la loi du 1er avril 1803.

Regnée *français*
Attesté à Saint-Lô-de-Rouen, en Seine-Maritime, en 1573.

Reguina *slave*
En russe, joyeuse, gaie.

Régula *germanique*
Sainte, sœur de saint Félix, morte martyre avec lui, au IIIe siècle, à Zurich.

Reinette *français*
Enregistré, lors d'un décès, à Caullery, dans le Cambrésis, le 7 février 1758.

Reinhilde *germanique*
Dérivé de Renaud, du germanique « ragin », conseil et « waldan », gouverner, commander.

Reisel *hébreu*
Variante de Rose, du grec « rhodon », rose ou du latin « rosa », rose.

Relinde *français*
Sainte, nommée abbesse du monastère de Maaseik, fondé par ses parents, morte vers 750.

Remigia *hispanique*
Dérivé de Rémi, du latin « remigius », rameur ou de « remii », du nom d'un peuple installé en Champagne.

Remisne *français*
Attribué à Marconne, dans le Pas-de-Calais, le 28 août 1776.

Remona *basque*
Enregistré à Irurita, en Navarre, au Pays basque, en 1366.

Rémonde *français*
Attesté à Saint-Patrice-de-Rouen, en Seine-Maritime, le 29 octobre 1629.

Renanah *hébreu*
De « rina », joie.

Renaude *français*
Dérivé de Renaud, du germanique « ragin », conseil et « waldan », gouverner, commander.

Renaye *français*
Attesté dans la paroisse de Sainte-Croix, à Montivilliers, en Seine-Maritime, le 23 novembre 1671.

Renelde *belge et français*
Sainte, fille de sainte Amalberge et sœur de sainte Gudule, religieuse dans le Hainaut, morte martyre, vers 680, tuée par les Huns.

Renelle *français*
Autorisé par la loi du 1er avril 1803.

Renote *français*
Cité en Anjou à Briollay, dans le Maine-et-Loire, sous l'Ancien Régime.

Renoton *français*
Dérivé de René, du latin « re-natus », né une deuxième fois.

Renylde *germanique*
Attribué à Cherbourg, dans la Manche, le 20 février 1975.

Reouvat *hébreu*
Voyez, c'est une fille.

Réparate *français*
Autorisé par la loi du 1er avril 1803.

Résilda *martiniquais*
Attesté dans l'annuaire téléphonique de la Martinique, en 1985.

Restitute *français*
Sainte, vierge romaine, s'enfuit en Campanie où elle est morte martyre, avec ses compagnons, à Sora, en 272.

Les prénoms féminins exotiques

Les prénoms peuvent vous emmener en voyage!
En Asie du Sud-Est: Chan, Chantou, Dara, Hanh, Kalliyan, Kanya, Luan, Sunee, Vanna, etc.
En Hawaii: Airina, Akelina, Alesa, Iolana, Kala, Kea, Kolina, Maila, Moani, Wanaka, etc.
En Inde: Alisha, Anuka, Erisha, Ilesha, Jaya, Kalinda, Kumari, Nayana, Samina, etc.
En Irlande: Alana, Briana, Dorren, Lelia, Maurya, Morrin, Shauna, Slania, Vivian, etc.
En Kabylie: Danna, Dyhia, Idissa, Lilia, Mada, Malha, Shamya, Suma, etc.
En Polynésie: Ailine, Anuata, Etini, Hiva, Iriata, Keti, Luseane, Meleane, Vika, etc.
En Roumanie: Aurica, Carina, Erminia, Iustina, Mara, Ofelia, Rodica, Uliena, etc.

Revaiah *hébreu*
Terre arrosée, repue.

Revital *hébreu*
Gorgée de rosée.

Reyne *français*
Attesté à Saint-Patrice-de-Rouen, en Seine-Maritime, le 7 novembre 1572.

Ricarda *germanique*
Dérivé de Richard, du germanique «ric», puissant et «hard», fort, dur.

Ricarmelle *haïtien*
De «Ri» diminutif du prénom masculin Sonori, signifiant rivière et du nom de lieu Mont Carmel.

Richarde *catalan et français*
Autorisé par la loi du 1er avril 1803.

Richardine *français*
Dérivé de Richard, du germanique «ric», puissant et «hard», fort, dur.

Richilde *français*
Sainte, moniale bénédictine en Haute-Bavière, ermite, morte vers 1100.

Richsende *catalan*
Richsende, épouse d'un pareur de Perpignan, a rédigé son testament entre 1376 et 1452.

Rictrude *français*
Sainte, épouse de saint Adalbaud, mère de quatre enfants, religieuse, fondatrice et abbesse de l'abbaye de Marchiennes, morte en 688.

Rifaa *arabe*
Élévation, noblesse.

Rigborg *scandinave*
Puissante protectrice.

Riham *arabe*
Pluie fine.

Rika *hébreu et portugais*
Variante de Rebecca, de l'hébreu «ribgah», vache ou peut-être de l'hébreu «ribad», corde.

Rim *arabe*
La gazelle blanche, dans la poésie arabe, la gazelle est le symbole de la grâce féminine.

Rimonah *hébreu*
Dérivé de Rimon, fruit du grenadier.

Rinah *hébreu*
Chant de joie.

Rinat *hébreu*
De «rôn», joie.

Ripsime *français*
Autorisé par la loi du 1er avril 1803.

Riquilda *catalan*
Riquilda, seconde épouse du vicaire d'Oló, dans le Bages, au Xe siècle.

Risia *hébreu*
Dérivé de Ruth, amie, compagne.

Rite *catalan et italien*
Enregistré à Llo, dans les Pyrénées-Orientales, le 12 juillet 1891.

Ritspah *hébreu*
Pierre brûlante, sol.

Rivah *hébreu*
Jeune fille.

Riwalenn *breton*
Dérivé de Riwal, du celtique « ri », roi et « gwal », valeur, valeureux.

Roberde *français*
Dérivé de Robert, de l'ancien haut-allemand « hruod », gloire et « bert », brillant, ce qui a donné la forme latine Rodbertus.

Roberge *français*
Attesté dans un registre du tabellionage d'Argences, Troarn et Varaville, dans le Calvados, entre 1386 et 1417.

Roberte *français*
Enregistré à Envronville, en Seine-Maritime, le 20 octobre 1564.

Robertine *belge et français*
Enregistré à Caullery, dans le Cambrésis, le 22 novembre 1719.

Robine *français*
Attesté, lors d'un mariage, à Daubeuf-la-Campagne, dans l'Eure, le 11 novembre 1629.

Rochali *basque*
Autorisé par le greffe du tribunal civil de Bayonne, en décembre 1957.

Rodolpha *arménien*
Variante de Rodolphe, du germanique « hrod », gloire, renommée et « wolf », loup.

Rodolphine *français*
Attesté à Cauville, en Seine-Maritime, le 14 janvier 1578.

Rodrue *français*
Autorisé par la loi du 1er avril 1803.

Rodulpha *français*
Dérivé de Radulf, du germanique « rad », conseil, conseiller et « wolf », loup.

Rogate *français*
Autorisé par la loi du 1er avril 1803.

Rogère *français*
Dérivé de Roger, du germanique « hrod », gloire, glorieux et « gari », lance, pique.

Rogiere *français*
Attesté dans un registre du tabellionage d'Argences, Troarn et Varaville, dans le Calvados, entre 1386 et 1417.

Roia *basque*
En castillan, rouge.

Rolaine *française*
Enregistré lors d'un décès, à Montaigu, dans l'Aisne, le 29 août 1693.

Rolanda *catalan et italien*
Dérivé de Roland, du germanique « hrod », gloire et « land », pays.

Romaine *belge et français*
Sainte, vierge légendaire italienne, vécut en solitaire dans une caverne sur les bords du Tibre, morte à dix-huit ans, en 324.

Romanie *italien*
Dérivé de Romain, du latin « romanus », romain.

Romanka *slave*
Dérivé de Romain, du latin « romanus », romain.

Romanne *français*
Attesté à Saint-Patrice-de-Rouen, en Seine-Maritime, le 1er juillet 1620.

Romea *basque*
Dérivé de Roméo, du latin médiéval « romeo », je vais à Rome.

Romualdine *français*
Dérivé de Romuald, du germanique « hrom », renommée et « waldan », diriger, gouverner.

Romula *corse*
Sainte, vierge romaine, vécut en solitaire près de l'église Sainte-Marie-Majeure, morte vers 580.

Ronana *breton*
Dérivé de Ronan, de l'irlandais « ronàn », petit phoque.

Rosadelle *wallon*
Attribué six fois sur les listes électorales de Jemappes, dans le Hainaut, en Wallonie, en 1938.

Rosalba *italien*
Attribué dans le Hainaut, en Wallonie, le 7 février 1963.

Rosalia *castillan, catalan, corse, galicien, hawaïen et italien*
Sainte, religieuse venue en Sicile pour y vivre en solitaire dans une grotte du mont Pellegrino, près de Palerme, morte vers 1160.

Rosalinde *anglo-saxon, germanique et français*
Du vieil haut-allemand Roslindis, composé de « hros », cheval ou « hrôs », renommée et « lind », gentil, doux ou issu de l'espagnol formé de « rosa », rose et « linda », jolie ou encore dérivé de Rose, du grec « rhodon » ou du latin « rosa », rose.

Rosanna *germanique et wallon*
Dérivé de Rose, du grec « rhodon », rose ou du latin « rosa », rose.

Rosel *français*
Dérivé de Rose, du grec « rhodon », rose ou du latin « rosa », rose.

Roseline *français*
Autorisé par la loi du 1er avril 1803.

Rosie *français*
Variante diminutive de Rose, du grec « rhodon », rose ou du latin « rosa », rose.

Rosilia *français*
Enregistré lors d'un mariage à Angers, dans le Maine-et-Loire, le 18 février 1901.

Roska *slave*
Variante de Rose, du grec « rhodon », rose ou du latin « rosa », rose.

Rossana *italien*
Variante de Roxane, de l'iranien « raokhshna », brillant comme l'aurore.

Rosseline *français*
Autorisé par la loi du 1er avril 1803.

Rosula *germanique*
Sainte, morte martyre, en Afrique, avec ses compagnons, vers 258.

Rosule *français*
Autorisé par la loi du 1er avril 1803.

Rotllà *catalan*
Rotllà, épouse de Guillem, seigneur de Rocafort, dans le Bages, de 1112 à 1136.

Rotrude *français*
Sainte, fille ou sœur de Charlemagne, morte vers 869.

Rouchdiya *arabe*
Dérivé de Rouchdi, celui qui est de nature très droite.

Rouhamah *hébreu*
Aimée.

Rouhia *arabe*
Dérivé de Rouhi, de « rûhî », de nature spirituelle.

Rouqaya *arabe*
De « ruqayya », de nature élevée.

Rouwaida *arabe*
De « ruwayda », celle qui agit avec douceur et pondération.

Rouzane *arménien*
Blonde.

Roxana *italien*
Variante de Roxane, de l'iranien «raokhshna», brillant comme l'aurore.

Roxelane *français*
Attribué à Sainte-Eulalie-la-Forêt, en Seine-Maritime, le 30 août 1799.

Roxine *français*
Variante de Roxane, de l'iranien «raokhshna», brillant comme l'aurore.

Roze *français*
Attribué, lors d'un baptême en la paroisse de Saint-Ouen à Caen, dans le Calvados, le 13 mai 1773.

Rufina *basque et catalan*
Dérivé de Rufin, du latin «rufus», roux, aux cheveux roux.

Rufine *français*
Sainte, vierge romaine, morte martyre avec sainte Seconde, vers 257, sous Valérien.

Rune *scandinave*
Du germanique «runô», mystère, secret.

Rusalina *corse*
Variante de Roseline, dérivé de Rose, du grec «rhodon», rose ou du latin «rosa», rose.

Rusticule *français*
Autorisé par la loi du 1er avril 1803.

Ruth *anglo-saxon, français, germanique et hébreu*
En hébreu «ruth», amie, compagne.

Ruvona *breton*
Dérivé de Ruvon, du latin «roman», romain, devenu «rumon», puis «ruvon» en breton moderne.

Ryoko *japonais*
Ryoko Tamura, japonaise, médaillée d'or en judo, aux jeux Olympiques d'Athènes, en 2004.

S

Saadiya *arabe*
Dérivé de Sadi, bienheureuse, destinée au bonheur.

Sabaha *arabe*
Beauté, grâce, élégance.

Sabadina *basque*
Variante de Sabino, dérivé de Sabin, du latin « Sabinus », habitant de la Sabine, ancienne région de l'Italie centrale.

Sabadine *basque*
Variante de Sabino, dérivé de Sabin, du latin « Sabinus », habitant de la Sabine, ancienne région de l'Italie centrale.

Sabatina *corse*
Originaire de Sabata, ville disparue qui était située au nord de Rome.

Sabbara *dogon (Mali)*
Le rang de naissance, donné à la troisième fille de la famille.

Sabella *corse*
Variante de Sabel, du latin classique « sabulum », sable fin.

Sabena *hispanique*
Variante de Sabine, dérivé de Sabin, du latin « Sabinus », habitant de la Sabine, ancienne région de l'Italie centrale.

Sabera *arabe*
Dérivé de Sâbir, de l'arabe « sãbir », patient, persévérant, de « sabara », endurer.

Sabetha *indien ute (Amérique du Nord)*
Certains pensent que ce nom fut porté par une femme d'Ouray.

Sabia *arabe et irlandais*
Variante de Sophie, du grec « sophia », sagesse. En arabe, captivante, enchanteresse, charmante.

Sabiha *arabe*
Variante de Saabiha, arrivant avec le jour, matin.

Sabina *basque, castillan, catalan, corse, germanique, hispanique, irlandais, italien et portugais*
Variante de Sabine, du latin « Sabinus », habitant de la Sabine, ancienne région de l'Italie centrale.

Sabira *arabe*
Variante de Sabriyya ou dérivé de Sabir, dérivé de l'arabe « sãbir », doué d'une grande patience, de « sabara », endurer.

Sabirah *arabe*
Variante de Sabriyya ou dérivé de Sabir, dérivé de l'arabe « sãbir », doué d'une grande patience, de « sabara », endurer.

Sabita *arabe*
Dérivé de Sabit, forte, bien établie, certaine, sûre.

Sabriana *catalan*
Dérivé de Sabri, dérivé de l'arabe « sãbir », doué d'une grande patience ou de « sabara », endurer.

Sabrinka *slave*
Dérivé de Sabrina, variante de Cyprienne, dérivé de Cyprien, du grec « kupris » ou du latin « cyprius », originaire de l'île de Chypre, lieu de naissance de Vénus.

Sabrineeka *africain et anglo-saxon*
Dérivé de Sabrina, variante de Cyprienne, dérivé de Cyprien, du grec « kupris » ou du latin « cyprius », originaire de l'île de Chypre, lieu de naissance de Vénus.

Sabriya *arabe*
Dérivé de Sabri, de l'arabe «sãbir», doué d'une grande patience ou de «sabara», endurer.

Sabuh *arabe*
Brillant, lumineux.

Sabyne *flamand*
Variante de Sabine, dérivé de Sabin, du latin Sabinus, habitant de la Sabine, ancienne région de l'Italie centrale.

Sabynghe *flamand*
En usage à Hazebrouck, dans le Nord, au XIXe siècle.

Sachi *hindou et japonais*
En japonais, félicité, extrême bonheur. En hindou, éloquente.

Sachiko *japonais*
De «sachi», félicité, extrême bonheur, enfant du bonheur.

Sachra *arabe*
Dérivé de Sarah, en hébreu, souveraine.

Sacra *corse*
Sacrée.

Sada *kabyle*
De «qsada», directement.

Sadbha *irlandais*
Du gaélique «sadhbh», déesse ou variante de Sophie, du grec «sophia», sagesse.

Sadeka *arabe*
Dérivé de Sadek et de Saadiq, authentique, sincère, vraie.

Sadia *arabe*
Dérivé de Sadi, variante de Saadi, bienheureuse, destinée au bonheur.

Sadida *arabe*
Droite, juste, qui va droit au but.

Sadie *anglo-saxon, arabe et hébreu*
Dérivé de Sadi ou de Sarah, droit, juste, qui va droit au but ou de l'hébreu «sarah», souveraine.

Sadio *bambara (Mali)*
Prénom donné à l'enfant qui vient après les jumeaux.

Sadiqa *arabe*
Amie sincère.

Sadiya *arabe*
Dérivé de Sadi, variante de Saadi, bienheureuse, destinée au bonheur.

Sadiyat *persan*
Félicité, sous de bons auspices.

Sadrata *kabyle*
Prénom tiré d'un nom ancien.

Saduh *arabe*
Chanteur, chantant.

Saduq *arabe*
Honnête, sincère, qui dit la vérité, digne de confiance.

Sady *hébreu*
Ma princesse.

Sadye *arabe*
Droit, juste, qui va droit au but ou de l'hébreu «sarah», souveraine.

Saeeda *arabe*
Heureuse, chanceuse, fortunée.

Saer *flamand*
Diminutif de Sarah, de l'hébreu «sarah», souveraine.

Saerkie *flamand*
En usage à Cassel, dans le Nord, au XIXe siècle.

Saertje *flamand*
En usage à Dunkerque, dans le Nord, au XIXe siècle.

Saertze *flamand*
En usage à Bailleul, dans le Nord, au XIXe siècle.

Safaa *arabe*
Pureté, sérénité, clarté.

Saffaa *arabe et berbère*
Pureté.

Saffana *arabe*
Perle.

Saffi *scandinave*
Diminutif de Sofia, variante de Sophie, du grec « sophia », sagesse.

Saffron *anglo-saxon*
Dérivé de « saffron », safran, du nom de la plante utilisée pour parfumer et colorer les aliments.

Safia *arabe, berbère, hindou et hispanique*
De l'arabe « safiyya », confidente, de « safa », être choisi. En arabo-berbère, celle qui est pure ou variante de Sophie, du grec « sophia », sagesse.

Safoua *arabe*
De « safwâ », cristal de roche.

Sahkyo *indien navajo (Amérique du Nord)*
Vison.

Sahla *arabe*
Simple, docile, facile, égale.

Sahra *hispanique*
Variante de Sarah, de l'hébreu « sarah », souveraine.

Sahpooly *indien kiowa (Amérique du Nord)*
Chouette.

Sahteene *français*
Sahteene, née en 2002, fille de Laetitia Casta, actrice française.

Saia *basque*
Du basque « sai », vautour.

Saïda *arabe*
Heureuse, chanceuse.

Saidhbhe *irlandais*
Du gaélique « sadhbh », déesse ou variante de Sophie, du grec « sophia », sagesse.

Saidhbhín *irlandais*
Du gaélique « sadhbh », déesse ou variante de Sabine, du latin « Sabinus », habitant de la Sabine, ancienne région de l'Italie centrale.

Saintine *français*
Dérivé de Saintin, du latin « sanctus », saint.

Sajeda *arabe*
Celle qui est prosternée devant Dieu. Celle qui croit en Dieu.

Sajia *arabe*
Celle qui est calme comme la nuit, paisible, sereine, tranquille.

Sajida *arabe*
Celle qui est prosternée devant Dieu.

Sajoua *arabe*
De « sajwâ », paisible comme la nuit.

Sakae *japonais*
Prospérité.

Sakana
Héroïne du film britannique *Un million d'années avant Jésus-Christ* (1966), interprétée par Percy Herbert.

Sakhaa *arabe*
Générosité, libéralité.

Sakhiya *arabe*
Généreuse, libérale.

Sakura *japonais*
Cerise. Au Japon, le cerisier est l'emblème de la prospérité.

Sala *basque et kabyle*
En kabyle, tiré du nom d'une ville numide en Algérie.

Salaberge *français*
Autorisé par la loi du 1er avril 1803.

Salamão *portugais*
Variante de Salomão, dérivé de Salomon, de l'hébreu « shalom », paix, sain et sauf, dérivé de « salem », sain, harmonieux.

Salamba *français*
Relevé une fois sur la liste des victimes de l'éruption de la montagne Pelée, en Martinique, en 1902.

Saleha *arabe*
Droite, intègre, juste, vertueuse.

Salema *arabe et kabyle*
Intacte, pure, saine de corps et d'esprit. En kabyle, être infecté.

Salena *hindou*
Lune.

Saliha *arabe*
Dérivé de l'arabe « sãlih », vertueux, de « saluha », être rigoureux. Celle qui est honorable, intègre, dans la voie juste, vertueuse.

Salka *arabe et berbère*
Celle qui est sauvée.

Sal-la *catalan*
Sal-la de Santa Perpètua, épouse de Quintul, vicomte de Conflent, décédée en 1020.

Salles *français*
Relevé une fois sur la liste des victimes de l'éruption de la montagne Pelée, en Martinique, en 1902.

Sallie *anglo-saxon*
Dérivé diminutif de Sarah, en hébreu, souveraine.

Sallit *hébreu*
Rocheuse.

Sallurtegi *basque*
Nom de lieu à Salvatierra, en Alaba, au Pays basque.

Sallustie *français*
Sainte, épouse de Céréal, soldat, instruits tous deux dans la foi par le pape saint Corneille, morts martyrs, à Rome, en 251, sous Dèce.

Sallustine *français*
Dérivé de Salluste, nom de personne à Rome.

Salma *arabe, berbère, hindou et swahili (Afrique de l'Est)*
Variante de Salama, dérivé de l'arabe « salima », intacte, parfaitement saine et sauve, bien-aimée.

Saloma *hispanique*
Variante de Salomé, dérivé de Salomon, de l'hébreu « shalom », paix, sain et sauf, dérivé de « salem », saine, harmonieuse.

Salomea *polonais*
Variante de Salomée, dérivé de Salomon, de l'hébreu « shalom », paix, sain et sauf, dérivé de « salem », saine, harmonieuse.

Salomée *polonais*
Sainte, née vers 1219, fille du prince de Pologne, mariée à l'âge de treize ans, au prince de Hongrie, veuve en 1241, fondatrice d'un couvent de clarisses, morte en 1268.

Salomith *hébreu*
Dans *Athalie*, pièce de Jean Racine (1639-1699), présentée en 1691, Salomith est la sœur de Zacharie.

Salote *polynésien*
Variante de Charlotte, du germanique « karl », viril.

Saloua *arabo-berbère et égyptien*
En arabo-berbère, celle qui est le soulagement, le plaisir de vivre, celle qui est le miel de la vie. En égyptien, le refuge.

Salsa *kabyle*
Divinité Amazir de Tipasa en Algérie.

Salsabil *arabe*
Un printemps au paradis.

Ah ! Les séries TV

En pleine euphorie de la version française du feuilleton télévisé américain *Dallas*, le prénom **Sue** est attribué dix fois en 1981, vingt-quatre en 1982 et quatorze en 1983. Pour les mêmes années, **Sue-Ellen** l'est vingt-quatre fois en 1981, cinquante-quatre en 1982 et quatorze en 1983. **Suellen** est enregistré huit fois en 1981, six en 1982 et deux en 1983.

Salume *rwandais*
Enregistré dans le district de Kamonyi, au Rwanda, le 25 juin 1965.

Salut *catalan*
Du latin « salutare », souhaiter la prospérité, la santé.

Salvadora *catalan*
Salvadora, abbesse de Santa Maria de Valldaura, en Berguedà, en 1413.

Salvata *maltais*
Dérivé de Salvatore, variante de Sauveur, du grec « sôter », par l'intermédiaire du latin « salvatore », « salvius » et « salvus », sauveur.

Salvia *corse*
Dérivé de Salvi, du grec « sôter », par l'intermédiaire du latin « salvatore », « salvius » et « salvus », sauveur.

Salviana *corse*
Dérivé de Salvi, du grec « sôter », par l'intermédiaire du latin « salvatore », « salvius » et « salvus », sauveur.

Salvina *corse et maltais*
Variante de Salvin, du grec « sôter », par l'intermédiaire du latin « salvatore », « salvius » et « salvus », sauveur.

Salwa *arabe*
Dérivé de « salwa », consolation, de « sala », réconforter.

Sama *arabe et dogon (Mali)*
En dogon, diminutif de « muy », à moi et de « samanou », propriétaire. En arabe, ciel.

Samaha *arabe*
Pardon ou écoutez-la.

Saman *arabe*
Valeur, prix.

Samanou *dogon (Mali)*
De « muy », à moi et de « samanou », propriétaire.

Samen *dogon (Mali)*
Dérivé de Samanou, de « muy », à moi et de « samanou », propriétaire.

Samima *arabe*
Sincère, pure, vraie, authentique.

Samina *arabe et hindou*
En arabe, précieuse, sans prix, de valeur. En hindou, heureuse.

Samiqa *arabe*
Haute, imposante.

Samra *arabe et berbère*
Celle qui est brune.

Sancia *italien*
Dérivé du latin « sanctus », saint ou dérivé de Sacha et variante d'Alexandre, du grec « alexein », défendre, repousser et « andros », génitif d'« aner », de l'ennemi, de l'homme.

Sandrette *français*
Dérivé de Sandret, diminutif d'Alexandre, du grec « alexein », défendre, repousser et « andros », génitif d'« aner », de l'ennemi, de l'homme.

Sandyha *hindou*
Dérivé du sanscrit « sandhya », crépuscule.

Sanha *kabyle*
De Sanhadja, dynastie Amazir qui a fondé Alger.

Sanna *kabyle*
Empiler.

Sanuye *indien miwok (Amérique du Nord)*
Nuage rouge au coucher du soleil.

Sanyogita *hindou*
Prénom de l'une des trois épouses du roi Chauhan Prithviraja (1162-1192).

Saoussane *arabe*
Variante de Sawsane, de « sawsan », fleur du lis ou de l'iris.

Saprama *français*
Relevé une fois sur la liste des victimes de l'éruption de la montagne Pelée, en Martinique, en 1902.

Sarette *français et hébreu*
Diminutif de Sarah, en hébreu, souveraine.

Sary *polonais*
Diminutif de Sara, en hébreu, souveraine. Initialement, ce prénom s'écrivait « Saray », princesse.

Saturine *français*
Enregistré à Caullery, dans le Cambrésis, le 3 février 1822.

Saundra *anglo-saxon*
Variante de Sandra, dérivé diminutif d'Alexandre, du grec « alexein », défendre, repousser et « andros », génitif d'« aner », de l'ennemi, de l'homme.

Sauresia *catalan*
Sauresia de Perpignan, citée comme religieuse de Santa Maria d'Espirà de l'Aglí, en Roussillon, entre le XIIe et le XVIe siècle.

Saurimonde *catalan*
Du catalan « sauri », sourcier et « munda », monde.

Saurina *catalan*
Du catalan « sauri », sourcier.

Saviniane *français*
Dérivé de Savin, variante de Sabin, du latin « Sabinus », habitant de la Sabine, ancienne région de l'Italie centrale.

Savynghe *flamand*
Variante de Sabine, dérivé de Sabin, du latin « Sabinus », habitant de la Sabine, ancienne région de l'Italie centrale.

Savynkie *flamand*
En usage à Cassel, dans le Nord, au XIXe siècle.

Savyntze *flamand*
En usage à Bailleul, dans le Nord, au XIXe siècle.

Sawda *arabe*
Palmeraie.

Sawdae *arabe et berbère*
Beauté noire, esclave noire.

Sawni *indien seminole (Amérique du Nord)*
Écho.

Saya *kabyle*
Par ici.

Sayako *japonais*
Sayako, fille de l'empereur du Japon, mariée en 2005, renonça à son statut de princesse.

Sayaline *arabe et berbère*
Actuellement attesté à Fès.

Sayeda *arabe*
Dérivé de Sayed, de « sayyid », celle qui dirige, la souveraine, l'épouse.

Scaliberge *français*
Attribué à Étrechy, dans l'Essonne, le 21 décembre 1802.

Scariberge *français*
Scariberge, nièce de Clovis, épousa Arnoul de Tours, avec lequel elle eut deux enfants avant de s'en séparer, au Ve siècle.

Scarlett *anglo-saxon*
Scarlette Ohara, héroïne sudiste du célèbre roman *Autant en emporte le vent*, de Margaret Mitchell, paru en 1936.

Scenanki *indien creek (Amérique du Nord)*
Scenanki, l'épouse de Tomochichi, est venue en Angleterre, en 1734, avec son mari.

Schéhérazade *turc*
Variante de Sharazãd, dérivé du persan « shahr », ville et « zad », personne. Schéhérazade est un personnage des *Mille et Une Nuits*.

Scheindel *hébreu*
Belle.

Schifra *hébreu*
Variante de Shifrah, bonne, belle.

Scholastine *français*
Du latin « scholastica », de l'école, disciple.

Sclamunda *catalan*
Sclamunda et son époux Ricolf Oliba vendent des censives et des droits seigneuriaux tenus sur diverses propriétés de Toulouges, entre 1327 et 1344.

Sclarmunda *catalan*
Sclarmunda, reine de Majorque, a institué un bénéfice en l'église de Sainte-Marie-du-Pont, entre 1327 et 1344.

Scolastica *grec et italien*
Variante de Scholastique, du latin « scholastica », de l'école, disciple.

Scolastique *italien*
Attribué à Pont-de-l'Arche, dans l'Eure, le 21 juin 1673.

Scylla *français et grec*
Dans la mythologie grecque, Scylla est une ravissante nymphe dont s'éprit Glaucos.

Sébastianne *français*
Dérivé de Sébastien, du grec « sebastos », digne d'honneur et de respect, vénérable.

Secondille *français*
Dérivé de Second, du latin « secunda », second.

Secondine *français*
Sainte, vierge romaine, morte martyre flagellée à mort, à Rome, sous Dioclétien, vers 250.

Secondule *français*
Autorisé par la loi du 1er avril 1803.

Secora *hispanique*
Variante de Socoria, de « Soccoro », aide, assistance.

Sedila *kabyle*
Coupe de cheveux.

Seforina *hispanique*
Dérivé de Seferin, variante de Zéphyrin et de Zéphyr, du grec « zephyros », zéphyr, nom d'un léger vent.

Sefqua *kabyle*
Gifle.

Sefrenia *hispanique*
Dérivé de Seferin, variante de Zéphyrin et de Zéphyr, du grec « zephyros », zéphyr, nom d'un léger vent.

Sefsaffa *kabyle*
Jeune peuplier.

Segline *catalan*
En Selva, l'église Sainte Segline ou Santa Seclina, du XIVe siècle, à Caldes de Malavella.

Segobia *catalan*
Recensé deux fois, à Perpignan, dans les Pyrénées-Orientales, entre 1556 et 1565.

Ségolaine *français*
Variante de Ségolène, du germanique « sieg », victoire.

Selaide *français*
Héroïne dans *Alcidor*, opéra féerique créé au Théâtre royal à Berlin à l'occasion du mariage de Louise de Prusse et de Frederik de Hollande, le 23 mai 1825.

Sélanie *français*
Relevé une fois sur la liste des victimes de l'éruption de la montagne Pelée, en Martinique, en 1902.

Selda *anglo-saxon, germanique et hébreu*
En vieil anglais, compagne ou dérivé diminutif de Griselda, du germanique « grisja », gris et « hild », combat.

Sélénia *français*
Du grec, « selênê », nom donné à la lune, représentée sous les traits d'une jolie femme portée sur un char d'or tiré par des chevaux.

Seli *polynésien*
Variante de Shirley, du vieil anglais « scirleah », pré brillant.

Selia *irlandais*
Variante de Sheila, de l'irlandais « Sile », adaptation locale de Celia.

Selicite *français*
Enregistré à Caullery, dans le Cambrésis, le 19 juin 1823.

Semecha *hébreu*
Heureuse, joyeuse.

Semplicia *hispanique*
Variante de Simplice, du nom Simplicius, de « simplex », simple.

Semprebona *catalan*
Semprobona, son époux et son fils, font don d'une vigne, lors de l'acte de consécration de Saint-Martin-du-Canigou, en Conflent, le 10 novembre 1009.

Sénorine *français et hispanique*
Sainte espagnole, morte en 982.

Seona *écossais*
Anglicisme de Seònaid, forme gaélique de Janet, qui a pour diminutif Jane, variante de Jean, de l'hébreu « Yohânân », Iahvé a fait grâce.

Sepha *flamand*
Diminutif de Josepha, dérivé de Joseph, de l'hébreu « vosef », qu'Iahvé ajoute.

Séphise *français*
Relevé une fois sur la liste des victimes de l'éruption de la montagne Pelée, en Martinique, en 1902.

Sergine *français*
Dérivé de Serge, du latin « sergius », garde, nom d'une famille romaine d'origine étrusque.

Serienne *français*
Attribué à Raimbeaucourt, dans le Nord, le 7 juillet 1785.

Sérotine *français*
Sainte, morte martyre, avec ses compagnons, à Rome, sur la Voie Salaria, lors des premières persécutions.

Servine *français*
Dérivé de Servais, du latin « servatus », préservé.

Séthride *français*
Sainte Séthride, moniale à Faremoutiers-en-Brie, succéda comme abbesse à sainte Fara, morte vers 660.

Seva *kabyle*
Bonne récolte.

Shanice *anglo-saxon*
Diminutif de Shan, variante de Jeanne, dérivé de Jean, de l'hébreu « Yohânân », Iahvé a fait grâce.

Sharanya *hindou*
Protectrice, gardienne.

Shila *hindou*
Dérivé du sanscrit « sial », conduite.

Siany *irlandais*
Dérivé du gaélique « sláine », santé.

Sibiane *français*
Enregistré à Caullery, dans le Cambrésis, le 2 décembre 1843.

Sidela *catalan*
Dérivé de Sidel, dérivé de Sidon, du nom d'une divinité cananéenne Tsid ou du nom de la ville de Sidon, au Liban ou encore du nom latin Sidonius ou enfin de l'arabe « side », grenade.

Sidoline *français*
Attribué à Melleville, en Seine-Maritime, le 29 août 1855.

Siliane *français*
Enregistré, lors d'un décès à Caullery, dans le Cambrésis, le 5 octobre 1846.

Silvérie *français*
Dérivé de Silvère, du latin « silverius », bois, bosquet.

Simonise *français*
Dérivé de Simon, de l'hébreu « shim'ôn », Iahvé a entendu, Dieu a entendu.

Sinta *kabyle*
De « tasoumta », oreiller.

Siobane *français*
Variante de Siobhán, dérivé de Judith, de l'hébreu « yehudit », la juive ou dérivé de Jane, variante de Jean, de l'hébreu « Yohânân », Iahvé a fait grâce, Dieu a fait grâce. Sage, judicieuse.

Sistine *anglo-saxon*
Variante de Sixtine, du grec « xystos », lisse, poli ou du latin « sextus », sixième.

Slania *irlandais*
Du latin « slania », santé.

Slajdina *maltais*

Slawa *polonais et slave*
Diminutif de Slaworira, personne célèbre pour son amour de la paix.

Slawomira *polonais et slave*
Personne célèbre pour son amour de la paix.

Solyane *français*
Dorian et Solyane, roman de Bernard Simonay, paru en 1998.

Solyne *français*
Variante de Solène, du latin « solemnis », solennel.

Sonali *hindou*
Dérivé de Sona, or.

Sophanie *québécois*
Signalé au Québec.

Soreka *hébreu*
Vigne.

Souma *kabyle*
De Soummam, vallée située en Kabylie.

Soumama *kabyle*
Dérivé de Soummam, vallée située en Kabylie.

Soyala *indien hopi (Amérique du Nord)*
Temps du solstice d'hiver.

Stanise *français*
Dérivé de Stanislas, du slave « stan », se dresser, se mettre debout et « slav », gloire.

Stellanie *français*
Dérivé diminutif d'Estelle, du latin « stella », étoile.

Stoline *français*
Relevé une fois sur la liste des victimes de l'éruption de la montagne Pelée, en Martinique, en 1902.

Sukie *japonais*
Du japonais « suki », affectueuse.

Sulphine *français*
Relevé une fois sur la liste des victimes de l'éruption de la montagne Pelée, en Martinique, en 1902.

Sulya *kabyle*
Se marier.

Sumali *thaïlandais*
Belle fleur.

Sunee *thaïlandais*
Bonne.

Sunita *hindou*
Courtoise, gracieuse, de bonne manière.

Sunta *maltais*
Diminutif d'Assunta.

Supriya *hindou*
Chérie, bien-aimée.

Sura *kabyle*
De « tissura », les clés.

Surélie *français*
Relevé trois fois sur la liste des victimes de l'éruption de la montagne Pelée, en Martinique, en 1902.

Susyne *flamand*
Diminutif de Suzanne, de l'hébreu « shushân », lys.

Suvattana *thaïlandais*
Ciel, du ciel.

Suvina *hispanique*
Variante de Sabine, dérivé de Sabin, du latin « Sabinus », habitant de la Sabine, ancienne région de l'Italie centrale.

Suwanee *indien seminole (Amérique du Nord)*
Variante de Sawni, écho.

Suyapa *hondurien (Amérique du Sud)*
Suyapa est une sainte de l'Eau dans son pays.

Suzelle *français*
Dérivé de Suzanne, de l'hébreu « shõshannãh », lys.

Suzenne *français*
Variante de Suzanne, de l'hébreu « shõshannãh », lys.

Sveta *russe*
Diminutif de Svetlana, du russe « swjet », brillant, lumière.

Swane *scandinave*
Diminutif de Swanhild, du germanique « swan », cygne.

Swanhild *germanique, néerlandais et scandinave*
Dans la mythologie nordique, Swanhild est la fille de Sigurd.

Swanhilda *germanique*
Swanhilda, fille d'un comte de Bavière, épousa Charles Martel, au VIIIe siècle.

Swannie *anglo-saxon*
Dérivé diminutif de Swanhild, du germanique « swan », cygne et « hild », combat.

Sylène *français*
Du nom latin Silenus.

Sylvanie *français*
Enregistré à Caullery, dans le Cambrésis, le 14 avril 1861.

Sylvérine *français*
Dérivé de Sylvère, du latin « silverius », bois, bosquet ou de « silvester », qui concerne la forêt.

Sylwia *polonais*
Variante de Sylvia, dérivé de Sylvain, du latin « silva », forêt.

Symphonine *français*
Relevé une fois sur la liste des victimes de l'éruption de la montagne Pelée, en Martinique, en 1902.

Symphorise *français*
Dérivé de Symphorose, du grec « sumphoros », avantageux, utile.

Syna *kabyle*
Par là-bas.

Synke *flamand*
Diminutif de Justa, du latin « justus », juste, équitable.

Syona *hindou*
Belle, heureuse, favorable.

Syra *kabyle*
Allure d'un cheval, manière de vivre.

Syre *français*
Autorisé par la loi du 1er avril 1803.

Syrinx *grec*
Dans la mythologie grecque, Syrinx est une nymphe dont Pan était amoureux.

Syvane *charentais et poitevin*
Variante de Sylviane, dérivé de Sylvain, du latin « silva », forêt.

T

Tabitha *hébreu*
De l'hébreu « sebiyah », la gazelle femelle ou de l'hébreu « sebi », beauté.

Tacena *kabyle*
De « tacenanst », épine.

Tacia *kabyle*
De « tacift », la rivière.

Tadiya
Variante de Judith, de l'hébreu « yehudit », la juive.

Tadrit *kabyle*
Laine.

Tafat *hébreu*
Enfant.

Tafesa *kabyle*
De « tafeçast », figue.

Tafeta *kabyle*
De « taftals », femme qui roule le couscous.

Taffa *kabyle*
De « taffathe », lumière.

Tagama *kabyle*
Fraternité.

Tagasa *dogon (Mali)*
De « taga », il pense, il explique.

Tahani *arabe*
Félicitations, vœux de bonheur.

Tahia
Îles Marquises.

Tahira *arabe*
Dérivé de Tahir, pure.

Taïre *français*
Attribué une fois dans l'analyse de l'état civil ancien de Gouville, dans la Manche, sur les actes de mariage inscrits en 1869.

Taïs *français*
Enregistré à Caen, dans le Calvados, le 6 février 2003.

Taissia *slave*
Bonne, simple, tendre.

Taissîr *arabe*
De « taysîr », facilité, simplification.

Tajara *kabyle*
De « tajanjart », figue.

Tajwa *kabyle*
De « tajwaqt », flûte.

Takouhie *arménien*
Reine.

Takuma *kabyle*
De « takumicht », poignée.

Talesia *basque*
Enregistré à Guiche, dans le Labourd, au Pays basque, en 1333.

Talia *français*
Héroïne du film français *Petits frères*, interprétée par Stéphanie Touly, en 1998.

Taliah *hébreu*
Jeune brebis.

Talide *français*
Autorisé par la loi du 1er avril 1803.

Taline *arménien*
Ville d'Arménie.

Talsa *kabyle*
Humanité.

Talya *hébreu*
Dérivé de « tal » qui signifie rosée, peut-être une variante de Thalie, du grec « thallein », fleurir.

Tamacha *kabyle*
De « tamachahut », conte.

Tamada *kabyle*
Donner.

Tamaga *kabyle*
Similaire.

Tamami *japonais*
Aussi belle que la perle.

Tamanga *kabyle*
Gloire.

Tamara *basque, hébreu, kabyle, polonais et slave*
De l'hébreu « tamar », palmier-dattier. En kabyle, obligation, nécessité. En russe, courageuse, forte, puissante.

Tamare *arménien*
Tamare, reine arménienne, épouse du roi Kakig Ier.

Tamaza *kabyle*
De « tamazzaght », mamelle.

Tameka *kabyle*
De « tamekart », conteuse.

Tamella *kabyle*
Colombe.

Tamga *kabyle*
De « tamegaht », cou.

Tamgu *kabyle*
De « tamgut », sommet.

Taminda *kabyle*
Joie.

Tamra *kabyle*
De « tamrart », corde.

Tamsa *kabyle*
De « tamsalt », joute oratoire.

Tamunt *kabyle*
Union, unicité.

Tamuza *kabyle*
De « tamuzumt », ancienne pièce de bronze.

Tanit *kabyle*
Nom d'une déesse Amazir.

Tanuga *kabyle*
Perceuse de murailles.

Tara *irlandais, kabyle et tibétain*
Tara, colline au centre de l'Irlande, considérée comme le siège du roi. En kabyle, pied de vigne. Au Tibet, Tara, déesse Étoile, apparaît comme une forme de la déesse boudhique indienne Tārā.

Taresa *basque et corse*
Enregistré à Tudela, en Navarre, au Pays basque, en 1366.

Targa *kabyle*
Féminin de « targui », de touareg.

Tarja *finlandais*
Tarja Halonen, première femme élue présidente de Finlande, le 6 février 2000.

Tarka *kabyle*
De « taferka », parcelle de terre.

Tarsille *français*
Du grec « tharsikios », valeureux, de « tharsos », audace, valeur ou du latin Tarsilla.

Tasift *kabyle*
Rivière.

Tassala *kabyle*
De « tassalasth », petite poutre.

Tassedda *kabyle*
Lionne.

Tatta *français*
Autorisé par la loi du 1er avril 1803.

Tava *kabyle*
De « tavakurt », figue d'avant saison.

Taya *kabyle*
De « tayagut », perle, chose rare.

Taza *kabyle*
Petite plaine.

Tazal *kabyle*
De « tuzzla », épervier.

Tazalt *kabyle*
De « tuzzalt », églantier.

Tazra *kabyle*
D'« azra », collier garni de clou de girofle.

Tecla *castillan, catalan et italien*
Variante de Thècle, du grec « théos-kleos », gloire de Dieu.

Tehilah *hébreu*
Gloire.

Tekla *germanique et polonais*
Variante de Thècle, celle qui loue Dieu.

Telchilde *français*
Le tombeau de sainte Telchilde, première abbesse au VIIe siècle, se trouve dans l'une des cryptes de Jouarre, en Seine-et-Marne.

Telimena *polonais*
Variante de Philomène, bien aimée.

Tentide *français*
Autorisé par la loi du 1er avril 1803.

Teodelinda *italien*
La Teodelinda, drame en deux actes de Pietro Francesco Manfredo Trecchi, consacré à son excellence le seigneur D. Diego Felippez de Guzman, en 1697.

Teodora *basque et corse*
Autorisé par le greffe du tribunal civil de Bayonne, en décembre 1957.

Teopiste *arménien*
Prénom de la grand-mère de Youri Djorkaeff, footballeur, champion du monde, en 1998.

Teotel-la *catalan*
Teotel-la, sœur d'Arnau Ier, seigneur de Salses, Tanyeres, en Roussillon, décédée vers 1034.

Terecha *basque*
Autorisé par le greffe du tribunal civil de Bayonne, en décembre 1957.

Teresa *basque, castillan, catalan, corse et italien*
Variante de Thérèse, du grec Therasia, nom de lieu ou du verbe « téreo », garder, d'où le substantif « téresis », prudence, vigilance.

Terpsichore *grec*
Dans la mythologie grecque, Terpsichore est l'une des neuf Muses, filles de Zeus et de Mnémosyne, dont l'attribution était la Danse.

Terrie *anglo-saxon*
Variante de Thérèse, du grec Therasia, nom de lieu ou du verbe « téreo », garder, d'où le substantif « téresis », prudence, vigilance.

Terulla *français et hispanique*
Sainte espagnole, morte martyre en Numidie, vers 259.

Téthys *grec*
Dans la mythologie grecque, Téthys, Titanide, est l'épouse du Titan Océan.

Thabita *hébreu*
Variante de Tabitha, de l'hébreu « sebiyah », gazelle femelle.

Thacia *kabyle*
Venir.

Thacienne *kinyarwandais*
Attribué dans le district de Ngororero, au Rwanda, le 7 juin 1946.

Tokalie : accepté !

En 1998, la cour d'appel de Caen a accepté le prénom **Tokalie**. Cette décision fut motivée par le fait que c'était un prénom d'une originalité indiscutable tiré de la dénomination d'un monument religieux, mais qui est dépourvu de toute consonance ridicule, péjorative ou complexe.

Thala *kabyle*
Fontaine.

Thalie *français et grec*
Dans la mythologie grecque, Thalie est l'une des trois Grâces, celle qui fait croître et fleurir les plantes. C'est aussi l'une des neuf Muses, qui préside à la Comédie.

Thamarie *rwandais*
Variante de Tamar, de l'hébreu « tamar », palmier dattier.

Thassa *kabyle*
Foi, courage, sentiment d'attache.

Thasseda *kabyle*
Lionne.

Thaurinne *français*
Attesté, lors d'un mariage à Cesseville, dans l'Eure, le 21 janvier 1683.

Théa *français, germanique et italien*
Sainte, morte martyre avec ses compagnes, à Gaza, en Palestine, vers 307.

Thècle *catalan et français*
Du grec « théos-kleos », gloire de Dieu.

Thécuse *français*
Autorisé par la loi du 1er avril 1803.

Theïa *grec*
Du grec « theos », Dieu. Theïa est une déesse de la mythologie grecque.

Thelma *kabyle*
De « thilemzith », la jeune.

Thémis *français et grec*
Dans la mythologie grecque, Thémis est une Titanide dont le nom est synonyme de Justice ou Justice divine.

Théoctiste *français*
Du grec « théoctitos », bâti, créé par Dieu.

Théodechilde *français*
Sainte, moniale de Faremoutiers, première abbesse de Jouarre, dans le diocèse de Meaux, morte vers 660.

Théodestie *français*
Autorisé par la loi du 1er avril 1803.

Théodice *français*
Attribué à Melleville, en Seine-Maritime, le 13 avril 1845.

Theodorie *kinyarwandais*
Attribué dans le district de Rurindo, au Rwanda, le 19 juin 1953.

Théodorine *français*
Dérivé de Théodore, du grec « theos », dieu et « dorôn », don, présent.

Théodose *français*
Autorisé par la loi du 1er avril 1803.

Théodulia *martiniquais*
Dérivé de Théodule, en grec, serviteur de Dieu.

Théoline *français*
Diminutif de Théole, issu probablement de Théoule, de « teule », tuile.

Théonile *français*
Attribué à Melleville, en Seine-Maritime, le 25 juin 1845.

Théonille *français*
Sainte, morte martyre à Égée, en Cilicie, vers 303.

Théophanie *français*
Autorisé par la loi du 1er avril 1803.

Théosie *français*
Dérivé de Théodose, variante de Teodoro, autre variante de « doron », don. Offert à Dieu ou se donne à Dieu.

Thérasie *français*
Enregistré à Valloire, en Savoie, à partir de 1840.

Theresie *germanique et rwandais*
Variante de Thérèse, du grec Therasia, nom de lieu ou du verbe « téreo », garder, d'où le substantif « téresis », prudence, vigilance.

Théréson *français*
Dérivé de Thérèse, du grec Therasia, nom de lieu ou du verbe « téreo », garder, d'où le substantif « téresis », prudence, vigilance.

Thérèze *français*
Attesté à Fauville-en-Caux, en Seine-Maritime, le 30 juin 1789.

Thergite *français*
Autorisé par la loi du 1er avril 1803.

Theuséta *français*
Sainte, morte martyre, livrée aux flammes pour le Christ, avec son jeune fils et ses compagnons, en Bithynie.

Theutère *français*
Autorisé par la loi du 1er avril 1803.

Thève *français*
Enregistré lors d'un décès à La Cassagne, en Dordogne, en 1747.

Thi *vietnamien*
Femme.

Thibila *kabyle*
De Thibilis, nom d'une ville numide en Tunisie.

Thilda *scandinave*
Diminutif de Mathilde, du germanique « maht », puissance, vigueur et « hild », combat.

Thili *kabyle*
Ombre.

Thimy *kabyle*
Œil.

Thina *kabyle*
Elle.

Thionote *français*
Attesté à Fultot, en Seine-Maritime, en 1577.

Thisbé *français et grec*
Dans la mythologie grecque, Thisbé est une ravissante jeune fille de l'Orient, vivant à Babylone.

Thomaïde *français*
Sainte, morte martyre en 476, assassinée par son beau-père, alors qu'elle défendait sa vertu.

Thomasse *français*
Variante de Thomas, de l'araméen « toma », jumeau.

Thomine *français*
Attesté dans un registre du tabellionage d'Argences, Troarn et Varaville, dans le Calvados, entre 1386 et 1417.

Thrasille *français*
Enregistré à Valloire, en Savoie, à partir de 1840.

Thuise *français*
Sainte honorée à Moustier-en-Der, dans l'Aube.

Thu Lan *vietnamien*
Orchidée d'automne.

Thyenotte *français*
Attesté à Saint-Amand-de-Rouen, en Seine-Maritime, le 11 novembre 1577.

Thyna *français*
Diminutif de Martina, dérivé de Martin, du dieu latin Mars, le broyeur d'hommes, d'où est issu « martinus », petit Mars.

Thyphaigne *français*
Attesté à Lintot, en Seine-Maritime, le 5 février 1546.

Tiare *tahitien*
Nom d'une fleur.

Tiberia *italien*
Dérivé de Tibère, du latin Thybris, nom de la divinité personnifiant le Tibre.

Tiburge *français*
Tiburge, vicomtesse de Narbonne, vend la vicomté de Castellnou au roi de Majorque, entre 1301 et 1360.

Tiburgeta *catalan*
Tiburgeta de Taradell, seigneur de Taradell, épouse de Pere II, châtelain de Brunyola, en Selva, au XIIe siècle.

Tienotte *français*
Dérivé d'Étienne, du grec « stephanos », couronne.

Tigma *kabyle*
Porteur d'eau.

Tigride *français et hispanique*
Sainte espagnole, abbesse du monastère bénédictin près de Burgos, morte vers 925.

Tilas *kabyle*
Borne, limite.

Timit *kabyle*
Nombril.

Timna *hébreu*
Dans la Bible, Timna est la femme de second rang d'Eliphaz et mère d'Amalec.

Timsa *kabyle*
Éteindre le feu.

Timya *kabyle*
Orientation.

Timza *kabyle*
De « timzine », orge.

Tina *breton et italien*
Dérivé diminutif de Kaourintin ou de Giustina, dérivé de Justin, du latin « justus », raisonnable, juste.

Tiras *kabyle*
Ancêtre Amazir.

Tirga *kabyle*
Rêve.

Tirima *kabyle*
De « tighima », rester.

Tisma *kabyle*
Donner un prénom.

Tissas *kabyle*
Malice, autorité naturelle.

Tissy *kabyle*
Étendre une couverture.

Titem *kabyle*
Sur place.

Tizla *kabyle*
Course.

Toda *basque et catalan*
Enregistré à Saint-Jean-Pied-de-Port, en Basse-Navarre, au Pays basque, en 1350.

Todabita *basque*
Du basque « tota » et « Vita ».

Tolzana *catalan*
Entre 1411 et 1416, enregistré dans un acte notarial, à Perpignan, dans les Pyrénées-Orientales.

Tonyo *dogon (Mali)*
De « tonineme », augmente.

Tori *hébreu*
Du grec « thura », port, accès ou du germanique Thôrr, nom de divinité. En hébreu, tourterelle.

Toscaine *français*
Sainte qui aurait été religieuse à Vérone.

Tosine *français*
Enregistré à Caullery, dans le Cambrésis, le 13 septembre 1852.

Tova *scandinave*
De l'ancien norrois, rare en Islande, mais surtout de l'ancien danois et de l'ancien suédois « tõfa » ou « tõva ».

Tréa *anglo-saxon*
Sainte, convertie par saint Patrick au Vᵉ siècle, passa sa vie en recluse en Irlande.

Treizille *français*
Treizième enfant.

Tridine *français*
Attribué à Lintot, en Seine-Maritime, le 11 août 1799.

Triduane *français*
Sainte, vierge écossaise, liée à la mission de saint Régule, au IVᵉ siècle.

Trièse *français*
Du nom latin Trojecia.

Triphine *français*
Sainte, mère de saint Treveur, se retira dans un couvent en Bretagne, au VIᵉ siècle.

Triskèle *breton*
Création littéraire, inspirée par le triskèle, emblème celtique.

Trudie *germanique*
Diminutif de Gertrude, d'origine franque, du germanique « ger », pique, lance et « trud », fidèle. La forte porteuse d'épieu.

Truitelda *catalan*
Truitelda, épouse du vicaire de Castellevell de la Marca, dans le Baix Lloregat, au Xᵉ siècle.

Tryphène *français*
Sainte, morte martyre à Cyzique, torturée avant d'être livrée aux chiens.

Tryphonie *français*
Sainte qui aurait été l'épouse de Dèce, morte martyre à Rome, au IIIᵉ siècle.

Tryphose *français*
Sainte, convertie par saint Paul au Iᵉʳ siècle.

Tsilah *hébreu*
Ombre, protection.

Tsoline *arménien*
Dérivé de Tsolag, de « tsot », éclat et « agn », œil.

Tudra *kabyle*
Vie.

Tulina *breton*
Diminutif de Mathurina, dérivé de Mathurin, du latin « maturus », mûr.

Tudrine *kabyle*
Plusieurs petits villages.

Tunga *kabyle*
Nom d'une ville numide en Tunisie.

Tusnelda *italien*
Héroïne de *Boleslao e Tusnelda*, ballet comique, représenté au carnaval de Venise, en 1804.

Tusque *français*
Autorisé par la loi du 1ᵉʳ avril 1803.

Tuyet *vietnamien*
Neige.

Tyenotte *français*
Dérivé d'Étienne, du grec « stephanos », couronne.

Tyndaris *grec*
Dans la mythologie grecque, Tyndaris est la fille de Tyndare.

Tyro *grec*
Dans la mythologie grecque, Tyro est la fille de Salmonée, petite-fille d'Éole.

Tytiana *italien*
Enregistré à La Louvière, dans le Hainaut, le 11 mai 2000.

Tzipi *hébreu*
Tzipi Livni, ministre israélienne des Affaires étrangères, en 2006.

Tzirel *hébreu*
Diminutif de Sarah, de l'hébreu « sarah », souveraine.

U

Uba *basque*
Nom de lieu à Altza, en Guipuzcoa, au Pays basque.

Ubaca *basque*
Sainte, honorée à Ezkarai et Errioxa, au Pays basque.

Ubaldesque *français*
Dérivé d'Ubald, du prénom germanique « hug-bald », intelligent et valeureux.

Ubarriaran *basque*
Nom de lieu en Alaba, au Pays basque.

Uda *basque*
Variante de Tudy, dérivé de Tudin, dérivé en « -in » de la racine « tut », bon, favorable.

Udalaitz *basque*
Variante d'Odile, du germanique « od », richesse et « hild », combat.

Udalatx *basque*
Variante d'Odile, du germanique « od », richesse et « hild », combat.

Udalgarda *catalan*
Udalgarda de Toulouse, épouse de Bernat, fils du comte de Besalú, en Garrotxa, au Xe siècle.

Udane *basque*
Nom d'un col en Guipuzcoa, au Pays basque.

Udegèbe *basque et français*
Sainte qui serait morte vierge et martyre près de Spanheim.

Udiya *hébreu*
Le feu de Jehovah.

Udolie *wallon*
Enregistré dans le Hainaut, en Wallonie, à Jemappes, en 1938.

Udarriaga *basque*
Nom de lieu à Miravalles, en Biscaye, au Pays basque.

Udiarraga *basque*
Sainte, honorée à Ugao, en Biscaye, au Pays basque.

Udiya *hébreu*
Le feu de Jehovah.

Udolie *wallon*
Enregistré trois fois sur les listes électorales de Jemappes, dans le Hainaut, en 1938.

Udoz *basque*
Nom de lieu à Lizaso, en Navarre, au Pays basque.

Ugarte *basque*
Nom de lieu à Amezketa, en Guipuzcoa, au Pays basque.

Ugenia *corse*
Variante d'Eugénie, du grec « eugénios », bien né.

Ugénie *français*
Variante d'Eugénie, du grec « eugénios », bien né.

Ugolina *corse*
Dérivé d'Hugolin, du germanique « hug », intelligence.

Uguzne *basque*
Dérivé d'Ugutz, Variante d'Auguste, du romain « augustus », majestueux, respectable.

Ukna *kabyle*
Voûte.

Ula *basque*
Nom de lieu à Agurain, en Alaba, au Pays basque.

Ulali *basque*
Variante d'Eulalie, du grec « eulalos », qui parle bien.

Ulalia *hawaïen*
Variante d'Eulalie, du grec « eulalos », qui parle bien.

Ulalie *français*
Attribué, lors d'un baptême en la paroisse de Saint-Ouen à Caen, dans le Calvados, le 20 juin 1771.

Ulasie *français*
Enregistré à Valloire, en Savoie, à partir de 1840.

Ulfhild *scandinave*
De l'ancien scandinave commun « ulfr » ou du franc « ulf » ou encore du germanique « wolf », loup.

Ulfva *scandinave*
De l'ancien scandinave commun « ulfr » ou du franc « ulf » ou encore du germanique « wolf », loup.

Uli *basque*
Nom de lieu de culte à Notre-Dame en Alaba, au Pays basque.

Uliva *corse*
Variante d'Olive, dérivé du latin « oliva », l'olivier.

Ulla *scandinave*
Du vieux nordique « ullr », volonté, détermination.

Ulphe *français*
Nom de sainte, cité dans *Le Nouveau Savoir-vivre,* de Paul Reboux, édité en 1930.

Ulphia *basque et français*
Sainte qui vécut en ermite près d'Amiens au VIIIe siècle.

Ulrica *romanche*
Dérivé d'Ulrich, du germanique « odal », patrie, patrimoine et « ric », puissant.

Ulricha *germanique*
Dérivé d'Ulrich, du germanique « odal », patrie, patrimoine et « ric », puissant.

Ulrika *germanique et scandinave*
Sainte, née en 1882, religieuse allemande morte en 1913, béatifiée en 1987.

Ulrike *germanique et scandinave*
Dérivé d'Ulrich, du germanique « odal », patrie, patrimoine et « ric », puissant.

Ultima *latin*
Usage affectif de la forme latine du mot « ultime », dernière.

Uma *hindou*
Lin. En Inde, Umâ la bienveillante, grande déesse, l'une des personnifications féminines de Çiva.

Unaisa *basque*
Dérivé d'Unai, en basque, vacher.

Undine *germanique*
Variante d'Ondine, du latin « unda », onde, flot, vague.

Unitée *français*
Prénom révolutionnaire, attribué à Rouen, en Seine-Maritime, le 29 janvier 1794.

Untza *basque*
Nom de lieu à Okondo, en Alaba, au Pays basque.

Untzizu *basque*
Nom de lieu de culte à Arellano, en Navarre, au Pays basque.

Unurina *corse*
Variante d'Honorine, du latin « honoratus », honoré, loué.

Uorschla *romanche*
Variante d'Ursule, du latin « ursus », ours.

Uorschlina *romanche*
Variante d'Ursulina, diminutif d'Ursule, du latin « ursus », ours.

Uraburu *basque*
Nom de lieu à Aspuru, en Alaba, au Pays basque.

Uralde *basque*
Nom de lieu en Alaba, au Pays basque.

Urania *anglo-saxon et germanique*
Variante d'Uranie, du grec Ourania, la divine, dérivé d'« ouranos », le ciel.

Uranie *belge et français*
Du grec Ourania, la divine, dérivé d'« ouranos », le ciel.

Urbana *germanique*
Dérivé d'Urban, du latin « urbanus », urbain, d'« urbs », cité.

Urbe *basque*
Nom de lieu à Cirauqui, en Navarre, au Pays basque.

Urbi *béninois et nigérien*
Princesse.

Urbia *basque*
Nom d'une montagne dans la province de Guipuzcoa.

Urchula *basque*
Autorisé par le greffe du tribunal civil de Bayonne, en décembre 1957.

Urdaiga *basque*
Nom de lieu à Usurbil, en Guipuzcoa, au Pays basque.

Urdaneta *basque*
Nom d'un quartier de la commune d'Aia, en Guipuzcoa, au Pays basque.

Urdiña *basque*
Variante de Bleuette, du basque « urdin », azur, bleu.

Urdine *basque*
Variante de Bleuette, du basque « urdin », azur, bleu.

Urduina *basque*
Dérivé d'Orduna, du patronyme basque Ordun.

Urelia *corse*
Variante d'Aurélie, du latin « aurum », or.

Urénie *français*
Enregistré à Caullery, dans le Cambrésis, le 19 août 1842.

Uria *basque*
De l'hébreu « ürlyãh », Dieu est ma lumière.

Uriarte *basque*
Nom de lieu à Aberasturi, en Alaba, au Pays basque.

Uribarri *basque*
Nom de lieu à Durango, en Biscaye, au Pays basque.

Uriela *hébreu*
Dérivé d'Uriel, de l'hébreu « uri'èl », lumière de Dieu.

Uriell *breton*
Dérivé d'Uriel, de l'hébreu « uri'èl », lumière de Dieu.

Urielle *breton*
Dérivé d'Uriel, de l'hébreu « uri'èl », lumière de Dieu.

Uritze *basque*
Variante d'Ursule, du latin « ursus », ours.

Uriz *basque*
Nom de lieu à Artzibar, dans la vallée d'Arce, en Navarre, au Pays basque.

Urkia *basque*
Nom de lieu à Itsasondo, en Guipuzcoa, au Pays basque.

Uromea *basque*
Nom de lieu à Bidart, en Labourd, au Pays basque.

Urraka *basque*
Enregistré dans les provinces du Labourd et de Navarre, au Pays basque.

Les subtilités de l'orthographe

Et si vous transformiez l'orthographe habituelle d'un prénom ? Vous pourriez même supprimer l'initiale muette d'un prénom. Ainsi, en 1909, 1913, 1915, 1918, 1920, 1924, 1926, 1932 et une dernière fois en 1951, Huguette est devenu Uguette !

Urraque *hispanique*
Dans *Le Cid*, de Pierre Corneille (1606-1684), Dona Urraque est infante de Castille.

Urrategi *basque*
Nom de lieu à Azkoitia, en Guipuzcoa, au Pays basque.

Urrato *basque*
Enregistré en Navarre, au Pays basque, en 1235.

Urraxa *basque*
Dérivé d'Hurraka, enregistré en Navarre, au Pays basque, en 1235.

Urrea *basque*
D'« urre », or.

Urretxa *basque*
Nom de lieu à Zuia, en Alaba et en Navarre, au Pays basque.

Urreturre *basque*
Sainte, honorée à Errioxa, au Pays basque.

Urrexola *basque*
Nom de lieu à Onati, en Guipuzcoa, au Pays basque.

Urrialdo *basque*
Nom de lieu à Martioda, en Alaba, au Pays basque.

Urrika *basque*
Personnage de la mythologie basque.

Urroz *basque*
Nom d'une commune en Navarre, au Pays basque.

Urrune *basque*
Sainte, honorée à Martioda, en Alaba, au Pays basque.

Ursa *français*
Du latin « ursus », ours.

Ursaline *français*
Enregistré, lors d'un mariage, à Caullery, dans le Cambrésis, le 7 août 1867.

Ursanne *français*
Ursanne, fille du roi de Kent, épousa Rigobert, comte de Ponthieu, au VIIe siècle.

Urschla *romanche*
Rencontré dans le canton des Grisons, en pays romanche.

Ursela *germanique*
Variante d'Ursula, du latin « ursus », ours.

Urseline *français*
Urseline de Champagne, épouse de messire César de La Musse, citée dans un *factum* signifié le 26 mai 1672.

Ursenia *corse*
Variante d'Ursin, du latin « ursus », ours.

Ursetta *romanche*
Rencontré dans le canton des Grisons, en pays romanche.

Ursina *romanche*
Variante d'Ursin, du latin « ursus », ours.

Ursmarine *belge et français*
Variante d'Ursmar, du latin « ursus », ours.

Ursmerine *belge et français*
Variante d'Ursmer, du latin « ursus », ours.

Ursola *basque*
Variante d'Ursula, du latin « ursus », ours.

Ursula *anglo-saxon, basque, castillan, catalan, corse et germanique*
Variante d'Ursule, du latin « ursulus », dérivé d'« ursus », ours.

Ursule *catalan et français*
Sainte, morte martyre au VIe siècle sous Maximien, avec plus de dix mille de ses compagnes.

Ursulina *romanche*
Variante d'Ursuline, sainte.

Ursuline *français*
Sainte, née en 1375 à Parme, morte à Bologne au retour d'un pèlerinage en Terre Sainte en 1410.

Ursulle *français*
Enregistré à Caullery, dans le Nord, le 20 mars 1749.

Urte *basque*
Variante de Ruth, de l'hébreu « ruth », amie, compagne.

Urtsine *basque*
Du latin « ursinus », de l'ours.

Urtsola *basque*
Variante d'Ursula, du latin « ursulus », dérivé d'« ursus », ours.

Urtsuia *basque*
Du basque « urtsu », aqueux.

Urtsula *basque*
Variante d'Ursula, du latin « ursulus », dérivé d'« ursus », ours.

Urtune *basque*
Dérivé de Fortuino, du latin « fortunatus », favorisé par le sort.

Urtza *basque*
Nom de lieu à Amorebieta, en Biscaye, au Pays basque.

Urxula *basque*
Variante d'Ursula, du latin « ursulus », dérivé d'« ursus », ours.

Urya *kabyle*
D'« urysel », il n'entend pas.

Usabia *basque*
Variante d'Eusébie, du grec « eusébios », pieux.

Usebi *basque*
Variante d'Eusébie, du grec « eusébios », pieux.

Usebia *basque*
Variante d'Eusébie, du grec « eusébios », pieux.

Usmena *basque*
Autorisé par le greffe du tribunal civil de Bayonne, en décembre 1957.

Usmene *basque*
Dérivé d'Usmena, autorisé par le greffe du tribunal civil de Bayonne, en décembre 1957.

Uso *basque*
Autorisé par le greffe du tribunal civil de Bayonne, en décembre 1957.

Usoa *basque*
Variante de Colombe, du latin « columba », colombe, pigeon.

Ustoa *basque*
Autorisé par le greffe du tribunal civil de Bayonne, en décembre 1957.

Usua *basque*
Dérivé d'Usoa, variante de Colombe, du latin « columba », colombe, pigeon.

Usue *basque*
Nom de lieu en Navarre, au Pays basque.

Ute *scandinave*
Variante d'Odile, du germanique « od », richesse et « hild », combat.

Uthina *kabyle*
Nom antique de Hodna, région en Algérie.

Uuto
indien jivi (Vénézuela)

Femme incarnant l'énergie, la joie, le chant, la danse.

Uxue
basque

Nom d'une commune de Navarre, au Pays basque.

Uzenda
basque

Enregistré à Berbinzana, en Navarre, au Pays basque, en 1366.

Vanessa refusé ? Incroyable, mais vrai

Un commerçant de Dijon tenait à appeler sa fille, née le 11 décembre 1970, **Vanessa**. Ce prénom a été refusé à l'état civil, puis par le procureur ! Le tribunal de grande instance fut saisi et finit par donner un avis favorable. Il fallut cependant seize mois pour que **Vanessa** fût inscrite sur les registres officiels. Cet exemple est d'autant plus frappant que ce prénom est devenu aujourd'hui courant !

V

Vahina *italien*
Vahina Giocante, comédienne italienne, née en 1982.

Vaila *slave*
Vie.

Vaira *letton*
Vaira Vike-Freiberga, présidente de la République de Lettonie, en 2001, surnommée « la dame de fer de la Baltique » par la presse lettone.

Vaka *slave*
Dérivé diminutif de Valiaka, dérivé de Valentine, diminutif de Valens, du verbe « valeo », être sain, bien portant, vigoureux.

Valborg *scandinave*
Variante de Walburge, du germanique « waldan », commander et « burg », château fortifié.

Valbourg *français*
Variante de Walburge, du germanique « waldan », commander et « burg », château fortifié.

Valdorine *français*
Attribué, dans l'Orne, le 3 avril 1854.

Valeda *italien*
Variante diminutive de Valentine, diminutif de Valens, du verbe « valeo », être sain, bien portant, vigoureux.

Valence *français*
Dérivé de Valentin, diminutif de Valens, du verbe « valeo », être sain, bien portant, vigoureux.

Valentia *italien*
Dérivé de Valent, diminutif de Valens, du verbe « valeo », être sain, bien portant, vigoureux.

Valeria *anglo-saxon, catalan, corse, germanique, italien et romanche*
Dérivé de Valère, du nom latin Valeria, nom typique réservé à la « gens Valeria », issu du verbe « valeo », bien se porter.

Valeriana *catalan, corse et italien*
Dérivé de Valère, du nom latin Valeria, nom typique réservé à la « gens Valeria », issu du verbe « valeo », bien se porter.

Valériane *français*
Dérivé de Valère, du latin médiéval « valeriana », de Valeria, province romaine ou du latin « valere », se bien porter.

Valerianka *slave*
Dérivé de Valère, du nom latin Valeria, nom typique réservé à la « gens Valeria », issu du verbe « valeo », bien se porter.

Valérienne *français*
Dérivé de Valère, du nom latin Valeria, nom typique réservé à la « gens Valeria », issu du verbe « valeo », bien se porter.

Valérine *français*
Dérivé de Valère, du nom latin Valeria, nom typique réservé à la « gens Valeria », issu du verbe « valeo », bien se porter.

Valeska *slave*
Dérivé de Valère, du nom latin Valeria, nom typique réservé à la « gens Valeria », issu du verbe « valeo », bien se porter.

Valetta *français*
Diminutif de Valette, du nom topographique « val ».

Valiaka *slave*
Dérivé de Valère, du nom latin Valeria, nom typique réservé à la « gens Valeria », issu du verbe « valeo », bien se porter.

Valioucha *slave*
Dérivé de Valère, du nom latin Valeria, nom typique réservé à la « gens Valeria », issu du verbe « valeo », bien se porter.

Valla *galicien*
Variante d'Eulalie, du grec « eulalos », qui parle bien.

Vallie *anglo-saxon*
Dérivé diminutif de Valentin, du nom latin Valentinus, diminutif de Valens, du verbe « valeo », être sain.

Valtrude *français et scandinave*
Variante de Waltrude, du germanique « wal », champ de bataille et « trud », valeureuse.

Vanda *germanique et slave*
Variante de Wanda, du germanique tudesque « vand », lignée, souche ou du polonais « vandjan », tourner (étymologie controversée), adresse, habileté.

Vania *slave*
Dérivé diminutif de Vanina, variante diminutive de Jeanne, en hébreu, Iahvé a fait grâce.

Vanille *français*
De l'espagnol « vainilla », diminutif de « vaina », du latin « vagina », gaine.

Vanina *scandinave, slave et tahitien*
Variante diminutive de Jeanne, en hébreu, Iahvé a fait grâce. En tahitien, pluie qui chasse une triste pensée.

Vanka *slave*
Dérivé diminutif de Vanina, variante diminutive de Jeanne, en hébreu, Iahvé a fait grâce.

Vannina *corse*
Variante de Vanina, diminutif de Jeanne, en hébreu, Iahvé a fait grâce.

Vanny *anglo-saxon*
Variante diminutive de Vanessa, sans doute dérivé du latin « vanities », frivolité, vanité.

Vardah *hébreu*
De la racine araméenne « vrd », rose.

Varena *romanche*
Dérivé de Vera, du russe « wera », foi ou dérivé du latin « Verus », nom puis prénom, correspondant à l'adjectif ayant le sens de vérité.

Varenka *slave*
Varenka Olessova, de l'écrivain russe Maxime Gorki (1868-1936), paru en 1898.

Varsenig *arménien*
De « vars », natte de cheveux suivi du suffixe diminutif « -ig ».

Vartitère *arménien*
De « varte », rose et « titer », papillon ou pétale.

Vartouhie *arménien*
De « varte », rose suivi du suffixe « -ouhie ».

Varvara *slave*
Variante de Barbara, active, forte, puissante.

Vasilia *corse*
Dérivé de Basile, du grec « basileus », roi ou de l'arabe « bâdhil », très généreux.

Vassa *slave*
Vallon, terre inhabitée.

Vastina *français*
Enregistré lors d'un mariage à Boscherville, dans l'Eure, en 1564.

Vauburge *français*
Variante de Walburge, du germanique « waldan », commander et « burg », château fortifié.

Vaudru *wallon*
Autorisé par la loi du 1er avril 1803.

Védastine *français*
Attribué à Marconne, dans le Pas-de-Calais, le 25 janvier 1783.

Veep *anglo-saxon*
Sainte, vierge du VIe siècle.

Vehanouche *arménien*
De « veh », sublime, supérieur et « anouche », douce.

Veira *hispanique*
Variante de Véra, du russe « wera », foi ou dérivé du latin « Verus », nom puis prénom, correspondant à l'adjectif ayant le sens de vérité.

Velina *italien*
Dérivé d'Evelina, du gothique « awi », grâce, remerciements ou du latin « abellana », noisette ou de l'hébreu « havvah », vie.

Velleda *artistique*
Velleda, opéra de Charles Lenepveu, en 1882.

Vellina *français*
Attribué à Marconne, dans le Pas-de-Calais, le 28 octobre 1848.

Velmina *italien*
Enregistré dans le Hainaut, en Wallonie, en 1938.

Velonise *rwandais*
Attribué dans le distict de Kamonyi, au Rwanda, le 26 mars 1936.

Venaig *breton*
Dérivé diminutif de Nevena et de Neven, du vieux breton « nomen », ciel, dont le sens évoque celui du nom latin Celestinus ou variante de Nevin.

Vendémia *français*
Dérivé diminutif de Vendémiaire, du latin « vindemia », vendange.

Vénérande *français*
Autorisé par la loi du 1er avril 1803.

Vénérante *français*
Attribué à Melville, en Seine-Maritime, le 14 novembre 1819.

Veneuse *français*
Autorisé par la loi du 1er avril 1803.

Venitienne *corse*
Dérivé de Venise, nom de la ville italienne

Véra *anglo-saxon, castillan, catalan, italien et slave*
Du russe « wera », foi ou dérivé du latin « Verus », nom puis prénom, correspondant à l'adjectif ayant le sens de vérité.

Vérane *français*
Dérivé de Véran, du russe « wera », foi ou dérivé du latin « Verus », nom puis prénom, correspondant à l'adjectif ayant le sens de vérité.

Vered *hébreu*
De la racine araméenne « vrd », rose.

Verena *germanique*
Variante de Véronique, du grec « phéré », apporter, porter et « nikè », victoire.

Verge *français*
Sainte, vierge, a vécu dans le diocèse de Poitiers, au IVe siècle.

Vergina *occitan*
Dérivé de Virginie, du nom latin Virgilius ou Virginia, nom d'une famille romaine ou de « virga », baguette pleine de sève, pousse, rejeton, de l'étrusque « verse ».

Vergine *arménien et italien*
Dérivé de Virginie, du nom latin Virgilius ou Virginia, nom d'une famille romaine ou de « virga », baguette pleine de sève, pousse, rejeton, de l'étrusque « verse ».

Verguine *arménien*
Dérivé de Virginie, du nom latin Virgilius ou Virginia, nom d'une famille romaine ou de « virga », baguette pleine de sève, pousse, rejeton, de l'étrusque « verse ».

Véridienne *français*
Sainte, née en Toscane, recluse dans une cellule à Castelfiorentino, près de l'abbaye bénédictine de Vallombreuse, morte en 1242.

Vérité *français*
Prénom révolutionnaire, enregistré trois fois en Loire-Atlantique, en 1793.

Verkine *arménien*
Dérivé de Virginie, du nom latin Virgilius ou Virginia, nom d'une famille romaine ou de « virga », baguette pleine de sève, pousse, rejeton, de l'étrusque « verse ».

Véron *wallon*
Dérivé diminutif de Véronique, du grec « phéré », apporter, porter et « nikè », victoire.

Veronika *germanique et slave*
Variante de Véronique, du grec « phéré », apporter, porter et « nikè », victoire.

Vertu *français*
Prénom révolutionnaire, attribué à Étrechy, dans l'Essonne, le 17 septembre 1794.

Vertueuse *français*
Prénom révolutionnaire, attribué à Rouen, en Seine-Maritime, le 1er mars 1794.

Veruschka *slave*
Variante de Véronique, du grec « phéré », apporter, porter et « nikè », victoire.

Vescontessa *catalan*
Vescontessa, épouse de Miró de Lluçà, en Osona, au XIIe siècle.

Vestine *français*
Sainte, morte martyre avec ses compagnons à Scillium en Afrique en 180, sous Septime Sévère.

Veva *slave*
En russe, foi.

Véziane *français*
Variante de Viviane, dérivé de Vivien, du latin « vivianus », plein de vie.

Vibiane *français*
Variante de Viviane, dérivé de Vivien, du latin « vivianus », plein de vie.

Vicensa *catalan*
Dérivé de Vincent, du latin Vincentius, dont le participe « vincens », vainqueur, qui remporte la victoire, qui triomphe.

Vickie *anglo-saxon*
Dérivé de Victor, en latin, vainqueur, victorieux.

Victoire *catalan et français*
Sainte, née à Cordoue en Espagne, morte martyre avec son frère Aciscle en 304, sous Dioclétien.

Victorienne *français*
Autorisé par la loi du 1er avril 1803.

Victorina *romanche*
Rencontré dans le canton des Grisons, en pays romanche.

Victorine *français*
Autorisé par la loi du 1er avril 1803.

Victotine *français*
Attribué une fois dans l'analyse de l'état civil ancien de Gouville, dans la Manche, sur les actes de mariage inscrits en 1859.

Vous aimez la littérature ?

La littérature offre un vaste champ d'investigations. Les prénoms d'auteurs mais aussi ceux des personnages peuvent permettre aux parents de se retrouver en leur enfant au travers du prénom d'un personnage qui a incarné l'une des valeurs qui leur sont chères. « J'ai choisi **Verlaine** pour ma fille, parce que ce prénom en soi est un poème. »

Victurnienne *français*
Dérivé de Victurnien, saint du VIe ou VIIe siècle.

Vidaline *français*
Dérivé de Vidal, variante de Vital, du nom latin Vitalis, relatif à la vie.

Vienne *corse*
Variante de Vivienne, dérivé de Vivien, du latin « vivianus », plein de vie.

Viève *français*
Enregistré à Saint-Martin-en-Campagne, en Seine-Maritime, le 8 février 1724.

Vigdis *scandinave*
La déesse combattante.

Vigore *français*
Dérivé de Vigor, force vitale.

Vigorta *catalan*
Vigorta, épouse de Guillem III, seigneur de Montesquiu ou Sant Cristau, en Roussillon, au XIIIe siècle.

Vigueur *français*
Prénom révolutionnaire, attribué à Rouen, en Seine-Maritime, le 8 juillet 1794.

Vilfride *scandinave*
Dérivé de Wilfrid, variante de Wilfried, du germanique d'origine tudesque « wil », volonté et « fried », protecteur.

Vilhelma *scandinave*
Dérivé de Wilhelm, du germanique « witu », bois, confondu avec le nom de saint Vitus, du latin « vita », vie.

Villana *italien*
Sainte, née à Florence en Italie, mariée contre son gré, mena une vie dissolue avant de se convertir et de devenir tertiaire dominicaine. Elle est morte vers 1360.

Villemine *catalan et français*
Variante de Vilhelmine, dérivé de Wilhelm, du germanique « witu », bois, confondu avec le nom de saint Vitus, du latin « vita », vie.

Vilma *germanique et scandinave*
Dérivé de Wilhelm, du germanique « witu », bois, confondu avec le nom de saint Vitus, du latin « vita », vie.

Vincence *hispanique et italien*
Sainte, née en 1784 en Italie, domestique durant quarante ans, devint supérieure de la congrégation italienne des Sœurs de la Charité. Elle est morte en 1847.

Vincenette *français*
Dérivé de Vincent, du latin Vincentius, dont le participe « vincens », vainqueur, qui remporte la victoire, qui triomphe.

Vincenne *français*
Attesté dans un registre du tabellionage d'Argences, Troarn et Varaville, dans le Calvados, entre 1386 et 1417.

Vincentia *germanique*
Dérivé de Vincent, du latin Vincentius, dont le participe « vincens », vainqueur, qui remporte la victoire, qui triomphe.

Vincentine *français et italien*
Dérivé de Vincent, du latin Vincentius, dont le participe « vincens », vainqueur, qui remporte la victoire, qui triomphe.

Vincenza *corse et italien*
Dérivé de Vincent, du latin Vincentius, dont le participe « vincens », vainqueur, qui remporte la victoire, qui triomphe.

Vincenzina *italien*
Dérivé de Vincent, du latin Vincentius, dont le participe « vincens », vainqueur, qui remporte la victoire, qui triomphe.

Vinciane *belge et français*
Vinciane, sœur de saint Landoald, évangélisa la Belgique avec lui, morte au VIIe siècle.

Vincienne *français*
Autorisé par la loi du 1er avril 1803.

Vintura *corse*
Variante de Bonaventure, du latin « bona », bonne et « ventura », sort ou de l'italien Bonaventura, prénom donné pour porter chance dans la vie.

Viola *catalan et italien*
Variante de Violette, du latin « viola », violette, dérivé du grec « ion », viola.

Violanta *romanche*
Variante de Yolande, du germanique « vêl », adresse, habileté et « land », pays ou du latin « viola », violet.

Violantia *italien*
Variante de Yolande, du germanique « vêl », adresse, habileté et « land », pays ou du latin « viola », violet.

Violantilla *italien*
Variante de Yolande, du germanique « vêl », adresse, habileté et « land », pays ou du latin « viola », violet.

Viole *français*
Autorisé par la loi du 1er avril 1803.

Violène *français*
Variante de Violaine, anagramme d'Oliviane ou issu du nom du village Violaines, dans l'arrondissement de Béthune, dans le Pas-de-Calais.

Violetta *corse et italien*
Violetta, la Traviata, opéra en quatre actes, représenté à Paris, au Théâtre lyrique, le 27 octobre 1864.

Violette *français*
Du latin « viola », violette, dérivé du grec « ion », viola.

Violine *français*
Dérivé de Violette, du latin « viola », violette, dérivé du grec « ion », viola.

Virgen *hispanique*
Variante de Virginie, du nom latin Vergilius, de « virga », baguette pleine de sève, pousse, rejeton, de l'étrusque « verse ».

Virgila *germanique*
Dérivé de Virgile, du nom latin Vergilius, de « virga », baguette pleine de sève, pousse, rejeton, de l'étrusque « verse ».

Virgilia *corse et germanique*
Dérivé de Virgile, du nom latin Vergilius, de « virga », baguette pleine de sève, pousse, rejeton, de l'étrusque « verse ».

Virgilise *français*
Dérivé de Virgile, du nom latin Vergilius, de « virga », baguette pleine de sève, pousse, rejeton, de l'étrusque « verse ».

Virgine *français*
Attribué une fois dans l'analyse de l'état civil ancien de Gouville, dans la Manche, sur les actes de mariage inscrits en 1842.

Virguinia *slave*
Dérivé de Virgile, du nom latin Vergilius, de « virga », baguette pleine de sève, pousse, rejeton, de l'étrusque « verse ».

Virgy *anglo-saxon*
Variante diminutive de Virginie, du nom latin Vergilius, de « virga », baguette pleine de sève, pousse, rejeton, de l'étrusque « verse ».

Virxinia *galicien*
Dérivé de Virgile, du nom latin Vergilius, de « virga », baguette pleine de sève, pousse, rejeton, de l'étrusque « verse ».

Visse *français*
Autorisé par la loi du 1er avril 1803.

Vissia *italien*
Sainte italienne, morte vierge et martyre vers 250, sous Dèce.

Vistana *catalan*
Vistana de Narbona, citée comme mère de Santa Maria d'Espirà de l'Aglí, en Roussillon, entre le XIIe et le XVIe siècle.

Visula *français*
Attribué à Marconne, dans le Pas-de-Calais, le 21 octobre 1693.

Vita *hispanique et italien*
Dérivé diminutif d'Evita, variante d'Ève, de l'hébreu « havvah », source de vie.

Vitaliana *corse*
Dérivé de Vital, du nom latin Vitalis, relatif à la vie.

Vitalina *italien*
Variante de Vitaline, dérivé de Vital, du nom latin Vitalis, relatif à la vie.

Vitaline *belge et français*
Dérivé de Vital, du nom latin Vitalis, relatif à la vie.

Vivande *français*
Attribué lors d'un baptême dans la paroisse de Saint-Pierre-de-Varennes, en Saône-et-Loire, le 26 octobre 1670.

Vivette *français*
Enregistré lors d'un décès à Orbec, dans le Calvados, en 2000.

Viviane *français*
Dérivé de Vivien, du latin « vivianus », plein de vie.

Vivianka *slave*
Variante de Viviane, dérivé de Vivien, du latin « vivianus », plein de vie.

Vivine *français*
Autorisé par la loi du 1er avril 1803.

Vladia *slave*
Dérivé de Wladimir, de « vladeti mirom », posséder le monde ou posséder la paix.

Vladimira *slave*
Dérivé de Wladimir, de « vladeti mirom », posséder le monde ou posséder la paix.

Vogel *hébreu*
Oiseau.

Vona *breton*
Dérivé diminutif d'Yvonne, du germanique « iv », if.

Vonny *français*
Dérivé diminutif d'Yvonne, du germanique « iv », if.

Vrinette *français*
Cité à Lintot, en Seine-Maritime, le 2 octobre 1547.

Vrona *romanche*
Dérivé diminutif de Veronica, du grec « phéré », apporter, porter et « nikè », victoire.

Vulsulina *catalan*
Vulsulina, abbesse de Santa Maria de Cadins, en Gironès, en 1210.

W

Wacila *arabe*
Dérivé de Wacil, qui est parvenu au terme de la recherche spirituelle.

Waclawa *polonais et slave*
Personne qui lutte pour la gloire.

Wadia *arabe*
Dérivé de Wadi, calme, doux.

Wadida *arabe*
Dérivé de Wadid, aimant, attentionné.

Wadouda *arabe*
Aimante, affectueuse.

Wafa *arabe*
Fidélité, accomplissement d'une promesse.

Wafaa *arabe*
Variante de Wafa, fidélité, accomplissement d'une promesse.

Wafae *arabe*
Dérivé de Wafa, fidélité, accomplissement d'une promesse.

Wafia *arabe*
Variante de Wafiya, toujours fidèle à ses engagements.

Wafiqa *arabe*
Dérivé de Wafiq, qui s'entend bien avec les autres.

Wafiya *arabe*
Toujours fidèle à ses engagements.

Wagalo *dogon (Mali)*
De « waga », loin et « lou », ne pas.

Wagelo *dogon (Mali)*
Dérivé de Wagalo, de « waga », loin et « lou », ne pas.

Wahiba *arabe*
Dérivé de Wahib, généreux donateur.

Wahida *arabe*
Dérivé de Wahid, unique.

Wajdiya *arabe*
Dérivé de Wajdi, qui rencontre le Seigneur et trouve l'extase.

Wajeda *arabe*
Dérivé de Wajed, qui rencontre le Seigneur et trouve l'extase.

Wajiah *arabe*
Variante de Wajiha, remarquable, éminent, qui jouit d'une certaine autorité.

Wajida *arabe*
Dérivé de Wajed, qui rencontre le Seigneur et trouve l'extase.

Wajiha *arabe*
Dérivé de Wajih, remarquable, éminent, qui jouit d'une certaine autorité.

Wala *germanique*
Dérivé diminutif de Walburge, du germanique « waldan », commander et « burg », château fortifié.

Walaya *arabe*
Près de Dieu, sainteté.

Walberte *germanique*
Dérivé de Walbert, du germanique d'origine tudesque « waldan », commander et « bert », brillant.

Walburch *germanique*
Variante de Walburge, du germanique « waldan », commander et « burg », château fortifié.

Walburga *germanique*
Variante de Walburge, du germanique « waldan », commander et « burg », château fortifié.

Walburge *français et germanique*
Du germanique « waldan », commander et « burg », château fortifié.

Walda *germanique et catalan*
Variante diminutive d'Ebalda, d'Oswalda, de Valdemar et de Vivalda, du germanique « wald », dérivé d'« ald », illustre, par extension, gouvernant.

Waldburg *germanique*
Variante de Walburge, du germanique « waldan », commander et « burg », château fortifié.

Waldeberta *germanique*
Dérivé de Waldebert, du germanique d'origine tudesque « waldan », commander et « bert », brillant.

Waldeberte *germanique*
Dérivé de Waldebert, du germanique d'origine tudesque « waldan », commander et « bert », brillant.

Waldemara *italien*
Variante de Waldemar, du germanique d'origine tudesque « waldan », commander et « mar », célèbre, renommé.

Waldetrude *germanique*
Sainte qui prit le voile lorsque son mari se fit moine. Fondatrice d'un couvent qui fut le centre de l'actuelle ville de Mons, en Belgique, morte vers 688.

Waldrade *germanique*
Sainte, morte vers 620.

Waleria *germanique*
Variante de Valérie, dérivé de Valère, du nom latin Valerius, nom typique réservé à la « gens Valeria », issu du verbe « valeo », bien se porter.

Walida *arabe*
Dérivé de Walid, nouveau-né.

Waliya *arabe*
Dérivé de Wali, ami de Dieu, saint.

Walli *germanique*
Dérivé diminutif de Walburge, du germanique « waldan », commander et « burg », château fortifié.

Wally *anglo-saxon et germanique*
Dérivé diminutif de Walburge, du germanique « waldan », commander et « burg », château fortifié.

Walpurga *germanique*
Variante de Walburge, du germanique « waldan », commander et « burg », château fortifié.

Walpurge *germanique*
Variante de Walburge, du germanique « waldan », commander et « burg », château fortifié.

Waltera *germanique et italien*
Dérivé de Walter, du germanique « waldan », commander, gouverner et « her », armée ou du nom franc Walthari.

Walterina *germanique et italien*
Dérivé de Walter, du germanique « waldan », commander, gouverner et « her », armée ou du nom franc Walthari.

Walthera *germanique*
Dérivé de Walter, du germanique « waldan », commander, gouverner et « her », armée ou du nom franc Walthari.

Waltraud *germanique*
Variante de Waltrude, du germanique « wal », champ de bataille et « trud », valeureuse.

Waltraut *germanique*
Variante de Waltrude, du germanique « wal », champ de bataille et « trud », valeureuse.

Waltrud *germanique*
Variante de Waltrude, du germanique « wal », champ de bataille et « trud », valeureuse.

Waltruda *germanique*
Variante de Waltrude, du germanique « wal », champ de bataille et « trud », valeureuse.

Waltrude *germanique*
De « wal », champ de bataille et « trud », valeureuse.

Waltrudis *germanique*
Waldetrudis, l'une des Walkyries dans le drame lyrique de la tétralogie de Richard Wagner, en 1856.

Walverte *germanique*
Variante de Gaubert, du germanique Gault, nom de divinité et « bert », brillant.

Wanda *anglo-saxon, français, germanique, hindou, polonais et slovène*
Du germanique tudesque « vand », lignée, souche ou du polonais « vandjan », tourner (étymologie controversée), adresse, habileté.

Wandala *germanique*
Dérivé de Wanda, du germanique tudesque « vand », lignée, souche ou du polonais « vandjan », tourner (étymologie controversée), adresse, habileté.

Wandeline *germanique*
Variante de Wanda, du germanique tudesque « vand », lignée, souche ou du polonais « vandjan », tourner (étymologie controversée), adresse, habileté.

Wandie *germanique*
Variante diminutive de Wanda, du germanique tudesque « vand », lignée, souche ou du polonais « vandjan », tourner (étymologie controversée), adresse, habileté.

Wandina *italien*
Variante diminutive de Wanda, du germanique tudesque « vand », lignée, souche ou du polonais « vandjan », tourner (étymologie controversée), adresse, habileté.

Wandula *germanique*
Variante d'Angela, dérivé d'Angèle, du latin ecclésiastique « angelicus ».

Wangari *kenyan*
Wangari Maathai, née en 1940, militante écologiste kenyane, prix Nobel de la paix, en 2003.

Wangeline *germanique*
Variante d'Angéline, dérivé d'Angèle, du latin ecclésiastique « angelicus ».

Wania *germanique*
Variante de Vania, dérivé diminutif de Jeanne, de l'hébreu « Yohanân », Iahvé a fait grâce.

Wanida *kabyle*
Où vas-tu ?

Wanina *germanique*
Variante de Vanina, dérivé diminutif de Jeanne, de l'hébreu « Yohanân », Iahvé a fait grâce.

Wanja *germanique*
Variante de Vanina, dérivé diminutif de Jeanne, de l'hébreu « Yohanân », Iahvé a fait grâce.

Wanna *germanique*
Variante de Vanna, dérivé diminutif de Jeanne, de l'hébreu « Yohanân », Iahvé a fait grâce.

Wanne *germanique*
Variante de Jeanne, de l'hébreu « Yohanân », Iahvé a fait grâce.

Wansa *kabyle*
Chance.

Wantje *néerlandais*
Variante de Jeanne, de l'hébreu « Yohanân », Iahvé a fait grâce.

Wara *kabyle*
De « war », lion, lionne.

Warda *égyptien*
La rose.

Wasma *arabe*
Variante de Wassima, dérivé de Wassim, que l'on remarque pour la beauté de son visage.

Wassama *arabe*
Beauté du visage.

Wassila *arabe*
Dérivé de Wassil, qui recherche Dieu.

Wassima *arabe*
Dérivé de Wassim, que l'on remarque pour la beauté de son visage.

Wastrada *germanique*
Sainte, mère de saint Grégoire d'Utrecht, morte vers 760.

Waudru *wallon*
Variante de Waltrude, du germanique « wal », champ de bataille et « trud », valeureuse.

Waydine *dogon (Mali)*
De « wada », il reste, celui ou celle qui reste et « dine », il agit.

Wayima *dogon (Mali)*
Celui qui est décédé.

Waytine *dogon (Mali)*
Dérivé de Waydine, de « wada », il reste, celui ou celle qui reste et « dine », il agit.

Weleda *germanique*
Variante de Véléda, dérivé de Vadim, avec le radical indo-européen « vad », peut avoir le sens de déclaration, de proclamation ou de dispute.

Welleda *germanique*
Variante de Véléda, dérivé de Vadim, avec le radical indo-européen « vad », peut avoir le sens de déclaration, de proclamation ou de dispute.

Welma *germanique*
Dérivé de Wilhelmina, du germanique d'origine tudesque « wil », volonté.

Wenda *germanique*
Variante de Wanda, du germanique tudesque « vand », lignée, souche ou du polonais « vandjan », tourner (étymologie controversée), adresse, habileté.

Wendeline *germanique*
Dérivé de Wendelin, saint du VIIe siècle.

Wendie *germanique*
Dérivé de Wanda, du germanique tudesque « vand », lignée, souche ou du polonais « vandjan », tourner (étymologie controversée), adresse, habilité.

Wendila *germanique*
Dérivé de Wanda, du germanique tudesque « vand », lignée, souche ou du polonais « vandjan », tourner (étymologie controversée), adresse, habileté.

Wénéfride *germanique*
Sainte galloise, assassinée au VIIe siècle pour avoir défendu sa virginité, est vénérée comme martyre.

Wennapa *germanique*
Variante de Veep, sainte du VIe siècle.

Wenza *kabyle*
Chance.

Wera *germanique*
Variante de Véra, du russe « wera », foi ou dérivé du latin « Verus », correspondant à l'adjectif ayant le sens de vérité.

Wereburge *germanique*
Sainte, princesse de Mercie, devenue veuve, se retira dans un couvent dont elle devint abbesse, morte vers 785.

Wevia *franc*
Wevia, sœur de la princesse Gunnor, épouse Osbernus de Bolbec, vers l'an 980.

Whoopi *anglo-saxon*
Whoopi Goldberg, actrice américaine dans *Sister Act*, film américain (1992) d'Émile Ardolino.

Wiborada *germanique*
Variante de Guiborade, sainte du Xe siècle.

Wîdad *arabe*
Affection, attachement.

Wiera *germanique*
Variante diminutive d'Oliviera, du germanique « anu », ancêtre et « laib », descendant, laissé derrière soi ou dérivé du latin « oliva », l'olivier.

Wieslawa *polonais*
Dérivé de Wieslaw, pourvu qu'il apporte plus de gloire.

Wifaq *arabe*
Accord, entente.

Wig *germanique*
Dérivé diminutif d'Edwige, du germanique « had », bataille et « wig », combat, confondu avec « wiha », sacré.

Wigg *anglo-saxon*
Dérivé diminutif d'Edwige, du germanique « had », bataille et « wig », combat, confondu avec « wiha », sacré.

Wigge *germanique*
Dérivé diminutif d'Edwige, du germanique « had », bataille et « wig », combat, confondu avec « wiha », sacré.

Wihlemmenia *germanique*
Dérivé de Wilhelmina, du germanique d'origine tudesque « wil », volonté.

Wijdane *arabe*
Émotion, rencontre avec Dieu.

Wilburge *français*
Attribué à Marconne, dans le Pas-de-Calais, le 3 juillet 1785.

Wilelma *germanique*
Dérivé diminutif de Wilhelmina, du germanique d'origine tudesque « wil », volonté.

Wilfetrude *germanique*
Sainte, abbesse du couvent de Nivelles, en Belgique, morte après 670.

Wilfreda *germanique*
Dérivé de Wilfried, du germanique d'origine tudesque « wil », volonté et « fried », protecteur.

Wilfrida *germanique*
Variante de Wilfried, du germanique d'origine tudesque « wil », volonté et « fried », protecteur.

Wilfride *germanique*
Sainte Wilfride, mère de sainte Edith de Wilton, concubine du roi Edgar. Après la naissance de sa fille, elle se fit moniale et devint abbesse, morte vers 988.

Wilfrido *germanique*
Variante de Wilfried, du germanique d'origine tudesque « wil », volonté et « fried », protecteur.

Wilfrieda *germanique*
Variante de Wilfried, du germanique d'origine tudesque « wil », volonté et « fried », protecteur.

Wilfriede *germanique*
Variante de Wilfried, du germanique d'origine tudesque « wil », volonté et « fried », protecteur.

Wilgeforte *français*
Sainte honorée à Anceaumeville, en Seine-Maritime.

Wilhelmina *germanique*
Variante de Wilhelmine, du germanique d'origine tudesque « wil », volonté.

Wilhelmine *germanique et néerlandais*
Du germanique d'origine tudesque « wil », volonté.

Wilia *italien*
Dérivé de William, du nom franc Wilhelm ou du germanique « witu », bois, confondu avec le nom de saint Vitus, du latin « vita », vie.

Wiliam *italien*
Dérivé de William, du nom franc Wilhelm ou du germanique « witu », bois, confondu avec le nom de saint Vitus, du latin « vita », vie.

Willa *germanique*
Sainte, moniale bénédictine en Autriche, recluse, morte vers 1050.

Willabelle *français*
Dérivé de William, du nom franc Wilhelm ou du germanique « witu », bois, confondu avec le nom de saint Vitus, du latin « vita », vie.

Willelma *italien*
Variante de Wilhelmina, du germanique d'origine tudesque « wil », volonté.

Willelmina *italien*
Variante de Wilhelmina, du germanique d'origine tudesque « wil », volonté.

Willemintje *néerlandais*
Variante de Wilhelmine, du germanique d'origine tudesque « wil », volonté.

Williamine *français*
Dérivé de William, du nom franc Wilhelm ou du germanique « witu », bois, confondu avec le nom de saint Vitus, du latin « vita », vie.

Wilma *anglo-saxon et germanique*
Variante de Wilhelmina, du germanique d'origine tudesque « wil », volonté.

Wilmette *français*
Dérivé de William, du nom franc Wilhelm ou du germanique « witu », bois, confondu avec le nom de saint Vitus, du latin « vita », vie.

Wilna *germanique*
Variante de Wilhelmina, du germanique d'origine tudesque « wil », volonté.

Wiltraud *germanique*
Variante de Waltrude, du germanique « wal », champ de bataille et « trud », valeureuse.

Wiltrud *germanique*
Variante de Wiltrude, sainte.

Wiltrude *germanique*
Sainte, duchesse de Bavière, veuve en 947, fondatrice d'un couvent sous la règle de saint Benoît, près de Neuburg vers 976, morte vers 986.

Wina *germanique*
Dérivé diminutif de Winifred, du gallois « gwenfrewi », réconciliation bénie.

Wine *germanique*
Dérivé diminutif de Ludivine, du germanique « liut », peuple et « win », ami.

Winefred *germanique*
Variante de Winifred, du gallois « gwenfrewi », réconciliation bénie.

Winfrieda *germanique*
Variante de Winifred, du gallois « gwenfrewi », réconciliation bénie.

Winifred *celte*
Du gallois « gwenfrewi », réconciliation bénie.

Winnie *germanique*
Dérivé diminutif de Winifred, du gallois « gwenfrewi », réconciliation bénie.

Winnifred *germanique*
Variante de Winifred, du gallois « gwenfrewi », réconciliation bénie.

Winona *indien Sioux*
Fille aînée.

Wiola *polonais*
Variante de Violette et de Yolande, du latin « viola », violette.

Wislawa *polonais*
Dérivé de Wieslaw, pourvu qu'il apporte plus de gloire.

Withburge *germanique*
Sainte, religieuse au monastère qu'elle avait fondé après la mort de son père, morte vers 743.

Wivine *néerlandais*
Sainte flamande, ermite à l'âge de vingt-trois ans, près de Bruxelles, fondatrice d'un monastère bénédictin, près d'Alost, morte en 1170.

Wladimira *germanique*
Variante de Vladimir, du slave « vlad », dominer, régner et « mir », paix.

Wolfhilde *germanique*
Dérivé de Wolf, du germanique d'origine tudesque « wolf », loup, guerrier.

Wolterdina *germanique*
Dérivé de Walter, du germanique « waldan », commander, gouverner et « her », armée ou du nom franc Walthari.

Wulfhilde *germanique*
Sainte qui refusa d'épouser le roi Edgar. Il lui demanda alors de gouverner les abbayes de Barking et d'Horton, morte vers 1000.

Wulfila *germanique*
Variante de Wulfhilde, sainte.

Wulfrane *français et germanique*
Dérivé de Wulfram, du germanique d'origine tudesque « wolf », loup, guerrier.

Wylma *germanique*
Du germanique d'origine tudesque « wil », volonté ou du nom franc Wilhelm.

Wynne *anglo-saxon*
Du gallois « gwyn », blanc, blond.

X

Xaba *basque*
Dérivé diminutif de Xabadin, variante de Sabin, du latin « Sabinus », habitant de la Sabine, ancienne région de l'Italie centrale.

Xabina *basque*
Dérivé de Sabina, variante de Sabine, ancienne région de l'Italie centrale.

Xacarilla *italien*
Xacarilla, opéra en un acte, représenté pour la première fois à Paris au théâtre de l'Académie Royale de Musique, le 28 octobre 1839.

Xan *basque et galicien*
Dérivé diminutif de Joanes, variante de Jean, de l'hébreu « Yohânân », Iahvé a fait grâce, Dieu a fait grâce.

Xana *basque*
Dérivé de Xan, variante de Jean, de l'hébreu « Yohânân », Iahvé a fait grâce, Dieu a fait grâce.

Xandra *germanique et romanche*
Dérivé d'Alexandre, du grec « alexein », défendre, repousser et « andros », génitif d'« aner », de l'ennemi, de l'homme. Majestueux, éclatant, puissant.

Xanet *basque*
Enregistré à Garris, en Basse-Navarre, au Pays basque, en 1351.

Xantalen *basque*
Dérivé diminutif de Santa Helena, variante d'Hélène, du grec « élê », éclat du soleil, brillance ou « élyein », couvrir.

Xantipa *français*
Autorisé par la loi du 1er avril 1803.

Xantippe *grec*
Variante de Xantippa, dérivé du nom grec Xanthippos, nom d'un grand stratège au Ve siècle et fils de Périclès. « Xantippe » de Socrate (vers 470-399 avant J.-C.), cavalière ou amazone adorée, épouse acariâtre, selon Platon.

Xantxa *basque*
Dérivé de Santxa, variante de Sanche, donc de Sacha, dérivé d'Alexandre, du grec « alexein », défendre, repousser et « andros », génitif d'« aner », de l'ennemi, de l'homme.

Xari *basque*
Variante de Marie, de l'hébreu « myriam », dame, maîtresse de la maison, voyante.

Xaria *basque*
Dérivé de Maria, variante de Marie, de l'hébreu « myriam », dame, maîtresse de la maison, voyante.

Xarlota *catalan*
Variante de Charlotte, dérivé de Charles, du germanique « karl », viril. Le vieil haut-allemand « charal », le vieux scandinave « karlar », l'anglo-saxon « ceorlas » et l'allemand « kerl » signifient luron, gaillard.

Xatalin *basque*
Dérivé diminutif de Katalina, variante de Catherine, du grec « ekaté », un des surnoms de la déesse Diane ou de « katharos », pur.

Xaveria *germanique*
Dérivé diminutif de Xaver, variante de Xavier, de l'espagnol Javier, nom de lieu ou du basque « etxaberri », maison neuve.

Xaverine *germanique*
Dérivé diminutif de Xaver, variante de Xavier, de l'espagnol Javier, nom de lieu ou du basque « etxaberri », maison neuve.

Xaviera *hispanique*
Variante de Xavière, dérivé de Xavier, de l'espagnol Javier, nom de lieu ou du basque « etxaberri », maison neuve.

Xeberina *basque*
Dérivé de Séverine, dérivé de Séverin, du latin « severus », sévère, rigoureux.

Xelena *basque*
Dérivé diminutif d'Elena, variante d'Hélène, du grec « élê », éclat du soleil, brillance ou « élyein », couvrir.

Xelina *basque*
Dérivé diminutif de Zelina, variante de Céline, du latin « celare », céler, tenir secret, taire ou de « caèlus », ciel ou du grec « selène », la lune, ou abréviatif de Marcelline ou Marceline.

Xema *galicien*
Variante de Gemme, de Gemma, en latin, pierre précieuse.

Xéna *italien*
Du nom latin Xena. *L'Enfant de Xéna*, de Dan Dastier, paru à Paris, aux Éditions Fleuve noir, en 1981.

Xenaida *hispanique*
Variante de Zénaïde, du latin « Zeno », dérivé du grec « Zènon » ou « zénos » qui a rapport avec Zeus, divinité grecque, don de Dieu ou transformation de la terminaison grecque « xenos », étranger.

Xène *français*
Variante de Xena. Xène aurait été abbesse du prieuré d'Halicarnasse, l'ancienne ville de Carie, en Asie Mineure.

Xénia *anglo-saxon, grec, italien et slave*
Dérivé de « zinnia », plante originaire du Mexique ou francisation de Kseniia. En grec, « xenio » signifie hospitalière, courtoise, généreuse, gentille.

Xiaping *chinois*
De « xia », petit et de « ping », paix. Attribué à une fille aînée au début de l'année 1949.

Ximena *basque*
Dérivé de Semena, variante de « seme », fille.

Xinette *français*
Dérivé diminutif d'Alix, forme contractée du prénom Adélaïde, issu du composé germanique « adel », noble et « haid », bruyère ou « heid », aspect, manière.

Xipia *basque*
Dérivé de Xipi, du basque « ttipi » ou « txipi » ou « xipi », petit. Enregistré à Echauz, en Basse-Navarre, au Pays basque, en 1378.

Xixa *hébreu*
Xixa, fille de Sadi el-Haïck, juif qui possède trente esclaves à Oran, en Algérie, en 1660.

Xixila *basque*
Dérivé de Zezilia, variante de Cécile, du latin « caecus », aveugle ou de Caecilia, nom d'une célèbre famille romaine.

Xuria *basque*
Dérivé de Blanche, du germanique « blank », clair, brillant.

Y

Yaarah *hébreu*
Rayon de miel.

Yabede *dogon (Mali)*
Dérivé de Padyalou, de « ya », fille et « bede », qu'elle reste.

Yagaw *dogon (Mali)*
De « ya », fille et « gaw », ne grandis pas.

Yago *basque, catalan, dogon (Mali) et hébreu*
Variante de Jacob, en hébreu, que Dieu favorise.

Yala *dogon (Mali) et indien*
En dogon, de « ya », hier et « la », ce n'est pas.

Yalio *dogon (Mali)*
Dérivé de Yalidyemme, de « ya liomo », fais en sorte qu'il se promène.

Yamina *arabe*
Dérivé de Yamine, heureux, prospère.

Yana *dogon (Mali)*
Dérivé d'Ana, chez les Dogons (Mali), il désigne le rang de naissance et est donné à l'enfant qui naît après des jumeaux.

Yanam *dogon (Mali)*
Je vais prendre.

Yancy *anglo-saxon*
Yancy Butler, actrice dans le film *Hard Target* ou *Chasse à l'homme* qui interprète le rôle de Natasha, en 1993.

Yanina *kabyle*
De « tannina », colombe.

Yaninou *dogon (Mali)*
De « ya », femme et « ninou », douce.

Yaqout *arabe*
La hyacinthe, pierre précieuse de couleur jaune rougeâtre.

Yassira *arabe*
Dérivé de Yassir, doux, facile à vivre.

Yelena *slave*
Variante d'Hélène, du grec « élê », éclat du soleil, brillance ou « élyein », couvrir. En russe, gaie, généreuse, tendre.

Yella *artistique*
Yella, opéra comique paru en 1832.

Yelva *slave*
Yelva ou l'orpheline de Russie, opéra anglais, représenté à Londres, en 1829.

Yendi *dogon (Mali)*
Dérivé de Nieni, désigne la première fille de la famille.

Yenofa
Autorisé par le greffe du tribunal civil de Bayonne, en décembre 1957.

Yerma *artistique*
Yerma, opéra comique représenté à Rio de Janeiro, au Brésil, en 1955.

Yetta *artistique*
Dérivé diminutif d'Henriette. *Yetta*, opéra comique représenté à Bruxelles, le 7 mars 1903.

Yeva *arménien*
Variante d'Ève, de l'hébreu « havvah », source de vie.

Yibe *dogon (Mali)*
Dérivé d'Ibo, de « yidou », il parle et de « wobe », ils.

Ylla *kabyle*
Elle y est.

Ymelda *hispanique*
Variante d'Imelda, dérivé du germanique Irmenhild, d'« irmen », entière et « hild », bataille.

Yogo *dogon (Mali)*
De « yogo », demain, de « yo », qu'il voit et d'« iyye », il a vu.

Yolaine *français*
Autorisé par la loi du 1er avril 1803.

Yolanda *basque*
Autorisé par le greffe du tribunal de Bayonne, en décembre 1957.

Yolande *français*
Du germanique « vêl », adresse, habileté et « land », pays ou du latin « viola », violet.

Yolant *catalan*
Recensé une fois, à Perpignan, dans les Pyrénées-Orientales, entre 1536 et 1545.

Yolante *français*
Enregistré trois fois dans le canton de Longueville, en Seine-Maritime, au XVIe siècle.

Yolette *français*
Dérivé de Yolande, du germanique « vêl », adresse, habileté et « land », pays ou du latin « viola », violet.

Yoshi *japonais*
Bonne.

Youro *dogon (Mali)*
De « yo », il entre et « rou », déformation de « lou », ne pas.

Yousria *arabe*
Dérivé de Yousri, de nature facile.

Yoyce *italien*
Variante de Joyce, rapide et prompte à réagir.

Yrena *hispanique*
Variante d'Irène, du grec « eirène », paix.

Ysa
Diminutif d'Isabela, variante d'Isabelle, forme ibérique d'Élisabeth, en hébreu, Dieu est mon serment.

Ysabeau *français*
Variante d'Isabelle, dérivé d'Élisabeth, de l'hébreu « elisheba », Dieu est mon serment.

Ysabelle *catalan et français*
Variante d'Isabelle, dérivé d'Élisabeth. De l'hébreu « elisheba », Dieu est mon serment.

Ysaline *français*
Enregistré à Caen, dans le Calvados, le 4 juin 2001.

Ysalis *français*
Enregistré à Montbrison, dans la Loire, le 8 juillet 2005.

Ysée *français*
Attribué à Yerville, en Seine-Maritime, le 15 janvier 2002.

Yseult *anglo-saxon, français, germanique et irlandais*
Variante d'Isolde, du celtique « essylt », agréable à regarder, belle.

Yuana *basque*
Variante de Jeanne, dérivé de Jean, de l'hébreu « Yohânân », Iahvé a fait grâce.

Yuantu *chinois*
Parcours lointain.

Yunfu *chinois*
Avoir le bonheur caché, enfoui. Receler beaucoup de bonheur.

Yunung *chinois*
D'« yu », pluie et de « nong », agriculture.

Yvanna *slave*
Dérivé d'Yvan, variante d'Yves, du germanique « iv », if.

Yvane *français*
Forme phonologique d'Yvan, variante d'Yves, du germanique « iv », if.

Yvette
français

Autorisé par la loi du 1er avril 1803.

Yza
hispanique

Diminutif d'Isabela, variante d'Isabelle, forme ibérique d'Élisabeth, de l'hébreu « elisheba », Dieu est mon serment.

Yzabeau
français

Attesté à Saint-Patrice-de-Rouen, en Seine-Maritime, le 10 octobre 1609.

Yzabela
hispanique

Variante d'Isabelle, forme ibérique d'Élisabeth, de l'hébreu « elisheba », Dieu est mon serment.

Yzabelle
français

Attesté à Raimbertot, en Seine-Maritime, le 20 février 1579.

Z

Zabal *basque*
Variante d'Isabelle, dérivé d'Élisabeth, de l'hébreu « elisheba », Dieu est mon serment.

Zabelle *français*
Diminutif d'Isabelle, dérivé d'Élisabeth, de l'hébreu « elisheba », Dieu est mon serment.

Zabeth *français*
Diminutif d'Élisabeth, de l'hébreu « elisheba », Dieu est mon serment.

Zabina *hispanique*
Variante de Sabine, dérivé de Sabin, du latin « Sabinus », habitant de la Sabine, ancienne région de l'Italie centrale.

Zabriana *hispanique*
Variante de Sabine, dérivé de Sabin, du latin « Sabinus », habitant de la Sabine, ancienne région de l'Italie centrale.

Zafira *arabe*
Dérivé de Zafir, chanceux, gagnant.

Zahara *arabe, hébreu, hispanique et swahili (Afrique du Nord et Afrique de l'Est)*
Beauté, éclat, fleur.

Zaila *chinois et hispanique*
Du chinois « zai », de nouveau et « lai », venir ou variante de Zoila, du grec « zoe », vie.

Zaina *arabe*
De « zayna », belle et parée.

Zakia *arabe, hébreu et hindou*
Dérivé de l'arabe « zakiy. », intègre, juste, pure, vertueuse.

Zali *breton*
Diminutif de Rosalie, dérivé de Rose, du grec « rhodon », rose ou du latin « rosa », rose.

Zalia *hispanique*
Variante de Zoila, du grec « zoe », vie.

Zalika *swahili (Afrique de l'Est)*
Bien née.

Zamira *hispanique et italien*
Zamira Menuhin, née en 1939, fille du célèbre violoniste Yehudi Menuhin.

Zana *italien et kabyle*
Variante de Zani, dérivé diminutif de Gianni, de Nanni ou de Vanni.

Zaola *basque*
Variante de Zoé, d'origine tudesque et du grec « zoe », vie.

Zara *kabyle*
Vue.

Zarida *hispanique*
Variante de Zoraïde, dérivé de l'arabe signifiant femme captive.

Zarina *arabe et hindou*
Du persan « zarina », vase d'or.

Zarine *français*
Du persan « zarina », vase d'or.

Zayane *arabe*
De « zayyân », clématite, jasmin, miel.

Zediga *kabyle*
Propreté.

Zeena *islandais*
Zeena Parkins, harpiste.

Zegra *kabyle*
D'« azegza », récolte encore verte.

Zeila *italien*
Variante d'Azèlia, dérivé de Cécile, du latin « caecus », aveugle ou de Caecilia, nom d'une célèbre famille romaine.

Zeina *arabe*
Variante de Zaïna, de « zayna », belle et parée.

Zeinab *arabe*
Variante de Zaïnab, de « zaynab », arbre à fleurs odoriférantes.

Zelda *anglo-saxon, germanique et hébreu*
Variante d'Ézéchiel, de « yekhezqelé », force de Dieu ou dérivé du vieil anglais « selda », compagne ou dérivé diminutif de Griselda ou dérivé du germanique « salida », bonheur, joie. En hébreu, chance.

Zelenka *tchécoslovaque*
Dérivé du tchèque « zeleny », vert.

Zélie *anglo-saxon et français*
Du grec « zélé », rivale, ou dérivé de Célie.

Zéline *français*
Variante de Zélie, du grec « zélé », rivale ou dérivé de Céline, du latin « celare », céler, tenir secret, taire ou de « caèlus », ciel ou du grec « selène », lune.

Zelma *kabyle*
De « zelmad », gaucher.

Zena *hébreu et italien*
Du latin « Zeno », dérivé du grec « Zènon » ou « zénos » qui a rapport avec Zeus, divinité grecque ou diminutif de Zenana, du persan « zenana », femme.

Zenta *romanche*
Rencontré dans le canton des Grisons, en pays romanche.

Zephyra *grec et italien*
Dérivé de Zéphyr, variante de Zéphyr, du grec « zephyros », zéphyr, nom d'un léger vent.

Zeraida *hispanique*
Variante de Zoraïde, dérivé de l'arabe signifiant femme captive.

Zerda *kabyle*
Fête.

Zerio *basque*
Nom de lieu à Alaba, au Pays basque.

Zerla *italien*
Dérivé de Zerlinda, peut-être hébraïque ou diminutif de la forte altération de l'antique prénom Gerlinda, splendide.

Zerlinda *italien*
Peut-être hébraïque ou forte altération de l'antique prénom Gerlinda, splendide.

Zerline *français*
Zerline ou la corbeille d'oranges, opéra en trois actes, représenté pour la première fois à Paris, au théâtre de l'Opéra, le vendredi 16 mai 1851.

Zerran *basque*
Nom de lieu à Labraza en Alaba, au Pays basque.

Zerria *kabyle*
Graine, semence.

Zezili *basque*
Variante de Cécile, du nom de famille latin Caecilius dérivé de « caeculus », aveugle.

Zhanna *russe et ukrainien*
Diminutif de Soshannah, de l'hébreu « shoshannah », rose ou dérivé de Shan, variante de Jean, de l'hébreu « Yohânân », Iahvé a fait grâce.

Zhara *iranien*
De l'hébreu « sarah », souveraine.

Zhi *chinois*
Qualité, caractère.

Zhin *chinois*
Trésor.

Ziana *kabyle*
De la dynastie zénète.

Zidorine *français*
Dérivé d'Isidore, du grec Isis, nom de la déesse et « dôron », cadeau, présent.

Zilda *italien*
Dérivé de Gilda, du celtique « gwelt », chevelure (étymologie controversée).

Zilgia *romanche*
Rencontré dans le canton des Grisons, en pays romanche.

Zilia *basque, français et italien*
En Italie, dérivé ancien de Gilles, du germanique « gisil », pousse, descendant ou du grec « aigidos », bouclier et en France, variante de Cécile, du latin « caecus », aveugle ou de Caecilia, nom d'une célèbre famille romaine.

Ziliane *italien*
Dérivé d'Egidio et de Giglio, dérivé ancien de Gilles, du germanique « gisil », pousse, descendant ou du grec « aigidos », bouclier.

Zinia *hispanique*
Dérivé de « zinnia », plante originaire du Mexique.

Zipora *hébreu*
Variante de Sephora, de l'hébreu « tsafor », siffler.

Zitouna *arabe*
Variante de Zaïtouna, dérivé de Zaïtoun, de « zaytûn », olivier, arbre béni.

Zitta *germanique*
Variante de Zita, dérivé d'une forme toscane « zita » ou « zitta », variation du latin « cita » ou « citta », ailée, rapide.

Zittella *italien*
Variante diminutive de Zita, dérivé d'une forme toscane « zita » ou « zitta », variation du latin « cita » ou « citta », ailée, rapide.

Živanka *tchécoslovaque*
Dérivé de Živan, du slave « zhiv », vivant, vigoureux.

Živka *tchécoslovaque*
Diminutif de Živanka, dérivé de Živan, du slave « zhiv », vivant, vigoureux.

Zoa *italien*
Variante de Zoé, d'origine tudesque et du grec « zoe », vie.

Zoela *français*
Dérivé de Zoël et de Zoé, d'origine tudesque et du grec « zoe », vie.

Zoeline *français*
Dérivé de Zoël et de Zoé, d'origine tudesque et du grec « zoe », vie.

Zoelle *grec et québécois*
Dérivé de Zoël et de Zoé, d'origine tudesque et du grec « zoe », vie.

Zoete *flamand*
Variante de Zoé, d'origine tudesque et du grec « zoe », vie.

Zolda *maltais*
Dérivé d'Isolde, du celtique « essylt », agréable à regarder, belle.

Zonta *indien sioux (Amérique du Nord)*
Digne de confiance.

Zora *arabe, italien et tchécoslovaque*
Variante d'Aurora, du latin « aurora », d'« aurum », or, par allusion à la couleur dorée du ciel lorsque le soleil se lève.

Zorana *arabe, italien et tchécoslovaque*
Diminutif de Zora, variante d'Aurora, du latin « aurora », d'« aurum », or, par allusion à la couleur dorée du ciel lorsque le soleil se lève ou de « zor », force.

Zoriade *français*
Zoriade et Zuliska ou le bien et mal, pantomine représentée à Paris, le 11 août 1812.

Zorida *hispanique*
Variante de Zoraïde, dérivé de l'arabe signifiant femme captive.

Zorina *arabe, italien et tchécoslovaque*
Diminutif de Zora, variante d'Aurora, du latin « aurora », d'« aurum », or, par allusion à la couleur dorée du ciel lorsque le soleil se lève.

Zoya *grec et russe*
Variante de Zoé, du grec « zoe », vie.

Zozime *français*
Variante de Zosime, dérivé de Zoé, du grec « zoe », vie.

Zsofia *hongrois*
Variante de Sophie, du grec « sophia », sagesse.

Zubeda *hindou*
Variante de Zubaida, dérivé de l'arabe « zubaidä », souci (fleur).

Zuhra *arabe*
Variante de Zahra, dérivé de l'arabe « zahra », fleur, beauté, éclat.

Zula *anglo-saxon*
Dérivé de Zulu, nom d'un peuple pastoral, les Zoulous.

Zulaica *hispanique*
Variante de Zuleika, de l'arabe « zuleika », belle, juste.

Zulina *italien*
Dérivé de Giulia, variante de Julie, du latin « Julia », nom d'une famille romaine descendant d'Iule, fils d'Énée ou du latin « oulos », entier.

Zulli *maltais*
Diminutif de Grazzia, variante de Grâce, du latin « gratia », grâce.

Zulmane *français*
Enregistré à Cambrai, dans le Cambrésis, en 1835.

Zulmie *français*
Recensé une seule fois à Agon, dans la Manche, en 1813.

Zuria *basque*
Dérivé de Zuri, variante de Blanche, de « zuri », blanc.

Zuzela *indien sioux (Amérique du Nord)*
Zuzela, l'une des nombreuses femmes de Sitting Bull.

Zylpha *hébreu*
Variante de Zilpah, en arabe ancien, au petit nez.

Zyphire *grec*
Variante de Zephyra, dérivé de Zéphyr, du grec « zephyros », zéphyr, nom d'un léger vent.

Garçons

A

Abad *kabyle*
Jeudi.

Abarran *basque*
Variante d'Abraham, de l'hébreu « abraham », père de la multitude, d'« ab- », père et « -ram », élevé.

Abassy *kabyle*
Désigne un membre de la dynastie d'It-Abbas, laquelle se retrouve en Kabylie.

Abdon *français, hispanique et italien*
De l'hébreu « abd », serviteur.

Abelin *basque et français*
Dérivé d'Abel, de l'hébreu « hebel », souffle flou, indéfinissable ou « habal », celui qui pleure ou d'« ab », père et « el », Dieu.

Abner *anglo-saxon et hébreu*
En hébreu, le père est lumière.

Absalom *anglo-saxon et hébreu*
De l'hébreu « ab », père et « shalom », salut, paix. Père de la paix de Dieu, la paix est prospérité.

Acaci *catalan*
Dérivé d'Acace, du grec « alpha », privatif et « kakos », mauvais ou « akis », épine, pointe.

Accurse *français*
Saint, parti évangéliser les musulmans en Occident, mort martyr, décapité, en 1220.

Achard *français*
Du nom germanique Achard, d'« ac », lame et « hard », dur, fort ou du latin médiéval Aicadrus.

Achaz *germanique et hébreu*
Est saisi par Dieu.

Acheq *arabe*
Amoureux.

Achéric *français*
Saint, compagnon de saint Guillaume, ermite et moine près de Strasbourg, mort vers 860.

Achir *arabe*
Ami.

Achyvan *kabyle*
Celui qui a les cheveux blancs.

Acindin *français*
Saint, mort martyr à Nicomédie, vers 303.

Acyad *kabyle*
Le chasseur.

Acyllin *français*
Saint, mort martyr en Afrique, sous Septime Sévère, en 180.

Adalgar *français*
Du germanique « adal », noble et « gari », combat.

Adalgise *français*
Saint, fondateur d'un monastère dans la forêt de Thiérache, en Picardie, mort vers 686.

Adalhard *français et germanique*
Variante d'Adélard, du germanique « adal », noble et « hard », dur.

Adalric *français*
Noble et puissant.

Adanet *français*
Dérivé d'Adan, variante d'Adam, de l'hébreu « adham », homme façonné avec de la terre rouge comme le sang.

Adar *hébreu et kabyle*
De l'hébreu « eder », majesté, splendeur ou du kabyle, un grand hameau.

Adayah *hébreu*
Dieu est paré.

Adegrin *français*
Saint, soldat, termina sa vie comme ermite à Cluny où il est mort vers 940.

Adelbert *français et germanique*
Saint, prêche l'Évangile en Frise et en Hollande, mort vers 740.

Adelhelm *français et germanique*
Saint, fondateur, prieur, abbé de l'abbaye d'Engelberg, en Suisse, mort en 1131.

Adelin *basque et français*
Du germanique « adel », noble et « lind », doux.

Adelion *français*
Relevé une fois sur la liste des victimes des éruptions de la montagne Pelée, en Martinique, en 1902.

Adelphe *français*
Saint, petit-fils de saint Romaric, abbé de Remiremont, en 653, mort à Luxeuil vers 670.

Aden *hébreu*
Plaisant, agréable.

Adérald *français*
Saint, archidiacre de Troyes, fondateur du prieuré de Villacerf, mort en 1004.

Adhémar *français*
Du germanique « adel », noble et « mar », brillant par sa renommée, célèbre.

Adib *arabe et indo-musulman*
Cultivé et qui vit selon l'« adab », respect des convenances envers Dieu et ses créatures.

Adjutor *français, germanique et latin*
Saint, compagnon de Victurus, mort martyr en Afrique.

Adlai *anglo-saxon et hébreu*
En hébreu, mes bijoux.

Admon *hébreu*
Roux.

Adnan *anglo-saxon et berbère (Algérie)*
Attribué à l'enfant choisi par l'ONU à l'occasion de l'enregistrement de six milliards d'êtres humains, né dans la nuit du 11 au 12 octobre 1999, à Sarajevo, en Bosnie-Herzégovine.

Adon *basque, français, hébreu et hispanique*
De l'hébreu « adon », seigneur.

Adoram *hébreu*
Mon seigneur est haut.

Adin et Siloé : l'un est souvent attribué, l'autre pas !

Le rabbin Adin Steinsaltz fut le premier traducteur du Talmud. **Adin** se prononce « Adine » et signifie « délicat », en hébreu. En 2002, il fut attribué à un petit garçon qui durant son existence aura peu de chance de rencontrer un homonyme. Il n'en sera pas de même pour les porteurs du prénom **Siloé**, il a été attribué plus d'une centaine de fois depuis 1992.
Aux lecteurs de l'Évangile, le nom de Siloé est assez familier. Luc (13, 4) évoque une tour de Siloé dont l'effondrement aurait causé la mort de dix-huit personnes. Selon Jean (9, 7.11), dans la cité de David, les bains de Siloé sont plus connus. Jésus y fit des miracles et un aveugle y a retrouvé la vue après s'y être lavé. Le Talmud de Jérusalem raconte la fête de Succot. À cette occasion et chaque jour pendant la durée de cette fête, un cortège et des musiciens accompagnaient le prêtre qui allait remplir une cruche de l'eau de la fontaine, pour la rapporter solennellement au temple. Selon la Bible et le Talmud, en puisant l'eau à Siloé, on puisait l'Esprit saint, « l'Esprit de la Sainteté ».

Adour *kabyle*
Faire un tour.

Adrasto *italien*
Variante d'Adrastée, formée avec la racine « adr- » qui se trouve dans « adar », mois du printemps dans le calendrier hébreu.

Adriel *hébreu*
Les troupeaux de Dieu.

Adrion *français*
Autorisé par la loi du 1er avril 1803.

Adyouro *dogon (Mali)*
De « dyuro », il ou elle ajoute.

Aelly *kabyle*
Faire monter.

Afdal *arabe et indo-musulman*
Meilleur.

Afo *peulh*
Premier enfant.

Aforg *éthiopien*
Bouche d'or.

Afrad *kabyle*
Travailler ou défricher.

Afsou *kabyle*
Action de défaire.

Agaciat *français*
Dérivé d'Agace, du germanique « agaza », pie.

Agamond *français*
Autorisé par la loi du 1er avril 1803.

Agapet *français*
Variante d'Agapit, du grec « agapé », amour.

Agasem *dogon (Mali)*
D'« egado », je sais, j'ai compris.

Agathon *français*
Dérivé d'Agathe, du grec « agatha », bonne femme.

Agenard *catalan*
Fils de Ramon Ier, seigneur de Cartellà et Falgons, en Gironès, au XIIIe siècle.

Agénor *basque et français*
Du grec « agenor », très brave, vaillant.

Ageran *français*
Saint, moine en Côte d'Or, mort en 888 lors de l'invasion normande de la Bourgogne.

Ageric *français*
Du nom latin Agericus.

Agilon *français*
Saint, moine à Toul, mort en 957.

Agiriem *dogon (Mali)*
De « gire », yeux, il protège.

Agma *kabyle*
Mon frère.

Agnel *français*
Dérivé du latin « agnelus », petit agneau.

Agolin *français*
Autorisé par la loi du 1er avril 1803.

Agoston *hispanique*
Variante d'Auguste, du romain « augustus », majestueux, respectable.

Agrice *français*
Saint, issu d'une famille noble d'Aquitaine, évêque de Trèves, mort vers 333.

Agrippin *français*
Dérivé d'Agrippine, du latin « agrepeta », détenteur d'un lot.

Agudo *dogon (Mali)*
De « gudo », brousse, terre en friche.

Aguebaut *français*
Autorisé par la loi du 1er avril 1803.

Aguilar *français*
De l'ancien français « aguille », du latin « acucula », aiguille.

Ahaz *hébreu*
Est saisi par Dieu.

Ahiam *hébreu*
Frère de la mère.

Ahlaï *hébreu*
Frère de mon Dieu.

Ahyoka *indien cherokee (Amérique du Nord)*
Avec son père, Ahyoka inventa le syllabaire cherokee et leur tribu fut la première à posséder son propre système de communication.

Aibert *français*
Saint, né à Esdain, près de Tournai, en 1100, prêtre, évêque de Cambrai, moine à l'abbaye de Saint-Crespin, mort reclus le 7 avril 1140.

Aichard *français*
Saint, moine à Ansion, dans le Poitou, abbé de Jumièges, mort vers 687.

Aidan *écossais et français*
Du gaélique Aodan, diminutif d'Aodh, « feu ».

Aigar *français*
Du germanique « aig », d'« aigan », posséder et « hard », fort.

Aignan *breton et français*
Du latin « agnus », agneau ou du nom de famille roman Anianus.

Aigulphe *français*
Saint, évêque de Bourges, vers 811, mort en 835.

Aikake *hawaïen*
Variante d'Isaac, de l'hébreu « yitschak », que Dieu rie ou sourie.

Aimane *arabe*
Très heureux, favorisé, béni.

Aimard *français*
Du germanique « haim », maison et « hard », dur, fort.

Aimoin *français*
Variante d'Aymond, du germanique « heim », maison, foyer.

Ainard *normand*
Du nom germanique Aginwald, d'« agin- », forme élargie d'« ag- », lame de l'épée et de « hard », dur, fort.

Airald *français*
Saint, évêque de Saint-Jean-de-Maurienne de 1132 jusqu'à sa mort, en 1156.

Aire *dogon (Mali)*
D'« a », qui et d'« ire », vaut mieux.

Airy *français*
Autorisé par la loi du 1er avril 1803.

Aissany *kabyle*
D'« aâssas », le gardien.

Aissar *arabe*
Doux, conciliant.

Aitard *français*
Aitard de Vaux, compagnon de Guillaume le Conquérant en 1066.

Aitu *tahitien*
Prêtre mangeant debout la nourriture des dieux.

Aitzuri *basque*
D'« haitz », pierre et de « zuri », blanc.

Akall *kabyle*
La terre.

Akileo *basque*
Variante d'Achille, du latin « aquila », aigle.

Akli *berbère (Algérie)*
Celui qui est noir.

Akram *arabe*
Le plus noble, prestigieux.

Alacrin *français*
Saint, prieur cistercien, délégué apostolique en Allemagne, mort en 1216.

Alard *français*
Alard de Cans, poète lyrique du XIIe siècle.

Alaric *français*
Du germanique « ala », tout et « ric », puissant. Alaric II fut roi des Wisigoths.

Alatzar *catalan et hébreu*
Du basque « alatz », prodige.

Albalt *breton et germanique*
D'« alk », race et de « palt » ou « paot », nombreux.

Albar *basque*
Variante d'Albert, du germanique « adel », noble et « bert », brillant, resplendissant.

Albaud *français*
Saint, évêque de Toul, mort vers 520.

Albéric *français*
Du germanique « alb », blanc et « ric », puissant ou forme savante d'Aubry qui a donné naissance à des noms de baptême comme à des noms de famille.

Alberon *français*
Variante d'Albert, du germanique « adel », noble et « bert », brillant, resplendissant.

Albin *breton*
Saint, archevêque de Lyon, de 381 jusqu'à sa mort vers 390.

Alcibiade *français*
Saint, mort martyr en l'an 177 avec sainte Blandine, à Lyon.

Alcuin *français*
Du germanique « alah », sanctuaire, temple et « win », ami.

Aldebert *français*
Variante d'Albert, du germanique « adel », noble et « bert », brillant, resplendissant.

Aldémar *français et italien*
Saint, moine au mont Cassin, recteur au monastère féminin de Saint-Laurent, abbé de Bocchianico, mort vers 1080.

Aldéric *français*
Du germanique « alda », vieux et « ric », puissant.

Aleka *hawaïen*
Forme hawaïennne d'Alexandre, du grec « alexein », défendre, repousser et « andros », génitif d'« aner », de l'ennemi, de l'homme ou de l'humanité.

Aleran *catalan et français*
Autorisé par la loi du 1er avril 1803.

Alféric *français*
Saint, d'origine normande, moine à Cluny, fondateur de l'abbaye de La Cave, à Salerne, mort en 1050.

Aliénard *français*
Attesté à Saint-Patrice-de-Rouen, en Seine-Maritime, le 25 avril 1639.

Alim *arabe*
Savant, instruit, homme de sciences.

Allanic *breton et français*
Dérivé breton d'Alan, du nom du peuple indo-européen originaire de Scythie, les Alani ou Alains.

Allem *kabyle*
Marquer, tracer.

Almire *français*
Saint, né en Auvergne, ermite à Gréez-sur-Roc, dans la Sarthe, mort vers 560.

Almy *kabyle*
Jusqu'à tel lieu, telle limite.

Alofan *kabyle*
Bébé.

Aloin *français*
Du germanique « ala », tout et « win », ami ou dérivé du nom latin Alonius.

Alonce *français*
Variante d'Alphonse, du germanique Adalfuns, d'« adal », noble et « funs », impatient.

Aloys *français*
Variante d'Aloïs, du germanique « ala », tout et « wise », sage.

Alphée *français et grec*
Saint, exorciste en Palestine, mort martyr, décapité avec son cousin Zachée, à Césarée de Palestine, en 303.

Alphred *rwandais*
Enregistré à Kigali, au Rwanda, en 1952.

Alpinien *français*
Autorisé par la loi du 1er avril 1803.

Alrad *anglo-saxon*
Saint, convers cistercien d'Isenhagen, mort vers 1250.

Altigien *français*
Saint, mort martyr à Saint-Seine, diocèse de Langres en Côte-d'Or, en 731.

Alyan *kabyle*
D'« aalayan », haut, élevé.

Alzéar *français*
Attesté à Fauville-en-Caux, en Seine-Maritime, le 6 octobre 1831.

Amalric *catalan et français*
Variante d'Amaury, du germanique « amal », racine qui doit son succès aux rois wisigoths Amalis et « ric », puissant.

Amalu *kabyle*
Verger ou jardin.

Aman *breton*
Variante d'Amand, du latin « amandus », qui doit être aimé.

Amana *tahitien*
Souverain, grand au pays rouge.

Amance *français et latin*
Digne d'être aimé.

Amandin *français*
Dérivé d'Amand, du latin « amandus », qui doit être aimé.

Amane *kabyle*
Eau.

Amarand *français*
Saint, abbé de Moissac, évêque d'Albi, entre 689 et 722, patron des bouchers.

Amariah *hébreu*
Parole de Dieu.

Amarin *français*
Saint, abbé d'un monastère dans les Vosges, évêque de Clermont, mort martyr en 676.

Amato *basque et latin*
Variante d'Amador, dérivé d'« amata », chéri, bien-aimé.

Amayo *dogon (Mali)*
D'« Amma » Dieu et de « yo » existe.

Amazir *kabyle*
Prince numide.

Ambogo *dogon (Mali)*
D'« Amma », Dieu et d'« ogo », richesse.

Ambroise *français*
Du grec « ambrotosé », immortel. Ambroise Paré, grand chirurgien du XVIe siècle. Il est considéré comme le père de la chirurgie moderne.

Amedah *kabyle*
Troubadour.

Amédée *français, latin et méridional*
Juxtaposition du verbe aimer et du nom de Dieu, qui aime Dieu.

Amélien *français*
Relevé une fois sur la liste des victimes des éruptions de la montagne Pelée, en Martinique, en 1902.

Amene *dogon (Mali)*
D'« Amma », Dieu et d'« inne », homme.

Amezyane *kabyle*
Le petit.

Amiaz *hébreu*
Mon peuple est courageux.

Amichav *hébreu*
Mon peuple revient.

Amiel *français et hébreu*
Du latin « aemulus », émule ou de l'hébreu, Dieu de mon peuple.

Amilian *français*
Variante d'Émile, du latin Aemilius, nom d'une famille romaine ou d'« aemulus », rival ou du grec « haimulos », rusé.

Amiram *hébreu*
Mon peuple est haut, élevé.

Ammategue *dogon (Mali)*
D'« Amma », Dieu et de « tege », il dit, il parle. Parole divine.

Ammien *français*
Autorisé par la loi du 1er avril 1803.

Amogo *dogon (Mali)*
D'« Amma », Dieu et d'« ogo », richesse.

Amphibale *français*
Du latin « amphibalus », habillé.

Amphien *français*
Autorisé par la loi du 1er avril 1803.

Amrafel *hébreu*
La bouche de Dieu a parlé.

Amram *hébreu*
Mon peuple est haut.

Amsad *kabyle*
Aiguisé.

Amtaba *dogon (Mali)*
D'« Amma », Dieu et de « taba », pierre.

Amzur *kabyle*
Visiteur.

Anaclet *catalan et français*
Du grec « anaklesis », action de demander.

Anah *hébreu*
Répond.

Anania *arménien*
Du sanscrit « anna », nourriture ou d'origine biblique, grâce de Dieu.

Anapa *tahitien*
Mer étincelant au soleil.

Anastase *français*
Du grec latinisé « anastasius », né une nouvelle fois.

Anathalon *français*
Saint, disciple de saint Barnabé, cité comme premier évêque de Milan au Ier siècle.

Anathole *rwandais*
Enregistré à Kigali, au Rwanda, en 1958.

Anatolien *français*
Dérivé d'Anatole, du grec « anatolios », qui vient de l'Est ou d'Anatolia, ancien nom de l'Asie Mineure.

Ancelin *français*
Dérivé d'Ancel, en vieux français, serviteur, esclave.

Ancelot *français*
Attesté à Saint-Patrice-de-Rouen, en Seine-Maritime, en 1569.

Anchetil *français*
Dans l'ancien danois et l'ancien suédois, Ãskill, des substantifs « áss », Dieu et « ketill », chaudron.

Anchise *grec*
Dans la mythologie grecque, Anchise est un prince troyen aimé de Vénus.

Andeka *basque*
Variante d'André, du grec « andreia », bravoure, énergie, virilité ou d'« andrès », viril.

Andelesio *hispanique*
Variante d'Indalecio, dérivé du grec « indaletios », comme un professeur.

Andéol *catalan et français*
Du nom latin Andeolus ou du grec « andros », homme.

Andolin *basque*
Variante d'Antonin, du grec « antônios », courageux, qui fait face, tiré du nom d'une famille romaine Antonius ou du latin « antone », inestimable.

Andon *arménien*
Variante d'Antoine, du grec « antônios », courageux, qui fait face, tiré du nom d'une famille romaine Antonius ou du latin « antone », inestimable.

Andrésime *français*
Dérivé d'André, du grec « andreia », bravoure, énergie, virilité ou d'« andrès », viril.

Andrien *français*
Variante d'André, du grec « andreia », bravoure, énergie, virilité ou d'« andrès », viril.

Andronic *français*
Saint, compagnon de Tharacus, mort martyr à Anazarbe vers 304.

Andye *dogon (Mali)*
D'« ana », homme et de « dye », grand.

Anebar *arabe*
D'« anbar », ambre gris.

Anect *français*
Saint, compagnon de Codrat, mort martyr à Corinthe vers 250.

Anelcy *français*
Enregistré à Echebrune, en Charente-Maritime, le 4 décembre 1862.

Aner *basque*
Enregistré à Arraute, en Basse-Navarre, au Pays basque, en 1126.

Anfroi *français*
Variante d'Ansdfred, du germanique « Ans », nom de divinité et « frid », paix.

Angelar *germanique*
Saint, apôtre en Bulgarie, aux IXe et Xe siècles.

Angelbert *français*
Variante d'Engelbert, du germanique « Angil », nom ethnique des Angles et « bert », brillant.

Angelet *catalan*
Attribué à Llo, dans les Pyrénées-Orientales, le 4 décembre 1889.

Angelin *basque et français*
Dérivé d'Ange, du grec « èggelos », messager.

Angelrand *français*
Dérivé d'Enguerrand, du germanique « engil », ange et « hramm », corbeau.

Angely *français*
Dérivé d'Ange, du grec « èggelos », messager.

Angilbert *français*
D'Angilberht, du germanique « angil », lame et « berht », illustre.

Anglin *français*
Saint, dixième abbé de Stavelot-Malmédy en Belgique, mort vers 768.

Angot *ancien scandinave*
D'« Ans », nom de divinité et « gautr », Goth.

Angulon *français*
Angulon aurait été évêque de Coutances, dans la Manche, au VIIIe ou IXe siècle.

Aniam *français et hébreu*
En hébreu, je suis un peuple.

Anicet *catalan et français*
Du grec « anikêtos », invincible. Saint Anicet fut pape de 155 à 166.

Anien *français*
Saint, cordonnier, disciple et successeur de saint Marc, au siège d'Alexandrie, mort en 86.

Aninou
dogon (Mali)
D'« ana », homme, garçon, et de « ninou », doux, aimable.

Aniol
catalan
Variante catalane d'Andéol, du nom latin Andeolus ou du grec « andros », homme.

Annay
dogon (Mali)
De « nay », quatre.

Annobert
français
Saint, moine d'Almenèches, évêque de Sées en 685, mort vers 790.

Anolbert
français
Attribué à Gacé, dans l'Orne, le 1er mars 1854.

Ansbert
français et scandinave
Du germanique « Ans », nom des dieux Ases et « berht », illustre.

Anschetil
français et scandinave
De Ásketill d'où Arnketill et Askelle, des substantifs « áss », Dieu et « ketill », chaudron.

Anscoul
français
Anscoul de Picquigni, compagnon de Guillaume le Conquérant en 1066.

Anseaume
français
Dérivé d'Anselme, du germanique « Ans », nom des dieux Ases et « helm », protection, casque.

Ansegaud
français
Évêque d'Avranches, dans la Manche, en 847.

Anselme
français et italien
Du germanique « Ans », nom des dieux Ases et « helm », protection, casque.

Ansemund
catalan
Seigneur de Cameles, en Roussillon, décédé vers 941.

Ansfred
normand et scandinave
Du franc Ansfred ou Ansfrid, du germanique « Ans », nom de divinité et « frid », paix.

Ansfroi
français
Ansfroi de Cormeilles, compagnon de Guillaume le Conquérant en 1066.

Ansgaire
français
Variante d'Ansger, du scandinave Àsgeirr ou du franc Ansger, des substantifs « àss », Dieu et « geirr », javelot ou pique.

Ansilion
français
Autorisé par la loi du 1er avril 1803.

Ansquetil
normand et scandinave
D'Ásketill d'où Arnketill et Askelle, des substantifs « áss », Dieu et « ketill », chaudron.

Answald
germanique et scandinave
Variante d'Oswald, celui qui gouverne avec la protection du dieu.

Answit
normand et scandinave
De l'ancien danois et de l'ancien suédois « ásvidr » ou du franc « answid », des substantifs scandinaves « àss », Dieu et « vidr », arbre.

Antal
hongrois
Variante d'Antoine, dérivé d'Antonius, nom de famille romain, ou du latin « antone », inestimable, inappréciable.

Antère
français
Du nom latin Anteros ou du grec « anteru », de nature céleste.

Anthime
français
Du latin « anthemis », camomille.

Antholien
français
Saint, cité par saint Grégoire de Tours parmi les martyrs d'Auvergne, mort vers 265.

Antonien
français
Dérivé d'Antoine, du grec « antônios », courageux, qui fait face, du nom Antonius ou du latin « antone », inestimable.

Anui
tahitien
Grande pirogue s'envolant vers Opoa.

Anun *kabyle*
Chiffre un.

Anyol *catalan*
Variante d'Aniol, du nom propre latin Andeolus.

Anzar *kabyle*
Dieu païen de la Pluie.

Aodren *breton*
Du vieux breton Altroen, d'« alt », relevé ou joint et « roen », royal.

Aous *arabe*
D'« aws », don, cadeau. C'est également le nom du lynx.

Apalo *basque*
Enregistré à Artajona, en Navarre, au Pays basque, en 1173.

Apama *dogon (Mali)*
De « pama », arrête.

Apeau *tahitien*
Le prince retenu de Mou'a-Tapu (montagne sacrée).

Apelle *français et italien*
Saint, compagnon de Lucius, parmi les premiers disciples du Christ au Ier siècle, évêque de Smyrne où il serait mort martyr.

Apenou *dogon (Mali)*
D'« Amma », Dieu, de « muy », à moi et de « penou », bon.

Aphrodise *français*
Du grec « aphrodisiakos », du nom de la déesse Aphrodite.

Apien *français*
Saint, né en Ligurie, bénédictin à Pavie, reclus sur les bords de l'Adriatique, mort vers 800.

Apkar *araméen et arménien*
Le plus grand homme.

Apothême *français*
Autorisé par la loi du 1er avril 1803.

Appaîm *hébreu*
Narines.

Appianu *corse*
Du latin, médiateur.

Aproli *dogon (Mali)*
D'« amma », Dieu et de « pourolou », il n'a pas fait de mal.

Apronien *français*
Saint, bourreau à Rome, se convertit soudainement et a été décapité sous Dioclétien, vers 304.

Aqmar *arabe*
Éclatant de blancheur.

Aquilli *catalan*
Variante d'Achille, du grec « akhilleus », fils de serpent.

Arad *hébreu*
Bronze.

Araig *arménien*
Dérivé d'Ara, « or », lumière, avec le diminutif « -ig ».

Aramazt *arménien*
D'origine iranienne, d'« ahura », seigneur et « mazda », sagesse.

Arateur *français*
Saint, quatrième évêque de Verdun, mort vers 460.

Arateva *indien mohave (Amérique du Nord)*
Bel oiseau.

Arava *tahitien*
Le bel enfant convoité.

Arbogaste *français*
Du germanique « arb », héritage et « gast », hôte.

Archag *arménien*
D'origine iranienne, d'« arsa » ou « artch », ours et du suffixe « -ag ».

Archam *arménien*
D'origine iranienne, d'« arch », ours et d'« ama », force.

Archangel *catalan*
Recensé une fois à Perpignan, dans les Pyrénées-Orientales, entre 1596 et 1605.

Archavir *arménien*
Archavir Gamsaragan, tribun célèbre, prince et connétable d'Arménie au Ve siècle.

Ardachès *arménien*
Dont le règne est conforme à la loi.

Ardalion *français*
Saint, acteur, se déclara chrétien, a été brûlé vif vers 300, patron des comédiens.

Ardavan *arménien*
D'« artar », juste, honnête.

Ardon *français et hébreu*
Saint, né en Languedoc, secrétaire et biographe de saint Benoît, mort en 843.

Arède *français*
Saint, né à Limoges, abbé fondateur de l'abbaye d'Atane, dans le Limousin, mort en 591.

Areiti *tahitien*
La petite vague de la mer calme.

Arek *arménien*
Soleil, symbole de vie.

Arenui *tahitien*
Grande vague de l'océan profond.

Arevchad *arménien*
D'« arev », soleil et de « chad », beaucoup, qui a une longue vie.

Argi *basque*
Lumière.

Argimire *français*
Saint, moine, décapité après avoir renié l'islam en 858.

Ariald *français*
Saint, diacre à Milan, excommunié après avoir été persécuté, tué en 1066.

Ariel *hébreu*
De l'hébreu « ari'él », foyer de l'autel. Lion de Dieu.

Arien *français*
Saint, ancien gouverneur de Thèbes en Égypte, converti au christianisme, condamné à être noyé vers 311.

Arif *arabe*
Celui qui détient la connaissance et le savoir.

Arige *français*
Saint, né en 535, évêque de Gap durant vingt ans, mort en 604.

Ariheiva *tahitien*
Prince des jeux divers.

Aristion *français*
Saint, un des disciples du Christ, serait mort martyr à Salamis ou à Alexandrie.

Aristophane *français*
Du grec « aristos », le meilleur et « phanem », paraître. Auteur dramatique de la Grèce antique.

Aritz *basque*
Du basque « haritz », chêne rouvre.

Arkaitz *basque*
Du basque « harkaitz », rocher.

Arkavan *arménien*
Méritant.

Arkhip *slave*
Du grec « archippos », « arche », guide, chef et « hippos », cheval, chevalier.

Armandin *français*
Dérivé d'Armand, du germanique « hart », fort et « man », homme.

Armengau *catalan*
Du nom germanique Armingal, du vieil haut-allemand « erman », immense et « gald », variante de « gelt », rémunération.

Arminot *français*
Dérivé d'Armin, du germanique « irmin » ou « ermin », très puissant.

Arnad *kabyle*
Supplément, addition.

Arnao *maltais*
Variante d'Arnaud, en germanique, aigle et commander, gouverner.

Arnaudet *français*
Dérivé d'Arnaud, du franc Arnwald, du germanique « arn », aigle et « waldan », commander, gouverner.

Arnulphe *catalan et français*
Du germanique commun « aran », aigle et « wulf », loup.

Arona *tahitien*
Le prince qui affronte la nuit.

Arpiar *arménien*
D'« arpi », soleil, feu du ciel, éther, lumière indésirable.

Arsace *français*
Saint, soldat perse de l'armée romaine, converti, reclus à Nicomédie, mort en 358.

Arslan *arabe et kabyle*
En arabe, lion. En kabyle, ils ont entendu.

Artem *arménien*
Du grec « artemon », sain, par l'intermédiaire du russe « artiomii ».

Artour *slave*
Simple, rapide, intrépide, puissant.

Artzai *basque*
En basque, berger, pâtre, pasteur.

Arun *hindou*
Arun Gandhi, petit-fils du Mahatma Gandhi.

Arwid *germanique et scandinave*
L'aigle dans la tempête.

Asbed *arménien*
Prince cavalier, chevalier.

Asclas *français et latin*
Saint, mort martyr à Antinoé en Égypte, jeté dans le Nil vers 287.

Asege *dogon (Mali)*
De « segere », il suit.

Asier *basque*
D'« hasiera », début.

Askel *scandinave*
Diminutif d'Asketill, en scandinave, le chaudron des Ases, c'est-à-dire le jeu des dieux.

Aslem *kabyle*
Poisson.

Asnar *basque*
Enregistré à Saint-Jean-Pied-de-Port, en Basse-Navarre, au Pays basque, en 1378.

Assad *arabe*
Une personne très heureuse jouissant d'un bonheur parfait.

Assaf *hébreu*
Dieu rassemble.

Assam *kabyle*
Jaloux.

Assaric *catalan*
Abbé de Saint-Gènis-des-Fontaines, en Roussillon, en 819.

Assed *kabyle*
Venir.

Asselin *anglo-saxon, français et italien*
Du germanique « adel », noble.

Assenan *kabyle*
Épine.

Assim *arabe*
Qui préserve, qui ne peut être atteint par le mal ou l'adversité.

Astier *français*
Du grec « astèr », astre, étoile ou du latin « hasta », pique, lance.

Astion *français*
Saint, compagnon d'Epictète, mort martyr à Almiride, vers 300.

Astruget *basque*
Du gascon « astruc », favorisé par la chance.

Asyan *kabyle*
Terre vallonnée.

Atanarjuat *inuit*
L'homme rapide.

Atea *tahitien*
Grand Atea du ciel, du temps des dieux.

Athalène *français*
Saint, pèlerin, compagnon de Berthaire, mort martyr à Menoux, vers 675.

Atif *arabe*
Affectueux, bienveillant.

Atime *dogon (Mali)*
D'« ana », homme et « timme », superposer.

Atmera *catalan*
Archiprêtre d'Elna, en Roussillon, en 889.

Attale *français*
Saint, compagnon de Pothin, mort martyr à Lyon, en 177.

Auberon *français*
Du germanique « adal », noble et « bero », dérivé de « ber », ours.

Aubry *français*
Variante diminutive d'Albéric, du germanique « alb », racine obscure et « ric », puissant.

Auchtin *basque*
Autorisé par le greffe du tribunal civil de Bayonne, en décembre 1957.

Audal *catalan*
Dérivé d'Aude, du nom germanique Alda, d'« ald », vieux, âgé.

Audax *français et latin*
Saint, compagnon d'Anatolie, mort martyr à Tiora, en Italie, vers 250.

Audebert *français*
Saint, évêque de Senlis, mort vers 685.

Audin *français*
Dérivé d'Aude, du nom germanique Alda, d'« ald », vieux, âgé.

Audon *français*
Attesté à Notre-Dame-de-Gravenchon, en Seine-Maritime, le 23 novembre 1568.

Augebert *français*
Saint, compagnon de Félix, mort martyr près de Langres, vers 600.

Auger *catalan et français*
Variante d'Adalgar, du germanique « adal », noble et « gari », combat.

Augustien *français*
Dérivé d'Auguste, du romain « augustus », majestueux, respectable.

Aumoana *tahitien*
Nager dans la mer vers Hitinui, l'ancien nom de Tahiti.

Aunemond *français*
Saint, évêque de Lyon, mort vers 658.

Aurron *basque*
Du basque « haur », enfant et « on », bon.

Ausile *français*
Saint, évêque de Fréjus, mort en 483.

Austrebert *français*
Du germanique « aust », de l'Est et « bert », brillant.

Authier *français*
Du germanique « auda », richesse et « hari », armée.

Autua *tahitien*
Le nageur sur dos, invaincu du dieu Ta'aroa.

Auxile *français*
Saint, compagnon de saint Patrick en Irlande au Ve siècle.

Avak *arménien*
De haut rang, aîné.

Avaliko *indien jivi (Venezuela)*
Homme qui mange les hommes, cannibale.

Avchaï *hébreu*
Cadeau du père.

Avendou *kabyle*
Vigne grimpante.

Aviam *hébreu*
Père du peuple.

Aviram *hébreu*
Mon père est haut.

Avit *français*
Saint, né vers 450 en Auvergne, frère de saint Apollinaire, évêque de Vienne, mort vers 520.

Awaz *kabyle*
Veiller.

Awin *kabyle*
Aider.

Ay *français*
Saint qui vécut au VIe siècle, vénéré à Orléans.

Aybert *français*
Saint, ermite, mort en 1140.

Aylal *kabyle*
Être libre.

Aymon *français*
Du germanique « heim », maison, foyer.

Ayouro *dogon (Mali)*
D'« aduyro », ils restent ensemble.

Azad *arménien*
D'origine iranienne, libre.

Azalit *basque*
Enregistré en Navarre, au Pays basque, en 1216.

Azamar *kabyle*
D'« izamaren », les agneaux.

Azaria *arménien*
D'origine hébraïque, d'« azr », aider et de « yah », Dieu, aide de Dieu.

Azayan *kabyle*
Lourd, lent.

Azémar *occitan*
Variante d'Adhémar, du germanique « adel », noble et « mar », brillant par sa renommée, célèbre.

Azeri *basque*
D'« azenari », venu du latin « asinarius », ânier, gardien d'ânes. En basque populaire, renard.

Azisklo *basque*
Du latin « acisculus », maillet de charpentier.

Azmar *kabyle*
Joueur de flûte.

Aznaro *basque*
Enregistré à Ustes, en Navarre, au Pays basque, en 1366.

Azubeli *basque*
Enregistré à Leyre, en Navarre, au Pays basque, en 1127.

Azzal *kabyle*
D'« istazzal », il court.

B

Bachir *arabe*
Porteur de bonnes nouvelles, une personne avenante. Dans le Coran Bachîr est l'un des noms du Prophète.

Badi *dogon (Mali)*
Dérivé de Badyo, de « ba », père et de « dye », grand. Donné au premier fils.

Badrane *arabe*
De « badrân », aussi beau et lumineux que la pleine lune.

Badri *arabe*
Resplendissant et semblable à la pleine lune.

Badrig *arménien*
Variante de Patrick. Titre byzantin donné au « Prince des Princes » d'Arménie.

Badyeme *dogon (Mali)*
De « ba », père et de « semme », il faut rester.

Badyo *dogon (Mali)*
De « ba », père et de « dye », grand.

Baglan *anglo-saxon*
Deux saints Baglan sont cités en pays de Galles au Ve siècle.

Baher *arabe*
Resplendissant, brillant.

Bahry *kabyle*
Vent marin.

Bahula *sanscrit*
Épais, dense, large, spacieux, ample, grand, abondant.

Balder *français, germanique et scandinave*
De la racine germanique « bhaltr », brillant. Dans la mythologie nordique, fils d'Odin et de Frigga.

Baldéric *français*
Dérivé de Balder. Saint Baldéric ou Baudry était le fils du roi d'Austrasie, Sigisbert Ier, au VIIe siècle. Il devint abbé fondateur de Montfaucon, en Champagne, et créa un couvent à Reims.

Baldire *catalan et français*
Francisation de Baldiri, variante catalane de Baudile, du nom italien Baudilius. Victorieux.

Baldo *catalan*
Dérivé de Baudouin, du germanique « bald », audacieux et « win », ami.

Baldrik *scandinave*
Dérivé de Balder, d'origine franque, de la racine germanique « bhaltr », brillant, puissant et courageux.

Balduin *italien*
Variante de Baudouin. Enregistré en 1249 à Batzan, en Navarre, au Pays basque.

Balir *arabe*
Dérivé de Baligh, éloquent.

Balsame *français*
Saint, abbé, gouverna Cava de 1208 jusqu'à sa mort en 1232.

Baltasar *basque, castillan et catalan*
Variante de Balthazar, du nom babylonien Bel-shar-oursour.

Balther *français*
Variante de Balder.

Ban *français*
Le roi Ban de Benuich est le père de Libanor, dans le roman arthurien de Baudouin Butor écrit dans un francien mêlé de picard vers 1294.

Banga *français*
Enregistré une fois à Saint-Laurent-d'Andenay, en Saône-et-Loire, entre 1676 et 1685.

Bantus *germanique*
Il est fêté le 28 juillet.

Baram *hébreu*
D'origine araméenne, fils du peuple.

Bardi *scandinave*

Bardin *français*
Attesté à Caen, dans le Calvados, en 1568.

Bardou *catalan*
Du latin « bardo », hache ou du germanique « bard », géant et « wulf », loup.

Barenguier *français*
Variante de Bérenger, du germanique « ber », ours et « gari », lance. Le premier élément du nom correspond au mot « ber », ours, en anglais « bear » et en allemand « bär ».

Barn *anglo-saxon*
Variante abréviative de Barnaby, forme anglo-saxonne de Barnabé.

Barnadat *français*
Dérivé de Bernard, du germanique « ber », ours et « hard », dur, courageux.

Barno *vieux danois*
De « barni », dérivé du substantif « barn », enfant. Sous cet aspect de déclinaison faible en « o » (Barno pour Barni), forme latinisée d'un nom masculin.

Barr *anglo-saxon*
Saint né au VIe siècle à Connacht, en Irlande, il y fonda une école monastique qui est à l'origine de la ville de Cork dont il fut le premier évêque.

Barsam *arménien*
Originaire de Syrie, de « barsauma », fils des jeûnes.

Bart *français*
Variante diminutive de Barthélemy, de l'hébreu « bar », fils et « talmai », qui trace les sillons, laboureur ou en araméen, « Bar Tolomai », qui signifie fils de Tolomai ou de Tholomée.

Barti *basque*
Enregistré en 1366 à Estella, en Navarre, au Pays basque.

Bartol *maltais*
Dérivé de Barthélemy, de l'hébreu « bar », fils et « talmai », qui trace les sillons, laboureur ou en araméen, « Bar Tolomai », qui signifie fils de Tolomai ou de Tholomée.

Baruch *castillan, français et hébreu*
Variante de Baroukh. Baruch Blumberg, américain, prix Nobel de physiologie en 1976.

Basil *anglo-saxon et basque*
Variante de Basile, du grec « basileus », roi ou de l'arabe « bâdhil », très généreux.

Baskal *maltais*
De l'araméen « pascha », passage, de l'hébreu « pesakh », même sens ou du latin « paschalis », adjectif de pascha, la Pâque, l'homme de la Pâque.

Bassam *arabe*
Désigne celui qui a toujours le sourire.

Bast *français*
Dérivé diminutif de Sébastien, du grec « sebastos », digne d'honneur et de respect, vénérable.

Bastian *anglo-saxon, breton, gallicien et hispanique*
Dérivé diminutif de Sebastian, enregistré à Colmar, dans le Haut-Rhin, le 14 février 1995.

Bastin *breton*
Dérivé de Sébastien. Enregistré sur l'île de Groix, au XVIIIe siècle.

Bastien *germanique*
Dérivé diminutif de Sébastien, du grec « sebastos », digne d'honneur et de respect, vénérable.

Batté *sarakollé (Mali)*
Le seul garçon parmi beaucoup de filles que le couple a eues.

Baud *français*
Dérivé de Baudouin, du germanique « bald », audacieux ou du vieil occitan « baud », joyeux, lascif.

Baudry *français*
Variante de Baldéric, de la racine germanique « bhaltr », brillant. Ce prénom était courant aux XIe et XIIe siècles.

Baumet *français*
Du nom latin Baudomirus. Saint qui aurait été confesseur dans le Perche.

Bayard *français*
Gaston et Bayard, tragédie en cinq actes par de Belloy. Représentée pour la première fois par les comédiens français ordinaires du roi, le 24 avril 1771.

Béchir *arabe*
Variante de Bachir. Porteur de bonnes nouvelles, personne avenante.

Bedân *hébreu*
Bedân était juge d'Israël.

Bedros *arménien*
Variante de Pierre. Bedros Tourian, poète, né en 1851 et mort en 1872.

Beka *kabyle*
Diminutif de « ibequi », vouloir.

Bekher *hébreu*
De « békhor », aîné. Dans la Bible, Békher fait partie de la tribu de Benjamin.

Bel *basque*
Du celtique « belenos », nom d'un dieu celte, divinité solaire ou tout au moins lumineuse dont on retrouve le nom sur le site de Tombelaine, près du mont Saint-Michel. Une autre origine fait venir ce prénom d'une dérivation de la racine germanique « bili », doux, aimable ou dérivé d'Abel.

Belasko *basque*
De « bele » ou « bela », corbeau ou de « belatz », épervier, faucon.

Belatza *basque*
De « belatz », épervier, faucon.

Beldy *kabyle*
Citadin.

Belendo *basque*
Enregistré à Moreda, en Alaba, au Pays basque, en 1350.

Belenger *basque*
Du germanique « ber », ours et « gari », lance. Saint qui vécut à Carcassonne, au Xe siècle.

Belician *normand*
Variante normande de Félicien. Attesté à Rouen, en 1390.

Belido *basque*
Dérivé de Beillito. Enregistré à Peralta, en Navarre, au Pays basque, en 1350.

Beligne *français*
Enregistré une fois à Saint-Gervais-sur-Couches, en Saône-et-Loire, entre 1646 et 1655.

Beliko *basque*
Enregistré à Saint-Palais, en Basse-Navarre, au Pays basque, en 1351.

Belin *français*
De « belenos », Dieu celtique ou dérivation à partir de la racine germanique « bili », doux.

Bellenger *français*
Attesté à La Poterie, en Seine-Maritime, en 1554.

Bello *basque*
Enregistré à Peralta en 1330 et à Navascuès, en Navarre, au Pays basque, en 1366.

Bellony *français*
Enregistré à Caullery, dans le Cambrésis, le 8 avril 1795.

Bellore *basque*
Variante de Bello. Enregistré à Abaurrea, en Navarre, au Pays basque, en 1366.

Bellot *français*
Attesté dans un registre du tabellionage d'Argences, Troarn et Varaville, dans le Calvados, entre 1386 et 1417.

Bellu *basque*
Variante de Bello. Enregistré à Escaroz, en Navarre, au Pays basque, en 1072.

Belmont *français*
Belmont et Constance, opéra, musique de André, représenté au Grand Théâtre de Berlin, vers 1780.

Belso *basque*
Variante de Beltza. Enregistré à Dicastillo, en Navarre, au Pays basque, en 1330.

Belt *breton*
Dérivé diminutif de Beltig, variante de Bertrand.

Beltid *breton*
Variante de Beltig. L'adjonction du « d » final à Beltid est d'usage, mais tardive. Elle n'est pas justifiée par l'étymologie.

Beltran *basque*
Variante de Bertrand. Enregistré à Eslaba, en Navarre, au Pays basque, en 1366.

Benadin *basque*
Variante de Bernard.

Benaia *hébreu*
Variante de Bnaïah. Dieu a construit. Dans la Bible, Bnaïah est un héros du roi David.

Benado *basque*
Variante diminutive de Bernard. Autorisé par le greffe du tribunal civil de Bayonne, en décembre 1957.

Benali *arabe*
Enregistré à Colmar, dans le Haut-Rhin, le 10 octobre 1995.

Bénard *français*
Dérivé de Bernard. Attesté à Saint-Lô-de-Rouen, en Seine-Maritime, en 1646.

Benardino *italien*
Dérivé de Bernard.

Bénart *français*
Dérivé de Bernard. Attesté dans un registre du tabellionage d'Argences, Troarn et Varaville, dans le Calvados, entre 1386 et 1417.

Benat *basque*
Variante de Benoît. Enregistré à Sorhapuru, en Basse-Navarre, au Pays basque, en 1351.

Bendic *catalan*
Entre 1411 et 1416, est établi un état des actes de prêts d'argent effectués par Bendic Benvenist, juif de Perpignan, et délivré à sa mère Tolzana, par le notaire.

Benead *breton*
Dérivé de Benoît, du latin « benedictus », béni.

Bénédic *français*
Attesté à Caen, dans le Calvados, en 1568.

Benen *irlandais*
Saint irlandais, disciple de saint Patrick, qui devint évêque et primat de l'Église irlandaise, mort vers 466.

Benest *français*
Variante de Benoît. Attesté dans un registre du tabellionage d'Argences, Troarn et Varaville, dans le département du Calvados, entre 1386 et 1417.

Bénezet *français*
Du nom latin Benedictus. Saint, berger à Avignon, dirigea la construction du pont qui porte son nom. Il est mort vers 1184.

Benger *français*
Dérivé de Bérenger. Cité en 1201, il semble oublié depuis le XIVe siècle.

Bengerd *scandinave*
Au Danemark, ce prénom trouve son origine dans un ancien « bjorn vaern ».

Bengt *scandinave*

Beniamino *italien*
Variante de Benjamin.

Benigno *castillan et italien*
Variante de Bénigne.

Benito *basque, castillan et italien*
Variante de Benoît, du latin « benedictus », béni.

Bennett *anglo-saxon*
Variante de Benoît, du latin « benedictus », béni.

Bennigan *breton*
Variante de Benniged.

Benniged *breton*
Variante de Benoît, du latin « benedictus », béni.

Benno *germanique*
Variante diminutive de la forme latinisée de Bernard.

Benny *anglo-saxon*
Variante de Benjamin.

Benoni *français et italien*
Du nom hébreu Ben-on-i, fils de ma douleur. Enregistré à Caullery, dans le Cambrésis, le 18 juin 1768 et le 19 novembre 1782.

Bento *galicien*
Variante de Benoît, du latin « benedictus », béni.

Benvido *galicien*
Variante de Bienvenu.

Benyamin *hébreu*
Variante de Benjamin. Fils de la droite, le bon côté. Benyamin Netanyahou est un homme politique israélien.

Benz *germanique*
Variante de Benoît, du latin « benedictus », béni.

Béraldinu *corse*
Il est fêté le 20 avril.

Béranger *français*
Variante de Bérenger.

Berano *basque*
Enregistré à Falces, en Navarre, au Pays basque, en 1330.

Bérard *bourguignon et gascon*
Variante de Bernard, du germanique « ber », ours et « hard », dur, courageux.

Berat *basque*
Il est fêté le 30 octobre.

Berdonet *basque*
Enregistré à Garris, en Basse-Navarre, au Pays basque, en 1351.

Berdolet *gascon*
Enregistré en Béarn et en Bigorre du XIe au XIVe siècle.

Berend *germanique*
Variante contractée de Bernard.

Bérenger *basque et français*
Du germanique « ber », ours et « gari », lance. Le premier élément du nom correspond au mot « ber », ours, en anglais « bear » et en allemand « bär ».

Bériaud *français*
Dérivé de Gabriel.

Beriz *basque*
Variante de Félix. Enregistré à Leyre, en Navarre, au Pays basque, en 1098.

Bermond *français*
Du nom latin Veremundus. Saint, abbé en Navarre.

Berna *basque*
Variante de Barnabé. Enregistré à Garris, en Basse-Navarre, au Pays basque, en 1350.

Bernabé *basque, castillan et catalan*
Variante de Barnabé. Enregistré à Larraga, en Navarre, au Pays basque, en 1330.

Bernad *catalan*
Variante catalane de Bernard, du germanique « ber », ours et « hard », dur, courageux.

Bernadet *catalan*
Variante de Bernard.

Bernadi *catalan*
Variante de Bernard. Recensé une fois à Perpignan, entre 1576 et 1585.

Bernadon *gascon*
Dérivé de Bernat. Enregistré en Béarn et en Bigorre du XIe au XIVe siècle.

Bernardino *basque, castillan, galicien et italien*
Variante de Bernardin, diminutif de Bernard.

Bernardon *basque et catalan*
Variante de Bernard. Enregistré en 1366 en Navarre, au Pays basque.

Bernat *basque et gascon*
Variante de Bernard, du germanique « ber », ours et « hard », dur, courageux. Enregistré en Béarn et en Bigorre du XIe au XIVe siècle ainsi qu'en Navarre, au Pays basque, en 1366.

Bernaton *gascon*
Dérivé diminutif de Bernat. Enregistré en Béarn et en Bigorre du XIe au XIVe siècle.

Bernd *germanique*
Variante contractée de Bernhard.

Bernie *anglo-saxon et germanique*
Variante diminutive de Bernard. Ours courageux.

Bernier *français*
Du nom latin Bernerus. Uniquement connu par un fabliau écrit au XIIIe siècle, la *Housse partie*. Bernier de Chartres, auteur du XIVe siècle à qui l'on attribue un art d'aimer en prose.

Bernold *germanique et scandinave*
Saint, moine et prêtre en Bavière, devint célèbre comme faiseur de miracles. Il est mort vers 1050.

Bernon *français*
Saint, né en Bourgogne, moine à Autun, devint abbé-restaurateur de Baume-les-Messieurs. Il est mort en 927.

Bernouard *français*
Du nom latin Bernualdus. Saint qui aurait été évêque de Hildesheim en Saxe.

Berny *français*
Variante diminutive de Bernard.

Bérot *gascon*
Joli. Enregistré en Béarn et en Bigorre, du XIe au XIVe siècle.

Bert *germanique*
Variante diminutive d'Albert, du germanique « bert », brillant, renommé.

Bertal *français*
Dérivé d'Adalbert.

Bertalan *occitan*
Variante de Barthélemy.

Bertalon *basque*
Enregistré à Bayonne, en Labourd, au Pays basque, en 1434.

La liberté du choix

Depuis la loi du 8 janvier 1993, les parents peuvent choisir librement le prénom de leur enfant. Le législateur a, cependant, donné deux limites à cette liberté :
- « s'il semble contraire à l'intérêt de l'enfant par son apparence ou sa consonance ridicule, péjorative ou grossière ou par sa référence à un personnage déconsidéré de l'histoire » ;
- lorsqu'il s'agit de protéger des patronymes ou des marques d'un emploi abusif.

L'officier de l'état civil peut intervenir en saisissant la compétence du procureur de la République qui autorisera ou non l'enregistrement du prénom. Ainsi, **Barthez**, **Benladen** ou **Babord** et **Tribord** pour des jumeaux pourraient être refusés. En revanche, **Zidane** ne devrait pas connaître le même sort puisque ce prénom dispose d'une antériorité en ayant été enregistré en France bien avant l'engouement suscité par la Coupe du monde de football de 1998.

Bertaud *français*
Saint, ermite dans les Ardennes, fut ordonné prêtre par saint Rémi. Il est mort vers 540.

Bertaut *français*
Attesté dans un registre du tabellionage d'Argences, Troarn et Varaville, dans le Calvados, entre 1386 et 1417.

Bertel *germanique et scandinave*
Dérivé d'Adelbert ou variante de Barthélemy.

Bertellin *français*
Saint, patron de Stafford, au VIIIe siècle.

Berthan *anglo-saxon*
Saint, écossais, aurait été moine puis évêque. Mort en Irlande vers 840, il était surnommé « l'homme de deux pays ».

Berthaud *catalan*
Dérivé de Berthe, d'origine franque, du germanique « bert », brillant, renommé.

Berthel *français*
Dérivé diminutif de Barthélemy. Cité sous l'Ancien Régime, en Anjou.

Berthemieu *français*
Dérivé de Barthélemy. Employé au Moyen-Âge, en Champagne.

Berthier *français*
Du germanique « bert », brillant et « hari », armée.

Berthod *français*
Variante de Berthold, du germanique « bert », brillant et « waldan », commander, gouverner ou forme moderne des prénoms anciens Berchtovaldus et Berthoaldus. Enregistré avant 1726, à Valloire, en Savoie.

Berthold *germanique*
Figure parmi les noms de baptême les plus courants en France, entre le XIe et le XIVe siècle.

Berthon *français*
Dérivé de Berthod. Attesté à Saint-Patrice-de-Rouen, le 10 novembre 1560.

Berthorand *français*
Dérivé de Bertrand. Attribué à Louviers, le 1er septembre 1675.

Berthoullet *français*
Dérivé de Berthod.

Bertilon *français*
Saint, abbé de Saint-Bénigne à Dijon. Il est mort martyr vers 878 ou 888.

Bertin *français*
Dérivé d'Albert, contraction de la forme ancienne Adalbert, en germanique Adalbrecht, en latin Adalbertus, du germanique « adel », noble et « bert », brillant, resplendissant.

Bertold *germanique et scandinave*
Variante de Berthold.

Bertolo *basque*
Variante de Bartolomeo. Enregistré à Artajona, en Navarre, au Pays basque, en 1330.

Bertomeu *catalan*
Bertomeu Gironès et Bertomeu March sont cités comme des « mercanders » marchands de Catalunya, de València et de Mallorca qui faisaient du négoce, au XIVe siècle. Attesté en Catalogne au XVIe siècle.

Bertou *français*
Du nom latin Bertulfus. Saint qui aurait été confesseur à Renty.

Bertram *germanique et scandinave*
Variante de Bertrand.

Bertran *basque, français et gascon*
Variante de Bertrand, d'origine franque, du germanique « bert », brillant et « hramm », corbeau.

Bertrandon *français*
Dérivé de Bertrand. Bertrandon de la Broquière, auteur, né dans le duché de Guyenne, était dès 1421, écuyer tranchant de Philippe le Bon.

Bertranet *basque et gascon*
Dérivé de Bertran. Enregistré en Béarn et en Bigorre du XIe au XIVe siècle ainsi qu'à Orsanco, en Basse-Navarre, au Pays basque, en 1376.

Bertranon *gascon*
Dérivé de Bertran. Enregistré à Bayonne, en Labourd, au Pays basque, en 1462.

Bertranot *gascon*
Dérivé de Bertran. Enregistré en Béarn et en Bigorre, du XIe au XIVe siècle.

Bertren *français*
Variante de Bertrand. Attesté à Saint-Remy-de-Dieppe, le 26 novembre 1636 et au Tilleul, le 1er mai 1640, en Seine-Maritime.

Bertuin *français*
Du germanique « bert », brillant et « win », ami.

Berwin *anglo-saxon*
Variante de Bertuin, du germanique « bert », brillant et « win », ami.

Béryl *germanique et grec*
Du sanscrit « veruliya » ou du grec « berullos », nom d'une pierre précieuse verte d'où est tirée l'émeraude.

Bethuel *hébreu*
Variante de Bétouel.

Beti *basque*
Variante de Pierre.

Betouel *hébreu*
De la maison de Dieu. Dans la Bible, Bétouel est le père de Laban et de Rebecca.

Betran *basque*
Variante de Bertrand. Autorisé par le greffe du tribunal civil de Bayonne, en décembre 1957.

Betri *basque*
Variante de Pierre. Enregistré à Labayen, en Navarre, au Pays basque, en 1366.

Betrun *basque*
Variante de Pierre. Enregistré à Jaxu, en Basse-Navarre, au Pays basque, en 1354.

Bettan *basque*
Variante de Bertrand. Autorisé par le greffe du tribunal civil de Bayonne, en décembre 1957.

Bettelin *français*
Variante de Bertelin. Saint qui a vécu au VIIIe siècle.

Bettino *italien*
Variante de Bettina et d'Élisabeth et dérivé d'Adelberto. Bettino Craxi était un homme politique italien.

Betto *italien*
Dérivé d'Adelberto.

Beury *français*
Du nom latin Baudericus. Saint, berger en Bourgogne.

Beuselin *français*
Beuselin de Dive, compagnon de Guillaume le Conquérant, en 1066, lors de la conquête de l'Angleterre.

Biagio *italien*
Variante de Blaise.

Bibian *basque*
Dérivé de Bibiane. Enregistré à Pampelune, en 1170, à Larraga en 1330 et à Lerin, en Navarre, au Pays basque, en 1350.

Bibien *français*
Dérivé de Bibiane. Attesté à Buglise, en Seine-Maritime, le 1er juin 1822.

Bidal *basque*
Variante de Vital. Enregistré à Lerin, en Navarre, au Pays basque, en 1189 et en 1350.

Bienvenu *français*
Du latin « benevenutus », bien venu, bien arrivé.

Bignot *français*
Attribué à Ambourville-sur-Seine, en Seine-Maritime, le 8 octobre 1549 et le 13 octobre 1551.

Bilal *arabe*
De « bilâl », désigne un rafraîchissement, l'eau.

Bilbo *basque*
Il est fêté le 3 janvier.

Bildad *hébreu*
Dérivé de David. Bien aimé.

Bilhan *hébreu*
Dans la Bible, Bilhân fait partie de la tribu de Benjamin.

Bilz *breton*
Issu probablement du gallois ancien « bris », attaque ou du moyen breton « blisic », doux, bienveillant.

Bingen *basque*
Variante de Vincent.

Binot *français*
Abréviation de Robinot, lui-même diminutif de Robin.

Biréli *gitan*
Biréli Lagrène, guitariste, héritier spirituel de Django Reinhardt.

Birnstan *anglo-saxon*
Saint, disciple de saint Grimbald, fut évêque de Winchester. Il est mort vers 934.

Bital *basque*
Du latin « vitalis », qui a un rapport avec la vie.

Bladi *basque*
Variante de Blaise.

Blain *français*
Saint, évêque écossais au VIe siècle, enterré à Dinblane en Irlande, sur un site qui porte son nom.

Blaise *français*
Du latin « Blaesus », du nom d'une famille romaine signifiant « qui bégaie » ou de « blasius », bavarder, potiner. Blaise Pascal, savant et philosophe français du XVIIe siècle.

Blanchard *français*
Du nom latin Blancardus. Saint, confesseur dans la Brie.

Blanchet *français*
Dérivé de Blanche. Attesté à Caen, dans le Calvados, en 1568.

Blandin *français*
Du latin « blandus », flatteur. En vieux français méridional, « blander » ou « blandir » a le sens de flatter.

Blidran *français*
Saint, évêque de Vienne, dans le Dauphiné.

Blier *français*
Saint, écossais, compagnon de saint Fursy, au VIIe siècle.

Blimon *français*
Saint, moine de Bobbio, fut le compagnon de saint Valery.

Boadin *anglo-saxon*
Saint irlandais, vint en France, se fit moine et ermite bénédictin.

Boaz *hébreu*
En lui est la force, le courage. Dans la Bible, Boaz est l'époux de Ruth.

Bobin *français*
Saint, né en Aquitaine, moine de Moutier-la-Celle, devint évêque de Troyes en 760.

Bodard *français*
Saint, pieux pèlerin, se retira dans une caverne, près de Poitiers.

Bodin *masculin*
Attesté à Rouen, en 1390.

Bodon *français*
Saint, né à Toul, se maria et, avec l'accord de sa femme, se fit religieux à l'abbaye de Laon. Il devint évêque de Toul et fonda trois abbayes.

Bogdan *polonais et slave*
Traduction du grec Theodoros, don de Dieu. En slave, grand, impulsif, puissant, donné par Dieu.

Bohdan *polonais et slave*
Variante de Bogdan, traduction du grec Theodoros, don de Dieu. En slave, grand, impulsif, puissant, donné par Dieu.

Bolan *chinois*
Attribué à un garçon alors que son père était en poste à l'ambassade de Chine, à Varsovie.

Boniface *anglo-saxon et français*
Du latin « bonus », bon et « fatum », sort, destinée.

Bonizet *français*
Du nom latin Benedictus. Saint, ermite en Poitou.

Bonnin *masculin*
Attesté à Rouen, en 1390.

Bordat *basque*
Enregistré au Pays basque, au XIIIe siècle.

Boris *castillan, catalan, germanique et slave*
Du slave « borotj », guerrier, combattant, fort, courageux, intrépide.

Borlion *catalan*
Recensé une fois à Perpignan, entre 1636 et 1645.

Boromée *français*
Dérivé de Borromée.

Boronte *basque*
Variante de Front, du latin « frons », front. Enregistré à Isaba, en Navarre, au Pays basque, en 1366.

Borrel *catalan*
De l'ancien occitan « borrel », en ancien français « bourrel », harnais, collier.

Borromée *italien*
Saint, né en 1538, neveu du pape Pie IV.

Bothon *français*
L'un des chefs des armées de Rollon. Il a conquis Bayeux, en 889 et devient l'un des premiers comtes normands.

Bouchard *français*
Figure parmi les noms de baptême les plus courants en France, entre le Xe et le XIe siècle.

Bourhane *arabe*
De « burhân », désigne une preuve évidente venant de Dieu.

Bradan *anglo-saxon*
Saint, vénéré dans l'île de Man.

Braha *français*
Diminutif d'Abraham.

Brancas *français*
Du nom latin Pancratius. Saint, évêque de Taormine.

Brancat *catalan*
Variante phonétique de Pancrace. Recensé seize fois à Perpignan, entre 1516 et 1738.

Brand *scandinave*
De l'ancien scandinave commun « brandr », substantif désignant une épée ou une lame d'épée.

Brandain *français*
Du nom latin Brandanus. Saint, abbé de Cluainfert en Irlande.

Brandan *breton et irlandais*
Variante de Brendan, du nom irlandais Brenainn.

Brandon *anglo-saxon*
Enregistré à Colmar, dans le Haut-Rhin, le 9 décembre 1994.

Branford *anglo-saxon*
Branford Marsalis, saxophoniste de jazz.

Brendan *anglo-saxon et breton*
Du nom irlandais Brenainn. Brendan, Irlandais né vers 486, fonda plusieurs monastères dans le pays de Galles et fut l'abbé de l'un d'eux.

Bremond *catalan*
Prieur du monastère de Sant Pol de Mar, en Maresme, de 1084 à 1090 et de 1200 à 1204.

Brendan *anglo-saxon et breton*
Du nom irlandais Brenainn.

Brendon *breton*
Dérivé de Brendan.

Brennan *anglo-saxon*
De l'irlandais O'Brennan, forme anglicisée du gaélique O'Braonain, descendant de Braoin, nom gaélique signifiant chagrin, tristesse ou du vieil anglais « burnand », main brûlée, se référant à une vieille coutume qui consistait à brûler les mains de ceux qui enfreignaient la loi.

Brett *anglo-saxon*
Variante de Bernard.

Breval *breton*
Variante ancienne servant de racine à d'autres prénoms tels que Brewal et Brevalaer.

Brice *anglo-saxon, breton et français*
Du celtique « brigh », force, puissance ou du latin « brictius » dérivé du celtique « bri », considération.

Bricet *français*
Variante diminutive de Brice.

Brien *anglo-saxon*
Variante de Brian.

Briton *catalan et français*
Saint, adversaire des hérétiques de type gnostique, fut évêque de Trèves. Il est mort en 386.

Brik *kabyle*
Pot en terre.

Brook *anglo-saxon*
Brook Fuller, acteur dans le film de Terence Young *L'Arbre de Noël* (1969).

Brooklyn *anglo-saxon*
Prénom du fils de David Beckham, célèbre footballeur anglais des années 2000.

Brunel *français*
Dérivé de Brun, du germanique « brunja », cuirasse, armure ou du latin « brunus », brun.

Brunet *gascon*
Dérivé de Brun. Enregistré en Béarn et en Bigorre du XIe au XIVe siècle.

Bryak *français*
Variante de Briag, de « bri », considération, dignité et du suffixe en « -ag ».

Bulawan *kabyle*
Le beau sourcil.

Burdin *français*
Enregistré à Reims, au XIVe siècle.

Burel *basque*
Enregistré en Navarre, au Pays basque, en 1142 et en 1153.

Burgard *germanique*
Variante de Burchard.

Burnon *basque*
Variante de Bruno.

Burton *anglo-saxon*
Burton Richter, américain, prix Nobel de physique en 1976.

Bury *slave*
Dérivé diminutif de Burkhard.

Buster *anglo-saxon*
Buster Keaton, acteur américain du cinéma muet.

Byron *anglo-saxon*
Fils de Matthew Fox, acteur américain, né en 2001.

Nouveau pays, nouveau prénom ?

En France, 20 % des étrangers qui souhaitent acquérir la nationalité française demandent à changer de prénom*. Seuls 7 % à 8 % changent également de patronyme, soit environ cinq cents personnes par an.
Si un jour, ces personnes désirent retrouver leur véritable identité, la procédure sera longue et compliquée et les obligera probablement à saisir la Commission européenne des droits de l'homme. Cette démarche n'est pas assurée de succès puisque les magistrats européens ont rejeté la requête d'un Suédois d'origine finlandaise dont le patronyme était difficile à prononcer en suédois. Ils ont estimé que le nom porté n'entraînait pas de troubles suffisamment graves dans la vie personnelle de cette personne.
En Grande-Bretagne, la législation est plus souple. Chacun peut changer de nom à sa guise au moment de l'établissement de sa pièce d'identité.

* Selon *La Francisation des noms*, de Claude Lapierre, paru en 1993.

C

Cadell *anglo-saxon*
Saint, gallois, vécut au VIIe siècle.

Cadenet *français*
Troubadour originaire de Provence, « d'un castel qui a nom Cadenet, et qui se trouve sur la rive droite de la Durance, dans le comté de Folcalquier ».

Cadet *français et normand*
Du latin « catellus », petit chien. Le cadet est le plus jeune des enfants.

Cadfan *breton*
Saint, né en Bretagne, qui a vécu au pays de Galles où il fonda plusieurs monastères. Il est mort au début du VIe siècle.

Cadroel *écossais*
Saint, fils d'un prince écossais, fut élevé en Irlande. Après un séjour en Angleterre, il vint en France et entra chez les bénédictins de Fleury. Il est mort en 976.

Caetano *galicien*
Variante de Gaëtan, du latin « Caietanus », originaire de la ville de Caieta.

Caitan *galicien*
Variante de Gaëtan, du latin « Caietanus », originaire de la ville de Caieta.

Caleb *hébreu*
Variante de Kalèv, chien. Dans la Bible, Caleb est un chef hébreu, compagnon de Josué.

Calisto *italien*
Variante de Caliste, du grec « kallistês », le plus beau. Au nord des Pyrénées, ce prénom a été recensé une fois à Perpignan, entre 1636 et 1645.

Calistu *corse*
Variante de Caliste, du grec « kallistês », le plus beau.

Calix *français*
Variante orthographique de Calixte, du grec « kallistês », le plus beau.

Calixte *catalan et français*
Du grec « kallistês », le plus beau.

Calmin *français*
Saint né en Auvergne, fonda l'abbaye de Villars et celle de Mauzac, près de Riom. Il est mort vers 690.

Calvin *anglo-saxon*
Calvin Coolidge, président républicain des États-Unis de 1923 à 1929.

Camel *à déterminer*
Variante de Kamel issu de Kamal, perfection, plénitude.

Camilien *français*
Saint, évêque de Troyes en 478, assista au concile d'Orléans en 511.

Camille *anglo-saxon et français*
Du latin « camillus », nom du jeune homme qui assistait le prêtre pendant les sacrifices à Rome.

Cancien *français*
Attribué le 21 février 1797, à Étrechy, dans l'Essonne, au fils d'un maçon.

Candée *français*
Variante abréviative de Candide, du latin « candidus », d'un blanc brillant.

Cannat *français*
Saint, succéda à saint Honorat comme évêque de Marseille au Ve siècle.

Cansu
Enregistré à Colmar, dans le Haut-Rhin, le 1er juin 1995.

Cantien *français*
Du nom latin Canutus. Saint Cantien serait mort martyr à Aquilée vers 304.

Caprais *français*
Saint, né en Gaule, vécut en ermite dans l'île de Lérins. Nommé évêque d'Arles, il devint abbé de l'abbaye fondée par saint Honorat. Il est mort vers 430. Prénom surtout utilisé en Agenais.

Caranec *français*
Du nom latin Carentocus. Saint Caranec était abbé en Irlande.

Cardin *français*
Diminutif de Ricard, lui-même diminutif de Richard.

Cardon *français*
Variante de Chardon, du provençal « cardoun » ou du latin « carduus ». Dans le glossaire géographique de la France, ce mot désignait une localité où il y avait eu primitivement des champs de chardons.

Carl *anglo-saxon*
Variante de Charles, du germanique « karl », viril. Le vieil haut-allemand « charal », le vieux scandinave « karlar », l'anglo-saxon « ceorlas » et l'allemand « kerl » signifient luron, gaillard.

Carlemens *français*
Dérivé de Charles. Enregistré à Chauny dans l'Aisne, le 11 juillet en 1815.

Carles *catalan et gascon*
Variante de Charles. Enregistré en Béarn et en Bigorre du XIe au XIVe siècle.

Carloman *français*
Variante de Charlemagne, dérivé de Charles. Saint Carloman, né en 707, fils aîné de Charles Martel et frère de Pépin le Bref, devint roi d'Austrasie. Il est mort en 755 à Vienne.

Carmel *français*
Du latin « carmus » qui désignait un religieux de l'ordre des Carmes.

Carlton *anglo-saxon*
Carlton Magee, américain, inventeur du parcmètre en 1935.

Carsten *germanique*
Dérivé bas-allemand de Christian. Très populaire en Allemagne, particulièrement en Frise et en Basse-Saxe.

Cary *anglo-saxon*
Cary Grant, acteur, pseudonyme d'Archibald Leach.

Casimir *anglo-saxon, catalan, français et polonais*
Du polonais « kasimierz », qui établit la paix ou de « kas », assemblée.

Caspar *français*
Variante de Gaspard.

Cassiano *italien*
Variante de Cassien.

Cassien *français*
Du latin « cassius », nom d'une famille romaine, pauvre et démunie.

Cassius *anglo-saxon, catalan et français*
Variante latine de Cassien, du latin « cassius », nom d'une famille romaine, pauvre et démunie.

Catarino *italien*
Catarino Cornaro, opéra italien, musique de Donizetti. Représenté à Naples, au Théâtre San Carlo, saison du Carnaval, le 12 janvier 1844.

Cathan *irlandais*
Saint irlandais, aurait été évêque dans l'île de Bute au VIe ou VIIe siècle. Il est enterré près de Londonderry.

Cathelin *français*
En France, en Seine-Maritime, ce prénom est attesté à Saint-Remy-de-Dieppe, le 6 février 1622.

Catherin *français*
Usité dans la vicomté d'Arques, en Seine-Maritime, au XVIe siècle.

Cayetano *castillan et catalan*
Variante de Gaétan. Ce prénom a été recensé neuf fois à Perpignan dans les Pyrénées-Orientales entre 1676 et 1725.

Cearan *irlandais*
Saint irlandais, fut abbé dans le comté de Meath. Surnommé « le pieux », il est mort en 870.

Cebria *catalan*
Variante de Cyprien, du grec « kupris » ou du latin « cyprius », originaire de l'île de Chypre, lieu de naissance de Vénus.

Cecil *anglo-saxon et catalan*
Variante de Cécile, du latin « caecus », aveugle ou de Caecilia, nom d'une célèbre famille romaine. Cecil B De Mille, réalisateur américain des *Dix Commandements*, entre autres.

Cécilien *français*
Dérivé de Cécile. Saint Cécilien, prêtre de Carthage au IIIe siècle, convertit saint Cyprien.

Cedmon *anglo-saxon*
Saint Cedmon, valet de ferme, devint frère lai au monastère de Whitby où il écrivait en vers. Il est mort vers 680.

Cédric *français et scandinave*
Du vieil anglais « caddaric », guerrier, chef de guerre ou du gallois « ceredig », aimable.

Cedro *hispanique*
Diminutif d'Isidoro, variante d'Isidore, du grec Isis, nom de la déesse et « dôron », cadeau, présent.

Célerin *français*
Saint Célerin, africain, a été emprisonné sous Dèce (empereur de 249 à 251) à Rome. Libéré, il repartit pour Carthage où il fut ordonné diacre par saint Cyprien. Il est mort après 250.

Célestin *français*
Du latin « caelestis », céleste.

Célian *français*
Variante de Célien. Enregistré à Colmar dans le Haut-Rhin, le 10 octobre 1995.

Célien *français*
Saint africain, mort martyr avec ses compagnons.

Cem
Enregistré à Colmar dans le Haut-Rhin, le 14 septembre 1995.

Cengishan
Enregistré à Colmar dans le Haut-Rhin, le 13 avril 1995.

Cenón *hispanique*
Variante de Zénon, du latin « Zeno », dérivé du grec « Zènon » ou « zénos » dont la première version devait être « Zen », qui a rapport avec Zeus, divinité grecque qui signifie le ciel. La vie est un don de Zeus ou transformation de la terminaison grecque « xenos », étranger.

Céran *français*
Saint, successeur de Simplice comme évêque de Paris, participa au concile de Paris en 614.

Cerboney *français*
Du nom latin Cerbonius.

Cerbonnet *français*
Variante orthographique de Cerboney. Enregistré à Chauny, dans l'Aisne, le 16 octobre 1817.

Cergio *hispanique*
Variante de Serge, du latin « sergius », garde. Nom d'une famille romaine d'origine étrusque.

Cernin *français*
Dérivé de Saturnin, de Saturnus, nom d'un dieu de la mythologie latine.

Cesario *italien*
Variante de César, du latin « caesaries », chevelu ou « cadere », couper.

Césariot *français*
Dérivé de César. Dans la trilogie de Marcel Pagnol, Césariot est le fils de Fanny et de Marius, par celui-ci, il est le petit-fils de César.

Ceslas *slave*
Saint polonais, frère prêcheur, directeur spirituel de la duchesse sainte Hedwige de Pologne. Il est mort en 1242.

Cezary *polonais*
Variante de César, du latin « caesaries », chevelu ou « cadere », couper.

Chabane *arabe*
De « chabân », huitième mois du calendrier islamique.

Chafat *hébreu*
A jugé. Dans la Bible, Chafat, père du prophète Elie, est le chef de la tribu de Siméon.

Chaffrey *français*
Enregistré à Elva, en Italie, le 21 septembre 1872.

Chahan *arménien*
D'origine perse, forme abrégée de Chahanchah, le Roi des rois.

Chakib *arabe*
Qui donne beaucoup.

Chakir *arabe*
Remerciant.

Chalev *hébreu*
Calme, paisible.

Challe *français*
Variante de Charles. En Seine-Maritime, ce prénom est attesté à Montivilliers, dans la paroisse de Sainte-Croix, le 11 novembre 1589 et à Fauville-en-Caux, le 3 février 1727.

Cham *hébreu*
Chaud. Dans la Bible, Cham est le second fils de Noah, l'un des trois fondateurs de l'humanité après le déluge.

Chamond *français*
Saint, courtisan de Clovis II, devint archevêque de Lyon. Il est mort en 657, assassiné par le maire du palais royal.

Chan *basque*
Autorisé par le greffe du tribunal civil de Bayonne, en décembre 1957.

Chand *hindou*
Du sanscrit « candra », la lune, resplendissant. Aussi abréviatif de nombreux prénoms.

Chane *kabyle*
Attention ! Peut s'employer également pour dire que quelqu'un a de l'importance ou s'en donne.

Chango *basque*
Autorisé par le greffe du tribunal civil de Bayonne, en décembre 1957.

Chano *cubain et hispanique*
Diminutif de Santiago. Composé de « sant », saint et d'« iago », venant de Jakobo, Jacob, de l'hébreu « ya'aqob », que Dieu favorise, qui supplante.

Chardri *français*
Chardri, poète anglo-normand du début du XIIIe siècle, vivait en Angleterre. On lui doit une longue version de la légende de « *Josaphat* » et un poème sur les « *Sept Dormants* » composé avant 1216.

Charel
Dérivé de Charles, du germanique « karl », viril. Le vieil haut-allemand « charal », le vieux scandinave « karlar », l'anglo-saxon « ceorlas » et l'allemand « kerl » signifient luron, gaillard.

Charley *anglo-saxon*
Variante de Charles, du germanique « karl », viril. Le vieil haut-allemand

« charal », le vieux scandinave « karlar », l'anglo-saxon « ceorlas » et l'allemand « kerl » signifient luron, gaillard.

Charlton *anglo-saxon*
Dérivé de Charles. Charlton Heston, acteur américain, rendu célèbre par plusieurs films.

Chavo *hispanique*
Diminutif de Salvador, variante de Sauveur, du grec « sôter ».

Checo *hispanique*
Diminutif de Sergio, variante de Serge, du latin « sergius », garde. Nom d'une famille romaine d'origine étrusque.

Chefu *kabyle*
Mémoire.

Cheikh *arabe*
De « chaykh », plein de sagesse, maître vénérable, guide spirituel.

Chély *français*
Saint Chély, né à Mende, devint ermite, puis moine à Lérins. Nommé évêque de Mende, il assista au concile d'Auvergne en 535. Il est mort en 535.

Chérémon *français*
Saint, évêque de Nilopolis en Égypte, s'enfuit dans les montagnes du désert arabe avec ses compagnons pour éviter les persécutions de Dèce. Il y disparut après 250.

Chéron *français*
Saint, romain, évangélisateur en Gaule au Ve siècle, assassiné par des brigands près de Chartres. Une église et une abbaye ont été construites sur sa tombe.

Cherry *anglo-saxon*

Chester *anglo-saxon*
Chester A. Arthur, président républicain des États-Unis de 1881 à 1885.

Chetel *ancien scandinave*
Diminutif de Chestellus, du substantif « ketill », chaudron.

Chidro *hispanique*
Diminutif d'Isidoro, variante d'Isidore, du grec Isis, nom de la déesse et « dôron », cadeau, présent.

Chilben *basque*
Autorisé par le greffe du tribunal civil de Bayonne, en décembre 1957.

Childebert *français*
Prénom médiéval, du germanique « hild », combat et « berht », brillant, renommé.

Childéric *français*
Prénom médiéval, attribué à Marconne, dans le Pas-de-Calais, le 15 juillet 1840 au fils d'un faiseur de bas.

Chilpéric *français*
Chilpéric Ier (539-584), fils de Clotaire Ier et de Frédégonde, roi de Neustrie et de Soissons de 561 à 584. Chilpéric II (670-721), roi de Neustrie de 715 à 721.

Chiran *hébreu*
Poétique.

Chobal *hébreu*
Traînée, trace. Dans la Bible, Chobal fait partie de la tribu de Juda.

Chobat *basque*
Autorisé par le greffe du tribunal civil de Bayonne, en décembre 1957.

Chokri *arabe*
Qui est reconnaissant.

Chrétien *français*
Dérivé de Christian, du grec « khristos », messie ou du latin « christianus », chrétien, disciple du Christ.

Chris *anglo-saxon et français*
Dérivé et diminutif de Christian ou de Christine, du grec « khristos », messie ou du latin « christianus », chrétien, disciple du Christ.

Christau *catalan*
Dérivé de Christian. Ce prénom a été recensé trois fois à Perpignan, entre 1546 et 1575.

Christobal *français*
Dérivé de Christophe, du grec « khristos », Christ et « phoros », qui porte.

Christopher *anglo-saxon*
Variante de Christophe, du grec « khristos », Christ, et « phoros », qui porte.

Christos
Dérivé de Christian, du grec « khristos », messie ou du latin « christianus », chrétien, disciple du Christ.

Chuck *anglo-saxon*
Variante de Charles, du germanique « karl », viril. Le vieil haut-allemand « charal », le vieux scandinave « karlar », l'anglo-saxon « ceorlas » et l'allemand « kerl » signifient luron, gaillard.

Cian *gallois*
Saint gallois, vécut en ermite au VIe siècle.

Ciaran *irlandais*
Saint irlandais, fut abbé dans le comté de Meath. Surnommé le pieux, il est mort en 870.

Cibran *galicien*
Variante de Cyprien, du grec « kupris » ou du latin « cyprius », originaire de l'île de Chypre, lieu de naissance de Vénus.

Cihad
Enregistré à Colmar, dans le Haut-Rhin, le 13 avril 1995.

Cilien *français*
Du latin Ciliani. Saint Cilien, confesseur, originaire du Bas-Poitou, est cité dans un manuscrit de la Bibliothèque nationale de France.

Ciprien *français*
Variante de Cyprien, du grec « kupris » ou du latin « cyprius », originaire de l'île de Chypre, lieu de naissance de Vénus.

Ciriaco *castillan et italien*
Variante de Cyriaque. Saint, né en Inde en 1805, devint supérieur général des Carmes de l'Immaculée Conception. Il est mort en 1871 et fut béatifié en Inde en 1986.

Ciril *catalan*
Variante de Cyrille, du grec « kurios », seigneur, consacré au divin.

Cirus *catalan*
Variante de Cyrus, du grec « kurios », seigneur, consacré au divin ou du vieux persan « kürush », soleil ou encore de l'hébreu « korèsh », trône.

Clar *catalan*
Dérivé de Clair, du latin « clarus », brillant, illustre. En Roussillon, Clar, évêque d'Elne en 683.

Clarembaud *français*
Clarembaud d'Arras fut successivement prévôt en 1152, puis archidiacre d'Arras de 1156 à 1173.

Clarence *anglo-saxon*
Dérivé de Claire, du latin « clarus », brillant, illustre. Saint, succéda à saint Ethète au siège épiscopal de Vienne. Il est mort vers 620.

Clarent
Variante de Clair, du latin « clarus », brillant, illustre.

Claris *français*
Variante de Clair, du latin « clarus », brillant, illustre.

Clary *français et italien*
Variante de Clair, du latin « clarus », brillant, illustre.

Claudet *français*
Dérivé de Claude, du latin « claudus », boiteux.

Claudien *français*
Dérivé de Claude, du latin « claudus », boiteux.

Clebert *français*
Variante de Kléber. Enregistré à Caullery, dans le Cambrésis, le 13 février 1845.

Clemens *catalan, germanique et néerlandais*
Variante de Clément, du latin « clemens », doux, bon.

Clémentin *français*
Dérivé de Clément, du latin « clemens », doux, clément.

Cléomène *français*
En grec, esprit glorieux. Selon Plutarque, Cléomène était roi de Sparte.

Cléomire *français*
Enregistré dans le département de la Somme, à Saint-Vast-en-Chaussée, le 10 mai 1849.

Clerc *français*
Clerc de Vaudoy, jongleur à l'identité inconnue, appartenait à une catégorie d'amuseurs assez modestes. Il rédigea plusieurs ouvrages dont le plus important, le *Dit des droits*, a été composé après 1237. Ce texte fait partie des poésies morales du XIIIe siècle. Il est conservé dans onze manuscrits.

Clermont *français*
En Normandie, ce prénom a été attribué à Roiville, dans l'Orne, le 25 décembre 1872.

Clérot *français*
En France, ce prénom est attesté, dans le département du Calvados, dans un registre du tabellionage d'Argences, Troarn et Varaville, entre 1386 et 1417.

Clet *français*
Dérivé et diminutif d'Anaclet, du grec « anaklesis », action de demander. En grec, au sens mystique, rappelé.

Clézin *français*
En France, entre 1813 et 1872, ce prénom n'a été recensé qu'une fois à Agon, dans la Manche, en 1813.

Cliff *anglo-saxon*
Dérivé de Clifford. D'un ancien nom de lieu anglo-saxon. Cliff Richard, chanteur anglais des années 1960 très inspiré d'Elvis Presley.

Clifford *anglo-saxon*
D'un ancien nom de lieu anglo-saxon.

Climent *catalan*
Dérivé de Clément, du latin « clemens », doux, clément. En Roussillon, Climent de Montesquieu, abbé commendataire de Santa Maria de Vallbona, de 1695 à 1730.

Clinton *anglo-saxon*
Clinton Davisson, américain, prix Nobel de physique en 1937.

Clodion *français*
Dérivé de Cloud, du germanique « hlod », gloire et « waldan », gouverner. Prénom médiéval.

Clodoald *français*
Dérivé de Cloud, du germanique « hlod », gloire et « waldan », gouverner. Prénom médiéval.

Clodomir *français*
Dérivé de Cloud, du germanique « hlod », gloire et « waldan », gouverner. Prénom médiéval. Un certain Clodomir François est décédé en 1851 à Saint-Vast, dans la Somme.

Clotaire *français*
Dérivé de Clotilde, du germanique, « hlod », gloire, célébrité, renommée, et « hilde », combat. Clotaire Ier (497-561), roi de Soissons, fils de Clothilde la Sainte. Prénom très ancien.

Cloud *français*
Du germanique « hlod », gloire et « waldan », gouverner. Saint né en 605,

fils de saint Arnoul à qui il succéda sur le siège épiscopal de Metz en 656. Il est mort en 696.

Clovis *français*

Du germanique « hlod », gloire et « hilde », combat ou adaptation, du nom latin Clodovicus. Clovis, roi des Francs, (466-511), fils de Chilpéric Ier, baptisé par saint Rémi de Reims, le 25 décembre 499.

Codoman

Darius-Codoman, tragédie en cinq actes et en vers, par le citoyen C.-A. Devineau de Rouvray, parue à Paris en 1803.

Codrat

Saint Codrat, grec, aurait vécu caché dans la forêt alors qu'il était enfant pour échapper aux persécutions de Dèce. Mais il est mort martyr avec ses compagnons, vers 258, décapité à Corinthe, sous Valérien.

Colard *français*

Colard le Bouteillier, trouvère arrageois durant le dernier tiers du XIIIe siècle, est l'auteur de douze chansons d'amour et d'un jeu-parti.

Colart *français*

Baude Fastoul, poète arrageois, avait pour ancêtre un Baudouin ou Baude Fastoul, apparenté à Colart et à Josin Fastoul.

Colas *français*

Dérivé diminutif de Nicolas, du grec « nikè », victoire et « laos », synonyme de « démos » peuple (« laus », louange en latin). Le vainqueur des peuples.

Colet *grec*

Dérivé diminutif de Nicolas, du grec « nikè », victoire et « laos », synonyme de « démos » peuple (« laus », louange en latin). Le vainqueur des peuples. Attesté à Rouen, en 1390.

Colin *anglo-saxon et français*

Dérivé diminutif de Nicolas, du grec « nikè », victoire et « laos », synonyme de « démos » peuple (« laus », louange en latin). Le vainqueur des peuples. Attesté, dans le département du Calvados, dans un registre du tabellionage d'Argences, Troarn et Varaville, entre 1386 et 1417.

Colinet *français*

Diminutif de Colin, dérivé de Nicolas, du grec « nikè », victoire et « laos », synonyme de « démos » peuple (« laus », louange en latin). Le vainqueur des peuples.

Collas *français*

Variante de Colas, dérivé de Nicolas, du grec « nikè », victoire et « laos », synonyme de « démos » peuple (« laus », louange en latin). Le vainqueur des peuples. Dans le département de l'Eure, ce prénom a été attribué, à Daubeuf-la-Campagne, le 25 juin 1630.

Collenet

Variante de Colin, dérivé de Nicolas, du grec « nikè », victoire et « laos », synonyme de « démos » peuple (« laus », louange en latin). Le vainqueur des peuples. En Haute-Normandie, Collenet Charon est exempté de payer l'impôt du fouage à Dieppe, en 1479.

Colman *anglo-saxon et français*

Saint, anglais, vint vivre en Irlande au VIe siècle. Il fut l'abbé fondateur de Dromore dans le comté de Down.

Colomb *français*

Variante de Colomban, dérivé de Colombe, du latin « columba », colombe, pigeon. Évoque l'Esprit Saint, représenté par cet oiseau.

Colomban *irlandais*

Dérivé de Colombe, du latin « columba », colombe, pigeon. Évoque l'Esprit Saint, représenté par cet oiseau. Saint, moine irlandais, né à Leinster vers 543, quitta son pays vers 580. Il est mort en exil, en 615.

Colrat *français*

Dérivé de Conrad, du germanique « chuon », audacieux et « rad », conseil.

Colson *français*
Dérivé de Nicolas, du grec « nikè », victoire et « laos », synonyme de « démos », peuple (« laus », louange en latin). Le vainqueur des peuples. Utilisé en Champagne.

Colum *anglo-saxon*
Variante de Colomb, dérivé de Colombe, du latin « columba », colombe, pigeon.

Côme *catalan et français*
Du grec « kosmos », l'univers.

Compay *cubain*
Compay Segundo, né en 1908, célèbre chanteur cubain, auteur de *Chan Chan*, star du projet Buena Vista Social Club.

Conan *anglo-saxon, gaélique et germanique*
Du celtique « kuno », élevé, haut, intelligent ou de « cun » ou « con' », chien, en vieux breton ou en vieux gallois, Conan avait un sens guerrier.

Cône *français*
Du nom latin Conus. Saint, bénédictin en Italie.

Congar *anglo-saxon*
Saint, né dans le Devon, fonda plusieurs monastères au VIe ou VIIIe siècle.

Conleth *irlandais*
Saint Conleth, irlandais, moine reclus, fut nommé Directeur spirituel des religieuses de sainte Brigitte à Kildare. Il est mort vers 519.

Conogan *breton et français*
Saint, succéda à saint Corentin comme évêque de Quimper. Il est mort en 460.

Conrad *catalan, français et germanique*
Du germanique « chuon », audacieux et « rad », conseil.

Conradin *français*
Dérivé de Conrad, du germanique « chuon », audacieux et « rad », conseil.

Constancio *italien*
Dérivé de Constance, du latin constans constant, fidèle à soi-même.

Constant *français*
Du latin « constans », constant, fidèle à soi-même. Saint, irlandais, prêtre vivant en ermite, est mort en 777.

Constantien *français*
Saint, né en Auvergne, entra très jeune à l'abbaye de Micy, près d'Orléans, Il vécut ensuite en ermite dans le Maine et fut ordonné prêtre au Mans. Il est mort en 570.

Constantin *grec, français et slave*
Du latin « constans », constant, fidèle à soi-même. Constantin, premier empereur romain en 306, fils de sainte Hélène, a été converti au christianisme et fut baptisé peu avant sa mort en 337. Ce prénom a été très courant en Russie et dans l'église orthodoxe.

Contard *catalan et français*
Contard, prieur du monastère de Sant Pol de Mar, en Maresme, en 1091.

Coradin *français*
Euphrosine et Coradin ou le Tyran corrigé, opéra en trois actes en vers, de Hoffman, musique de Méhul. Représenté pour la première fois au Théâtre Italien, à Paris, le 4 septembre 1790.

Corbairan *gascon*
Enregistré en Béarn et en Bigorre, du XIe au XIVe siècle.

Corbican *gaélique et français*
Saint Corbican, irlandais, vécut en reclus au Pays-Bas où il instruisit les paysans au VIIIe siècle.

Corbin *anglo-saxon*
Corbin Bernsen, acteur américain qui tient le rôle de Mark dans le film américain *La Folie du doute* de Bill Corcoran (1983).

Corbinien *français*
Saint Corbinien, franc, né en 670, vécut en ermite pendant quatorze ans avant de se rendre à Rome. Il est mort en 730.

Corentin *breton et français*
Du celtique « carent », parenté, entourage ou du latin « carus », mot de même origine ou du breton « korventeen », tempête, ouragan.

Corianthe *français*
Enregistré le 21 messidor an II, soit le 9 juillet 1794, pour un enfant illégitime, né rue des Allemands à Metz, en Moselle.

Corneille *catalan et français*
Du nom latin Cornelius, nom d'une famille romaine, confondu avec le mot latin « cornix », corbeau.

Cornélien *français*
Dérivé de Corneille, du nom latin Cornelius, nom d'une famille romaine, confondu avec le mot latin « cornix », corbeau. Courant en France aux XVIe et XVIIe siècles.

Cornelius *anglo-saxon, français et germanique*
Variante de Corneille, du nom latin Cornelius, nom d'une famille romaine, confondu avec le mot latin « cornix », corbeau.

Corrado *maltais*

Corto *italien*
Corto Maltese est un héros de bandes dessinées. Enregistré à Paris, dans le XVIIIe arrondissement, le 18 décembre 1990.

Cosimo *corse et italien*
Dérivé de Côme, du grec kosmos, l'univers. En Corse, en 1763, Gian Cosimo Quilichini est élu piévan de la Camera de Sartène pour l'année suivante.

Cosimu *corse*
Dérivé de Côme, du grec « kosmos », l'univers.

Cosma *catalan et italien*
Variante de Côme, du grec « kosmos », l'univers. en 1674, Antoni Bonet, marchand de Perpignan, intente une procédure civile contre Cosma Rondony, tailleur, de Prats-de-Mollo.

Cosme *castillan, catalan, français et galicien*
Variante de Côme, du grec « kosmos », l'univers.

Costanzo *italien*
Dérivé de Constance, du latin « constans », constant, fidèle à soi-même.

Costas *grec*
Costas Kenteris, athlète grec, exclu des jeux Olympiques d'Athènes, en 2004, pour violation du règlement antidopage.

Costin *français*
Dérivé de Constantin, du latin « constans », constant, fidèle à soi-même.

Cotart *français*
Ce prénom est attesté à Rouen, en 1390.

Count *anglo-saxon*
Count Basie, musicien de jazz.

Craton *français*
Saint, professeur de rhétorique et philosophie, a été converti par saint Valentin. Il est mort martyr à Rome vers 273 avec toute sa famille.

Crépin *français*
Variante de Crispin, du latin « crispus », aux cheveux crépus.

Crépinien *français*
Variante de Crespinien, du latin « crispus », aux cheveux crépus. Saint patron des cordonniers avec saint Crépin et une chapelle leur est consacrée dans l'église d'Avesnes-sur-Helpe dans le Hainaut.

Crescent *français*
Variante de Crescentius, nom de famille de praticiens romains. Saint Crescent, disciple de saint Paul au IIe siècle, serait devenu évêque et serait mort martyr.

Cresencio *hispanique*
Dérivé de Crescentius, du nom de famille de praticiens romains.

Crespin *français*
Variante de Crispin, du latin « crispus », aux cheveux crépus. En Haute-Normandie, le prénom masculin Crespin figure dans la liste d'engagement d'accord des habitants de Rouen contre le doyen et chapitre de l'église Notre-Dame, en 1390.

Crespinien *français*
Variante de Crépinien et Crispinien, du latin crispus, aux cheveux crépus.

Cresques *catalan*
Variante de Cresque, du verbe latin « crescere », croître. En 1274, Cresques Astruch, juif de Perpignan, prêta trois mille sols barcelonais à l'abbé du monastère de Saint-Martin du Canigou.

Crestien *français*
Attesté, dans le département du Calvados, dans un registre du tabellionage d'Argences, Troarn et Varaville, entre 1386 et 1417.

Crispin *castillan, français et germanique*
Du latin « crispus », aux cheveux crépus.

Cristian *catalan*
Variante de Christian, du grec « khristos », messie ou du latin « christianus », chrétien, disciple du Christ.

Cristiano *italien*
Variante de Christian, du grec « khristos », messie ou du latin « christianus », chrétien, disciple du Christ.

Cristianu *corse*
Variante de Christian, du grec « khristos », messie ou du latin « christianus », chrétien, disciple du Christ.

Cristobal *castillan*
Variante de Christophe, du grec « khristos », Christ et « phoros », qui porte.

Cristoforo *italien*
Variante de Christophe, du grec « khristos », Christ et « phoros », qui porte.

Cristol *catalan*
Variante de Christophe, du grec « khristos », Christ et « phoros », qui porte.

Cristophe *anglo-saxon*
Variante de Christophe, du grec « khristos », Christ et « phoros », qui porte.

Croch *français et scandinave*
De l'ancien norrois « krókr », de l'ancien danois et de l'ancien suédois « krõkr ». Surnom français, Croc. Entre 1059 et 1066, un Croch est attesté à Touque, dans le Calvados.

Cuan *irlandais*
Saint irlandais, fondateur de nombreux monastères et de plusieurs églises, au VIe siècle, serait mort presque centenaire.

Cubert *anglo-saxon*
Dans la série *Harry Potter* de J.K. Rowling, parue en 2001, Cubert est le chef du bureau de liaison des gobelins.

Cugat *catalan*
Évolution phonétique du nom de saint Cucuphat, saint africain du IIIe siècle, mort martyr à Barcelone et toujours vénéré en Catalogne.

Cumian *irlandais*
Saint irlandais, évêque au VIIIe siècle, se retira comme moine dans l'abbaye bénédictine de Bobbio en Italie où il est mort.

Le hit-parade européen

En janvier 2007, chez les garçons, **Thomas** est leader en Belgique wallonne, troisième en Angleterre et quatrième en France. **Alexander** est au premier rang en Allemagne, tandis qu'**Alejandro** l'est en Espagne. **Sean** reste à la première place en Irlande. **Robbe** est classé premier en Belgique néerlandophone, et **Iker** est le plus sollicité des prénoms masculins du Pays basque.

Curd *germanique*
Dérivé de Conrad, du germanique « chuon », audacieux et « rad », conseil.

Curt *anglo-saxon*
Variante de Curd, dérivé de Conrad, du germanique « chuon », audacieux et « rad », conseil.

Cussot *français*
Attesté, dans le département du Calvados, dans un registre du tabellionage d'Argences, Troarn et Varaville, entre 1386 et 1417.

Cybard *français*
Saint, né en 504, duc du Périgord, se fit moine à Sessac. À partir de 542, il vécut en reclus à Angoulême où il dirigea la communauté qui s'était constituée près de sa caverne. Il est mort en 581.

Cyprian *anglo-saxon et germanique*
Variante de Cyprien, du grec « kupris » ou du latin « cyprius », originaire de l'île de Chypre, lieu de naissance de Vénus.

Cyprien *français*
Du grec « kupris » ou du latin « cyprius », originaire de l'île de Chypre, lieu de naissance de Vénus. Saint Cyprien fut évêque de Carthage.

Cyr *catalan et français*
Dérivé de Cyrus, du grec « kurios », Seigneur, consacré au Seigneur ou du vieux persan « kürush », soleil ou encore de l'hébreu « korèsh », trône.

Cyran *français*
Saint, franc, devint archidiacre de Tours, ville dont son père était l'évêque. Devenu moine, il est le fondateur de l'abbaye qui porte son nom. Il est mort vers 655 ou 690.

Cyriel *néerlandais*
Variante de Cyrille, du grec « kurios », seigneur, consacré au divin.

Cyrus *anglo-saxon, français, germanique et hébreu*
Du grec « kurios », seigneur, consacré au Seigneur ou du vieux persan « kürush », soleil ou encore de l'hébreu « korèsh », trône.

Cyrvan *français*
Du nom latin Cyprianus. Saint, confesseur dans le Poitou.

D

Dabert *français*
Dérivé de Dagobert.

Dace *français*
Saint qui aurait été évêque de Milan.

Daciano *castillan*
Du patronyme latin Dacianus. Saint mort martyr à Rome sous Adrien.

Dadjad *arménien*
Probablement du persan « dashad », cadeau.

Dag *scandinave*
Dérivé de Dagmar qui signifie le jour. Dag Hammerskjoeld, suédois, prix Nobel de la paix en 1961.

Dagan *breton et hébreu*
En hébreu, céréale.

Dahl *scandinave*
Jon Dahl Tomasson, footballeur danois, membre de l'équipe nationale du Danemark à l'Euro 2000.

Dahman *kabyle*
Du nom « ihma », c'est chaud.

Dahy *kabyle*
De « dihinna », là-bas.

Daidier *français*
Variante de Didier, du latin « desiderius », désir, formé sur le latin « desiderium », de « sidus », « sideris », astre.

Dain *français*
Du méridional « dan », surnom donné à un homme leste et agile.

Dalfin *français*
Variante de Dauphin, du latin « delphinus », du grec « delphis ».

Dalil *arabe*
Guide, preuve. En 2004, Dalil Boubakeur, recteur de la mosquée de Paris, est président du Conseil français du culte musulman.

Damarin *français*
Du nom latin Amarinus. Saint mort martyr à Volvic, en Auvergne.

Damase *français*
Du latin « dalmatius », originaire de Dalmatie. Enregistré à Caullery, dans le Cambrésis, le 19 août 1865.

Damian *basque, castillan, français, germanique, polonais et roumain*
Attesté à Montivilliers, en Seine-Maritime, dans la paroisse de Sainte-Croix, le 7 janvier 1683.

Damien *anglo-saxon et français*
De « Damianus » en latin, c'est-à-dire « originaire de Damas » ou du grec Damia, nom d'une divinité.

Damis *français*
Damis est l'un des personnages de *Isoline*, conte de fées en trois actes et dix tableaux d'André Messager (1853-1929), d'après un poème de Catulle Mendès (1841-1909).

Damon *français*
Attribué à Melleville, en Seine-Maritime, le 14 septembre 1897.

Damyan *grec*
Variante de Damien, de Damianus en latin, c'est-à-dire « originaire de Damas » ou du grec Damia, nom d'une divinité.

Dan *hébreu*
Dérivé de Daniel, de l'hébreu « dan », juge et « el », contraction d'« elohim », un des noms de Dieu, Dieu est mon juge. Dans la Bible, Dan est le fils de Jacob.

Danaos *grec*
Dans la mythologie grecque, Danaos est le descendant d'Io, père des Danaïdes.

Danel *basque*
Variante de Daniel, de l'hébreu « dan », juge et « el », contraction d'« elohim », un des noms de Dieu, Dieu est mon juge.

Danial *arabe*
Variante de Daniel, de l'hébreu « dan », juge et « el », contraction d'« elohim », un des noms de Dieu, Dieu est mon juge.

Dankrad *scandinave*
Variante de Tancrède, d'origine franque, du germanique « danc », pensée et « rat », conseil. Sage conseiller.

Dannel *hébreu*
Variante de Daniel, de l'hébreu « dan », juge et « el », contraction d'« elohim », un des noms de Dieu, Dieu est mon juge.

Danyel *anglo-saxon, basque, castillan, catalan, écossais, français, hébreu et polonais*
De l'hébreu « dan », juge et « el », contraction d'« elohim », un des noms de Dieu, Dieu est mon juge.

Daoud *arabe*
Variante de David, de l'hébreu, chéri, aimé. Dans le Coran, Daoud, prophète et roi, est le père de Sulaymân.

Daphnis *français*
Enregistré en Loire-Atlantique en l'an VI (1797-1798) pour le fils d'un officier de marine marchande, et en l'an VII (1798-1799) pour le fils d'une lingère célibataire.

Daquin *français*
Enregistré à Thezenay, dans les Deux-Sèvres, le 8 mars 1764 en mémoire de saint Thomas d'Aquin, dominicain, grand théologien.

Dardan *basque et français*
Saint, aumônier, mort martyr à Paris, le 2 septembre 1792.

Darder *catalan*
Recensé une fois à Perpignan, dans les Pyrénées-Orientales, entre 1586 et 1595.

Dario *basque, castillan et italien*
Du prénom grec Dareios, de Darayavahush, qui possède des richesses.

Darius *iranien, catalan et français*
En Iran, le tombeau du roi Darius Ier le Grand se trouve dans la nécropole royale de Naqsh-e Rostam, à quatre kilomètres de Persépolis.

Dark *anglo-saxon*
Dark Sidious, l'Empereur de *Star Wars*, film de George Lucas, paru en quatre épisodes de 1977 à 2005.

Daron *arménien*
Prénom apparu au XXe siècle.

Darry *anglo-saxon*
Darry Cowl, né en 1926, comédien et acteur, interprète comique français.

Dassene *kabyle*
L'autre jour.

Daudat *français*
Du nom latin Daudas. Saint mort martyr en Thrace.

Daulé *français*
Du nom latin Ethelvoldus. Saint qui aurait été évêque de Winchester.

Daunet *basque*
Enregistré à Mendionde et à Ustaritz, en Labourd, au Pays basque, en 1249.

Dauphin *français*
Variante de Delphin, du latin « delphinus » ou du grec « delphis ».

Daurel *français*
Daurel et Beton est le titre d'une chanson de geste occitane, se rattachant

à la chanson de geste française. Manuscrit unique du XIVe siècle, il est conservé à la Bibliothèque nationale de France.

Dave *anglo-saxon*
Diminutif de David, de l'hébreu « daoud » ou « yadad », aimé, chéri, estimé.

Davet
Attesté à Rouen, en 1390.

Davidde *corse*
Variante de David, de l'hébreu « daoud » ou « yadad », aimé, chéri, estimé.

Davin *français*
Saint arménien, mort en 1051, à Lucques en se rendant en pèlerinage vers Rome et Compostelle. Attesté à Rouen, en 1390.

Davis *anglo-saxon*
Variante de David, de l'hébreu « daoud » ou « yadad », aimé, chéri, estimé.

Davit *basque*
Variante de David. Enregistré à Estella et à Elciego, en Navarre, au Pays basque, en 1366.

Davy *anglo-saxon*
Dérivé diminutif de David, de l'hébreu « daoud » ou « yadad », aimé, chéri, estimé.

Davyd *ukrainien*
Variante de David. Surtout rencontré sur la rive droite du Dniepr, il a été particulièrement porté sous l'ancienne Ukraine russe.

Daw *anglo-saxon*
Dérivé écossais de David, de l'hébreu « daoud » ou « yadad », aimé, chéri, estimé.

Dawid *anglo-saxon*
Dérivé écossais de David, de l'hébreu « daoud » ou « yadad », aimé, chéri, estimé.

Dawie *anglo-saxon*
Dérivé écossais très ancien de David, de l'hébreu « daoud » ou « yadad », aimé, chéri, estimé.

Dawit
Dérivé très ancien de David, de l'hébreu « daoud » ou « yadad », aimé, chéri, estimé.

Dayer *kabyle*
Diminutif d'« abendayer », tambour.

Dazio *italien*

Dean *anglo-saxon*
Dans *Harry Potter* de J. K. Rowling, paru en 2001, Dean Thomas est un élève de Poudlard.

Deavid *anglo-saxon*
Autorisé à Lille, dans le Nord, en 1977.

Déclan *irlandais*
Saint, disciple de saint Colman. Il a été évêque en Irlande au Ve siècle.

Dehmel *arabe*

Dejan
Enregistré à Colmar, dans le Haut-Rhin, le 16 novembre 1995.

Deker *hébreu*
Variante de Déqer.

Delbin *basque*
Variante de Delphin.

Delf *normand et scandinave*
Dérivé diminutif de Detlef, du germanique « diet », peuple et « lef », descendant ou forme basse allemande d'un prénom disparu, Dietleib.

Delfi *catalan*
Variante de Delphin, du grec « delphis », dauphin.

Delfin *castillan et français*
Variante de Delphin, du grec « delphis », dauphin. Enregistré à Valloire, en Savoie, après 1840.

Delmer *français*
Enregistré à Caullery, dans le Cambrésis, lors d'un décès, le 13 décembre 1854.

Delvaz *kabyle*
Faucon.

Demian *germanique*
Variante de Damien, de « Damianus » en latin, c'est-à-dire « originaire de Damas » ou du grec Damia, nom d'une divinité.

Denes *grec et hongrois*
Variante de Denis, du grec « dionysos », fils de Dieu.

Denez *breton*
Variante de Denis, du grec « dionysos », fils de Dieu.

Denice *anglo-saxon, français et grec*
Variante de Denis, du grec « dionysos », fils de Dieu.

Deniel *breton*
Dérivé du nom biblique Daniel. Saint, parmi les saints fondateurs de la Bretagne.

Denig *breton*
Dérivé diminutif de Madenig donc de Maden, forme évoluée de Sanctus Madon(ius) cité en 1457 dans un missel, de « mad », bon avec la terminaison « on ».

Deniss *slave*
Variante de Denis, du grec « dionysos », fils de Dieu.

Denla *dogon (Mali)*
De « dey », à part et de « la », ce n'est pas.

Denney
Variante de Denis, du grec « dionysos », fils de Dieu.

Dennis *anglo-saxon et néerlandais*
Variante de Denis ou anglicisation de Duncan, du grec « dionysos », fils de Dieu.

Denny *anglo-saxon*
Variante de Denis, du grec « dionysos », fils de Dieu.

Denzel *anglo-saxon*
Du nom germanique Denzo. Denzel Washington, acteur noir américain qui tient le rôle du lieutenant colonel Nat Sterling dans *À l'épreuve du feu*, film américain d'Edward Zwick.

Déodat *catalan et français*
Dérivé de Dieudonné, donné par Dieu. Saint, évêque de Nevers en 655, se fit ermite dans les Vosges.

Derek *anglo-saxon*
Dérivé de Thierry, du germanique « diet », peuple et « ric », puissant. Derek Harold-Barton, anglais, prix Nobel de chimie en 1969.

Derkie
Dérivé de Thierry, du germanique « diet », peuple et « ric », puissant.

Dernan *kabyle*
Rajouter.

Derrick *anglo-saxon*
Derrick Tyburn, bourreau de Londres, inventa une nouvelle forme de potence, qui a été désignée par son prénom.

Dersou *asiatique*
Dersou Ouzala, héros du film qui porte son nom, réalisé par le Japonais Kira Kurosawa.

Dersu *asiatique*
Variante de Dersou.

Dertad *arménien*
De Tirdata, de Tir, dieu de l'Écriture. Dertad III, roi arménien du IIIe siècle, élevé chez les Romains et protégé par Néron, il persécuta les chrétiens. Gravement malade, sa sœur lui conseilla de se convertir. En 301, il adopta le christianisme comme religion officielle.

Desmond *anglo-saxon et germanique*
Du gaélique « deasmumhain », originaire du sud de Munster.

Detlef *germanique et normand*
Du germanique « diet », peuple et « lef », descendant ou forme basse-allemande d'un prénom disparu, Dietleib.

Detlev *germanique*
Variante de Detlef. Detlev von Liliencron (1844-1909), poète allemand.

Deudat *catalan*
Dérivé de Dieudonné, donné par Dieu. Deudat, fils d'Hisendats, barcelonais et chanoine de la cathédrale, évêque de Barcelone, de 1010 à 1029.

Deulosal *catalan*
Deulosal Selva est cité comme habitant de Collioure, en 1292.

Devdas *hindou*
Devdas Gandhi (1900-1957), fils cadet du Mahatma Gandhi et de Kasturba Gandhi.

Devi *breton*
Variante évolutive de Dewi. Enregistré dès 1477.

Devran
Attribué à La Chapelle-lez-Herlaimont, dans le Hainaut, entre le 1er mai et le 30 juin 2004.

Dewi *breton, gallois*
En gallois, dérivé de la forme ancienne Dewydd, variante de David et de Dahud. En vieux breton, « Sanctum Deuium », de « Daui », « Dauui », puis « Deugui » et « Devi ».

Dexter *anglo-saxon*
Variante de Deter, dérivé de Thierry, du germanique « diet », peuple et « ric », puissant.

Deyes *catalan*
Entre 1454 et 1468, le secrétaire de l'aljama de Perpignan, Deyes Manaffem, ainsi que le recteur, donnent caution pour une livre sept sols et six deniers, dus par quelques pauvres, pour les bains et pour l'école.

Deziu *breton*
Fêté le 16 septembre.

Dhia *arabe*
Dhia Azzaoui, artiste peintre, né en 1939 à Bagdad en Irak, vit et travaille à Londres.

Diago *basque*
Variante de Didako, dérivé de Didace, du grec « didaskein », enseigner.

Diagot *basque*
Variante de Didako. Enregistré à Pampelune, en Navarre, en 1366.

Dichan *hébreu*
Bouquetin. Dans la Bible, Dichan est le fils de Séïr.

Dick *anglo-saxon*
Dérivé de Richard, du germanique « ric », puissant et « hard », fort, dur.

Dicklan *anglo-saxon*
Dérivé de Richard. Attribué à Morlanwelz, dans le Hainaut, entre le 1er mai et le 30 juin 2004.

Dicky *anglo-saxon*
Dérivé de Richard, du germanique « ric », puissant et « hard », fort, dur.

Didace *hispanique*
Du grec « didaskein », enseigner. Saint, né à Burgos, en Espagne, en 1627.

Didion *français*
Variante de Didier ou de Dieudonné. Relevé à Conflans-en-Jarnisy, en Meurthe-et-Moselle.

Didrich *français*
Dérivé de Thierry. Attribué à Pont-de-l'Arche, dans l'Eure, le 26 juin 1721.

Didrick *scandinave*
Dérivé de Thierry. Attribué à Cherbourg, dans la Manche, le 12 mai 1998.

Didrik *scandinave*
Dérivé de Thierry. D'origine franque, du germanique « diet », peuple et « ric », puissant, celui qui est puissant dans le peuple.

Diedérik *germanique*
Dérivé de Thierry, du germanique « diet », peuple et « ric », puissant.

Diedrich *germanique*
Dérivé de Thierry, du germanique « diet », peuple et « ric », puissant.

Diedrik *germanique*
Dérivé de Thierry, du germanique « diet », peuple et « ric », puissant.

Diègue *catalan et hispanique*
Du grec « didaché », doctrine ou de « didaskein », enseigner.

Dienis
Variante de Denis.

Diet *germanique*
Dérivé de Thierry ou Thibaut, du germanique « diet », peuple et « ric », puissant ; ou « bald », audacieux.

Dietbald *germanique*
Variante de Thibaut, du germanique « diet », peuple et « bald », audacieux.

Dieter *germanique*
Dérivé de Dietrich, du germanique « diet », peuple et « her », guerrier.

Diethard *germanique*
Variante de Dieter, du germanique « diet », peuple et « her », guerrier.

Diether *germanique*
Variante de Dieter, du germanique « diet », peuple et « her », guerrier.

Dietmar *germanique*
Dérivé de Dieter, du germanique « diet », peuple et « her », guerrier.

Dietrich *germanique*
Variante de Thierry. Saint mort martyr en 880 avec ses compagnons au cours d'une bataille contre les Normands en Saxe.

Dietter *germanique*
Dérivé de Dieter, du germanique « diet », peuple et « her », guerrier.

Dietwin *germanique*
Du germanique « diet », peuple et « win », ami. Connu dès la fin du VIIIe siècle, ce prénom a été très populaire en Autriche. Il a pratiquement disparu, sauf en Flandre belge où il est encore employé, mais assez peu.

Difat *hébreu*
Dans la Bible, Difat est le fils de Gomer.

Digran *arménien*
Variante de Dikran.

Dikran *arménien*
D'origine iranienne, de « tigra », flèche et « rana », qui se bat.

Dilay
Enregistré à La Louvière, dans le Hainaut, le 11 mai 2000.

Diman *irlandais*
Saint Diman, moine irlandais, devint évêque de Connor. Il est mort en 658.

Dimem *dogon (Mali)*
De « dimmu », il suit. Précédé du préfixe « Amma », Dieu, il suit le chemin de Dieu.

Dimitri *slave*
Du grec Déméter, nom d'une divinité, déesse des Moissons.

Dimos *catalan et corse*
Dérivé de Demetrius. Dimos Requesens, marin catalan qui participe à l'opération méditerranéenne effectuée par Charles Quint à la tête de trente-deux galères, en 1535.

Dinan *breton*
Saint, vicking, devenu chrétien au IXe siècle, aurait fondé un monastère à l'endroit de l'actuelle ville de Dinan.

Dine
Enregistré à Colmar, dans le Haut-Rhin, le 3 novembre 1995.

Dino *italien*
Diminutif d'Adriano, variante d'Adrien, du latin « adrianus », nom d'un personnage originaire de la ville d'Adria, ville fondée par les Étrusques et située sur la mer Adriatique. Le nom de cette ville provient lui-même du latin « ater », noir, sombre.

Diodore *français*
Saint, faisait partie d'une congrégation chrétienne qui se rassemblait dans les catacombes pour prier. Ils moururent martyrs en 283, sous Numérien, enterrés vivants dans leur cache.

Diogène *corse et français*
En grec, de la famille de Dieu. Saint mort martyr, en 345, en Macédoine.

Diomède *français et grec*
En grec, habile comme un dieu.

Dion *français*
Variante de Denis. Dion serait mort martyr en Italie.

Dionis *catalan*
Variante de Dionysos. Dionis Latzaro de Terreros, châtelain de Puyvalador, algotzir de l'Inquisition de Barcelone, est cité entre 1510 et 1515, dans les comptes des dépenses des salaires des officiers royaux.

Dionysos *grec*
Fils de Dieu. Dans la mythologie grecque, dieu du Vin, il était originaire d'Asie mineure, son nom signifiant le Zeus de Nysa.

Diran *arménien*
D'origine iranienne, de « Der », Dieu le Père.

Dirié *français*
Du nom latin Desidaratus. Saint, vénéré en Bourgogne.

Dirk *anglo-saxon, néerlandais et scandinave*
Dérivé de Thierry. D'origine franque, du germanique « diet », peuple et « ric », puissant.

Ditbald *germanique et scandinave*
D'origine franque. Audacieux.

Ditbert *germanique et scandinave*
D'origine franque. Brillant dans le peuple.

Ditfrid *germanique et scandinave*
D'origine franque. Le protecteur du peuple.

Ditmar *germanique et scandinave*
D'origine franque. Célèbre dans le peuple.

Ditwin *normand et scandinave*
D'origine franque. L'ami du peuple.

Divitien *français*
Saint, il aurait été évêque de Soissons.

Djamal *arabe*
Dérivé de Djamila, de « jamila », belle.

Djamel *arabe*
Dérivé de Djamila, de « jamila », belle.

Django *gitan*
Django Reinhardt, célèbre guitariste, mort à Samois, en Seine-et-Marne, le 17 mai 1953.

Djeka *littéraire*
Héros du conte *Djeka et les cinq ânes* (Histoires, Contes, Légendes - Livre Éducation 2000 - Hachette).

Djelloul *arabe*
Les Carnets de Djelloul, d'André Grandjean, paru à l'Académie européenne du livre en 1998.

Djibril *sénégalais*
Variante de Gabriel, de l'hébreu « gheber », homme, héros et « el », Dieu ou de « gabar », force et « el », Dieu. Djibril Cisse, footballeur attaquant d'origine ivoirienne, plusieurs fois titulaire en équipe de France.

Djivan *arménien*
Variante d'Hovannès, variante de Jean. D'origine italienne, de Giovanni, également variante de Jean.

Doadet *gascon*
Donné. Enregistré en Béarn et en Bigorre entre le XIe et le XIVe siècle.

Doat *gascon*
Donné. Enregistré en Béarn et en Bigorre entre le XIe et le XIVe siècle.

Dobby *anglo-saxon*
Dans la série *Harry Potter* de J.K. Rowling, parue en 2001, Dobby est un jeune garçon aux énormes yeux verts de la taille d'une balle de tennis, au nez en forme de crayon, aux oreilles semblables à celles d'une chauve-souris et aux cheveux clairs et ternes. Il se distingue également par des doigts et des orteils très longs.

Dochau *gaélique*
Saint, il aurait fondé un monastère au pays de Galles, au Ve siècle.

Dodaï *hébreu*
Variante de David. Dans la Bible, Dodaï est l'un des héros de David.

Dodge *anglo-saxon*
Dérivé de Roger, du germanique « hrod », gloire, glorieux et « gari », lance, pique.

Dodinel *français*
Personnage dans *Claris et Laris*, roman écrit par un ménestrel lorrain, commencé en 1268, véritable compilation de nombreuses aventures des romans arthuriens.

Dodolin *français*
Saint, évêque de Vienne, dans le Dauphiné, au VIIe siècle.

Dodon *français*
Saint, né à Vaux, dans le pays de Lomme, il devint moine à Lobbes, placé sous la direction de saint Ursmar, puis abbé du Moustier, de Wallers-en-Fagne, dans l'Avesnois.

Dogfan *gaélique*
Saint gallois, serait mort martyr au Ve siècle, assassiné par les envahisseurs dans le Dyfed.

Dogmael *breton*
Saint gallois, moine à Cunedda, fonda plusieurs églises en Bretagne, au Ve siècle.

Dolf *germanique*
Dérivé abréviatif de Rodolphe, du germanique « hrod », gloire, renommée et « wolf », loup.

Dolfus *germanique*
Variante d'Adolphe, du germanique « adel », noble et « wolf », loup.

Dolisu *corse*
Variante de Dolinde, signifie dolente. Le 15 septembre est le jour de la commémoration de Notre-Dame des Sept Douleurs.

Dollfuss *germanique*
Variante d'Adolphe, du germanique « adel », noble et « wolf », loup.

Dolph *germanique*
Diminutif de Randolph, ancien nom de lieu.

Doman *polonais*
Dérivé de Damian, variante de Damien. En Pologne, ce prénom est employé depuis le XIIe siècle.

Domanget *français*
Dérivé de Dominique, employé au Moyen Âge, en Champagne.

Domenge *français*
Dérivé de Dominique, employé au Moyen Âge, en Champagne.

Domengeot *français*
Dérivé de Dominique, employé au Moyen Âge, en Champagne.

Donagan *arménien*
De « don », la fête.

Dome *dogon (Mali)*
De « domyo », il garde. évoque les sentiments du doyen de la famille. On utilise ce prénom exclusivement dans la caste des cordonniers.

Domer *catalan*
Recensé une fois à Perpignan, dans les Pyrénées-Orientales, entre 1586 et 1595.

Domien
Dérivé de Dominique.

Domini
Dérivé de Dominique.

Dominik *anglo-saxon, basque, germanique et polonais*
Variante de Dominique, du latin « dominicus », consacré au Seigneur, du grec « domos », tronc ou « dama », racine ou encore « damuna », domestique. Le mot slave « dom », maison, peut être lié à l'origine de ce prénom.

Domitian *français*
Variante de Domitien, du latin « domitor », dompteur, dominateur.

Domitien *français*
Du latin « domitor », dompteur, dominateur. Saint Domitien a été évêque de Maëstrich. Il est mort en 560.

Don *nord-américain, corse et vietnamien*
Dérivé diminutif de Donald et de Dominique, du latin « dominus », maître, seigneur. En vietnamien, nom d'un savant.

Donal *anglo-saxon*
Variante irlandaise de Donald.

Donald *anglo-saxon et breton*
Du gaélique « domhall », qui commande au monde ou du celtique « da », bon et « noal », Noël.

Donan *breton*
Saint, disciple de saint Brieg, au Ve siècle.

Donasian *breton*
Variante de Donatien.

Donatello *corse*
Dérivé de Donatien. Donatello, nom d'artiste de Donato di Betto Bardi, célèbre sculpteur (1386-1466).

Donatien *français*
Du latin « donatus », donné par Dieu.

Donatio
Variante de Donat.

Donato *basque, castillan et italien*
Dérivé de Donat.

Donisi
Dérivé de Denis.

Donn *anglo-saxon*
Dérivé diminutif de Donnan. Donn Arden, acteur et producteur américain.

Donnan *anglo-saxon et breton*
Dérivé de Donald. Saint, moine d'Iona, a été l'abbé fondateur d'un monastère dans l'île d'Egga, près de la côte occidentale de l'Écosse. Il est mort martyr en 618.

Donnie *anglo-saxon*
Dérivé de Donnan.

Donnin *français*
Du nom latin Domninus. Saint, martyr en Italie.

Donnis *français*
Du nom latin Domninus. Saint, premier évêque de Digne.

Donny *anglo-saxon*
Dérivé de Donnan.

Donovan *anglo-saxon*
Donovan Bailey, sprinter canadien, ancien recordman du monde du 100 m couru en 9"84 à Atlanta, le 27 juillet 1996.

Donostia *basque*
Variante de Sébastien, du grec « sebastos », digne d'honneur.

Doolin *français*
Variante de Doon.

Doon
Doon de la Roche, titre et héros de la chanson de geste de la fin du XIIe siècle, écrite en dialecte lorrain.

Dorante *français*
Dans *L'Illusion comique*, pièce de Pierre Corneille (1606-1684), présentée au théâtre du Marais, à Paris, en 1636, Dorante est un ami de Pridamant.

Dorat *français*
Enregistré à Caullery, dans le Cambrésis, le 19 mars 1855.

Dorian *anglo-saxon et polonais*
Dérivé de Théodore, du grec « theos », dieu et « dorôn », don, présent ou du nom de la tribu des Doriens qui ont vaincu les Achéens.

Doriano *italien*
Variante de Dorian, dérivé de Théodore. Enregistré à La Louvière, dans le Hainaut, le 11 mai 2000.

Dork *arménien*
Dork Ankegh est un géant de la mythologie arménienne. Comme le cyclope Polyphème, il jette d'énormes blocs de roche dans la mer.

Doro *arabe*
Enregistré à Colmar, dans le Haut-Rhin, le 12 janvier 1995.

Doron *hébreu*
Cadeau, présent.

Dorsan *français*
Adèle et Dorsan, drame en trois actes, mêlé d'ariettes, paroles de Marsollier, musique de Dalayrac. Représenté à l'Opéra-Comique, le 27 avril 1795.

Doru *corse*
Diminutif d'Isidore, du nom de la déesse grecque Isis et « dôron », cadeau, présent.

Dosite *français*
Variante de Dosithée. Enregistré à Caullery, dans le Cambrésis, le 18 avril 1865.

Dosithée *français*
Saint, chrétien de Jérusalem, devint moine à Gaza. Il est mort vers 530.

Dotan *hébreu*
Dans la Genèse, c'est le nom de la ville où Joseph a été vendu.

Doucelin *français*
Dérivé de Douce, du latin « dulcis », doux.

Douglas *anglo-saxon*
Douglas, tragédie en cinq actes, écrite par John Hume ou Home et parue à Londres, chez J. Bell, en 1778.

Douin *français*
Douin de Lavesnes, près de Saint-Quentin, dans l'Aisne, est l'auteur d'un poème intitulé *Trubert* qui se range parmi les fabliaux.

Dov *hébreu*
Ours. Autorisé à Bayonne, dans les Pyrénées-Atlantiques, en 1978.

Dove
Dove Attia, acteur dans le film *Roi Soleil*, fait partie des jurés de l'émission télévisée « Nouvelle Star », en 2007.

Dozilé *français*
Enregistré à Caullery, dans le Cambrésis, le 11 avril 1841.

Drausin *français*
Saint, évêque de Soissons, grand défenseur de la vie monastique, mort vers 576.

Drenwal
Enregistré à Colmar, dans le Haut-Rhin, le 20 juillet 1995.

Dreux *français*
Variante de Drogon. Nom d'un saint flamand.

Drev *breton*
Dérivé d'Andrev, variante d'André, du grec « andreia », bravoure, énergie, virilité ou d'« andrès », viril.

Driek *germanique*
Diminutif d'Hendriek, variante d'Henri, du germanique « heim », foyer, maison et « ric », puissant.

Drouet *français*
Dérivé de Drogon. En 1388, Drouet Le Fournier est cité dans la paroisse Saint-Sauveur de Bayeux, comme le fils de Jean Le Fournier, bourgeois.

Drouin *français*
Attesté dans un registre du tabellionage d'Argences, Troarn et Varaville, dans le Calvados, entre 1386 et 1417.

Druon *français*
Du gaulois « druto », fort, vigoureux.

Duarte *méridional*
Dérivé d'Édouard, du germanique « ed », patrimoine, biens et « ward », gardien. Peut-être du mot celtique « edu », les Duens étant un peuple de la Gaule, célèbre parce qu'il avait été admis au sénat romain.

Dudan *kabyle*
De « itoudane », doigts.

Dudley *anglo-saxon*
Cousin de Harry dans la série *Harry Potter* de J.K. Rowling. Très gros garçon blond. Son visage rose posé sur un cou presque inexistant, de petits yeux bleus, humides et d'épais cheveux blonds qui s'étalent au sommet de sa tête.

Dudon *français*
Dudon de Saint-Quentin, historien normand du début du XIe siècle, chanoine de Saint-Quentin dans l'Aisne. Il vint en Normandie vers 994. Il est mort avant 1043.

Dugen *basque*
Variante de Diogène, en grec, de la famille de Dieu.

Duke *anglo-saxon*
Dérivé de duc, titre nobiliaire, ou diminutif de Marmaduke, dérivé de Maedóc.

Dulas *français*
Saint, mort martyr, torturé en Cilicie, en 300.

Dulbac *français*
Du nom latin Dulhacus. Saint, évêque de Ross.

Dulcard *français*
Saint, moine de Saint-Mesmin, à Orléans, devint anachorète près de Bourges. Il est mort en 584.

Dulcet *français*
Une châsse de ce saint, du XIIe-XIIIe siècle, dans l'église de Chamberet, en Corrèze.

Duman *polonais*
Dérivé de Damian, variante de Damien. En Pologne, ce prénom est employé depuis le XIIe siècle.

Dumas *français*
Attribué une fois dans les actes de mariages de Gouville, dans la Manche, sur 1783 inscrits en 1872.

Duncan *écossais*
Du celtique « donn », brun et « chadn », guerrier.

Dunchad *anglo-saxon*
Variante de Duncan. Saint, élu abbé d'Iona en 710. Il le resta jusqu'à sa mort en 717.

Dungad *scandinave*

Dungar *scandinave*

Dunstan *anglo-saxon et français*
Variante de Duncan, du celtique « donn », brun et « chadn », guerrier.

Duran *basque, catalan et gascon*
Variante de Durand, du nom latin Durandus, dérivé du verbe « durare », endurer, s'obstiner.

Durant *basque*
Enregistré en Navarre, en 1142 et à Falces, au Pays basque, en 1330.

Durosier *français*
Du latin « rosa », rose. Attribué au fils d'un fondeur à la forge à Saint-Bonnet-le-Désert, dans l'Allier, le 14 ventôse an II (4 mars 1794).

Dushu *chinois*
Du morphème « du », unique et « shu », arbre.

Dusko *serbo-bosniaque*
Enregistré à Colmar, dans le Haut-Rhin, le 28 juin 1995.

Dussan *kabyle*
Les jours.

Dustin *anglo-saxon*
Variante de Dunstan. Attribué à Binche, dans le Hainaut, entre le 1er juillet et le 30 août 2004.

Dusty *anglo-saxon*
Dusty Hill, guitariste basse, l'un des trois rockers barbus du groupe américain ZZ Top, caractérisé dans le blues rock.

Duthac *irlandais*
Saint, irlandais, aurait été évêque de Ross en Écosse. Il serait mort en 1065.

Duved *hébreu*
Variante de David.

Dwight *anglo-saxon*
Variante de Denis, du grec « dionysos », fils de Dieu. Dwight D. Eisenhower fut commandant en chef des Forces alliées et président des États-Unis.

E

Eadbert *anglo-saxon*
Saint, moine, abbé-évêque de l'île de Lindisfarme, mort en 698.

Eadnot *anglo-saxon*
Saint, moine, abbé de Ramsey et évêque de Dorchester, mort en 1016.

Ebaristo *basque*
Variante d'Évariste, du latin « evagor », propager.

Ebelou *dogon (Mali)*
D'« ebe », il achète et de « lou », ne pas.

Ebermund *germanique*
Dérivé d'Evremond, d'« eber », sanglier et de « mund », protection.

Ebert *germanique*
Dérivé d'Eberhard, du germanique « eber », sanglier et « hart », fort, dur.

Ebons *français*
Saint, moine bénédictin à Tomières, abbé de Saint-Victorien en Espagne, premier évêque de Balastro, mort en 1104.

Ebrahim *hindou*
Variante d'Abraham, de l'hébreu « abraham », père de la multitude, d'« ab », père et de « ram », élevé.

Ébrard *français*
Variante d'Évrard, du germanique « eber », sanglier et « hart », fort, dur.

Ecard *catalan*
Ecard, seigneur de Tarroja, en Solsonès, en 1055.

Ecidro *hispanique*
Variante d'Isidore, du grec Isis, nom de la déesse et « dôron », cadeau, présent.

Ecke *germanique*
Variante d'Eckart, du germanique « ekka », pointe d'épée et « hart », courageux, fort.

Eckehard *germanique*
Variante d'Eckart, du germanique « ekka », pointe d'épée et « hart », courageux, fort.

Ecker *germanique*
Variante d'Eckart, du germanique « ekka », pointe d'épée et « hart », courageux, fort.

Edelestan *français*
D'« edel », variante de l'adjectif germanique « adal », noble.

Édelin *français*
Dérivé d'Édouard, du germanique « ed », patrimoine, biens et « ward », gardien.

Eden *hébreu*
Délice, paradis, plaisir.

Edern *breton*
Du vieux gallois « edyrn », énorme, grand.

Edeyrn *breton*
Variante d'Edern, du vieux gallois « edyrn », énorme, grand.

Edilbert *français*
Autorisé par la loi du 1er avril 1803.

Edimonou *corse*
Variante d'Edmond, du germanique « ed », patrimoine, biens et « mund », protecteur.

Edimu *corse*
Variante d'Edmond, du germanique « ed », patrimoine, biens et « mund », protecteur.

Edine *français*
Attesté, lors d'un mariage, en la paroisse de Sainte-Paix à Caen, dans le Calvados, le 10 février 1615.

Editius *corse*
Remarquable.

Edmé *français*
Autorisé par la loi du 1er avril 1803.

Edorta *basque*
Variante d'Édouard, du germanique « ed », patrimoine, biens et « ward », gardien.

Edouart *français*
Attribué à Trun, dans l'Orne, le 30 janvier 1794.

Eduar *basque*
Variante d'Édouard, du germanique « ed », patrimoine, biens et « ward », gardien.

Edvard *scandinave*
Variante d'Édouard, du germanique « ed », patrimoine, biens et « ward », gardien.

Edvin *scandinave*
Variante d'Edwin, du germanique « ed », patrimoine, biens et « win », ami.

Edwald *scandinave*
Puissant par l'Odal, l'héritage.

Edwin *anglo-saxon, breton et germanique*
Du germanique « ed », patrimoine, biens et « win », ami.

Efraïm *basque et hébreu*
Dérivé de l'hébreu « ephrayim », très fécond.

Egado *dogon (Mali)*
D'« egado », j'ai compris.

Egan *écossais*
Diminutif d'Iagan, dérivé d'Aodh, feu, petit feu.

Egbert *français et germanique*
Saint, moine anglais, forme des groupes de moines missionnaires en Irlande, mort en 729.

Egel *dogon (Mali)*
D'« egel », compris, entendu et de « lu », ne pas.

Egelmont *français*
Autorisé par la loi du 1er avril 1803.

Egidio *italien*
Dérivé ancien de Gilles, du germanique « gisil », pousse, descendant ou du grec « aigidos », bouclier.

Egil *scandinave*
Attribué à Tourlaville, dans la Manche, le 31 mai 1947.

Eginer *breton*
Saint irlandais, disciple de saint Patrick, en Bretagne au Ve siècle où il est mort martyr.

Egirio *dogon (Mali)*
Dérivé d'Agiriem, de « gire », yeux, il protège.

Egmond *germanique*
Variante d'Egmont, du germanique « ecka », qui fait peur et « mund », protecteur.

Egnacio *hispanique*
Variante d'Ignace, du grec « ignatios », indigène, par l'intermédiaire du latin Ignatius, nom de personne.

Egon *germanique*
Saint, né à Augsbourg, enfant-oblat, abbé de l'abbaye de sa ville natale, en 1109, mort à Pise en 1122.

Egoz *hébreu*
Noix.

Eguen *basque*
Jeudi.

Egwin *anglo-saxon*
Saint, évêque de Worcester en 692, mort en 717.

Ehouarn *breton*
D'« eu- », bien ou bon, et de « houarn », le fer en tant qu'élément sacré.

Ehoud *hébreu*
Honoré.

Eidan *hébreu*
Époque, ère, saison.

Eike *germanique*
Dérivé d'Eckart, du germanique « ekka », pointe d'épée et « hart », courageux, fort.

Eillande *basque*
Enregistré à Saint-Jean-Pied-de-Port, en Basse-Navarre, au Pays basque, en 1350.

Eilo *basque*
Eilo, premier comte de l'Alaba, au Pays basque, au IXe siècle.

Eimeric *catalan*
Eimeric, fils de Ramon Roger Ier, comte de Foix, en Andorre, décédé vers 1229.

Einar *islandais et scandinave*
Audacieux, hardi.

Einego *basque*
Enregistré à Discastillo, en Navarre, au Pays basque, en 1330.

Einer *basque*
Dérivé d'Eckart, du germanique « ekka », pointe d'épée et « hart », courageux, fort.

Eingan *anglo-saxon*
Saint, prince anglais au VIe siècle, ermite près de Bangor.

Einhard *germanique*
Dérivé d'Eckart, du germanique « ekka », pointe d'épée et « hart », courageux, fort.

Eirmin *français*
Attesté à Angerville-la-Martel, en Seine-Maritime, le 27 novembre 1706.

Ekhard *germanique*
Saint, chanoine de la cathédrale de Magdebourg, premier abbé à Huysbourg, mort en 1084.

Ekhi *basque*
Soleil.

El *français*
Autorisé par la loi du 1er avril 1803.

Elam *hébreu*
Dans la Bible, Elam est le fils de Chém.

Elar *breton*
Variante d'Alar, saint.

Elbert *français*
Elbert, évêque de Trêves entre 990 et 998.

Elbod *breton*
Saint, archevêque de Bangor, au Pays de Galles.

Eldad *hébreu*
Dieu aime.

Elderic *catalan*
Elderic, moine, présent à l'élection de l'abbé du monastère de Sant Pere de Camprodon, en Ripollès, en 904.

Elead *hébreu*
Dieu a attesté.

Eleal *hébreu*
Vers le haut.

Eleder *basque*
D'« ele », parole et d'« eder », belle.

Eléodord *français*
Enregistré à Valloire, en Savoie, après 1840.

Eléon *français*
De l'arabe « ellinor », Dieu est ma lumière ou du grec « eleos », compassion ou du latin « lenire », apaiser ou encore du celtique « el », richesse et « enor », honneur.

Eleouzi *hébreu*
Dieu est ma force.

Eler *breton*
Variante d'Alar, saint.

Elerius *germanique*
Saint gallois, aurait gouverné un monastère au VIe siècle.

Elesbaan *français*
Saint, roi chrétien d'Éthiopie, réputé pour sa cruauté, mort à Jérusalem vers 555.

Elesme *hispanique*
Variante d'Adelelme, saint.

Elfod *breton*
Variante d'Elbod, saint.

Elfried *germanique*
Dérivé d'Elfriede, du germanique « elf », elfe et « rad », conseiller.

Elgar *scandinave*
Variante d'Edgar, du germanique « ed », patrimoine, biens et « gari », pique, lance ou du vieil anglais Eadgar, d'« ead », prospérité et « gar », harpon.

Eli *anglo-saxon et basque*
Variante d'Élie, de l'hébreu « eli », Dieu.

Elia *basque, corse et italien*
Diminutif d'Élie, de l'hébreu « eli », Dieu.

Eliad *hébreu*
Dieu à jamais.

Eliam *hébreu*
Mon Dieu est peuple.

Eliande *basque*
Autorisé par le greffe du tribunal civil de Bayonne, en décembre 1957.

Eliaqim *hébreu*
Dieu édifie.

Eliassa *arabe*
D'« Al-Yasa », celui dont la science spirituelle est très grande.

Elicha *basque et hébreu*
En hébreu, Dieu a aidé.

Elidad *hébreu et rwandais*
En hébreu, mon Dieu a aimé.

Eliddiu *corse*
Variante d'Élie, de l'hébreu « eli », Dieu.

Elidien *français*
Elidien, prêtre païen, sacrificateur, combattu par saint Mellon, apôtre de Rouen, en Seine-Maritime.

Élien *anglo-saxon*
Dérivé d'Élie, de l'hébreu « eli », Dieu.

Elifaz *hébreu*
Mon Dieu est or pur.

Eligiu *corse*
Dérivé d'Éloi, du latin « eligius », élu.

Elijah *hébreu*
Jehovah est Dieu.

Elinand *français*
Évêque de Laon, en 1059.

Elio *corse*
Variante d'Élie, de l'hébreu « eli », Dieu.

Elior *hébreu*
Mon Dieu est lumière.

Eliot *anglo-saxon*
Attribué à Andé, dans l'Eure, le 27 novembre 1607.

Elipaz *hébreu*
Mon Dieu est or pur.

Eliram *hébreu*
Dieu est haut.

Eliraz *hébreu*
Mon Dieu est secret.

Élis *germanique, occitan et scandinave*
Dans la mythologie, Élis est le fils d'Eurypylé, fille d'Endymion et du dieu Poséïdon.

Elizé *français*
Attesté à Saint-Barthélemy, en Seine-Maritime, le 13 novembre 1810.

Elkana *hébreu*
Variante d'Elqanah, Dieu a pris possession.

Ellande *basque*
Variante basque d'Arnaud, du germanique « arn », aigle et « waldan », commander, gouverner.

Ellebaut *français*
Ellebaut, clerc de la seconde moitié du XIIIe siècle, auteur d'une adaptation française inachevée de l'*Anticlaudien* latin, d'Alain de Lille.

Elmar *basque, germanique et scandinave*
Dérivé d'Elmer, du germanique « adel », noble et « amr », renommé, illustre.

Elmer *anglo-saxon*
Du germanique « adel », noble et « amr », renommé, illustre.

Elmerad *catalan*
Elmerad, évêque d'Elne, en Roussillon, de 916 à 922.

Elmo *gallicien et maltais*
Dérivé d'Elmer, du germanique « adel », noble et « amr », renommé, illustre.

Éloi *basque, catalan et français*
Du latin « eligius », élu. Saint Eloi fut trésorier de Dagobert Ier avant d'être élu évêque de Noyon en 641.

Élon *hébreu*
Bélier.

Elou *breton*
Dérivé diminutif d'Elouan, d'« eu- », bon, de « lou », lumière et du suffixe « -an ».

Elouan *breton et français*
D'« eu- », bon, de « lou », lumière et du suffixe « -an ».

Eloume *dogon (Mali)*
D'« iyelou », n'a pas vu.

Elow *dogon (Mali)*
D'« ele », il retire.

Eloy *castillan et français*
Autorisé par la loi du 1er avril 1803.

Elpaal *hébreu*
Dieu a agi.

Elpide *français*
Saint, évêque de Lyon après saint Antoine, mort en 422.

Elpidio *italien*
Variante d'Elpide, saint.

Elroi *hébreu*
Dieu est mon voyant, Dieu visible.

Elstan *anglo-saxon*
Saint, moine, abbé d'Abington et évêque de Winchester, mort en 981.

Elvis *anglo-saxon et germanique*
Du germanique « adel », noble et « win », ami.

Elwin *anglo-saxon*
Saint, compagnon de sainte Bréaca durant son voyage d'Irlande, en Cornouailles.

Elyada *hébreu*
Dieu connaît.

Élye *français*
Variante d'Élie, de l'hébreu « eli », Dieu.

Elzéar *français*
Variante d'Élie, de l'hébreu « eli », Dieu.

Emar *français*
Attesté à Saint-Remy-de-Dieppe, en Seine-Maritime, le 8 juin 1637.

Eme *français*
Enregistré lors d'un baptême dans la paroisse de Saint-Pierre-de-Varennes, en Saône-et-Loire, le 7 août 1670, comme celui du père.

Emébert *belge et français*
Saint, né dans le Hainaut, fils de sainte Amalberge, évêque de Cambrai et d'Arras vers 707, mort vers 710.

Eméré *français*
Saint, fondateur et abbé d'une abbaye bénédictine près de Gérone, en Espagne au VIIIe siècle.

Emerik *basque*
Variante d'Aimeric, du germanique « haim », foyer, maison ou d'« amal », ardent, fougueux et « ric », puissant, riche.

Emérilde *français*
Enregistré lors d'un mariage à Angers, dans le Maine-et-Loire, le 4 octobre 1945.

Emery *français*
Autorisé par la loi du 1er avril 1803.

Emeteri *basque et catalan*
Variante d'Emeterio, du grec « hemetereios », le nôtre.

Emil *anglo-saxon, catalan, français, germanique et polonais*
Variante d'Émile, du latin Aemilius, nom d'une famille romaine ou d'« aemulus », rival ou encore du grec « haimulos », rusé.

Émiland *bourguignon*
Dérivé d'Émile, celui qui rivalise avec quelqu'un, jaloux.

Emilas *hispanique*
Saint, diacre espagnol, mort martyr, décapité à Cordoue, avec saint Jérémie, en 852.

Emilian *bourguignon et polonais*
Dérivé d'Émile, celui qui rivalise avec quelqu'un, jaloux.

Emilliand *français*
Dérivé d'Émile, celui qui rivalise avec quelqu'un, jaloux.

Emmeran *français et germanique*
Saint, né à Poitiers, abbé d'un monastère en Bavière et évêque de Ratisbonne, mort assassiné vers 690.

Emmeric *français et germanique*
Figure parmi les noms de baptême les plus courants en France, entre le Xe et le XIe siècle.

Emmery *français*
Attribué à Pont-de-l'Arche, dans l'Eure, le 15 février 1713.

Emont *français*
Dérivé d'Edmond, du germanique « ed », patrimoine, biens et « mund », protecteur.

Emy *kabyle*
Mon fils.

Enân *hébreu*
D'« eïn », source.

Enbon *basque d'origine gasconne*
Enregistré à Pampelune, en Navarre, au Pays basque, en 1366.

Endalec *catalan*
Variante d'Indalecio, dérivé du grec Indaletios, comme un professeur. Endalec, moine, présent à l'élection de l'abbé du monastère de Sant Pere de Camprodon, en Ripollès, en 904.

Endalesio *hispanique*
Variante d'Indalecio, dérivé du grec « indaletios », comme un professeur.

Vous aimez le cinéma ?

Dans le cinéma, le cas du prénom **Enzo** est révélateur. En 1923, il s'installe dans le paysage des prénoms attribués en France et prend son envol, le 11 mai 1988 à la sortie du film *Le Grand Bleu*, avec quarante-neuf attributions. Sa fréquence se prolongera jusqu'au début du XXIe siècle, puisqu'en l'an 2001, il atteindra le pic de trois mille huit cent quatre-vingts citations dans l'état civil.
Jailys, prénom féminin vu au générique d'un téléfilm, a été attribué à une petite fille née à Tarbes en 1989. Il a fallu cinq mois à la cour d'appel de Pau pour qu'il soit officiellement enregistré, le procureur de la République l'ayant refusé, Jailys ne figurant pas sur ses listes.

Endor *français*
Enregistré à Bernières-sur-Mer, dans le Calvados, à la fin du XIXe siècle.

Endrike *basque*
Variante d'Henri, du germanique « heim », foyer, maison et « ric », puissant.

Enea *basque et italien*
Du basque « ene », mien, mienne.

Enego *basque*
Enregistré à Lumbier, en Navarre, au Pays basque, en 1366.

Eneko *basque*
Variante d'Ignace, du grec « ignatios », indigène.

Enfroi *français*
Attesté à Montivilliers, en Seine-Maritime, dans la paroisse de Sainte-Croix, le 19 novembre 1766.

Engarran *basque*
Enregistré à Artajona, en Navarre, au Pays basque.

Engebert *germanique*
Dérivé d'Engelbert, du germanique « Angil », nom ethnique des Angles et « bert », brillant.

Engerran *français*
Dérivé d'Enguerrand, du germanique « engil », ange et « hramm », corbeau.

Engreban *français*
Engreban d'Arras, trouvère du XIIIe siècle, auteur d'un court texte satirique sur le jeu d'échecs.

Engueran *français*
Variante d'Enguerrand, du germanique « engil », ange et « hramm », corbeau.

Enire *dogon (Mali)*
Peut-être d'« ana », être rassasié et de « re », particule qui indique que le sujet fait l'action.

Ennan *kabyle*
Ils ont dit.

Ennec *catalan*
Ennec, archiprêtre, signataire de l'acte de consécration de l'église du monastère de Santa Maria de Ripoll, en Ripollès, le 15 novembre 977.

Enneco *hispanique*
Saint, né en Aragon, moine à Saint-Jean-de-la-Péna, abbé d'Onia, en Castille, mort en 1057.

Ennode *français*
Saint gallo-romain, né vers 473, professeur de rhétorique, évêque de Pavie en 514, mort en 521.

Enocencio *hispanique*
Variante d'Innocent, du latin « innocens », innoffensif, sans méchanceté, qui n'est pas coupable.

Enoch *hébreu*
Humain.

Enored *breton*
Saint vénéré dans la commune de Plougastel-Saint-Germain, dans le Finistère.

Enos *hébreu*
Variante d'Enoch, humain.

Enou *dogon (Mali)*
D'« enelou », qui n'est pas rassasié.

Enric *catalan*
Variante d'Henri, du germanique « heim », foyer, maison et « ric », puissant.

Enselin *français*
Dérivé d'Anselme, du germanique « Ans », nom des dieux Ases et « helm », protection, casque.

Entzak *arménien*
Variante d'Endzag, tigre.

Envel *breton*
Saint, honoré dans une chapelle à Belle-Isle-en-Terre et à Loquenvel, dans les Côtes-d'Armor.

Eoban *anglo-saxon, français et germanique*
Saint irlandais, prêtre et moine bénédictin, missionnaire en Germanie, mort martyr aux Pays-Bas, en 754.

Eogan *breton*
Variante d'Eoghann, de l'ancien irlandais « eoghunn », jeunesse.

Eoin *anglo-saxon*
Dérivé de Jean, de l'hébreu « Yohânân », Iahvé a fait grâce, Dieu a fait grâce.

Eole *français*
Dans la mythologie grecque, Eole, maître des Vents qu'il tenait enfermés dans une outre, les libérait sur ordre de Zeus.

Eon *français*
Autorisé par la loi du 1er avril 1803.

Eppon *français*
Saint, moine, nommé abbé en 1122 en Bavière, mort en 1143.

Eprem *arménien*
Variante d'Ephraïm, de l'hébreu « ephrayim », très fécond.

Equice *français*
Saint, contemporain de saint Benoît, fondateur de nombreux monastères près de Rome, mort vers 540.

Erakil *basque*
Variante d'Héraclius, saint.

Erandeko *basque*
Enregistré à Saint-Jean-le-Vieux, en Basse-Navarre, au Pays basque, en 1350.

Eranz *basque*
Enregistré à Ossès, en Basse-Navarre, au Pays basque, en 1350.

Éraste *français*
Autorisé par la loi du 1er avril 1803.

Erbin *basque*
Du basque « armin », étroit passage.

Erblanc *français*
Attribué à Quatremare, dans l'Eure, le 15 septembre 1635.

Erbon *français*
Saint, moine à l'abbaye Saint-Georges en Forêt Noire, abbé de Prüfening durant quarante ans, mort en 1162.

Erdal *wallon*
Enregistré en Belgique, à La Louvière, dans le Hainaut, en juillet 1999.

Erdem *wallon*
Enregistré en Belgique, à La Louvière, dans le Hainaut, le 11 mai 2000.

Erec *français*
Erec et Enide, premier roman de Chrétien de Troyes, vers 1170.

Eréli *hébreu*
Mon ange.

Eremei *russe*
Variante de Jérémie, de l'hébreu « Yirmeyah », Iahvé élève.

Erez *hébreu*
Cèdre.

Erfast *scandinave*
De l'ancien danois et de l'ancien suédois « arnfastr », d'où « arsfatr » d'« orn », d'« arnus », aigle et de « fastr », ferme ou solide.

Ergat *breton*
Variante d'Ergad, saint.

Erge *basque*
Nom d'un personnage de la mythologie basque.

Erhard *anglo-saxon et germanique*
Saint irlandais, évêque missionnaire en Bavière, mort vers 686.

Eri *hébreu*
Dans la Bible, Eri est l'un des fils de Gad.

Eribald *catalan*
Eribald, chanoine, cité comme l'un des signataires du testament d'Enric, moine de Casserres et chanoine de Vic, en Osona, le 4 novembre 1053.

Erin *irlandais*
Du grec « erinéos », qui est de laine.

Erivan *breton*
Variante d'Erwan, dérivé d'Yves, du germanique « iv », if.

Eriz *basque*
Enregistré à Leyre, en Navarre, au Pays basque, en 1046.

Erlande *basque*
Autorisé par le greffe du tribunal civil de Bayonne, en décembre 1957.

Erle *breton*
De la forme ancienne Elre, composé d'« el- », nombreux et « -re », lien.

Erlouin *français*
Saint, évêque de Coutances, dans la Manche, de 843 à 862.

Ermand *français*
Variante d'Armand, du germanique « hart », fort et « man », homme.

Erme *français*
Autorisé par la loi du 1er avril 1803.

Ermel *français*
Autorisé par la loi du 1er avril 1803.

Ermengol *catalan*
Ermengol Marti, bourgeois de Perpignan, député de la Generalitat, en 1364 et 1365.

Ermenir *catalan*
Ermenir Ier, vicomte d'Osona et seigneur de Calders, dans le Bages, mort en 929.

Ermeto *corse*
Dérivé d'Hermès, saint.

Ermidó *catalan*
Ermidó, vicomte de Girona, décédé vers 850.

Ermin *basque et français*
Saint, né à Laon, prêtre, puis abbé chez les bénédictins de Lobbes, évêque régional, mort en 737.

Ermold *français*
Ermold Le Noir, moine ou clerc aquitain, un des favoris de Pépin dans les années 820, participa à l'expédition contre les Bretons en 824.

Ernal *basque*
Enregistré à Errazu, en Navarre, au Pays basque, en 1366.

Ernaut *basque*
Autorisé par le greffe du tribunal civil de Bayonne, en décembre 1957.

Erne *français*
Variante de René, du latin « re-natus », né une deuxième fois.

Ernesto *basque, castillan et italien*
Variante d'Ernest, du germanique « ernust », combat.

Ernestu *corse*
Variante d'Ernest, du germanique « ernust », combat.

Ernie *anglo-saxon et français*
Autorisé par la loi du 1er avril 1803.

Ernot *basque*
Enregistré à Saint-Esteben, en Basse-Navarre, au Pays basque, en 1397.

Ernoux *français*
Dérivé d'Arnoul, du germanique « arn », aigle et « wulf », loup.

Errande *basque*
Enregistré à Mongelos, en Basse-Navarre, au Pays basque, en 1350.

Erri *italien*
Erri di Luca, écrivain italien.

Errolan *basque*
Variante de Roland, du germanique « hrod », gloire et « land », pays.

Ervant *arménien*
Ervant Dengoyan, prisonnier dans les stalags allemands pendant la Seconde Guerre mondiale.

Ervin *germanique et scandinave*
Variante d'Erwin, du germanique « hari », armée et « wini », ami.

Esaï *arménien*
Variante d'Isaïe, de l'hébreu « Yesha'yah », Iavhé est salut.

Esidor *hispanique*
Variante d'Isidore, du grec Isis, nom de la déesse et « dôron », cadeau, présent.

Esidro *hispanique*
Variante d'Isidore, du grec Isis, nom de la déesse et « dôron », cadeau, présent.

Eskil *scandinave*
Chaudron des Ases, des dieux.

Eskolano *basque*
Enregistré à Larraga, en Navarre, au Pays basque, en 1330.

Esmard *français*
Attesté à Caen, dans le Calvados, en 1568.

Esme *français*
Autorisé par la loi du 1er avril 1803.

Esmont *français*
Attesté à Saint-Patrice-de-Rouen, en Seine-Maritime, le 1er avril 1601.

Esnard *français*
Autorisé par la loi du 1er avril 1803.

Espan *basque et gascon*
Enregistré en Béarn et en Bigorre entre le XIe et le XIVe siècle et à Hasparren, en Labourd, au Pays basque, en 1344.

Esser *kabyle*
Le charme.

Estanis *basque*
Variante de Stanislas, du slave « stan », se dresser, se mettre debout, et « slav », gloire.

Estelon *français*
Dérivé d'Estelle, du latin « stella », étoile.

Estepan *basque*
Variante d'Étienne, du grec « stephanos », couronne.

Estienni *basque et français*
Variante d'Étienne, du grec « stephanos », couronne.

Estigand *anglo-scandinave*
De « stigandr » ou du verbe « stiga », sous la forme du participe présent de la forme faible du verbe marcher « stigandi », bon marcheur.

Estur *scandinave*
De l'ancien norrois, de l'ancien danois « styrr », substantif désignant une querelle, un querelleur.

Estyenne *français*
Attesté à Lintot, en Seine-Maritime, le 12 mai 1573.

Etam *hébreu*
Oiseau de proie.

Etan *hébreu*
Impétuosité, force.

Ethem *hébreu*
Enregistré à Colmar, dans le Haut-Rhin, le 5 septembre 1995.

Etnân *hébreu*
Cadeau, don.

Etor *basque*
Variante d'Hector, du grec « ekhein », celui qui possède ou du gaélique « eachann », cheval brun ou encore du basque « etorri », venir.

Ettore *corse et italien*
Variante d'Hector, du grec « ekhein », celui qui possède ou du gaélique « eachann », cheval brun.

Etyenne *français*
Variante d'Étienne, du grec « stephanos », couronne.

Eubert *français*
Autorisé par la loi du 1er avril 1803.

Eucher *français*
Saint, né à Orléans, bénédictin à l'abbaye de Jumièges vers 714, évêque d'Orléans en 721, exilé à Cologne en 737, mort dans l'abbaye de Saint-Trond, en Belgique, en 743.

Eudald *catalan*
Fameux gouvernant.

Eude *germanique*
D'« eod », le preux.

Eudier *français*
Dérivé d'Eudes, du germanique « eod », le preux.

Eudin *français*
Dérivé d'Eudes, du germanique « eod », le preux.

Eudon *basque et breton*
Saint, abbé-fondateur du monastère de Saint-Chaffre après avoir été à Lérins, mort vers 760.

Euken *basque*
Variante d'Eugène, du grec « eugénios », bien né.

Euric *français*
Euric, roi goth au Ve siècle, persécuteur de l'évêque Fauste de Riez pour ses attaques contre l'arianisme.

Eusebiu *corse*
Variante d'Eusèbe, du grec « eusébios », pieux.

Eustaki *basque*
Variante d'Eustache, du grec « eustachios », fécond, aux nombreux fruits.

Euxer *catalan*
Recensé une fois à Perpignan, dans les Pyrénées-Orientales, entre 1546 et 1555.

Euzen *breton*
Dérivé d'Eudon, saint.

Eval *hébreu*
Dans la Bible, Eval est le fils de Chobal.

Evald *scandinave*
Variante d'Ewald, du germanique « ewa », droit, loi et « waldan », gouverner, commander.

Évandre *français et grec*
Dérivé d'André, du grec « andreia », bravoure, énergie, virilité ou d'« andrès », viril.

Evarist *catalan*
Variante d'Évariste, du grec « eu-arestos », qui plaît, qui convient.

Évariste *français*
Du grec « eu-arestos », qui plaît, qui convient.

Evaristo *basque, catalan, castillan et italien*
Variante d'Évariste, du grec « eu-arestos », qui plaît, qui convient.

Evarite *corse*
Variante d'Évariste, du grec « eu-arestos », qui plaît, qui convient.

Evel *hébreu*
Injustice.

Évelien *français*
Dérivé d'Éveline, du gothique « awi », grâce, remerciements ou du latin « abellana », noisette ou encore de l'hébreu « havvah », vie.

Evelyn *anglo-saxon*
Dérivé d'Évelyne, du gothique « awi », grâce, remerciements ou du latin « abellana », noisette ou encore de l'hébreu « havvah », vie.

Even *breton*
Variante d'Eugène, du vieux breton « Euuen », d'un prénom gaulois Esugenos ou Eugenius.

Évence *français*
Autorisé par la loi du 1er avril 1803.

Ever *hébreu*
D'« ivri », hébreu.

Everard *germanique*
Variante d'Évrard, d'« eber », sanglier et « hart », dur, fort.

Evermod *anglo-saxon et germanique*
Variante d'Évremond, d'« eber », sanglier et « mund », protection.

Evert *anglo-saxon*
Variante d'Évrard, d'« eber », sanglier et « hart », dur, fort.

Evilase *français*
Autorisé par la loi du 1er avril 1803.

Évode *français*
Saint, né à Rouen, élevé parmi les clercs et les ecclésiastiques, évêque de sa ville vers 422, inhumé dans la cathédrale en 550.

Evon *breton*
Variante d'Ewen, du vieux breton « Euuon ».

Évremond *français*
Autorisé par la loi du 1er avril 1803.

Evroult *français*
Du nom latin Ebrulfus.

Ewen *breton*
Variante d'Erwan, du celtique « eoghain », jeunesse ou du vieux breton « Euuen », qui vient du gaulois « Esugenos » ou de « Eugenius ».

Eyal *hébreu*
Courage, force.

Eymeric *catalan*
Variante d'Aimeric, du germanique « haim », foyer, maison et « ric », puissant, riche ou d'« amal », ardent, fougueux, et « ric », puissant, riche.

Eynav *hébreu*
Humble, modeste.

Ezer *hébreu*
Aide.

Ezio *italien et maltais*
De Aetuis, vieux nom de famille roman ou bien du grec Aëtios, forme d'aetos, aigle.

Ezra *hébreu*
Saint, prêtre juif et scribe, reconduit à Jérusalem un groupe d'exilés, vers 397 avant J.-C. et fit reconstruire les murs de la ville.

F

Fabbiu *corse*
Variante de Fabien, du nom latin Fabius, dérivé de « faba », fève ou de « faber », ouvrier, artisan, forgeron.

Fabian *anglo-saxon, basque, castillan et germanique*
Variante de Fabien, du nom latin Fabius, dérivé de « faba », fève ou de « faber », ouvrier, artisan, forgeron.

Fabri *français*
Dérivé abréviatif de Fabrice, du latin « faber », ouvrier, artisan, forgeron.

Fabricien *français*
Dérivé de Fabrice, du latin « faber », ouvrier, artisan, forgeron.

Fabry *français*
Dérivé abréviatif de Fabrice, du latin « faber », ouvrier, artisan, forgeron.

Fadel *arabe*
Variante de Fadil, supérieur, excellent.

Faden *kabyle*
D'« ifadden », les bras.

Fadi *arabe*
Qui sacrifie ses biens ou sa vie pour sauver quelqu'un.

Fadil *arabe*
Supérieur, excellent.

Fadri *romanche*
Rencontré dans le canton des Grisons, en pays romanche et en Engadine.

Fahd *arabe*
Panthère, léopard, lynx, symbole de la force et du courage.

Fahed *arabe*
Dérivé de Fahd, panthère, léopard, lynx, symbole de la force et du courage.

Fahem *kabyle*
Celui qui a compris.

Fahim *arabe*
Personne clairvoyante, qui a une vive intelligence.

Fahin *catalan*
Fahin Cordobi, juif espagnol, réfugié à Perpignan, dans les Pyrénées-Orientales, en décembre 1492.

Fahmi *arabe*
Personne douée de compréhension.

Faid *arabe*
De « fayd », effusion spirituelle.

Falcon *basque et français*
Saint, bénédictin à La Cave, abbé de son monastère en 1141, mort en 1146.

Fale *français*
Autorisé par la loi du 1er avril 1803.

Falip *catalan*
Variante de Philippe, du grec « philo », ami et « hippos », cheval.

Falko *scandinave*
Faucon.

Falquet *français*
Falquet de Romans (1168-1233), souvent prénommé Folquet, troubadour et poète occitan.

Famien *français*
Saint, né à Cologne en 1090, ermite près de Compostelle, puis à l'abbaye cistercienne d'Oséra, mort en 1150.

Fanch *breton*
Dérivé de François, du germanique « frank », courageux, intrépide ou du latin « francus », homme libre.

Fano *tahitien*
Voyager loin à la saison fraîche.

Fantin *français*
Saint, moine basilien de Calabre, abbé du monastère grec de Saint-Mercure, mort après 980.

Faouzi *arabe*
De « fawzi », prédisposé au succès. Faouzi Maaouia, artiste peintre tunisien, marie les couleurs vives.

Fara *tahitien*
En tahitien, pandanus rouge du rocher dangereux.

Faraj *arabe*
Libération, soulagement succédant à un état contraignant.

Faraman *germanique*
Du germanique franc « far(a)man » d'où « ferman ».

Faranan *irlandais*
Saint irlandais, ermite, mort vers 590.

Farbat *arabe*
Bonheur.

Farbaut *scandinave*
Dans la mythologie nordique, Farbaut est le frère de Loki, fils d'un Géant.

Fareani *tahitien*
Maison demandée par les poètes.

Fargeau *français*
Autorisé par la loi du 1er avril 1803.

Farha *arabe*
Gaieté, joie.

Farhane *arabe*
De « farhân », euphorique, très joyeux.

Farhat *arabe*
Variante de Farha, gaieté, joie.

Farid *arabe*
Incomparable.

Faris *arabe*
Cavalier ou chevalier.

Farman *germanique et scandinave*
De l'ancien norois et de l'ancien suédois « farmadr », substantif désignant un navigateur de commerce, ou du germanique franc « far(a)man ».

Faron *français*
Saint, chancelier à la cour du roi Dagobert Ier, moine, évêque de Meaux en 626, mort vers 675.

Farruco *galicien*
Variante de François, du germanique « frank », courageux, intrépide ou du latin « francus », homme libre.

Farsell *catalan*
Recensé une fois à Perpignan, dans les Pyrénées-Orientales, entre 1586 et 1595.

Fassad *kabyle*
Personne dévouée.

Fassih *arabe*
De « fasîh », perspicace, intelligent.

Fatarau *tahitien*
Les divers autels du temple royal.

Fateh *arabe*
Variante de Fatih, conquérant, victorieux.

Fathi *arabe*
Victorieux, personne qui a un caractère ouvert.

Fatim *arabe*
Qui est sevré.

Fatou *ivoirien*
Dérivé diminutif de Fatoumata, de l'arabe « fatama », celle qui est écartée du feu ou jeune chamelle sevrée.

Fauquet *gascon*
Enregistré en Béarn et en Bigorre entre le XIe et le XIVe siècle.

Faust *anglo-saxon, catalan et français*
Du latin « faustus », heureux, favorisé ou de l'allemand « faust », poing.

Fauste *basque et français*
Autorisé par la loi du 1er avril 1803.

Fausti *catalan*
Variante de Faust, du latin « faustus », heureux, favorisé ou de l'allemand « faust », poing.

Faustin *basque et français*
Dérivé diminutif de Faust, du latin « faustus », heureux, favorisé ou de l'allemand « faust », poing.

Faustinien *français*
Autorisé par la loi du 1er avril 1803.

Faustino *basque, castillan, galicien et italien*
Dérivé de Faust, du latin « faustus », heureux, favorisé ou de l'allemand « faust », poing.

Faustinu *corse*
Dérivé de Faust, du latin « faustus », heureux, favorisé ou de l'allemand « faust », poing.

Fausto *basque, castillan et italien*
Variante de Faust, du latin « faustus », heureux, favorisé ou de l'allemand « faust », poing.

Faustu *corse*
Variante de Faust, du latin « faustus », heureux, favorisé ou de l'allemand « faust », poing.

Fauvero *tahitien*
Chef lançant le javelot très loin.

Favel *hébreu*
Dérivé de Pavel, variante de Paul, du latin « paulus », petit.

Favre *français*
Dérivé de Fabrice, du latin « faber », ouvrier, artisan, forgeron.

Fayad *arabe*
De « fayyâd », personne extrêmement généreuse.

Fazzio *italien*
Saint, né en 1190 à Vérone, orfèvre, fondateur de l'ordre du Saint Esprit à Crémone, mort en 1272.

Fedele *italien*
Variante de Fidèle, du latin « fidelis », de bonne foi, sincère.

Fédéric *français*
Variante de Frédéric, du germanique « fried », protecteur et « ric », puissant.

Fedro *italien*
Variante de Frédéric, du germanique « fried », protecteur et « ric », puissant.

Felici *romanche*
Variante de Félicien, du latin « felix », heureux.

Felician *germanique*
Variante de Félicien, du latin « felix », heureux.

Felis *breton*
Variante de Félix, du latin « felix », heureux.

Feliu *catalan*
Variante de Félix, du latin « felix », heureux.

Felizian *germanique*
Variante de Félicien, dérivé de Félix, du latin « felix », heureux.

Felten *scandinave*
Variante de Valentin, du nom latin Valentinus, diminutif de Valens, du verbe « valeo », être sain, bien portant, vigoureux.

Fénelon *français*
Enregistré à Cambrai, dans le Cambrésis, en 1798.

Fenris *scandinave*
Dans la mythologie nordique, Fenris est un loup, fils de Loki et d'Angerbode.

Fens *français*
Autorisé par la loi du 1er avril 1803.

Feodor *slave*
Variante de Théodore, du grec « theos », Dieu et « dorôn », don, présent. Feodor Atkine, acteur aux côtés des plus grands comme Woody Allen ou Sydney Pollack.

Ferdi *français*
Enregistré à Colmar, dans le Haut-Rhin, le 16 novembre 1995.

Ferdinandu *corse*
Variante de Ferdinand, du germanique « fried », protecteur et « nant », hardi, courageux.

Ferenc *hongrois*
Dérivé de François, du germanique « frank », courageux, intrépide ou du latin « francus », homme libre.

Fergan *kabyle*
Étendre.

Fergeon *français*
Autorisé par la loi du 1er avril 1803.

Fergus *irlandais*
Saint irlandais, évêque, signa les actes du concile de Rome en 721, mort la même année.

Ferid *arabe*
Variante de Farid, incomparable.

Ferkal *kabyle*
Tourner sur soi-même.

Ferman *germanique et scandinave*
De l'ancien norois et de l'ancien suédois « farmadr », substantif désignant un navigateur de commerce ou du germanique franc « far(a)man ».

Fermi *catalan*
Variante de Firmin, du latin « firmus », ferme dans sa foi, solide.

Fermin *anglo-saxon, basque, castillan et français*
Variante de Firmin, du latin « firmus », ferme dans sa foi, solide.

Fernagu *français*
Variante de Fernand, du germanique « fried », protecteur et « nant », courageux, téméraire.

Ferny *kabyle*
De « tiferni », tri.

Ferol *français*
Variante de Ferréol, du latin « ferreus », fer, de fer.

Ferran *basque, catalan et gascon*
Variante de Fernand, du germanique « fried », protecteur et « nant », courageux, téméraire.

Ferrand *basque et français*
Enregistré à Saint-Léon à Bayonne, en Labourd, au Pays basque, en 1249.

Ferrari *italien*
Ferrari de Ferrare, professeur de grammaire, au début du XIVe siècle, en Italie, écrivit en langue d'oc.

Ferrarte *basque*
Enregistré à Larraona, en Navarre, au Pays basque, en 1350.

Ferréol *catalan et français*
Du latin « ferreus », fer, de fer.

Ferrer *catalan*
Du latin « ferreus », fer, de fer.

Ferri *français*
Ferri II, duc de Lorraine, mort en 1213.

Ferriz *basque*
Enregistré en Navarre, au Pays basque, en 1131.

Ferro *basque*
Enregistré à Cardena, en Navarre, au Pays basque, en 945.

Ferruce *italien*
Saint Ferruce, soldat romain, mort martyr, emprisonné, sans nourriture.

Fesbert *français*
Enregistré, lors d'un décès, à Caullery, dans le Cambrésis, le 21 janvier 1823.

Fessel *kabyle*
Découper, ajuster.

Fiacre *français*
Autorisé par la loi du 1er avril 1803.

Fibice *germanique*
Saint, abbé d'un monastère de Trèves, évêque de la ville durant vingt ans, mort vers 500.

Fida *arabe*
En arabe, rançon, sacrifice au profit d'autrui.

Fidel *basque, castillan et catalan*
Variante de Fidèle, du latin « fidelis », de bonne foi, sincère. Fidel Castro renverse Fulgencio Battista à la tête de Cuba en 1956. Il devient chef de l'État en 1976.

Fidelin *français*
Dérivé de Fidèle, du latin « fidelis », de bonne foi, sincère.

Fidence *français*
Saint, mort martyr avec saint Térence.

Fierro *basque*
Enregistré à Los Arcos, en Navarre, au Pays basque, en 1350.

Fila *romanche*
Rencontré dans le canton des Grisons, en pays romanche et plus particulièrement en Engadine.

Filan *anglo-saxon et français*
Autorisé par la loi du 1er avril 1803.

Filemon *basque, castillan et catalan*
Variante de Philémon, du grec « phileo », aimer.

Filep *maltais*
Variante de Philippe, du grec « philo », ami et « hippos », cheval, qui aime les chevaux.

Filias *français*
Attribué à Marconne, dans le Pas-de-Calais, le 13 juillet 1844.

Filibertu *corse*
Variante de Philibert, du germanique « fili », beaucoup et « bert », brillant.

Filice *corse*
Variante de Félix, du latin « felix », heureux.

Filicinu *corse*
Variante de Félix, du latin « felix », heureux.

Filippetu *corse*
Variante de Philippe, du grec « philo », ami et « hippos », cheval, qui aime les chevaux.

Filippone *italien*
Variante de Philippe, du grec « philo », ami et « hippos », cheval, qui aime les chevaux.

Filomelo *basque*
Dérivé de Philomène, du grec « philouménè », aimée.

Filomen *basque*
Dérivé de Philomène, du grec « philouménè », aimée.

Finan *anglo-saxon*
Saint irlandais, disciple de saint Brendan au VIe siècle, fondateur d'un monastère à Kinnitty.

Findan *anglo-saxon*
Variante de Fintan, saint.

Fingar *irlandais*
Saint, irlandais, se rendit en Cornouailles avec sa sœur sainte Piala et ses compagnons, au Vᵉ siècle, tous morts martyrs, assassinés près de Penzance.

Finn *anglo-saxon*
Finnois.

Fino *hispanique*
Diminutif de Seferino, du grec « zephyros », zéphyr, nom d'un léger vent.

Fintan *germanique et irlandais*
Saint irlandais, vendu comme esclave par les Normands, moine bénédictin en Italie centrale, reclus à l'abbaye de Rheinau, en Suisse, mort en 879.

Fiodor *slave*
En russe, compliqué, terne, fragile.

Fiorano *italien*
Dérivé de Fiora, variante de Fleur, du latin « florens », en fleur, floraison.

Fiore *corse*
Dérivé de Fiora, variante de Fleur, du latin « florens », en fleur, floraison.

Fiorello *italien*
Dérivé de Fleur, du latin « florens », en fleur, floraison.

Fiorenzo *italien*
Variante de Florent, du latin « florens », en fleur, floraison.

Firman *français*
Enregistré à Caullery, dans le Cambrésis, le 12 mai 1841.

Firmo *basque*
Variante de Firmin, du latin « firmus », ferme dans sa foi, solide.

Fiurenzu *corse*
Variante de Florent, du latin « florens », en fleur, floraison.

Fiurinu *corse*
Variante de Florian, du latin « florens », en fleur, floraison.

Flannan *irlandais*
Saint, moine irlandais, évêque de Killaloe au VIIᵉ siècle.

Flaveny *français*
Enregistré lors d'un décès à Marly, dans le Hainaut, en 1885.

Flavian *français*
Variante de Flavien, du latin Flavius, dérivé de « flavus », blond, jaune.

Flavio *italien*
Variante de Flavien, du latin Flavius, dérivé de « flavus », blond, jaune.

Flaviu *corse*
Variante de Flavien, du latin Flavius, dérivé de « flavus », blond, jaune.

Flecel *français*
Enregistré, lors d'un mariage, à Saint-Thomas-la-Chaussée, en Seine-Maritime, le 14 février 1719.

Flep *romanche*
Rencontré dans le canton des Grisons, en pays romanche.

Flerant *français*
Attesté à Saint-Patrice-de-Rouen, en Seine-Maritime, le 1ᵉʳ janvier 1615.

Fleurent *français*
Attesté à Saint-Patrice-de-Rouen, en Seine-Maritime, le 2 décembre 1611.

Fleurentin *français*
Dérivé de Fleur, du latin « florens », en fleur, floraison.

Fleuret *français*
Dérivé de Fleur, du latin « florens », en fleur, floraison.

Fleurice *français*
Enregistré à Caullery, dans le Cambrésis, le 23 septembre 1756.

Flisch *romanche*
Rencontré dans le canton des Grisons, en pays romanche.

Flocel *français*
Saint, enfant mort martyr au IIe siècle, torturé et jeté aux fauves.

Floran *roumain*
Floran Nicolescu, violoniste de la formation de jazz « Gipsy Project », animée par Biréli Lagrène.

Florenceau *français*
Dérivé de Florence, du latin « florens », en fleur, floraison.

Florenci *catalan*
Variante de Florent, du latin « florens », en fleur, floraison.

Florencio *castillan et galicien*
Variante de Florent, du latin « florens », en fleur, floraison.

Florenti *catalan*
Variante de Florentin, du latin « florens », en fleur, floraison.

Florentin *français, germanique et romanche*
Saint, successeur de saint Séverin comme évêque de Trèves au IVe siècle.

Florentino *basque*
Variante de Florent, du latin « florens », en fleur, floraison.

Florentius *corse*
Variante latine de Florent, du latin « florens », en fleur, floraison.

Florestan *français*
Dérivé de Florent, du latin « florens », en fleur, floraison.

Flori *catalan*
Recensé une fois à Perpignan, dans les Pyrénées-Orientales, entre 1646 et 1655.

Floria *catalan*
Variante de Florian, dérivé de Florent, du latin « florens », en fleur, floraison.

Floriano *basque et italien*
Variante de Florian, dérivé de Florent, du latin « florens », en fleur, floraison.

Floribel *français*
Enregistré à Caullery, dans le Cambrésis, le 13 février 1818.

Floribert *français*
Autorisé par la loi du 1er avril 1803.

Florice *français*
Enregistré à Caullery, dans le Cambrésis, le 19 mars 1769.

Florimond *français*
Florimond Robertet, secrétaire du Roi et trésorier de France, mort en 1527.

Florin *français et germanique*
Enregistré à Caullery, dans le Cambrésis, le 6 avril 1857.

Florindo *italien*
Variante de Florinde, dérivé de Flora, déesse des Fleurs.

Floris *français*
Cité au *Journal officiel* du 20 janvier 1914, page 548, colonne 1.

Floro *italien*
Rencontré au Tessin, en Suisse italienne.

Flos *français*
Dérivé de fleur en béarnais.

Floscel *français*
Saint aux origines obscures, mort martyr à Bayeux, dans le Calvados, en l'an 305.

Floury *français*
Attesté dans un registre du tabellionage d'Argences, Troarn et Varaville, dans le Calvados, entre 1386 et 1417.

Flovié *français*
Autorisé par la loi du 1er avril 1803.

Floxel *français*
Enregistré lors d'un mariage à Tourlaville, dans la Manche, le 14 mai 1750.

Flurin *romanche*
Variante de Florent, du latin « florens », en fleur, floraison.

Foillan *français et irlandais*
Saint irlandais, abbé de Burghcastle en Angleterre, fondateur de l'abbaye de Fosse, en Belgique, évangélisateur du Brabant, mort vers 655.

Folc *catalan*
Du germanique « fulca », peuple.

Folco *italien*
Rencontré au Tessin, en Suisse italienne.

Folcrá *catalan*
Recensé une fois à Perpignan, dans les Pyrénées-Orientales, entre 1546 et 1555.

Folke *scandinave*
Dérivé de Folker, guerrier, homme du peuple.

Folker *germanique et scandinave*
Variante de Volker, du germanique « volk », peuple et « hari », armée.

Folmer *normand et scandinave*
Célèbre dans le peuple.

Folquet *français*
Variante de Foucault, du germanique « folk », peuple et « wald », forêt.

Folquin *français*
Saint, évêque de Thérouanne, mort en 855.

Folz *germanique*
Dérivé de Volkmar, du germanique « volk », peuple et « mar », célèbre, renommé.

Fons *catalan et français*
Dérivé diminutif d'Alphonse, du germanique Adalfuns, d'« adal », noble et « funs », impatient.

Foras *kabyle*
D'Aforas, dynastie Amazir.

Forsanz *gascon*
Enregistré en Béarn et en Bigorre entre le XIe et le XIVe siècle.

Fort *basque, gascon et romanche*
Saint, premier évêque de Bordeaux au Ier siècle.

Fortaner *basque et gascon*
Enregistré en Béarn et en Bigorre entre le XIe et le XIVe siècle et à Isturitz, en Basse-Navarre, au Pays basque, en 1263.

Forte *basque*
Saint, évêque de Bordeaux au Ier siècle.

Fortenet *catalan*
Fortenet Homell, de Céret, a le droit de pêcher les truites et autres poissons dans le Tech, le 3 novembre 1491.

Fortes *basque*
Enregistré à Laguardia, en Alaba, au Pays basque, en 1350.

Fortic *gascon*
Enregistré en Béarn et en Bigorre entre le XIe et le XIVe siècle.

Fortin *basque*
Attesté à Rouen, en Seine-Maritime, en 1390.

Forto *basque*
Variante de Forte, saint.

Fortuin *basque*
Enregistré en Navarre, au Pays basque, en 1273.

Fortuino *basque*
Enregistré en Navarre, au Pays basque, en 1205.

Fortun *basque*
Enregistré en Navarre, au Pays basque, en 1131.

Fortunato *hispanique et italien*
Variante de Fortunat, du latin « fortunatus », favorisé par le sort.

Fortunye *catalan*
Recensé une fois à Perpignan, dans les Pyrénées-Orientales, entre 1546 et 1555.

Foster *anglo-saxon*
De « foster » encourager ou de « forester » garde-forestier.

Fostin *basque*
Variante de Faustin, du latin « faustus », heureux, favorisé ou de l'allemand « faust », poing.

Fouad *arabe*
De « fuâd », cœur spirituel.

Foubert *français*
Attesté à Rouen, en Seine-Maritime, en 1390.

Fouché *français*
Prénom révolutionnaire, enregistré en Loire-Atlantique, en 1794.

Foucher *français*
Foucher de Paris, compagnon de Guillaume le Conquérant, en 1066, lors de la conquête de l'Angleterre.

Foudail *arabe*
De « fudayl », diminutif de « fadîl », digne et méritant.

Foudeil *arabe*
Variante de Foudail, de « fudayl », diminutif de « fadîl », digne et méritant.

Fouke *anglo-saxon*
Du germanique « folk », peuple.

Foulque *français*
Dérivé de Foucault, du germanique « folk », peuple et « wald », forêt.

Fouque *français*
Fouque de Lisors, compagnon de Guillaume le Conquérant, en 1066, lors de la conquête de l'Angleterre.

Fouquet *français*
Variante de Foulques, du germanique « folk », peuple.

Fragaire *français*
Saint, moine du monastère de Scicy, évêque d'Avranches, dans la Manche, en 650.

Fragan *breton et irlandais*
Variante du prénom irlandais Fraochan, nom d'un druide vivant au VIe siècle.

Fralin *français*
Attesté dans un registre du tabellionage d'Argences, Troarn et Varaville, dans le Calvados, entre 1386 et 1417.

Franc *gascon et romanche*
Dérivé abréviatif de François, du germanique « frank », courageux, intrépide ou du latin « francus », homme libre.

Francelin *français*
Dérivé de François, du germanique « frank », courageux, intrépide ou du latin « francus », homme libre.

Francesc *catalan*
Variante de François, du germanique « frank », courageux, intrépide ou du latin « francus », homme libre.

Franek *breton*
Variante de François, du germanique « frank », courageux, intrépide ou du latin « francus », homme libre.

Franjo *croate*
Variante de François, du germanique « frank », courageux, intrépide ou du latin « francus », homme libre.

Franklin *anglo-saxon et français*
Du germanique « frankeleyn » homme libre, petit propriétaire terrien. Franklin D. Roosevelt, trente-deuxième président des États-Unis, élu quatre fois.

Fraterne *français*
Saint, évêque d'Auxerre, mort vers 450.

Frédégand *français*
Dérivé de Frégaud, saint.

Frediano *italien*
Variante de Frédien, du germanique «fried», protecteur.

Fredianu *corse*
Variante de Frédien, du germanique «fried», protecteur.

Frédien *français*
Autorisé par la loi du 1er avril 1803.

Frèdo *catalan*
Frèdo Ier de Narbonne, évêque d'Elne, en Roussillon, de 1009 à 1014.

Frèdol *catalan*
Décédé vers 960, Frèdol, petit-fils de Radulf Ier, comte de Besalú, en Garrotxa.

Fregan *breton*
Variante de Fragan, du prénom irlandais Fraochan, nom d'un druide vivant au VIe siècle.

Frégaud *français*
Saint irlandais, moine et abbé près d'Anvers, mort vers 740.

Freme *français*
Variante de Firmin, du latin «firmus», ferme dans sa foi, solide.

Fremi *français*
Variante de Fremin, du latin «firmus», ferme dans sa foi, solide.

Fremin *français*
Autorisé par la loi du 1er avril 1803.

Frémond *anglo-saxon et français*
Saint, évêque de Coutances, dans la Manche, en 679.

Fresny *français*
Attribué à Aulnoy, près de Fresnes en Woëvre, dans la Meuse, le 11 février 1682.

Freyt *scandinave*
Celui qui est le meilleur.

Frezaut *français*
Autorisé par la loi du 1er avril 1803.

Frizi *germanique*
Variante de Fritz, du germanique «fried», protecteur et «ric», puissant.

Frobert *français*
Saint, moine de Luxeuil, fondateur et abbé du monastère de Moutier-la-Celle, près de Troyes, mort vers 673.

Fröde *français et scandinave*
En scandinave, avisé, intelligent.

Frodobert *français*
Saint, natif de Troyes en Champagne, évêque d'Avranches, au IXe siècle.

Froger *français*
Froger, évêque de Sées, dans l'Orne, entre décembre 1158 et 1184.

Froilan *castillan, français et galicien*
Saint, né en Galicie, abbé, évêque de Léon, mort en 1006.

Fromond *français*
Du nom germanique Frodmund, de «frod», du vieil haut-allemand «frot», prudent, avisé et «mund», protection.

Fromont *français*
Variante de Fromond, du nom germanique Frodmund, de «frod», du vieil haut-allemand «frot», prudent, avisé et «mund», protection.

Fromund *scandinave*
Du nom germanique Frodmund, de «frod», du vieil haut-allemand «frot», prudent, avisé et «mund», protection.

Frovin *scandinave*
Variante de Frowin, ami avisé.

Fruja *catalan*
Prêtre et moine, signataire de l'acte de consécration de l'église de Sant Marti d'Ogassa, en Ripollès, le 7 février 1025.

Fuert *basque*
Enregistré à Bernedo, en Alaba, au Pays basque, en 1350.

Prénoms patriotes... acceptés !

Et si vous choisissiez pour votre enfant un prénom patriote ? **France** a ainsi été un prénom très en vogue et **Bastille** fut attribué à une fille, née le 14 juillet 1880.
Le général Joffre a eu son heure de gloire... après la guerre 1914-1918 ! Déjà attribué une fois en 1906, à Paris, dans la mairie du XIIIe arrondissement, le prénom **Joffre** a été donné comme prénom à une fille dès le 15 octobre 1914. Il n'est pas tombé dans l'oubli puisque nous le retrouvons en 1998. C'est alors que dès 1915, et jusqu'en 1974, des Joffrette, et des Joffrine, ont été déclarées à travers toute la France. En Seine-et-Marne, des « faux jumeaux » reçurent les prénoms de **Joffre** et **Joffrette**. Toujours dans le même contexte historique, un petit **Foch** a été déclaré le 21 octobre 1918, à Paris, dans la mairie du VIe arrondissement.
Alsace-Lorraine a été attribué le 17 novembre 1914, à Paris, à la mairie du XIIIe arrondissement et **Verdun-Salonique**, le 3 octobre 1916, pour le fils de Pierre Vial, gardien du cimetière du château de Nice.
Dans le même ordre d'idée, notons l'enregistrement sur les documents de l'état civil du XVe arrondissement de Paris d'une **Liberté-Égalité-Fraternité**, le 8 août 1920.

Fulal *kabyle*
Épanoui.

Fulbert *germanique*
Du germanique « folc », peuple et « bert », brillant. Saint Fulbert, évêque de Chartres.

Fulcerand *catalan*
Variante de Fulcran, du germanique « folc », peuple et « hramn », corbeau.

Fulcran *français et germanique*
Du germanique « folc », peuple et « hramn », corbeau.

Fulcuin *français*
Fulcuin, évêque de Thérouanne, dans le Nord, en 823.

Fulcy *français*
Attesté à Angerville-la-Martel, en Seine-Maritime, le 28 février 1764.

Fulgence *français*
Du latin « fulgur », foudre, brillant.

Fulgenzio *italien*
Variante de Fulgence, du latin « fulgur », foudre, brillant.

Fulgine *français*
Enregistré lors d'un baptême comme prénom du père à Thézenay, dans les Deux-Sèvres, le 7 avril 1799.

Fulrad *français et germanique*
Du germanique « folc », peuple et « rad », conseil.

Fulvian *français*
Dérivé de Fulvien, du latin « fulvus », fauve, jaune-rouge.

Fulvien *français*
Du latin « fulvus », fauve, jaune-rouge.

Furci *français*
Variante orthographique de Fursy, saint.

Furgence *français*
Variante de Fulgence, du latin « fulgur », foudre, brillant.

Fursy *anglo-saxon et français*
Saint, moine irlandais, abbé-fondateur de Lagny près de Paris, mort vers 648.

Furt *basque*
Enregistré à Aïcirits, en Basse-Navarre, au Pays basque, en 1125.

Furtado *basque*
Enregistré en Navarre, au Pays basque, en 1216.

Furtuno *basque*
Enregistré à Saint-Jean-Pied-de-Port, en Basse-Navarre, au Pays basque, en 1364.

Fuscien *français*
Du latin «fuscus», noir.

G

Gaal *hébreu*
Scarabée.

Gabby *français*
Dérivé diminutif de Gabriel, homme de Dieu ou Dieu est mon courage.

Gabrel *français*
Dérivé diminutif de Gabriel, homme de Dieu ou Dieu est mon courage.

Gaby *arménien et français*
Dérivé diminutif de Gabriel et de Gabrielle, homme de Dieu ou Dieu est mon courage.

Gace *français et normand*
Gace de la Bulgne, normand, auteur du *Roman des deduis*, traité sur la chasse, au XIVe siècle.

Gad *hébreu*
Fortune. Gad Elmaleh fait ses débuts publics en tant que comique et se met rapidement au cinéma.

Gadi *hébreu*
Ma fortune.

Gaelig *breton*
Dérivé de Gaël, du germanique « walah », étranger.

Gaham *hébreu*
Charbon.

Gahar *hébreu*
Sans pluie.

Gaiet *français*
Enregistré en Béarn et en Bigorre entre le XIe et le XIVe siècle.

Gailhard *français*
Prénom médiéval, enregistré dans le Gers au XIIe siècle.

Gaimar *basque*
Du germanique « aim », maison et « hard », dur.

Gaio *basque*
Cité dans les Actes des Apôtres.

Gaisia *basque*
Enregistré à Ossès, en Basse-Navarre, au Pays basque, en 1249.

Gaixi *basque*
Enregistré à Echarri-Aranaz, en Navarre, au Pays basque, en 1366.

Gaizka *basque et hispanique*
En basque, sauveur.

Gaizo *basque*
Variante de Gaizko, de « gaitz », mauvais, énorme.

Gajan *français*
Variante de Gaïan, saint.

Gal *hébreu*
Vague.

Galaad *hébreu*
De la racine « gal- », qui évoque la bravoure, la gaieté et la blancheur.

Galatas *grec*
Saint, arménien, mort martyr avec ses compagnons à Mélitène au IVe siècle.

Galbo *basque*
Enregistré à Lerin, en Navarre, au Pays basque, en 1330.

Galceran *catalan*
Galceran de Requeseus, commandant de la flotte catalane, au siège de Cordoue, en 1492.

Galderic *catalan*
Du germanique « waldarich », gouverneur puissant.

Galdin *italien*
Saint, né à Milan en 1100, prêtre, chancelier et architecte du diocèse de Milan, archevêque de la ville et cardinal en 1165, mort en 1176.

Galdric *catalan*
Variante de Galderic, du germanique « waldarich », gouverneur puissant.

Galdry *français*
Autorisé par la loi du 1er avril 1803.

Galein *français*
Dérivé de Gall, de l'irlandais « gal », exploit, bravoure, valeur.

Galeran *breton et français*
Dans le roman *Galeran de Bretagne* du XIIe ou du XIIIe siècle, Galeran, est le fils du comte de Bretagne.

Galiano *basque*
Enregistré à Miranda de Arga, en Navarre, au Pays basque, en 1330.

Galien *français*
Attesté à Fauville-en-Caux, en Seine-Maritime, le 20 octobre 1576.

Gallardet *basque*
Enregistré à Arraute, en Basse-Navarre, au Pays basque, en 1350.

Gallart *basque et catalan*
Enregistré à Estella, en Navarre, au Pays basque et recensé une fois à Perpignan, dans les Pyrénées-Orientales, entre 1536 et 1545.

Gallien *français*
Attesté à Envronville, en Seine-Maritime, le 26 avril 1627.

Galloby *français*
Attribué à Raimbertot, en Seine-Maritime, en novembre 1550.

Gallou *breton*
Dérivé de Gall, de l'irlandais « gal », exploit, bravoure, valeur.

Galmier *français*
Autorisé par la loi du 1er avril 1803.

Galois *français*
Adjectif d'ancien français qui signifie joyeux compagnon, bon vivant.

Galtier *français*
Variante de Gautier, puissant dans l'armée.

Galvan *français*
Dérivé de Gauvin, du vieux gallois « gwalch-mai », faucon de la plaine.

Gamo *arménien*
Du sobriquet slave « kamou », à qui ?

Gamon *français*
Saint, moine, abbé de Brétigny près de Noyon, au VIIIe siècle.

Gamri *maltais*
Variante de Jean-Marie.

Gan *français*
Autorisé par la loi du 1er avril 1803.

Gancernand *catalan*
Gancernand de Pinos et de Fenouillet, vicomte d'Ille et de Canet, reçoit l'aveu du fief de Villelongue, le 4 août 1445.

Gandolphe *français*
Saint, né près de Milan, frère mineur, prêcheur en Sicile, mort en 1260.

Gani *kosovar*
Gani Vula, enseignant, président des syndicats du Kosovo, leader du mouvement pour l'indépendance de son pays.

Ganich *basque et breton*
À rapprocher du breton « gaunach », stérile ou « ganoc », né.

Ganix *basque*
Variante de Jean, de l'hébreu « Yohânân », Iahvé a fait grâce, Dieu a fait grâce.

Garabed *arménien*
Porteur de nouvelles.

Garau *catalan*
Variante de Gérald, puissant par l'épieu, porteur de lance.

Garavelt *arménien*
D'origine kalmouk.

Garbal *basque*
Variante de Galbarra, du basque « garbal » ou « gabar », chauve.

Garcia *catalan et hispanique*
Saint, né près de Burgos, moine, abbé d'Artanza et conseiller du roi Ferdinand Ier de Castille, mort vers 1073.

Garembert *français*
Saint, né en Belgique en 1084, ermite, abbé fondateur du monastère de Mont-Saint-Martin dans le diocèse de Cambrai, mort en 1141.

Garen *arménien*
Garen Amadouni, prince et guerrier au IVe siècle.

Garet *anglo-saxon*
Variante de Gareth, du celtique « gwaredd », gentil, aimable.

Gareth *anglo-saxon*
Du celtique « gwaredd », gentil, aimable.

Garin *basque, catalan et français*
Forme ancienne de Guérin, variante de Gareth, du celtique « gwaredd », gentil, aimable.

Garindo *basque*
Enregistré à Artajona, en Navarre, au Pays basque, en 1173.

Garinet *français*
Dérivé de Guérin, du germanique « waran », garer.

Garmon *français*
Dérivé de Germain, du latin « germanus », issu du même sang, de même race ou du germanique « germen », du même sang, de la même race ou encore du celtique « gair », voisin et « man », peuple, qui appartient à la Germanie.

Garran *basque*
Enregistré à Artajona, en Navarre, au Pays basque, en 1312.

Gartea *basque*
Enregistré à Artajona, en Navarre, au Pays basque, en 1330.

Gaspar *arménien, basque, castillan, catalan et galicien*
Variante de Gaspard, de l'hébreu « ghaz », trésor et « bar », administrer ou du latin « gaspardus », celui qui vient voir.

Gassion *gascon*
Enregistré en Béarn et en Bigorre entre le XIe et le XIVe siècle.

Gassiot *catalan et gascon*
Recensé une fois à Perpignan, dans les Pyrénées-Orientales, entre 1556 et 1565.

Gastean *basque*
Enregistré à Ollogoyen, en Navarre, au Pays basque, en 1350.

Gastonnet *catalan*
Dérivé de Gaston, du germanique « gast », guerrier itinérant, voyageur.

Gatien *français*
Saint, évêque de Tours durant cinquante ans, mort vers 337.

Gaubert *français*
Du germanique Gault, nom de divinité et « bert », brillant.

Gaucelm *français*
Gaucelm Faidit, troubadour, né vers 1150, prend part à la troisième croisade entre 1190 et 1192.

Gaud *français et italien*
Du germanique « waldan », gouverner, commander.

Gaudebert *français*
Dérivé de Gaubert, du germanique Gault, nom de divinité et « bert », brillant.

Gaudefroy *français*
Saint, abbé de l'abbaye bénédictine de Savigny, mort en 1139.

Gaudemer *français*
Du germanique « waldan », gouverner, commander et « mar », renommé, célèbre.

Gaudence *français*
Saint, évêque de Rimini en 346, mort martyr vers 360.

Gauderic *catalan et français*
Du germanique « waldan », commander, gouverner et « her », armée ou du nom franc Walthari.

Gaudin *français*
Autorisé par la loi du 1er avril 1803.

Gaudrain *français*
Attesté à Saint-Patrice-de-Rouen, en Seine-Maritime, le 1er juillet 1620.

Gaudry *français*
Dérivé de Gauthier, du germanique « waldan », commander, gouverner et « her », armée

Gaufrey *français*
Gaufrey, chanson de geste du XIIIe siècle, narre les exploits guerriers accomplis par Gaufrey et ses frères.

Gaultier *français*
Variante de Gautier, du germanique « waldan », commander, gouverner et « her », armée.

Gausbert *catalan et français*
Variante de Gaubert, du germanique Gault, nom de divinité et « bert », brillant.

Gautheron *français*
Dérivé de Gauthier, du germanique « waldan », commander, gouverner et « her », armée.

Gauvain *français*
Du vieux gallois « gwalch-mai », faucon de la plaine.

Gauvin *français*
Variante de Gauvain, du vieux gallois « gwalch-mai », faucon de la plaine.

Gavan *anglo-saxon*
Dérivé de Gauvain, du vieux gallois « gwalch-mai », faucon de la plaine.

Gavino *italien*
Variante de Gauvain, du vieux gallois « gwalch-mai », faucon de la plaine.

Gavinu *corse*
Variante de Gauvain, du vieux gallois « gwalch-mai », faucon de la plaine.

Gavriel *hébreu*
Variante de Gabriel, homme de Dieu ou Dieu est mon courage.

Gavry *français*
Variante de Gabriel, homme de Dieu ou Dieu est mon courage.

Gawan *anglo-saxon*
Variante de Gauvain, du vieux gallois « gwalch-mai », faucon de la plaine.

Gaxen *basque*
Enregistré à Saint-Esteben, en Basse-Navarre, au Pays basque, en 1401.

Gaya *kabyle*
Roi numide, père de Massinissa (208 avant J.-C.)

Gaylor *anglo-saxon*
Variante de Gaylord, « gaillard ».

Gazam *hébreu*
Couper, élaguer.

Gazien *basque*
Autorisé par le greffe du tribunal civil de Bayonne, en décembre 1957.

Geffray *français*
Variante de Geoffroy, du germanique Gault, nom de divinité et « fried », protecteur.

Gelabert *catalan*
Gelabert de Llupia assiste au *statuo militaris* de Cerdagne et Roussillon, entre 1475 et 1512.

Gélibert *catalan et gascon*
Gélibert de Joli, seigneur de Rochejan, capitaine du Castillet de Perpignan, le 29 août 1653.

Gence *gascon*
Enregistré en Béarn et en Bigorre entre le XIe et le XIVe siècle.

Genès *basque et français*
Du grec « genos », race ou du latin « genesis », naissance, formation.

Genest *catalan et français*
Variante de Genès, du grec « genos », race ou du latin « genesis », naissance, formation.

Genevé *français*
Autorisé par la loi du 1er avril 1803.

Gengou *français*
Variante de Gengoul, du nom germanique Gangwulf, du vieil haut-allemand « gang », marche, chemin et « wulf », loup.

Geniès *français*
Variante de Genès, du grec « genos », race ou du latin « genesis », naissance, formation.

Geniste *français*
Saint, moine bénédictin à Beaulieu, dans le Limousin, tué par son neveu vers 1100.

Genserich *germanique*
Variante de Genséric, du germanique « gari », pique, lance et « ric », puissant.

Gentian *français*
Attesté à Saint-Lô-de-Rouen, en Seine-Maritime, le 4 novembre 1591.

Gentien *français*
Du latin « gens », famille.

Geoffrey *anglo-saxon*
Variante de Geoffroy, du germanique Gaut, nom de divinité et « fried », protecteur.

Geoffroi *français*
Variante de Geoffroy, du germanique Gaut, nom de divinité et « fried », protecteur.

Gêra *hébreu*
Étranger.

Géralde *français*
Variante de Gérald, du germanique « ger », pique, lance et « waldan », gouverner, commander.

Géran *français*
Autorisé par la loi du 1er avril 1803.

Gérardin *français*
Dérivé de Gérard, du germanique « gari », pique, lance et « hard », courageux, dur.

Géraud *français*
Autorisé par la loi du 1er avril 1803.

Géraume *français*
Variante orthographique de Jérôme, du grec « hieros », sacré et « onoma », nom.

Gerbald *scandinave*
Variante de Gerbaud, saint.

Gerbaud *français*
Saint, évêque de Chalon-sur-Saône en 864, mort en 885.

Gerbert *français*
Prénom médiéval, courant aux Xe et XIe siècles.

Gerboud *normand*
Gerboud Le Flamand, compagnon de Guillaume le Conquérant, en 1066.

Gerbrand *français*
Saint, abbé d'un monastère cistercien en Frise, mort en 1218.

Geretrand *français*
Saint, seizième évêque de Bayeux, dans le Calvados, au VIIIe siècle.

Gerhard *germanique et scandinave*
Variante de Gérard, du germanique « gari », pique, lance et « hard », courageux, dur.

Géri *anglo-saxon et scandinave*
Du germanique Wigric, formé de « wig », peuple et « ric », puissant.

Gerland *français*
Dérivé de Gérald, du germanique « ger », pique, lance et « waldan », gouverner, commander.

German *basque, castillan et gascon*
Variante de Germain, du latin « germanus », issu du même sang, de même race ou du celtique « gair », voisin et « man », peuple, qui appartient à la Germanie.

Germond *gascon*
Enregistré en Béarn et en Bigorre, entre le XIe et le XIVe siècle.

Germund *germanique et scandinave*
De l'ancien scandinave commun « geirmundr » ou du franc « germund ».

Gernot *germanique et scandinave*
Du germanique « ger », lance et « hnôtôn », brandir.

Gérold *français, germanique et scandinave*
En germanique, vieille lance.

Gerout *français*
Attesté à Rouen, en Seine-Maritime, en 1390.

Gerry *anglo-saxon*
Variante de Géry, du germanique Wigric, formé de « wig », peuple et « ric », puissant.

Gerson *germanique et hébreu*
Variante de Gerchom, en hébreu, émigré là.

Gert *scandinave*
Dérivé de Gérard, du germanique « gari », pique, lance et « hard », courageux, dur.

Gervais *français et normand*
Du latin Gervaius, nom d'un martyr de l'époque de Dioclétien ou de Néron.

Gerves *français*
Variante de Gervais, du latin Gervaius, nom d'un martyr de l'époque de Dioclétien ou de Néron.

Gervin *français, germanique et scandinave*
Autorisé par la loi du 1er avril 1803.

Gervold *français*
Du nom latin Gervoldus.

Gerwald *germanique et scandinave*
Variante de Gérald, du germanique « ger », pique, lance et « waldan », gouverner, commander.

Gesner *français*
Attribué à Le Sap, dans l'Orne, le 17 octobre 1819.

Gesse *français*
Prénom du calendrier républicain.

Gessen *hébreu*
Variante de Gochên, nom du pays situé dans la partie orientale du Nil, épargné des dix plaies d'Égypte.

Gexan *basque*
Variante de Grazian, du latin « gratia », aimable, apprécié.

Gezan *basque*
Variante de Grazian, du latin « gratia », aimable, apprécié.

Ghalib *arabe*
Vainqueur.

Ghani *arabe*
Riche, libéré du besoin.

Ghassane *arabe*
Ardeur, vivacité et vigueur de l'homme jeune.

Ghian *corse*
Variante de Jean, de l'hébreu « Yohânân », Iahvé a fait grâce, Dieu a fait grâce.

Ghilain *français*
Variante de Ghislain, du germanique « ghil », otage et « hard », dur.

Ghilas *kabyle*
Lionceau.

Ghislain *français et wallon*
Du germanique « ghil », otage et « hard », dur.

Giacinto *italien*
Variante de Hyacinthe, du grec « hyakhintos », la fleur jacinthe ou pierre précieuse.

Giacobo *italien*
Variante de Jacob, de l'hébreu « ya'aqob », que Dieu favorise, qui supplante.

Giapicu *corse*
Variante de Jacques, de l'hébreu « ya'aqob », que Dieu favorise, qui supplante.

Gibert *français*
Saint, abbé de Luxeuil, mort martyr avec ses moines vers 888.

Gil *basque, catalan, hébreu et hispanique*
Variante de Gilles, du germanique « gisil », pousse, descendant ou du grec « aigidos », bouclier. En hébreu, joie.

Gilabert *catalan*
Variante de Gilbert, du nom germanique Gislebert, de « gisil », pousse, descendant et « bert », brillant.

Gilard *français*
Du nom latin Gilardus, du vieil haut-allemand « geil », exhubérant et « hard », fort.

Gilboa *hébreu*
Pays de colline.

Gildard *français*
Attribué à Tourlaville, dans la Manche, le 18 décembre 1931.

Gildas *breton et français*
Du celtique « gwelt », chevelure (étymologie controversée).

Gile *français*
Variante de Gilles, du germanique « gisil », pousse, descendant ou du grec « aigidos », bouclier.

Gilen *basque*
Autorisé par le greffe du tribunal civil de Bayonne, en décembre 1957.

Gilian *français*
Variante de Julien, du latin « Julia », nom d'une famille romaine descendant d'Iule, fils d'Énée ou du latin « oulos », entier.

Giljan *maltais*

Gillain *français*
Variante de Ghislain, du germanique « ghil », otage et « hard », dur.

Gillem *basque*
Variante de Guillaume, du nom franc Wilhelm ou du germanique « witu », bois, confondu avec le nom de saint Vitus, du latin « vita », vie.

Gillen *basque et catalan*
Autorisé par le greffe du tribunal civil de Bayonne, en décembre 1957.

Gilvan *kabyle*
Petits pois.

Gimeno *basque*
Enregistré à Pampelune, en Navarre, au Pays basque, en 1366.

Ginat *hébreu*
Dans la Bible, Ginat est le père de Tibni, prétendant au trône d'Israël.

Ginès *castillan*
Variante de Genès, du grec « genos », race ou du latin « genesis », naissance, formation.

Ginnton *hébreu*
Dans la Bible, Ginntôn est prêtre du temple de Jérusalem.

Ginot *basque*
Enregistré à Ostabat, en Basse-Navare, au Pays basque, en 1392.

Giordano *basque et italien*
Variante de Jordan, de l'araméen « yordan », qui répand la vie.

Girard *catalan et français*
Autorisé par la loi du 1er avril 1803.

Giraud *catalan et français*
Dérivé de Gérald, du germanique « ger », pique, lance et « waldan », gouverner, commander.

Gires *français*
Gires Pasquier, attesté comme garde-scel de la vicomté de Valognes, dans la Manche, le 23 avril 1315.

Giron *catalan*
Dérivé du nom de la ville de Girona, capitale de Province, du pré-roman Gerunda.

Girot *français*
Girot Coispel vend une pièce de terre située à Bricquebec, dans la Manche, le 24 septembre 1308.

Girou *français*
Enregistré lors d'un décès à Saint-Amand-de-Coly, en Dordogne, en 1744.

Gisbert *français*
Variante de Gilbert, du nom germanique Gislebert, de « gisil », pousse, descendant et « bert », brillant.

Gislain *français*
Variante de Ghislain, du germanique « ghil », otage et « hard », dur.

Glenn *anglo-saxon, écossais et scandinave*
Variante de Glen, du celtique « glen », terre, pays, vallée.

Glyn *anglo-saxon*
Variante de Glen, du celtique « glen », terre, pays, vallée.

Goassen *gascon*
Enregistré en Béarn et en Bigorre, entre le XIe et le XIVe siècle.

Gobain *français*
Saint irlandais, moine, disciple de saint Fursy, mort vers 670.

Gobertin *français*
Dérivé de Gobert, du germanique Gault, nom de divinité et « bert », brillant.

Gobrian *breton*
Variante de Gobrien, saint breton, moine, évêque de Vannes, puis ermite, mort en 725.

Godard *français*
Saint, né en Bavière, évêque d'Hildesheim en 1022, mort en 1038.

Godegrand *français*
Autorisé par la loi du 1er avril 1803.

Godric *gaélique*
Saint, né en Angleterre en 1069, ermite à Finchale, près de Durham, mort en 1170.

Godvin *scandinave*
Variante de Godwin, de « God », Dieu et de « win », victoire, victoire de Dieu.

Gohard *français*
Saint, évêque de Nantes, mort martyr en 843, tué par des pillards normands alors qu'il célébrait la messe.

Golven *breton*
Variante de Goulven, du gallois « gwolwch », prière et « gwenn », blanc, heureux (étymologie controversée).

Gombaut *français*
Dans *Dieudonné de Hongrie*, chanson de geste du XIVe siècle, Gombaut de Lausanne est un traître.

Gombert *français*
Autorisé par la loi du 1er avril 1803.

Gomen *hébreu*
Protège, défend.

Gomezan *basque*
Enregistré à Luquin, en Navarre, au Pays basque, en 1330.

Gomis *catalan*
Gomis de Castellvell, seigneur de Voltrera, décédé vers 1176.

Gondebert *français*
Autorisé par la loi du 1er avril 1803.

Gonen *hébreu*
Grange.

Gonfroi *français*
Gonfroi de Cioches et Gonfroi Mauduit, compagnons de Guillaume le Conquérant, en 1066, lors de la conquête de l'Angleterre.

Gonin *français*
Porté par les comtes de Savoie aux XIe et XIIe siècles.

Gonselin *français*
Gonselin, fils d'Osulf, est mentionné dans deux conventions conclues par son père, en 1054.

Gonthier *français*
Autorisé par la loi du 1er avril 1803.

Gonthiern *français*
Saint, prince du pays de Galles, ermite en Bretagne, mort vers 500.

Gontier *français*
Dérivé de Gunther, du germanique «gund», combat et «hari», armée.

Gontram *français*
Saint, roi de Bourgogne, répudie sa femme, se convertit, mort en 592.

Gontran *français*
Du germanique «gund», combat et «hramm», corbeau.

Gonzague *français*
A été à la mode, en France, au XVIIIe siècle. Gonzague Saint Bris, né en 1948, est écrivain, journaliste et historien.

Goran *anglo-saxon*
Variante de Georges, du grec «gé», terre et «ergon», travail. Goran Bregovic, compositeur de musiques de film. Goran Ivanisevic, joueur de tennis croate né en 1971.

Gordan *anglo-saxon*
Variante de Gordon, du vieil anglais «garadum», colline en forme de triangle.

Gordian *germanique*
Variante de Gordien, de Gordianus, nom d'empereurs romains.

Gordien *français*
De Gordianus, nom d'empereurs romains.

Gordon *anglo-saxon et écossais*
Du vieil anglais «garadum», colline en forme de triangle. Gordon Murray, ingénieur automobile, connu pour son implication dans la formule 1.

Gorka *basque*
Variante de Georges, du grec «gé», terre et «ergon», travail.

Gorman *germanique*
Saint, moine bénédictin en Allemagne, évêque de Sleswig, au Danemark, mort en 965.

Gormont *français*
Héros dans la chanson de geste *Gormont et Isembart*.

Gormund *scandinave*
Gormund, ancêtre des rois du Danemark.

Gorvain *français*
Héros dans *Gauvain et Hunbaut*, roman du milieu ou de la fin du XIIIe siècle.

Gosbert *français*
Saint, évêque en Allemagne, disciple de saint Anchaire, mort vers 859.

Goscelin *français*
Goscelin de Cormeilles et Goscelin de La Rivière, compagnons de Guillaume le Conquérant, en 1066, lors de la conquête de l'Angleterre.

Gosdan *arménien*
Variante de Constant, du latin « constans », solide.

Gosha *russe*
Diminutif d'Igor, du germanique « ing », dénominatif de filiation et « ward », protecteur ou du slave « ingvar », gardien de la jeunesse.

Goslin *français*
Saint, abbé de Saint-Soluteur, près de Turin, de 1147 jusqu'à sa mort en 1153.

Gosselin *français*
Gosselin est cité comme fils d'Osmundus, dans la pancarte de Saint-Léger de Préau, en Seine-Maritime, aux environs de 1080.

Gossuin *français*
Gossuin de Metz, clerc, auteur d'une encyclopédie en vers, composée en 1246 dans un dialecte lorrain.

Goubert *français*
Goubert d'Aufai, compagnon de Guillaume le Conquérant, en 1066, lors de la conquête de l'Angleterre.

Goulwen *breton*
Dérivé de Goulven, du gallois « gwolwch », prière et « gwenn », blanc, heureux (étymologie controversée).

Gourvan *breton*
Dérivé de Gurvan, forme ancienne de Gourvan, de « gour », préfixe augmentatif et « man », sage.

Govan *anglo-saxon*
Saint gallois, ermite à mi-hauteur d'une falaise du Dyfed, dans une cellule en pierre, au VIe siècle.

Grard *français*
Employé en Champagne, au Moyen Âge.

Gratian *français*
Attesté à Fauville-en-Caux, en Seine-Maritime, le 15 janvier 1590.

Gratien *français*
Du latin « gratia », aimable, apprécié.

Grazian *basque*
Autorisé par le greffe du tribunal civil de Bayonne, en décembre 1957.

Grazio *corse*
Variante de Gratien, du latin « gratia », aimable, appréciée.

Guadall *catalan*
Guadall Domnuç, époux de la fille du seigneur de Calders, évêque de Barcelone, seigneur de Calders de 1021 à 1035.

Gualter *catalan*
Variante de Gautier, du germanique « waldan », commander, gouverner et « her », armée ou du nom franc Walthari.

Guarin *français*
Variante de Guérin, du germanique « waran », garer.

Gudelio *italien*
Dérivé de Gudule, du germanique « Gott », Dieu (étymologie controversée).

Gudilanes *français et hispanique*
Autorisé par la loi du 1er avril 1803.

Gudmund *français et scandinave*
Sous la protection des dieux.

Guénard *français*
Autorisé par la loi du 1er avril 1803.

Guénault *français*
Autorisé par la loi du 1er avril 1803.

Guénin *français*
Saint, évêque de Vannes, au VIIe siècle.

Gueran *catalan*
Variante de Gérard, du nom de personne germanique Warhard, de « wara », protection et « hard », dur, fort.

Guerout *français*
Attesté à Rouen, en Seine-Maritime, en 1390.

Guerric *français*
Du germanique « ger », pique, lance et « ric », puissant.

Guerrot *français*
Guerrot du Rouxel, bourgeois de Bayeux, dans le Calvados, en 1408.

Guibert *germanique*
Saint, soldat lorrain, ermite dans le Brabant belge, mort à l'abbaye bénédictine de Gorze, en 962.

Guilain *français*
Variante de Ghislain, du germanique « ghil », otage et « hard », dur.

Guillem *catalan*
Variante de Guillaume, du nom franc Wilhelm ou du germanique « witu », bois, confondu avec le nom de saint Vitus, du latin « vita », vie.

Guillin *français*
Enregistré, lors d'un mariage, à Caullery, dans le Cambrésis, le 29 septembre 1863.

Guislabert *catalan*
Guislabert II, vicomte de Barcelone, seigneur de Castellnou de Bages, de 1076 à 1126.

Gulin *maltais*
Variante d'Angelo, dérivé d'Ange, du grec « èggelos », messager.

Gunder *germanique*
Variante de Gunther, seigneur combattant, guerrier.

Gunter *germanique et scandinave*
Variante de Gunther, seigneur combattant, guerrier. Günter Grass, écrivain allemand, prix Nobel de littérature en 1999, avoue en 2006 son passé SS.

Guram *kabyle*
Saint.

Gurval *breton et français*
Autorisé par la loi du 1er avril 1803.

Gurvant *breton*
Dérivé de Gurvan, de « gour », préfixe augmentatif et « man », sage.

Gustin *français*
Dérivé diminutif d'Augustin, du romain « augustus », majestueux, respectable.

Guxen *basque*
Enregistré à Ayherre, en Basse-Navarre, au Pays basque, en 1249.

Guzi *maltais*
Dérivé de Joseph, de l'hébreu « vosef », qu'Iahvé ajoute.

Gwen *breton*
Dérivé diminutif de Gwenaël, du celtique « gwenn », heureux, blanc et « hael », généreux.

Gwendal *breton*
Du celtique « gwenn », heureux, blanc et « tal », front, valeur.

H

Habence *hispanique*
Saint espagnol, moine de saint Christophe à Cordoue, mort martyr en 851.

Hablal *arabe*
Attesté à Saint-Remy-de-Dieppe, dans la Seine-Maritime, le 28 février 1629.

Habraam *catalan*
Variante d'Abraham, de l'hébreu « abraham », père de la multitude, d'« ab », père et de « ram », élevé.

Hachem *arabe et hébreu*
En arabe, dérivé d'Hachim, celui qui rompt le pain ou en hébreu, c'est le nom de Dieu.

Hadad *hébreu et kabyle*
En hébreu, aiguiseur ou en kabyle, forgeron.

Hadelin *français*
Autorisé par la loi du 1er avril 1803.

Hadi *arabe*
D'origine coranique, guide.

Hadouin *français*
Saint, évêque du Mans, fonda de nombreux monastères. Il est mort vers 662.

Hadrian *germanique*
Variante d'Adrien, du latin « adrianus », nom d'un personnage originaire de la ville d'Adria, du latin « ater », noir, sombre.

Hadwin *germanique*
Sur le territoire helvétique, enregistré en Suisse alémanique.

Haensel *germanique*
Dérivé de Hans, variante de Jean. Forme, avec aphérèse, du latin Johannes ou de l'hébreu « Yohanân », Iahvé a fait grâce.

Haeretua *tahitien*
Marche au large de la mer sacrée.

Hafez *arabe*
Dérivé d'Hafiz, qui protège et connaît le Coran par cœur et veille à son intégralité et à son respect.

Hagan *germanique*
Dérivé d'Hagen, du germanique « hagan », territoire, clôture, haie, protection.

Hagen *germanique et scandinave*
Variante de Hakon. D'origine franque, du germanique « hagan », territoire, clôture, haie, protection.

Hager *kabyle*
Noble.

Haidar *arabe*
De « haydar », lion. Ce nom fut donné à Ali par sa mère, alors que son père préféra l'appeler Ali. C'est lors de la prise de Khaybar qu'Ali provoqua l'ennemi en se vantant d'avoir été appelé « haïdar », lion, par sa mère.

Haim *hébreu*
Vie.

Haimon *français*
En 1145, l'abbé Haimon adresse une lettre sur la construction de l'église de Saint-Pierre-sur-Dive, dans le Calvados, aux religieux de Tutbury, en Angleterre.

Hairaud *français*
Variante d'Harald, variante du scandinave Haralt. Forme secondaire de Herald, du germanique franc « hariwald » composé de « hari », armée et « waldan », commander, gouverner. Celui qui commande l'armée.

Haissam *arabe*
Dérivé d'Haitham, jeune faucon.

Haitz *basque*
Rocher.

Haiz *basque*
Vent.

Hakan *arabe*
Enregistré à La Louvière, dans le Hainaut, le 11 mai 2000.

Hakem *arabe*
Dérivé d'Hakim, juge équitable, celui qui rompt le pain.

Hakim *arabe*
Juge équitable, celui qui rompt le pain. Hakim, chanteur marocain rencontre un très vif succès en Espagne où il demeure.

Hale *anglo-saxon*
Qui demeure dans un recoin ou une vallée éloignée.

Halfdan *scandinave*
Le demi-danois.

Halil *arabe*
Halîl Badyas, Palestinien né en 1874 ou 1875 à Nazareth, journaliste, nouvelliste, traducteur et historien, mort à Beyrouth en 1949.

Halim *arabe*
Variante de Clément, du nom divin Al-Halîm, le très clément.

Halvar *scandinave*
Dérivé d'Halvard, du germanique « all », pierre et « ward », protecteur.

Ham *hébreu*
Dans la Bible, Ham est le fils de Noé.

Hamdoun *arabe*
De « hamdûn », celui qui adresse de nombreuses louanges à Dieu.

Hamelin *français*
Hamelin de Balon, compagnon de Guillaume le Conquérant, en 1066, lors de la conquête de l'Angleterre.

Hamid *arabe*
Personne qui loue Dieu.

Hamilton *anglo-saxon*
Hamilton Smith, américain, inventeur de la machine à laver, en 1858.

Hamon *français*
Hamon Le Sénéchal, compagnon de Guillaume le Conquérant, en 1066, lors de la conquête de l'Angleterre.

Hamoul *hébreu*
Épargné.

Hamza *arabe*
Lion.

Han *anglo-saxon et hébreu*
De l'hébreu « han », grâce divine.

Handy *anglo-saxon*
Enregistré à La Louvière, dans le Hainaut, le 11 mai 2000.

Hanet *arménien*
Hanet Haroutunian, prisonnier dans les stalags allemands pendant la Seconde Guerre mondiale.

Hangelin *français*
Dérivé d'Ange, du grec « èggelos », messager ou du latin « angelus », messager.

Hanko *germanique*
Variante d'Henri, du germanique « heim », foyer, maison et « ric », puissant.

Hanoun *hébreu*
Favorisé.

Hansi *germanique*
Dérivé d'Hans, du latin Johannes ou de l'hébreu « Yohanân », Iahvé a fait grâce.

Hanu *kabyle*
Tendre.

Haran *hébreu*
En araméen, angélique.

Harel *hébreu*
La montagne de Dieu.

Haribert *franc*
Du germanique « hari », armée et « bert », brillant.

Hari *hindou*
Du sanscrit « hari » qui peut désigner une couleur jaune, verte ou brune, un singe, le soleil, le vent et d'autres différentes choses.

Harim *hébreu*
Émoussé.

Haris *arabe*
Personne qui étudie et médite le Coran.

Harman *français*
Autorisé par la loi du 1er avril 1803.

Harmen *germanique*
Dérivé d'Hermann, du germanique « hari », armée et « man », homme.

Harmide *français*
Harmide, fils d'Angilbert et de Berthe, fille de Charlemagne.

Haroun *arabe*
Variante d'Aaron, de « har », montagne et d'« aron », coffre. Haroun Tazieff (1914-1998) est certainement le vulcanologue le plus connu.

Harrison *anglo-saxon*
Dérivé d'Henri, du germanique « heim », foyer, maison et « ric », puissant.

Hasger *scandinave*
D'Àsgeirr ou d'Ansger, des substantifs « àss », Dieu et « geirr », javelot ou pique.

Hassib *arabe*
Estimé, considéré.

Hasten *scandinave*
De l'ancien scandinave « Hasteinn », de « hár » haut et de « steinn », pierre.

Hatim *arabe*
Juge.

Havard *scandinave*
Protecteur, haut gardien.

Havin *catalan*
Recensé une fois à Perpignan, dans les Pyrénées-Orientales, entre 1656 et 1665.

Haxo *français*
Prénom révolutionnaire, enregistré en Loire-Atlantique, le 27 mars 1794.

Hayen *hébreu*
Hayen Cansino, chef de famille juif, présent à la synagogue d'Oran, en Algérie, en 1656.

Haymon *français*
Variante d'Aymon, du germanique « heim », maison, foyer.

Hazo *hébreu*
Vision de Dieu.

Hearvin *anglo-saxon*
Enregistré à Colmar, dans le Haut-Rhin, le 13 avril 1995.

Hébert *français*
Variante d'Herbert, du nom franc Haribert, du germanique « hari », armée et « bert », brillant.

Hector *anglo-saxon, castillan, catalan, écossais et français*
Du grec « ekhein », celui qui possède ou du gaélique « eachann », cheval brun.

Heia *tahitien*
La beauté couronnée de plumes.

Heifara *tahitien*
Couronne de pandanus.

Heike *scandinave*
Variante d'Henri, du germanique « heim », foyer, maison et « ric », puissant.

Heimanu *tahitien*
Couronne d'oiseaux s'envolant en tournoyant dans le ciel.

Hérisson : refusé !

Depuis la loi votée en 1993, la mairie de Paris n'a utilisé qu'une seule fois la possibilité de solliciter les compétences du procureur de la République pour lui soumettre un prénom « contraire aux intérêts de l'enfant ». En effet, lors de la déclaration d'une naissance, le troisième prénom choisi était **Hérisson**. Le dossier fut alors transmis au parquet de Paris.

Heimdal *français*
Enregistré à Cherbourg, dans la Manche, vers 1902.

Heinel *néerlandais*
Variante d'Henri, du germanique « heim », foyer, maison et « ric », puissant.

Heiner *germanique*
Sur le territoire helvétique, enregistré en Suisse alémanique.

Heinke *germanique*
Variante d'Henri, du germanique « heim », foyer, maison et « ric », puissant.

Heinko *germanique*
Variante d'Henri, du germanique « heim », foyer, maison et « ric », puissant.

Heinui *tahitien*
Grande couronne.

Heiric *français*
Heiric d'Auxerre (841-876), écrivain.

Heiva *tahitien*
L'athlète s'exerçant aux divers jeux.

Hélain *anglo-saxon*
Saint irlandais, vécut en France avec ses frères et sœurs au VIe siècle et fut ordonné prêtre près de Reims.

Helder *germanique*
De « hild », combat.

Helgo *scandinave*
Forme latinisée de l'ancien scandinave commun Helgi, de l'adjectif « heilagr », dans sa forme forte ou « helgi » dans sa forme faible qui signifie saint, consacré aux dieux.

Heli *français et germanique*
Enregistré, lors d'un décès, le 14 juillet 1832, à Caullery, dans le Cambrésis.

Hélem *hébreu*
Convenable.

Hélias *français*
Attribué à Saint-Amand-de-Coly, en Dordogne, en 1700.

Hélier *français et wallon*
Variante de Hilaire, du latin « hilaris », gai.

Hélinand *français*
Saint, trouvère, moine cistercien, mort en 1237.

Héliot *français*
Diminutif d'Hélies, variante d'Élie, de l'hébreu « eli », Dieu.

Heliseu *catalan*
Heliseu, abbé indépendant de Sant Esteve del Monestir, en Roussillon, en 843.

Helko *germanique*
Dérivé d'Olga, du germanique « heil », chance, bonheur, prospérité.

Hellade *hispanique*
Saint, né à Tolède, abbé de l'abbaye d'Agali, en 605, archevêque de Tolède en 615, mort en 632.

Hellouin *germanique*
En 1035, Hellouin, fils d'Ansgot d'origine danoise, effectue une dotation de « Sainte-Marie » qui deviendra l'abbaye du Bec. À la fin du Xe siècle ou au début du XIe, il donne des biens ayant appartenu à son père à Bonneville-Aptot, Quevilly, Surcy et Cernay.

Helory *breton*
Variante d'Hélouri, de « hael », généreux et de « uobri », dignitaire, sage.

Helye *français*
Variante d'Élie, de l'hébreu « eli », Dieu.

Hemdan *hébreu*
Gracieux.

Hen *breton et hébreu*
Du breton « hen », ancien ou en hébreu, beauté.

Hénam *hébreu*
Fidèle.

Henan *breton*
De « hen », ancien et du suffixe « -an ».

Hendri *romanche*
Variante d'Henri. Enregistré dans le canton des Grisons, en pays romanche.

Henke *germanique*
Variante d'Henri, du germanique « heim », foyer, maison et « ric », puissant.

Hennequin *français*
Hypocoristique de Jehen, variante de Jehan avec aphérèse de l'initiale et le double suffixe « -ekin ».

Henno *germanique*
Variante d'Henri, du germanique « heim », foyer, maison et « ric », puissant.

Héraclien *français*
Autorisé par la loi du 1er avril 1803.

Herald *anglo-saxon et germanique*
Dérivé de Harold, celui qui commande l'armée.

Herauso *basque*
Personnage de la mythologie basque.

Herbaud *français*
Saint, ermite en Bretagne au VIIe siècle.

Herbet *français*
Variante d'Herbert, brillant dans l'armée.

Herdan *kabyle*
Lézard.

Héribald *français*
Saint, moine bénédictin, abbé du monastère Saint-Germain d'Auxerre, évêque de la ville, mort vers 857.

Héribert *catalan et germanique*
Variante d'Herbert, brillant dans l'armée.

Hermeland *français*
Saint, échanson royal, moine à Fontenelle, fondateur d'une abbaye dans l'île d'Indre, mort vers 720.

Hermelind *belge et scandinave*
Dérivé de Hermelinde, du vieil haut-allemand « irmin », tout puissant (Irmin, dieu des Herminons) et « lindis », doux.

Hermen *catalan et germanique*
Dérivé d'Hermann, du germanique « hari », armée et « man », homme.

Hermès *français*
Autorisé par la loi du 1er avril 1803.

Hermias *français*
Saint, légionnaire grec, mort martyr, en Cappadoce en 170.

Hermien *français*
Dérivé d'Hermine, sous la protection du dieu Irmin.

Hermon *français et hébreu*
Autorisé par la loi du 1er avril 1803.

Hernin *breton et français*
Autorisé par la loi du 1er avril 1803.

Herold *anglo-saxon et germanique*
Dérivé de Harold, celui qui commande l'armée.

Herouart *français*
Attesté à Rouen, en Seine-Maritime, en 1390.

Herpin *français*
Attesté à Rouen, en Seine-Maritime, en 1390.

Hersch *hébreu*
Dérivé d'Hirsch, cerf.

Hertwin *anglo-saxon*
Variante d'Hardouin, du germanique « hard », audacieux, intrépide et « win », ami.

Herveig *breton*
Variante d'Hervé, du celtique « houarn », fer et « bev », ardent, vif.

Hervey *anglo-saxon*
Variante d'Hervé, du celtique « houarn », fer et « bev », ardent, vif.

Hervo *breton*
Variante d'Hervé, du celtique « houarn », fer et « bev », ardent, vif.

Hesbert *français*
Variante d'Hébert, du germanique « hari », armée et « bert », brillant.

Hesson *français*
Saint, moine bénédictin, abbé de Beinwil en Suisse en 1085, mort en 1133.

Heudebert *français*
Attesté à Rouen, en Seine-Maritime, en 1390.

Hiacinto *catalan et hispanique*
Du grec « hyakhintos », la fleur jacinthe ou pierre précieuse.

Hicham *arabe*
Générosité.

Higinio *castillan*
Variante d'Hygin, du grec Hyginos, nom de la déesse de la Santé.

Hignacio *hispanique*
Variante d'Ignace, du grec « ignatios », indigène.

Hihiura *tahitien*
Rayon rouge du beau coucher de soleil.

Hikma *arabe*
Savoir, sagesse, science.

Hilaire *catalan et français*
Du latin « hilaris », gai.

Hilal *arabe*
Fin croissant de lune.

Hilario *basque et castillan*
Variante d'Hilaire, du latin « hilaris », gai.

Hilarion *castillan et français*
Dérivé d'Hilaire, du latin « hilaris », gai.

Hilbert *germanique*
Brillant au combat.

Hilbran *germanique*
Dérivé d'Hildebrand, du germanique « hild », lutte et « brand », glaive.

Hildebert *germanique et scandinave*
Du germanique « hild », combat et « berht », brillant, renommé.

Hildebrand *germanique et scandinave*
Du germanique « hild », lutte et « brand », glaive.

Hilding *scandinave*
Le combattant.

Hildo *germanique*
Il est fêté le 24 novembre.

Hilduart *français*
Saint, missionnaire en Flandre, fondateur d'une abbaye près de Gand, mort vers 750.

Hilduin *français*
D'origine franque, du germanique « hild », combat.

Hilel *arabe*
Dérivé d'Hilal, fin croissant de lune.

Hilen *basque*
Il est fêté le 2 novembre.

Hilier *français*
Dérivé d'Hilaire, du latin « hilaris », gai.

Hillebrand *français*
Variante d'Hildebrand, du germanique « hild », lutte et « brand », glaive.

Hillel *hébreu*
Il a loué.

Hillery *anglo-saxon*
Variante d'Hilaire, du latin « hilaris », gai.

Hilmar *germanique et scandinave*
Célèbre au combat.

Hilpéric *catalan*
Le roi Charles le Chauve confirme l'abbé Hilpéric dans ses diverses propriétés, dans une charte du 23 février 869.

Himaya *arabe*
Défense, protection infaillible.

Himelin *anglo-saxon*
Saint anglo-saxon, mort vers 750, en revenant d'un pèlerinage à Rome, à Vissenaeken, en Belgique.

Hina *tahitien*
Arrière-petit-fils des dieux, enveloppé de plumes.

Hiram *hébreu*
Mon frère est haut.

Hiro *tahitien*
Nom d'un héros déifié.

Hiroshi *japonais*
Généreux.

Hirsch *hébreu*
Cerf.

Hishãm *arabe*
De « hishãm » écrasement, du verbe « Hashama » écraser, détruire, opprimer.

Hisidro *hispanique*
Variante d'Isidore, du grec Isis, nom de la déesse et « dôron », cadeau, présent.

Hisni *albanais*
Hisni Sharqiri, député du principal parti albanais de Macédoine, en 2001.

Hitiura *tahitien*
Les deux côtés rouges du rocher à pic, la frontière rouge.

Hiva *tahitien*
Compagnie gardant le gouvernement royal.

Hixino *galicien*
Variante d'Hygin, du grec Hyginos, nom de la déesse de la Santé.

Ho *vietnamien*
Tigre.

Hoani *tahitien*
Oiseau cajolé des dieux.

Hoanui *tahitien*
Grand ami du roi qui médite.

Hobart *germanique*
Variante d'Hubert, du germanique « hug », intelligence et « bert », brillant. Brillant par l'esprit.

Hocine *hébreu*
Enregistré à Colmar, dans le Haut-Rhin, le 14 février 1995.

Hod *hébreu*
Majesté, splendeur.

Hodei *basque*
Nuage.

Hodyah *hébreu*
Dieu est majesté.

Hoël *breton*
Du celtique « hoe(iom) », je bouleverse, je tourne ou de « ho- », bien et « (g)wel », vue.

Hogan *irlandais*
Dérivé de O'Ogáin, descendant de Ogán qui est la forme diminutive de « óg », jeune.

Hoger *français*
Variante d'Oger, du germanique « odo », biens, richesse et « gari », lance, pique.

Hogin *germanique*
Variante d'Hagen, du germanique « hagan », territoire, clôture, haie.

Holger *français, germanique et scandinave*
Puissant avec l'épieu.

Holo *hébreu*
Holo Albo, juif, propriétaire de deux esclaves à Oran, en Algérie, en 1660.

Holti *scandinave*

Homam *arabe et hébreu*
De l'arabe « humâm », généreux, brave ou en hébreu, fidèle, magnanime.

Hona *basque*
Enregistré à Isaba, en Navarre, au Pays basque, en 1366.

Honeste *français*
Saint, né à Nîmes, prêtre, envoyé évangéliser l'Espagne, mort à Pampelune, en 270.

Honorat *catalan et français*
Du latin « honoratus », honoré, loué.

Honoré *catalan et français*
Du latin « honoratus », honoré, loué.

Honorin *français*
Dérivé d'Honorine, sainte.

Honoura *tahitien*
Personnage mythique.

Hoppert *germanique*
Variante d'Hubert, du germanique « hug », intelligence et « bert », brillant.

Horace *anglo-saxon, français et italien*
De Horatia, nom d'une famille romaine ou du latin « hora », heure.

Horaz *germanique*
Variante d'Horace, de Horatia, nom d'une famille romaine ou du latin « hora », heure.

Hori *hébreu*
Ma liberté.

Horic *scandinave*
Vers 845, Horic, roi des Danois, arrive sur l'Elbe avec six cents voiles, mais son attaque est repoussée par les Saxons.

Hormidas *wallon*
Enregistré à Angers, dans le Maine-et-Loire, lors de deux mariages les 17 janvier 1881 et 18 juillet 1898.

Horst *germanique*
Du vieil haut-allemand « horst » ou « hurst », buisson.

Horton *français*
Enregistré dans le Gers au XVIIe siècle.

Hosmund *ancien scandinave commun*
D'« Ásmundr » qui, dans certains cas, est devenu « Õsmundr » puis, par graphie anormale, Hosmund.

Hossah *hébreu*
Dans la Bible, Hossah, portier, est le contemporain de David (1010-970 avant J.-C.).

Hossam *arabe*
De « husâm », sabre tranchant.

Hosseine *arabe*
De « hasan », excellent, beau.

Houardon *breton et français*
Autorisé par la loi du 1er avril 1803.

Houarn *breton*
Du celtique « houarn », fer et « bev », ardent, vif, en breton moderne « houarner » désigne le ferronnier.

Houarno *breton*
Dérivé de Houarne, variante d'Hervé, de « houarn », fer et de « bev », ardent, vif.

Houchaï *hébreu*
Mes sens. Dans la Bible, Houchaï est le compagnon de David.

Houcham *hébreu*
Dans la Bible, Houcham est le roi d'Edom, au VIe siècle avant J.-C.

Houchim *hébreu*
Les sens.

Houd *arabe*
De « hûd », qui se repent et se tourne vers Dieu.

Houl *hébreu*
Quotidien.

Houmeid *arabe*
De « humayd », diminutif d'Hamid, personne qui loue Dieu.

Hounain *arabe*
De « Hunayn », ville où a eu lieu une bataille dont les musulmans sortirent victorieux. Dans le Coran, Dieu rappelle comment il leur accorda la victoire durant ce combat.

Hour *hébreu*
En araméen, liberté.

Houram *hébreu*
Dans la Bible, Houram est le petit-fils de Benjamin.

Houri *arménien et hébreu*
De l'araméen « horîn », liberté ou d'origine persane, de « hour », feu.

Housni *arabe*
De « husnî » ou « husniyya », naturellement beau et très bon.

Houssam *arabe*
Dérivé d'Hossam, de « husâm », sabre tranchant.

Hovakim *arménien*
Variante de Joachim, de l'hébreu « Yehoyagim », Iahvé met debout.

Hovik *arménien*
Hovik Yeghiazarian, prisonnier dans les stalags allemands pendant la Seconde Guerre mondiale.

Hoviv *arménien*
Berger. Hoviv est le pseudonyme de Khoren Hovivian, caricaturiste français, né en Arménie en 1929.

Hovnatan *arménien*
Variante de Jonathan. Hovnatan Naghargh, né en 1661, était peintre et musicien officiel à la cour des rois de Géorgie. Il est mort en 1722.

Howel *breton*
Qui voit bien, ou encore, par extension, qui est bien considéré.

Hualguer *catalan*
Hualguer de Pontons, archidiacre de Vallespir, de 1287 à 1300.

Huard *français*
Huard de Vernon, compagnon de Guillaume le Conquérant, en 1066, lors de la conquête de l'Angleterre.

Huart *français*
Attesté à Rouen, en Seine-Maritime, en 1390.

Hubald *scandinave*
Il est fêté le 28 décembre.

Hubert *français, germanique et scandinave*
Du germanique « hug », intelligence et « bert », brillant. Brillant par l'esprit.

Huch *catalan*
Variante de Hugues, du germanique « hug », intelligence, compréhension.

Huchon *français*
Attesté à Saint-Martin-en-Campagne, en Seine-Maritime, le 21 décembre 1560.

Huesson *français*
Enregistré dans la Marne, au XIVe siècle.

Huet *français*
Attesté, dans un registre du tabellionage d'Argences, Troarn et Varaville, dans le Calvados, entre 1386 et 1417.

Hug *catalan*
Du germanique « hug », intelligence, compréhension.

Hugh *anglo-saxon*
Variante d'Hugues, du germanique « hug », intelligence, compréhension. Hugh Grant, acteur né à Londres en 1960, il accède à la notoriété en jouant dans *Quatre mariages et un enterrement*.

Hugibert *français*
Dérivé d'Hubert, du germanique « hug », intelligence et « bert », brillant. Brillant par l'esprit.

Hugolino *italien*
Variante d'Hugolin, saint.

Hugon *français*
Dérivé de Hugues, du germanique « hug », intelligence.

Hugot *basque, brésilien, castillan, catalan, germanique, polonais et scandinave*
Dérivé d'Hugues, du germanique « hug », intelligence.

Huguelin *français*
Huguelin Roussel est attesté comme paroissien de Bayeux, en 1389 et 1411.

Huguet *catalan et français*
Dérivé d'Hugues. Huguet Alixandre, sergent, est exempté de payer l'impôt du fouage à Dieppe, en 1479.

Huldric *français*
Dérivé d'Ulrich, du germanique « odal », patrie, patrimoine et « ric », puissant.

Huldrych *germanique*
Dérivé d'Ulrich, du germanique « odal », patrie, patrimoine et « ric », puissant.

Humbert *germanique*
De « hunn », ours (racine controversée) et « berth », brillant.

Humphrey *anglo-saxon et germanique*
Du germanique « hunn », ours (racine controversée) et « fried », paix. Humphrey Bogart (1899-1957), acteur américain, a joué dans *Le Faucon maltais*.

Hundi *scandinave*

Hung *vietnamien*
Héros.

Hunger *germanique*
Saint, évêque d'Utrecht en 856, mort en 866.

Hunlof *scandinave*
De l'ancien norrois et de l'ancien suédois « óleifr » ou « ólafr » et de l'anglo-scandinave « anlaf » et « unlof », de la racine « ãnu », ancêtre et du substantif « leif », héritage.

Hunon *anglo-saxon*
Saint, moine anglais, prêtre à Ely et ermite, mort en 690.

Huon *français*
Huon d'Oisy, certainement l'un des plus anciens trouvères courtois en langue d'oil, n'est autre qu'Hugues III, seigneur d'Oisy le Verger, dans l'arrondissement d'Arras, mort en 1190.

Hupert *français*
Variante d'Hubert, du germanique « hug », intelligence et « bert », brillant par l'esprit.

Hur *basque*
En biscayen, proche.

Hurault *français*
Attesté à Rouen, en Seine-Maritime, en 1390.

Hurion *catalan*
Hurion Chrestien, décédé à Baixas en Roussillon, au XVe siècle.

Husson *français*
Hypocoristique de Hue, forme savante d'Hugues, du germanique « hug », intelligence.

Hyacinthe *français*
Du grec « hyakhintos », la fleur jacinthe ou pierre précieuse.

Les refusés acceptés

Hjalmar, prénom masculin, d'origine scandinave, qui signifie « porteur de casque » a été refusé à Mulhouse, en 1963 mais, en Basse-Normandie, a été attribué à Cherbourg, le 18 janvier 1999.

Hydaspe
français

Dans *Esther*, de Jean Racine (1639-1699), Hydaspe est l'un des officiers du palais d'Assuérus.

Hygin
français

Du grec Hyginos, nom de la déesse de la Santé.

Hylas
français et grec

Dans la mythologie grecque, Hylas est l'écuyer d'Héraclès.

Hypolite
français

Dérivé d'Hippolyte, du grec « hippos », cheval et « lutos », dompteur, délieur.

Le hit-parade français

Les prénoms masculins les plus attribués sont, dans l'ordre :

1 - Enzo,
2 - Mathis,
3 - Nathan,
4 - Mathéo,
5 - Hugo,
6 - Lucas,
7 - Noah,
8 - Matteo,
9 - Romain,
10 - Théo,
11 - Yanis,
12 - Louis,
13 - Thomas,
14 - Tom,
15 - Léo,
16 - Raphaël,
17 - Ethan
18 - Maxime,
19 - Alexis,
20 - Baptiste.

Iacopo *italien*
Variante de Jacob, de l'hébreu « ya'aqob », que Dieu favorise.

Iagan *écossais*
Petit feu.

Iago *gallois et scandinave*
Variante de Jacob, de l'hébreu « ya'aqob », que Dieu favorise.

Iakepa *hawaïen*
Variante de Gaspard, de l'hébreu « ghaz », trésor et « bar », administrer ou du latin « gaspardus », celui qui vient voir.

Iakiv *slave*
Variante de Jacob, de l'hébreu « ya'aqob », que Dieu favorise.

Iakobos *grec*
Variante de Jacob, de l'hébreu « ya'aqob », que Dieu favorise.

Iakona *hawaïen*
Variante de Jason, de l'hébreu « Yéshoua », Iahvé sauve ou du grec Easôn, nom de personne.

Iakov *slave*
Variante de Jacob, de l'hébreu « ya'aqob », que Dieu favorise.

Ialeka *hawaïen*
Variante de Jared, de l'hébreu « yeredh », descente.

Ian *anglo-saxon, écossais, grec, irlandais et polonais*
Variante de Jean, de l'hébreu « Yohânân », Iahvé a fait grâce, Dieu a fait grâce.

Iancu *roumain*
Diminutif d'Ian, variante de Jean, de l'hébreu « Yohânân », Iahvé a fait grâce, Dieu a fait grâce.

Ianis *slave*
Enregistré à Colmar, dans le Haut-Rhin, le 15 juillet 1995.

Iannik *breton*
Variante diminutive d'Iann, variante bretonne de Jean, de l'hébreu « Yohânân », Iahvé a fait grâce.

Iareda *hawaïen*
Variante d'Ialeka, dérivé de Jared, de l'hébreu « yeredh », descente.

Iasepa *hawaïen*
Dérivé de Gaspard, de l'hébreu « ghaz », trésor et « bar », administrer ou du latin « gaspardus », celui qui vient voir.

Iasona *hawaïen*
Variante de Jason, de l'hébreu « Yéshoua », Iahvé sauve ou du grec Easôn, nom de personne.

Iban *basque*
Variante de Jean, de l'hébreu « Yohânân », Iahvé a fait grâce, Dieu a fait grâce.

Ibar *irlandais*
Variante d'Ivor, du germanique « ing », dénominatif de filiation et « hari », armée.

Ibat *basque*
Variante d'Iban, dérivé de Jean, de l'hébreu « Yohânân », Iahvé a fait grâce, Dieu a fait grâce. Autorisé par le greffe du tribunal civil de Bayonne, en décembre 1957.

Ibcan *hébreu*
Variante d'Ivtsân. Dans la Bible, Ivtsân est un juge d'Israël.

Ibise *dogon (Mali)*
Peut-être d'« ibide », il aime.

Ibri *hébreu*
Celui qui a traversé l'Euphrate.

Ichaka *basque*
Variante d'Isaac, de l'hébreu « yitschak », que Dieu rie ou sourie.

Icher *kabyle*
Ongle.

Ichiro *japonais*
Fils aîné.

Ichkhan *arménien*
D'« ichkhel », régner.

Icidro *hispanique*
Variante d'Isidore, du grec Isis, nom de la déesse et « dôron », cadeau, présent.

Idalguer *catalan*
Idalguer est cité comme l'un des signataires de l'acte de consécration de l'église du monastère de Santa Maria de Lluçà, en Osona le 21 juin 905.

Idali *catalan*
Évêque de Barcelone, de 683 à 689.

Idas *grec*
Dans la mythologie grecque, Idas est l'un des Argonautes et aussi l'un des héros de la chasse au sanglier de Calydon.

Iddo *hébreu*
D'« oded », encourager, stimuler. Dans la Bible, Iddo, contemporain d'Ezra, est le chef des serviteurs du Temple.

Idelfonso *hispanique*
Variante d'Ildefonse, du germanique « adal », noble, vénérable et « funs », rapide ou du germanique « hild » combat et « funs », rapide.

Idesbaud *flamand*
Saint, flamand, né en 1100, vécut à la cour des comtes de Flandre. Il est mort en 1167.

Idiana *hispanique*
Variante d'Indiana, du latin « indianus », de l'Inde.

Idir *arabe*
Enregistré à Colmar, dans le Haut-Rhin, le 9 décembre 1994.

Idmar *scandinave*

Ido *germanique*
Dérivé d'Ida, du vieil allemand « ida » (germanique « itis »), femme sage, voyante, devineresse, sorcière ou du germanique « idh », travail.

Idras *kabyle*
Être rare.

Idris *arabe et gallois*
En arabe, du verbe « darasa », étudier ou en gallois, d'« iud », seigneur et « rïs », impulsif.

Iduned *breton*
Saint, frère de sainte Dunvel et oncle de saint Meven au VIIe siècle.

Iefan *gallois*
Variante de Jean, de l'hébreu « Yohânân », Iahvé a fait grâce, Dieu a fait grâce.

Iéhoudi *hébreu*
De Judée. Dans la Bible, Iéhoudi est contemporain de Jérémie.

Ieke *hawaïen*
Variante de Jessé, de l'hébreu « yishay », cadeau, richesse.

Ienego *basque*
Variante d'Ignace, du grec « ignatios », indigène.

Iese *hawaïen*
Dérivé de Jessé, de l'hébreu « yishay », cadeau, richesse.

Iestyn *gallois*
Variante de Justin, du latin « justus », raisonnable, juste.

Ifan *gallois*
Variante de Jean, de l'hébreu « Yohânân », Iahvé a fait grâce, Dieu a fait grâce.

Iftah *hébreu*
Dieu ouvrira. Dans la Bible, Iftah est un juge d'Israël.

Iga *russe*
Diminutif d'Igor, du germanique « ing », dénominatif de filiation et « ward », protecteur ou du slave « ingvar », gardien de la jeunesse.

Iginio *italien*
Variante d'Hygin, du grec Hyginos, nom de la déesse de la Santé.

Ignacy *polonais*
Variante d'Ignace, du grec « ignatios », indigène.

Ignasha *russe*
Diminutif d'Ignati, variante d'Ignace, du grec « ignatios », indigène, par l'intermédiaire du latin Ignatius, nom de personne.

Ignati *russe*
Variante d'Ignace, du grec « ignatios », indigène.

Ignaz *germanique*
Variante d'Ignace, du grec « ignatios », indigène.

Igon *basque*
Du basque « igo » ou « igan », monter.

Igor *basque, polonais, russe et slave*
Du germanique « ing », dénominatif de filiation et « ward », protecteur ou du slave « ingvar », gardien de la jeunesse.

Ihsan *arabe et turc*
D'« ihsãn », charité, bienfait, pardon.

Ikaia *hawaïen*
Variante d'Isaïe, de l'hébreu « Yesha'yah », Iahvé et salut.

Ikale *polynésien*
Aigle.

Ikani *polynésien*
Petit fougueux.

Ike *anglo-saxon et hébreu*
Dérivé d'Isaac, de l'hébreu « yitschak », que Dieu rie ou sourie ou diminutif de Dwight, dérivé de Denis, du grec « dionysos », fils de Dieu.

Ikenaki *hawaïen*
Variante d'Ignace, du grec « ignatios », indigène.

Iker *basque et kabyle*
Du basque « ikertu », examiner ou en kabyle, il s'est levé.

Ikey *anglo-saxon*
Dérivé d'Isaac, de l'hébreu « yitschak », que Dieu rie ou sourie.

Ikie *anglo-saxon*
Dérivé d'Isaac, de l'hébreu « yitschak », que Dieu rie ou sourie.

Ikram *arabe*
Référence, témoignage de respect.

Ilan *hébreu*
Arbre.

Ilari *basque*
Variante d'Hilaire, du latin « hilaris », gai.

Ilario *basque et italien*
Variante d'Hilaire, du latin « hilaris », gai.

Ilbert *français*
Ilbert de Laci et Ilbert de Tœni, compagnons de Guillaume le Conquérant, en 1066, lors de la conquête de l'Angleterre.

Ildé *français*
Dérivé d'Hilde, d'origine franque, du germanique « hild », combat.

Ildeberto *italien*
Variante d'Hildebert, du germanique « hild », combat et « berht », brillant, renommé.

Ildebrando *italien*
Variante d'Hildebrand, du germanique « hild », lutte et « brand », glaive.

Ildevert *français*
Variante d'Hildebert, du germanique « hild », combat et « berht », brillant, renommé.

Ilhan *turc*
Ilhan Mansiz, footballeur, attaquant de l'équipe nationale de Turquie à la coupe du monde 2002, en Corée et au Japon.

Ilia *basque*

Ilian *slave*
Variante de Gilles, du germanique « gisil », pousse, descendant ou du grec « aigidos », bouclier.

Ilias *arabe*
De l'hébreu « ilyâs » ou Élie, divin, venant de Dieu.

Ilie *roumain*
Dérivé d'Ilias, de l'hébreu « ilyâs » ou Élie, divin, venant de Dieu.

Illan *basque*
Variante de Julien, du latin « Julia », nom d'une famille romaine descendant d'Iule, fils d'Énée ou du latin « oulos », entier.

Illari *basque*
Variante d'Hilaire, du latin « hilaris », gai.

Illarion *russe*
Variante d'Hilaire, du latin « hilaris », gai.

Ilbert *français*
Ilbert de Laci, compagnon de Guillaume le Conquérant, en 1066, lors de la conquête de l'Angleterre.

Ildège *germanique*
Enregistré lors d'un mariage à Angers, dans le Maine-et-Loire, le 23 juin 1902.

Ildevert *français*
Variante d'Hildebert, du germanique « hild », combat et « berht », brillant, renommé.

Ilia *basque*
Nom de lieu à Araotz, en Guipuscoa, au Pays basque.

Ilian *slave*
Variante de Gilles, du germanique « gisil », pousse, descendant ou du grec « aigidos », bouclier.

Ilias *arabe*
De l'hébreu « ilyâs » ou Élie, divin, venant de Dieu.

Ilie *roumain*
Dérivé d'Ilias, de l'hébreu « ilyâs » ou Élie, divin, venant de Dieu.

Illan *basque*
Variante de Julien, du latin « Julia », nom d'une famille romaine descendant d'Iule, fils d'Énée ou du latin « oulos », entier.

Illem *kabyle*
Il est cousu.

Illian *slave*
Variante de Gilles, du germanique « gisil », pousse, descendant ou du grec « aigidos », bouclier.

Ilny *kabyle*
Foudre.

Iltud *breton*
Saint, maître de saint Pol et de saint Gweltaz, célèbre en pays de Galles et honoré en Bretagne.

Ilun *basque*
Du basque « ilun » ou « ilhun », obscur, sombre.

Ilune *basque*
Variante d'Ilun, du basque « ilun » ou « ilhun », obscur, sombre.

Iluro *basque*
Personnage de la mythologie basque.

Ilyas
Enregistré à Caen, dans le Calvados, le 16 mai 2001.

Imad *arabe*
Attribué à Boulogne-Billancourt entre le 21 mai et le 28 juillet 2002.

Imam *arabe*
Celui qui est placé devant.

Iman *arabe*
D'« imân », foi.

Imanol *basque*
Variante d'Emmanuel, du germanique « heim », maison ou d'« ermin », puissant.

Imanole *basque*
Variante d'Emmanuelle, du germanique « heim », maison ou d'« ermin », puissant.

Imarogbe *nigérien (Bénin)*
Enfant né dans une bonne famille.

Imbert *français*
Dérivé d'Hubert, du germanique « hug », intelligence et « bert », brillant par l'esprit.

Imdad *arabe*
Assistance, aide.

Imelin *français*
Variante d'Émilien, celui qui rivalise avec quelqu'un, jaloux.

Imre *hongrois*
Variante d'Aimeric, du germanique « haim », foyer, maison et « ric », puissant, riche ou d'« amal », ardent, fougueux et « ric », puissant, riche.

Imri *hébreu*
Dieu parle.

Inacio *portugais*
Variante d'Ignace, du grec « ignatios », indigène, par l'intermédiaire du latin Ignatius, nom de personne.

Inaki *basque*
Variante d'Ignace, du grec « ignatios », indigène, par l'intermédiaire du latin Ignatius, nom de personne.

Inal *kabyle*
Il voit.

Inaya *arabe*
Sollicitude, attention, providence divine.

Iñazio *basque et galicien*
Variante d'Ignace, du grec « ignatios », indigène, par l'intermédiaire du latin Ignatius, nom de personne.

Ince *hongrois*
Variante d'Innocent, du latin « innocens », innoffensif, sans méchanceté, qui n'est pas coupable.

Incencio *hispanique*
Variante d'Innocent, du latin « innocens », innoffensif, sans méchanceté, qui n'est pas coupable. L'agneau innocent. L'enfant.

Indalecio *castillan et galicien*
Dérivé du grec Indaletios, comme un professeur.

Indaleki *basque*

Indalesio *hispanique*
Variante d'Indalecio, dérivé du grec Indaletios, comme un professeur.

Indès *slave*
Saint, martyr avec ses compagnons en 303, sous Dioclétien.

Indiana *hispanique*
Du latin « indianus », de l'Inde.

Indrayan *hindou*
Dérivé d'Indra, nom du dieu du Ciel et de l'Atmosphère.

Indri *maltais*
Variante d'André, du grec « andreia », bravoure, énergie, virilité ou d'« andrès », viril.

Indro *italien*
Rencontré dans le canton du Tessin, en Suisse italienne.

Ing *scandinave*
Variante d'Inge, du germanique « ing », dénominatif de filiation ou Inge, nom de divinité.

Ingulf *germanique et scandinave*
De l'ancien norrois « ingólfr », de l'ancien suédois « ingulfr », de « ing » dénominatif de filiation et du suffixe « ulf » loup.

Ingvar *normand et scandinave*
Le jeune.

Ingver *scandinave*
Variante d'Igor, du germanique « ing », dénominatif de filiation et « ward », protecteur ou du slave « ingvar », gardien de la jeunesse.

Inigo *basque et maltais*
Variante d'Ignace, du grec « ignatios », indigène, par l'intermédiaire du latin Ignatius, nom de personne.

Ingbert *germanique*
Variante d'Imbert, dérivé d'Hubert, du germanique « hug », intelligence et « bert », brillant. Brillant par l'esprit.

Ingemann *scandinave*
L'homme du dieu Ing.

Ingemar *scandinave*
Variante d'Ingmar, du germanique « ing », dénominatif de filiation et « mar », renommé, célèbre. Célèbre par le dieu Ing. Ingemar Stenmark était un excellent skieur suédois des années 1970-1980.

Ingeme *dogon (Mali)*
D'« ine », quoi, que, de « gi », il parle et de « ma » (particule placée à la fin d'une phrase interrogative). Rappelle que l'enfant est né après la mort de son père. « Qu'est-ce qu'il dit ? Le nouveau-né s'interroge sur ce qu'aurait pu lui dire son père. »

Ingfrid *scandinave*
Fêté le 12 mai.

Inglevert *français*
Du nom latin Angilbertus, d'Angilberht, nom individuel franc, du germanique « angil », lame et « berht », illustre.

Ingmar *germanique et scandinave*
D'origine franque, du germanique « ing », dénominatif de filiation et « mar », renommé, célèbre. Célèbre par le dieu Ing.

Ingo *germanique et scandinave*
Dérivé d'Inge, du germanique « ing », dénominatif de filiation ou Inge, nom de divinité.

Ingobert *catalan*
Du germanique « ing », dénominatif de filiation ou Inge, nom de divinité.

Iniego *basque*
Variante d'Ignace, du grec « ignatios », indigène, par l'intermédiaire du latin Ignatius, nom de personne.

Inis *irlandais*
Dérivé du gaélique Ennis, nom d'un comté.

Inko *basque*
Personnage de la mythologie basque.

Innedyeso *dogon (Mali)*
D'« inne », homme, de « dye », vieillard et de « so », parole. La parole d'un homme (ou d'une personne âgée) digne de respect.

Innis *irlandais*
En gaélique, île.

Inoke *polynésien*
Consacré.

Inokene *hawaïen*
Variante d'Innocent, du latin « innocens », innoffensif, sans méchanceté, qui n'est pas coupable. L'agneau innocent. L'enfant.

Inveni *catalan*
Saint honoré en Roussillon dans la paroisse d'Elne.

Ioan *italien et roumain*
Variante de Jean, de l'hébreu « Yohânân », Iahvé a fait grâce, Dieu a fait grâce.

Ioann *russe*
Variante de Jean, de l'hébreu « Yohânân », Iahvé a fait grâce, Dieu a fait grâce.

Ioannes *grec*
Variante de Jean, de l'hébreu « Yohânân », Iahvé a fait grâce.

Ioannis *grec*
Variante de Jean, de l'hébreu « Yohânân », Iahvé a fait grâce.

Iokan *scandinave*
Personnage dans *Histoire de la princesse Isée*, imaginée par Jacqueline Duché et contée par Pierre Mornand, (Paris, Jules Meynial, 1918). Dans le coin où il s'est réfugié, Iokan s'empare du vieux pantin qu'il retrouve chaque soir, dans sa solitude « à mi-voix, très doucement, il se mit à chanter une berceuse enfantine ; sa voix faible et mélancolique s'élevait palpitante, craintive ».

Iokepa *hawaïen*
Variante de Joseph, de l'hébreu « vosef », qu'Iahvé ajoute.

Iokia *hébreu*
Variante de Yoshiya, de « yõshïyãh », Dieu soutient, Dieu sauve.

Iokua *hawaïen*
En hébreu, Dieu aide.

Iolas *grec*
Dans la mythologie grecque, Iolas est le neveu d'Hercule.

Iolyn *gallois*
Diminutif d'Iorwerth, variante d'Edward, du germanique « ed », patrimoine, biens et « ward », gardien.

Iona *anglo-saxon, celtique, écossais, grec, hawaïen et italien*
Dérivé de Jean, de l'hébreu « Yohânân », Iahvé a fait grâce, Dieu a fait grâce ou dérivé du grec « ion », violet ou encore variante de Jonas, de l'hébreu « yonah », colombe.

Ionakana *hawaïen*
Variante de Jonathan, de l'hébreu « Yehonatân », Iahvé a donné.

Ionatán *irlandais*
Variante de Jonathan, de l'hébreu « Yehonatân », Iahvé a donné.

Ionatana *hawaïen*
Variante de Jonathan, de l'hébreu « Yehonatân », Iahvé a donné.

Ionel *roumain*
Diminutif de Ion, variante de Jean, de l'hébreu « Yohânân », Iahvé a fait grâce, Dieu a fait grâce.

Iongi *polynésien*
Jeune.

Iosep *irlandais*
Variante de Joseph, de l'hébreu « vosef », qu'Iahvé ajoute.

Iosepa *hawaïen*
Variante de Joseph, de l'hébreu « vosef », qu'Iahvé ajoute.

Ioseph *russe*
Variante de Joseph, de l'hébreu « vosef », qu'Iahvé ajoute.

Iouri *slave*
Variante de Georges, du grec « gé », terre et ergon », travail.

Iphis *grec et hébreu*
Dans la mythologie grecque, Iphis est le soupirant d'Anaxarête qui le dédaigna.

Iphtan *kabyle*
Chef numide (82 avant J.-C.).

Ira *anglo-saxon et hébreu*
Dérivé de l'hébreu « ïrã », vigilant.

Iram *kabyle*
D'« eremane », grenade.

Irid *kabyle*
Être lavé.

Irsal *kabyle*
D'« igwersalem », champion.

Irateba *indien mohave (Amérique du Nord)*
Bel oiseau.

Ireanus *germanique*
Dérivé d'Irène, du grec « eirène », paix.

Ireko *dogon (Mali)*
D'« ire », il vaut mieux et de « ko », ceci, cela, celui-ci, celui-là.

Iren *basque*
Variante d'Irénée, du grec « eirène », paix.

Irénée *français*
Du grec « eirène », paix.

Ireneo *basque, castillan et italien*
Variante d'Irénée, du grec « eirène », paix.

Ireneu *catalan et corse*
Variante d'Irénée, du grec « eirène », paix.

Irfane *arabe*
D'« irfân », gratitude, connaissance, bienfait.

Irkus *basque*
D'« irakus », montré.

Irlas *arabe*
Pureté d'intention, sincérité d'agir en vue de Dieu.

Irmin *germanique*
Nom de divinité, d'origine franque, du germanique « irmo », majestueux, très grand.

Irmo *slave*
Dérivé d'Irma, diminutif d'Irmine, du germanique « irmo », majestueux, très grand.

Irmond *français*
Autorisé par la loi du 1er avril 1803.

Irvin *écossais et slave*
Variante d'Erwin, d'origine franque, du germanique « hari », armée et « wini », ami.

Irving *écossais et slave*
Variante d'Erwin, d'origine franque, du germanique « hari », armée et « wini », ami.

Irwin *slave*
Variante d'Erwin, d'origine franque, du germanique « hari », armée et « wini », ami.

Isaak *anglo-saxon, basque, germanique, grec, hispanique et russe*
Variante d'Isaac, de l'hébreu « yitschak », que Dieu rie ou sourie.

Isaïa *hawaïen et italien*
Variante d'Isaïe, de l'hébreu « Yesha'yah », Iahvé et salut.

Isaias *basque et hispanique*
Variante d'Isaïe, de l'hébreu « Yesha'yah », Iahvé et salut.

Isaiah *hébreu*
Variante d'Isaïe, de l'hébreu « Yesha'yah », Iahvé et salut.

Isaïe *anglo-saxon, français et hébreu*
De l'hébreu « Yesha'yah », Iahvé et salut.

Isak *russe et scandinave*
Variante d'Isaac, de l'hébreu « yitschak », que Dieu rie ou sourie.

Isaka *basque*
Variante d'Isaac, de l'hébreu « yitschak », que Dieu rie ou sourie.

Isam *arabe*
Dérivé d'« isãm », sécurité, du verbe « asama », protéger.

Isamel *hispanique*
Variante d'Ismaël, de l'hébreu « yishma'e'l », Dieu entend.

Isana *basque*
Variante d'Isarne, du germanique « is », glace et « arn », aigle.

Isandro *hispanique*
Dérivé du grec « lysandros », de « lysis », librement et « andros », homme.

Isano *corse*
Variante d'Isarne, du germanique « is », glace et « arn », aigle.

Isareal *hispanique*
Dérivé d'Israël, de l'hébreu « yisrã'ël », que Dieu soit maître, que Dieu lutte.

Isarn *catalan*
Variante d'Isarne, du germanique « is », glace et « arn », aigle.

Isas *japonais*
Travailleur, méritant.

Isauro *slave*
Dérivé d'Isaure, du grec « Isauria », nom de lieu.

Iscle *catalan*
Diminutif d'Asciscle, du latin « acisclus », dérivé d'« ascisculus », diminutif d'« ascia », petit marteau.

Isedro *hispanique*
Variante d'Isidore, du grec Isis, nom de la déesse et « dôron », cadeau, présent.

Isepo *slave*
Variante de Joseph, de l'hébreu « vosef », qu'Iahvé ajoute.

Isha *hindou*
Dérivé du sanscrit « ïsa », seigneur, celui qui protège.

Ishan *hindou*
Variante d'Ishaan, soleil et nom d'une direction sur la boussole.

Isidore *anglo-saxon, catalan et français*
Du grec Isis, nom de la déesse et « dôron », cadeau, présent.

Isidre *catalan*
Variante d'Isidore, du grec Isis, nom de la déesse et « dôron », cadeau, présent.

Isikeli *polynésien*
Variante d'Ezéchiel, de « yekhezqel », force de Dieu.

Isileli *polynésien*
Variante d'Israël, de l'hébreu « yisrã'ël », que Dieu soit maître, que Dieu lutte.

Iskandar *arabe et libanais*
Variante d'Alexandre, du grec « alexein », défendre, repousser et « andros », génitif d'« aner », de l'ennemi, de l'homme.

Isménias *français*
Dérivé d'Ismena, du grec Isis, nom de la déesse et « méné », lune.

Ismy *kabyle*

Isnard *français*
Saint Isnard, frère prêcheur en 1219, fondateur du couvent dominicain de Pavie, mort en 1244.

Isnel *français*
Enregistré à Cantenac, en Gironde, le 23 septembre 1880.

Isolin *français et wallon*
Dérivé d'Isolde, du celtique « essylt », agréable à regarder, belle.

Isra *hispanique*
Diminutif d'Israël, de l'hébreu « yisrã'ël », que Dieu soit maître, que Dieu lutte.

Issa *camerounais, hébreu et swahili (Afrique de l'Est)*
En hébreu, diminutif d'Isaac, de l'hébreu « yitschak », que Dieu rie ou sourie. En Afrique, protection, salut.

Issalen *kabyle*
Ceux qui écoutent.

Issell *kabyle*
Il entend.

Issen *kabyle*
Il connaît.

Issernin *anglo-saxon*
Saint, compagnon de saint Patrick au Ve siècle.

Itamar *hébreu*
Dans la Bible, Itamar est le fils d'Aaron.

Itys *grec*
Dans la mythologie grecque, Itys est le fils de Thérée de Thrace et de Procné.

Itzel *hébreu*
Dérivé d'Isaac, de l'hébreu «yitschak», que Dieu rie ou sourie.

Iulian *roumain*
Variante de Jules, du latin «Julia», nom d'une famille romaine descendant d'Iule, fils d'Énée ou du latin «oulos», entier.

Iulio *hawaïen*
Variante de Jules, du latin «Julia», nom d'une famille romaine descendant d'Iule, fils d'Énée ou du latin «oulos», entier.

Iustinian *slave*
Variante de Justinien, du latin «justus», raisonnable, juste.

Ivane *français*
Dérivé d'Ivan, variante de Jean, de l'hébreu «Yohânân», Iahvé a fait grâce, Dieu a fait grâce.

Ived *kabyle*
Il est debout.

Ivor *anglo-saxon, écossais, irlandais et scandinave*
Du germanique «ing», dénominatif de filiation et de «hari», armée.

Ivory *africain et anglo-saxon*
Ivoire.

Iwan *breton, germanique et polonais*
En allemand, dérivé d'Ivan, variante de Jean, de l'hébreu «Yohânân», Iahvé a fait grâce, Dieu a fait grâce. En breton, dérivé d'Erwan, du germanique «iv», if.

Ixaka *basque*
Dérivé d'Isaac, de l'hébreu «yitschak», que Dieu rie ou sourie.

Ixidor *basque*
Variante d'Isidore, du grec Isis, nom de la déesse et «dôron», cadeau, présent.

Izarn *catalan*
Recensé deux fois à Perpignan, dans les Pyrénées-Orientales, entre 1626 et 1635.

Izrah *hébreu*
Se lèvera à l'Orient.

Izzeddine *arabe*
De «izz ad-dîn», la puissance de la Religion.

Izzy *slave*
Dérivé diminutif d'Isidore, du grec Isis, nom de la déesse et «dôron», cadeau, présent.

J

Jaak *breton*
Variante de Jacques, de l'hébreu « ya'aqob », que Dieu favorise. Enregistré sur l'île de Groix, au XVIIIe siècle.

Jaber *arabe*
Dérivé de Jabir, réconfortant, consolant et qui sait faire face à l'adversité.

Jabier *basque*
Variante de Xavier, de l'espagnol Javier, nom de lieu ou du basque « etxaberri », maison neuve.

Jabir *arabe*
Réconfortant, consolant et qui sait faire face à l'adversité.

Jabra *palestinien*
Jabra Ibrahim, né à Bethléem, en 1920, mort à Bagdad en Irak, en 1994. Poète, romancier, nouvelliste, critique littéraire et traducteur palestinien.

Jacek *polonais*
Variante de Hyacinthe, du grec « hyakhintos », la fleur jacinthe ou pierre précieuse.

Jacenti *polonais*
Variante de Hyacinthe, du grec « hyakhintos », la fleur jacinthe ou pierre précieuse.

Jacenty *polonais*
En Pologne, c'est la plus ancienne version de Hyacinthe, du grec « hyakhintos », la fleur jacinthe ou pierre précieuse.

Jachen *romanche*
Rencontré dans le canton des Grisons, en pays romanche.

Jacint *catalan*
Variante de Hyacinthe, du grec « hyakhintos », la fleur jacinthe ou pierre précieuse.

Jacinto *basque et castillan*
Variante de Hyacinthe, du grec « hyakhintos », la fleur jacinthe ou pierre précieuse.

Jackson *anglo-saxon*
Dérivé de Jacques, de l'hébreu « ya'aqob », que Dieu favorise.

Jacme *catalan*
Variante de Jacques, de l'hébreu « ya'aqob », que Dieu favorise.

Jacquesson *français*
Dérivé de Jacques, de l'hébreu « ya'aqob », que Dieu favorise.

Jacun *romanche*
Rencontré dans le canton des Grisons, en pays romanche.

Jacob *français et hébreu*
De l'hébreu « ya'aqob », que Dieu favorise. Fils d'Isaac, il est le dernier des patriarches bibliques.

Jacobien *français*
Dérivé de Jacob, de l'hébreu « ya'aqob », que Dieu favorise.

Jacobin *français*
Dérivé de Jacob, de l'hébreu « ya'aqob », que Dieu favorise.

Jacobo *catalan*
Variante de Jacob, de l'hébreu « ya'aqob », que Dieu favorise.

Jacobus *germanique*
Variante de Jacob, de l'hébreu « ya'aqob », que Dieu favorise.

Jacoby
Variante de Jacob, de l'hébreu « ya'aqob », que Dieu favorise.

Jaquart *français*
Dérivé de Jacques. Enregistré dans la Marne au XIVe siècle.

Jacquelin *français*
Dérivé de Jacques, de l'hébreu « ya'aqob », que Dieu favorise.

Jacquemin *français et savoyard*
Dérivé de Jacques, de l'hébreu « ya'aqob », que Dieu favorise.

Jacquemoz *savoyard*
Dérivé de Jacques, de l'hébreu « ya'aqob », que Dieu favorise.

Jacquet *français*
Dérivé de Jacques, de l'hébreu « ya'aqob », que Dieu favorise.

Jacquin *français*
Dérivé de Jacques, de l'hébreu « ya'aqob », que Dieu favorise.

Jacquou *normand*
Dérivé de Jacques, de l'hébreu « ya'aqob », que Dieu favorise.

Jafar *arabe*
Ruisseau, fleuve.

Jago *basque*
Autorisé par le greffe du tribunal civil de Bayonne, en décembre 1957.

Jahed *arabe*
Dérivé de Jahid, personne qui fait effort sur elle-même.

Jahid *arabe*
Personne qui fait effort sur elle-même.

Jaio *basque*
Naître.

Jajellart *normand*
Figure dans la liste d'engagement d'accord des habitants de Rouen devant le bailli du roi, contre le doyen et chapitre de l'église Notre-Dame, en 1390.

Jakez *breton*
Variante de Jacques, de l'hébreu « ya'aqob », que Dieu favorise.

Jakobe *basque*
Variante de Jacob, de l'hébreu « ya'aqob », que Dieu favorise.

Jakub *polonais*
Variante de Jacques, de l'hébreu « ya'aqob », que Dieu favorise.

Jalal *arabe et kurde*
Majesté, grandeur.

Jamal *arabe*
Beauté.

Jamaleddine *arabe*
De « jamâl ad-dîn », beauté de la Religion.

Jambard *français*
Attesté à Triquerville, en Seine-Maritime, le 29 novembre 1749.

Jambert *français*
Saint, abbé du monastère Saint Augustin à Canterbury, fut archevêque de cette ville. Il est mort en 792.

Jamet *français*
Enregistré, dans le Domfrontais, en Basse-Normandie, au XVe siècle.

Jamiko *basque*
Enregistré à Bayonne, en Labourd, au Pays basque, en 1453.

Jamil *arabe*
Beau.

Jamin *masculin*
Attesté dans un registre du tabellionage d'Argences, Troarn et Varaville, dans le Calvados, entre 1386 et 1417.

Jamyang *bhoutanais*
Jamyang Lodro, acteur bhoutanais dans *La Coupe*, film australo-bhoutanais (1999).

Janneken *flamand*
Petit-Jean.

Jannes *grec*
Variante de Jean, de l'hébreu « Yohânân », Iahvé a fait grâce.

Janní *catalan*
Variante de Jean, de l'hébreu « Yohânân », Iahvé a fait grâce.

János *hongrois*
Variante de Jean, de l'hébreu « Yohânân », Iahvé a fait grâce.

Jantou *français*
Dérivé de Jean. Enregistré lors d'un mariage à Bersac, en Dordogne, en 1679.

Janvier *français*
Du latin « januarius », du mois de janvier.

Jaoume *catalan*
Variante de Jacques, de l'hébreu « ya'aqob », que Dieu favorise.

Japhet *hébreu*
Variante de Joseph, de l'hébreu « vosef », qu'Iahvé ajoute.

Jarein *basque*
Du basque « jaregin », libérer.

Jaroslaw *polonais et slave*
Rude, sévère, connu par son caractère violent.

Jaspar *anglo-saxon*
Variante de Gaspard, de l'hébreu « ghaz », trésor et « bar », administrer ou du latin « gaspardus », celui qui vient voir.

Jassemin *français*
De l'arabo-persan « yâsimîn », jasmin.

Jaubert *catalan et français*
Dérivé de Gaubert, du germanique Gault, nom de divinité et « bert », brillant.

Jauffret *français*
Dérivé de Geoffroy, du germanique Gaut, nom de divinité et « fried », protecteur.

Jaume *catalan*
Variante de Jacques, de l'hébreu « ya'aqob », que Dieu favorise.

Jaunti *basque*
De « jaun », monsieur.

Jawad *arabe*
Généreux et libéral.

Jeandet *français*
Diminutif de Jean, de l'hébreu « Yohânân », Iahvé a fait grâce.

Jeanick *breton*
Dérivé de Jean, de l'hébreu « Yohânân », Iahvé a fait grâce.

Jeannin *français*
Dérivé de Jean, de l'hébreu « Yohânân », Iahvé a fait grâce.

Jeanson *français*
Dérivé de Jean, de l'hébreu « Yohânân », Iahvé a fait grâce.

Jeffe *anglo-saxon*
Variante de Geoffroy, du germanique Gaut, nom de divinité, et « fried », protecteur.

Jegu *breton*
Variante de Jagu, en vieux breton, « Iacu », traduction de Jacob.

Jehan *catalan et français*
Variante ancienne de Jean, de l'hébreu « Yohânân », Iahvé a fait grâce.

Jehans *français*
Variante de Jean, de l'hébreu « Yohânân », Iahvé a fait grâce.

Jehesnins *français*
Dérivé de Jehan. Enregistré dans la Marne, au XIVe siècle.

Jehesson *français*
Dérivé de Jehan. Enregistré dans la Marne, au XVe siècle.

Jeondet *français*
Diminutif familier de Jean. Cité sous l'Ancien Régime, au Longeron, dans le Maine-et-Loire, en Anjou.

Jephan *français*
Jephan de Villiers, né le 4 avril 1940, au Chesnay, sculpteur français, expose depuis 1966, vit et travaille à Bruxelles, depuis 1977.

Jeroche *français*
Autorisé par la loi du 1er avril 1803.

Jérômin *français*
Dérivé de Jérôme, du grec « hieros », sacré et « onoma », nom.

Jeronimo *basque et castillan*
Autorisé par le greffe du tribunal civil de Bayonne, en décembre 1957.

Jérosme *français*
Variante de Jérôme, du grec « hieros », sacré et « onoma », nom.

Jerzy *polonais*
Variante de Georges, du grec « gé », terre et « ergon », travail, agriculteur.

Jésin *français*
Attesté à Fultot, en Seine-Maritime, en 1577.

Jessé *français*
De l'hébreu « yishay », cadeau, richesse.

Jezekaël *breton*
En vieux breton Iudicael.

Jhan *français*
Variante de Jean. Attesté à Envronville, dans la Seine-Maritime, le 25 mai 1587.

Jiaji *chinois*
De « jia », ajouté à la famille et « ji », bon cheval.

Jialong *chinois*
De « jia », ajouté à la famille et « long », dragon.

Jiama *chinois*
De « jia », ajouté à la famille et « ma », cheval.

Jian *chinois*
Épée, qui manie le glaive de la justice.

Jifei *chinois*
De « ji », venu de la ville de Jinan et « fei », voler.

Jilez *breton*
Variante de Jules, du nom latin Julia ou du latin « oulos », entier.

Jillian *anglo-saxon, français*
Variante de Julien, dérivé de Jules. Enregistré à Colmar, dans le Haut-Rhin, le 15 février 1995.

Jimmie *masculin*
Variante de Jacques.

Jingnan *chinois*
De « jing », paix, tranquillité et « nan », sud. « Jing » est composé des éléments graphiques « li », se tenir et « qing », vert.

Jingping *chinois*
De « jing », capitale et « ping », paix, allusion à Pékin (Beijing).

Jingsheng *chinois*
De « jing », capitale et « sheng », naître.

Jiraïr *arménien*
De « jir », fort, vif et « aïr », homme.

Jiraur *arménien*
Variante de Gérard, du germanique « gari », pique, lance et « hard », courageux, dur.

Jiri *tchèque*
Variante de Georges, du grec « gé », terre et « ergon », travail.

Jiujin *chinois*
Neuf livres, poids de l'enfant à sa naissance.

Jiyan *chinois*
De « ji », continuer et « yan », grandeur.

Jimmy *anglo-saxon*
Variante de Jacques, de l'hébreu « ya'aqob », que Dieu favorise.

Jinji *chinois*
Évoque le lignage du nouveau-né, né en 1962, dont la mère était originaire de la province de Shanxi qui est le royaume historique de Jin et dont le père était venu du Hebei ou Ji.

Jiyan *chinois*
De « ji », continuer et « yan », grandeur. Évoque les sentiments familiaux pour un garçon né en 1925.

Joachin *français*
Variante de Joachim, de l'hébreu « Yehoyagim », Iahvé met debout.

Joad *hébreu*
Dans la Bible, Joad, grand prêtre des Juifs au IXe siècle avant J.-C., fait assassiner Athalie.

Joakin *basque*
Variante de Joachim, de l'hébreu « Yehoyagim », Iahvé met debout.

Joalucas *français*
Joalucas, né en 2003, fils d'Isabelle et Yannick Noah, chanteur et ex-champion de tennis.

Joanes *basque*
Variante de Jean. Attesté à Fultot, en Seine-Maritime, en 1552.

Joani *basque*
Autorisé par le greffe du tribunal civil de Bayonne, en décembre 1957.

Joanich *celte*
Attribué à Cherbourg, dans la Manche, le 7 juin 1976.

Joanko *basque*
Variante de Petit Jean.

Joannès *français et romanche*
Variante de Jean. Enregistré lors d'un mariage à Boscherville, dans l'Eure, en 1548.

Joannetto *maltais*
Dérivé de Jean, de l'hébreu « Yohânân », Iahvé a fait grâce, Dieu a fait grâce.

Joannice *français*
Saint, né en 750, soldat, puis ermite à quarante ans, mort en 846.

Joannin *français*
Variante de Jean, de l'hébreu « Yohânân », Iahvé a fait grâce.

Joanko *basque*
Enregistré à Domezain, en Soule, au Pays basque, en 1376.

Joanoto *catalan*
Variante de Jean, de l'hébreu « Yohânân », Iahvé a fait grâce.

Joanto *basque*
Variante de Jean, de l'hébreu « Yohânân », Iahvé a fait grâce.

Joao *portugais*
Variante de Joseph, de l'hébreu « vosef », qu'Iahvé ajoute.

Joas *basque*
Dérivé de Jonas, de l'hébreu « yonah », colombe.

Joathas *français*
Autorisé par la loi du 1er avril 1803.

Joavan *anglo-saxon*
Saint, anglais, vint en Bretagne rejoindre son oncle, saint Pol de Léon, dont il fut le coadjuteur. Nommé évêque, il est mort vers 570.

Jobias *breton*
Dérivé de Job. Attesté à Saint-Remy-de-Dieppe, en Seine-Maritime, le 15 mai 1628.

Jocelin *anglo-saxon*
Variante de Josselin. Jocelin de Dijon, auteur probable d'une chanson d'amour, écrite vers 1220.

Jocrisse *français*
Surnom donné autrefois à une personne qui se laisse gouverner, berner, un benêt.

Jodoin *français*
Du nom germanique Gaudwin, de « gaud », nom du peuple gotique et « win », ami.

Joffre *catalan et français*
Dérivé du nom Joffre, maréchal de France, durant la guerre de 1914-1918.

Jogond *français*
Autorisé par la loi du 1er avril 1803.

Johando *basque*
Variante de Jean.

Johane *basque*
Autorisé par le greffe du tribunal civil de Bayonne, en décembre 1957.

Johanet *basque*
Enregistré à Lesaca, en Navarre, au Pays basque, en 1366.

Johanin *basque*
Variante de Jean.

Johel *français*
Variante de Joël, de l'hébreu « Yô'el », Iahvé est Dieu.

Johnie *anglo-saxon*
Variante de Jean.

Jojeb *breton*
Variante de Joseph, de l'hébreu « vosef », qu'Iahvé ajoute.

Jokin *basque*
Variante de Joachim, de l'hébreu « Yehoyagim », Iahvé met debout.

Jolin *français*
De l'ancien norrois « jol », ancienne fête scandinave célébrée au milieu de l'hiver.

Jonangel *catalan*
Recensé six fois, à Perpignan, en Roussillon, entre 1636 et 1725.

Jonny *anglo-saxon*
Dérivé de Jonathan, de l'hébreu « Yehonatan », Iahvé a donné

Joran *français*
Du germanique « Gauz », Dieu et « hramm », corbeau.

Jorda *catalan*
Dérivé de Jordan, de l'araméen « yordan », qui répand la vie.

Jorge *castillan et catalan*
Variante de Georges, du grec « gé », terre et « ergon », travail.

Jorick
Variante de Georges, du grec « gé », terre et « ergon », travail.

Jormaine *maltais*
Du latin « germanus », issu du même sang, de même race.

Josaphat *français et germanique*
Variante de Joseph, de l'hébreu « vosef », qu'Iahvé ajoute.

Josbert *français*
Saint, moine bénédictin, réputé pour sa dévotion à la Vierge Marie, mort en 1186.

Josceran *français*
Autorisé par la loi du 1er avril 1803.

Josepe *basque*
Variante de Joseph, de l'hébreu « vosef », qu'Iahvé ajoute.

Joséphin *français*
Dérivé de Joseph, de l'hébreu « vosef », qu'Iahvé ajoute.

Joset *basque*
Variante de Joseph, de l'hébreu « vosef », qu'Iahvé ajoute.

Josias *hébreu*
Josias, fils et successeur d'Amon, fut roi de Juda de 640 à 609 avant J.-C.

Josic *breton*
Variante de Joseph, de l'hébreu « vosef », qu'Iahvé ajoute.

Josip *croate*
Variante de Joseph, de l'hébreu « vosef », qu'Iahvé ajoute.

Josse *breton et français*
Du nom celtique Josse ou du latin Judocus.

Josselin *anglo-saxon, breton et germanique*
Du germanique « Gauz », Dieu et d'« ing », dénominatif de filiation (étymologie controversée).

Josserand *français*
Dérivé de Josse, du nom celtique Josse ou du latin Judocus.

Josua *germanique et romanche*
Variante de Josué, en hébreu, « Dieu aide ».

Josué *castillan, catalan, français et hébreu*
En hébreu, « Dieu aide ».

Jouda *arabe*
De « jûda », perfection, de qualité supérieure.

Joudry *français*
Autorisé par la loi du 1er avril 1803.

Jouen *français*
Attesté à Rouen, en Seine-Maritime, en 1390.

Jouin *français*
Autorisé par la loi du 1er avril 1803.

Jounaid *arabe*
De « junayd », diminutif de « jund », armée, combattants.

Jourdain *français*
De l'hébreu « vardèn », qui descend, le descendeur.

Jouvin *français*
Saint, honoré à Bricqueville-la-Blouette, dans la Manche.

Jovan *yougoslave*
Variante de Jean, de l'hébreu « Yohânân », Iahvé a fait grâce.

Jovien *français*
Variante de Jovin, du latin « Jovis », nom de Jupiter au génitif.

Jovin *français*
Du latin « Jovis », nom de Jupiter au génitif.

Jovinien *français*
Autorisé par la loi du 1er avril 1803.

Jovire *français*
Autorisé par la loi du 1er avril 1803.

Jozef *néerlandais*
Variante de Joseph, de l'hébreu « vosef », qu'Iahvé ajoute.

Jozias *français*
Attesté à Notre-Dame de Lillebonne, en Seine-Maritime, le 21 juillet 1620.

Juanesko *basque*
Dérivé diminutif de Juan, variante de Jean, de l'hébreu « Yohânân », Iahvé a fait grâce.

Juango *basque*
Dérivé de Jean, de l'hébreu « Yohânân », Iahvé a fait grâce.

Juanillo *catalan*
Dérivé de Juan, de l'hébreu « Yohânân », Iahvé a fait grâce.

Juanko *basque*
Dérivé de Jean, de l'hébreu « Yohânân », Iahvé a fait grâce.

Jubaly *kabyle*
Dérivé de Juba, nom de deux rois numides.

Jubrien *français*
Autorisé par la loi du 1er avril 1803.

Jude *anglo-saxon, français et hébreu*
Autorisé par la loi du 1er avril 1803.

Juhan *slave*
Variante de Jean, de l'hébreu « Yohânân », Iahvé a fait grâce.

Juhel *français*
Juhel de Toeni, compagnon de Guillaume le Conquérant, en 1066, lors de la conquête de l'Angleterre.

Julen *basque*
Variante de Julien, du latin Julia, nom d'une famille romaine descendant d'Iule, fils d'Énée ou du latin « oulos », entier.

Julian *anglo-saxon, basque, breton, castillan et germanique*
Variante de Julien, du latin Julia, nom d'une famille romaine descendant d'Iule, fils d'Énée ou du latin « oulos », entier.

Juliao *portugais*
Variante de Julien, du latin Julia, nom d'une famille romaine descendant d'Iule, fils d'Énée ou du latin « oulos », entier.

Juliot *français*
Courant, dans le Domfrontais, au XVe siècle.

Juluan *breton*
Variante de Julien, du latin Julia, nom d'une famille romaine descendant d'Iule, fils d'Énée ou du latin « oulos », entier.

Juluen *breton*
Variante de Julien, du latin Julia, nom d'une famille romaine descendant d'Iule, fils d'Énée ou du latin « oulos », entier.

Junie *français*
Dérivé de Junien, du latin Juno, nom de divinité.

Junien *français*
Du latin Juno, nom de divinité.

Jurmin *français*
Saint, prince anglais au VIIe siècle, fils ou neveu du roi Ana.

Just *basque, catalan et français*
Variante de Juste, du latin « justus », juste, équitable.

Justain *français*
Variante de Justin, du latin « justus », juste, équitable.

Juste *catalan et français*
Du latin « justus », juste, équitable.

Justinien *français*
Autorisé par la loi du 1er avril 1803.

Justinou *catalan*
Diminutif de Justin, du latin « justus », raisonnable, juste.

Justo *basque et hispanique*
Dérivé de Juste, du latin « justus », raisonnable, juste.

Juvénal *castillan, catalan et français*
Du latin « juvenalis », jeune, juvénile.

Juventin *français*
Saint, officier de l'armée de Julien l'Apostat, mort martyr en 363.

Juvin *français*
Du nom latin Jovinus, dérivé de « Jovis », nom de Jupiter au génitif.

Juzel *breton*
Dérivé de Jezekael, en vieux breton Iudicael.

K

Kaasip *indien shuar (Équateur)*
Aigle des cascades.

Kadet *basque*
Variante de Cadet ou de Gaétan, du germanique « kad », combat.

Kadou *breton*
Dérivé de Kadog, forme hypocoristique en « -og » de « kad », combat.

Kadvan *breton*
Dérivé de Kavan, de « kad », combat et de « man », sage, pensée.

Kadvoz *breton*
De « kad », combat et de « boz », satisfaction.

Kadyolou *dogon (Mali)*
Dérivé de Kadyella, que le nouveau-né ne fasse pas de mal aux hommes.

Kafil *arabe*
Garant.

Kaiet *basque*
Variante de Kaietano, du latin « caietanus », originaire de la ville de Caieta, en Italie.

Kaitan *basque*
Variante de Gaétan, du latin « caietanus », originaire de la ville Caieta, en Italie.

Kajetan *germanique*
Variante de Gaétan, du latin « caietanus », originaire de la ville Caieta, en Italie.

Kak *arménien*
Très ancien prénom d'Asie mineure, connu deux mille ans avant J.-C.

Kakig *arménien*
Kakig Ier, roi d'Arménie de 989 à 1020.

Kalanit *hébreu*
Anémone.

Kalba *dogon (Mali)*
Protège.

Kalbon *basque*
Variante de Kalbo, du latin « calvus », chauve.

Kaled *arabe et catalan*
En arabe, immortel.

Kaleva *finlandais*
Du latin « kalvis », forgeron.

Kalixt *germanique*
Variante de Calixte, du grec « kallistês », le plus beau.

Kalixto *basque*
Variante de Calixte, du grec « kallistês », le plus beau.

Kallisto *basque*
Variante de Calixte, du grec « kallistês », le plus beau.

Kalment *maltais*
Variante de Clément, du latin « clemens », doux, bon.

Kaloust *arménien*
Variante de Kalousd, venu du Saint Esprit, Pentecôte.

Kamal *arabe*
Perfection, plénitude.

Kamel *arabe*
Variante de Kâmal, perfection, plénitude.

Kamil *arabe et basque*
En arabe, parfait, intégral, accompli. En basque, variante de Camille, du latin

« camillus », nom du jeune homme qui assistait le prêtre pendant les sacrifices à Rome.

Kamillo *basque*
Variante de Camille, du latin « camillus », nom du jeune homme qui assistait le prêtre pendant les sacrifices à Rome.

Kamini *congolais*
Défenseur.

Kana *dogon (Mali)*
Nouveau, attribué au premier fils.

Kanda *dogon (Mali)*
Dérivé de Kana, nouveau, attribué au premier fils.

Kangi *indien sioux*
Chien corbeau.

Kanim *breton*
Boiteux.

Kanou *dogon (Mali)*
De « ka », bouche et d'« ono », il n'y a pas.

Kanten *gaélique*
Saint gallois, fonda l'abbaye de Llanganten, au VIIIe siècle.

Kaour *breton*
Dérivé diminutif de Kaourintin, de l'ancienne forme « Chourentin(us) ».

Kaourintin *breton*
De l'ancienne forme « Chourentin(us) ».

Kapriel *arménien*
Variante de Gabriel, de l'hébreu « gheber », homme, héros et « el », Dieu ou de « gabar », force et « el », Dieu.

Karadeg *breton et gaélique*
Du celtique « kar », ami, avec une double dérivation en « -ad » et « -eg ».

Karanteg *breton*
Dérivé en « -oc », puis en « -eg », de « carant » ou « kerents », parents.

Karekine *arménien*
Karekine Sarkissian, né en 1930, catholicos de la Grande Maison de Cilicie intégrée à la Turquie, en 1921.

Karel *breton et tchèque*
Variante de Karine, du germanique « karl », viril.

Kari *scandinave*
De l'ancien scandinave commun « Kári », généralement considéré comme dérivé du substantif « kárr », le frisé, qui a les cheveux frisés.

Karitat *basque*
Enregistré en 1230 en Navarre, au Pays basque.

Karlmann *germanique*
Variante de Charles, du germanique « karl », viril.

Karlo *basque*
Variante de Charles, du germanique « karl », viril.

Karlos *basque*
Variante de Charles, du germanique « karl », viril.

Karmel *basque et hébreu*
De « kamal », mûrir. En hébreu, verger.

Karmelo *basque*
Dérivé de Karmel, de « kamal », mûrir.

Karmi *hébreu*
Mon vignoble.

Karmiel *hébreu*
Les vignes de Dieu.

Karnig *arménien*
Doux, humble.

Karol *basque et slave*
Variante de Charles, du germanique « karl », viril.

Karoly *tchèque*
Variante de Charles, du germanique « karl », viril.

Karsten *germanique*
Variante de Christian, du grec « khristos », messie ou du latin « christianus », chrétien, disciple du Christ.

Karyl *slave*
Variante de Charles, du germanique « karl », viril.

Kasapa *hawaïen*
Variante de lakepa, dérivé de Gaspard, de l'hébreu « ghaz », trésor et « bar », administrer ou du latin « gaspardus », celui qui vient voir.

Kasen *basque*
Variante de Cassien, du latin « cassius », nom d'une famille romaine, pauvre et démunie.

Kasiano *basque*
Variante de Cassien, du latin « cassius », nom d'une famille romaine, pauvre et démunie.

Kasimir *basque et germanique*
Variante de Casimir, du polonais « kasimierz », qui établit la paix ou de « kas », assemblée.

Kaspar *arménien et germanique*
Variante de Gaspard, de l'hébreu « ghaz », trésor et « bar », administrer ou du latin « gaspardus », celui qui vient voir.

Kasper *flamand*
Variante de Gaspard, de l'hébreu « ghaz », trésor et « bar », administrer ou du latin « gaspardus », celui qui vient voir.

Kast *breton*
Saint irlandais, évêque au VIe siècle.

Kasta *basque*
Variante de Caste, du latin « castus », pur.

Kastor *germanique*
Du grec « kastôr », castor.

Katalain *basque*
Dérivé de Catherine, du grec « katharos », pure, vierge, sans reproche.

Katch *arménien*
Brave, courageux, téméraire.

Katchik *arménien*
Dérivé de Katch, brave, courageux, téméraire.

Kateb *arabe*
Kateb Yacine, algérien, poète, romancier, dramaturge et intellectuel constantinois.

Katherin *français*
Dérivé de Catherine, du grec « katharos », pure, vierge, sans reproche.

Kauldi *basque*
Variante de Claude, du latin « claudus », boiteux.

Kavan *breton*
De « kad », combat et de « man », sage, pensée.

Kavanez *breton*
Dérivé de Kavan, de « kad », combat et de « man », sage, pensée.

Kawssar *arabe*
De « kawthar », abondance.

Kaxen *basque*
Enregistré à Suhescun, en Basse-Navarre, au Pays basque, en 1353.

Kaxiano *basque*
Variante de Cassien, du latin « cassius », nom d'une famille romaine, pauvre et démunie.

Kaximir *basque*
Variante de Casimir, du polonais « kasimierz », qui établit la paix ou de « kas », assemblée.

Kaxton *basque*
Variante de Gaston, du germanique « gast », guerrier itinérant, voyageur.

Kaye *anglo-saxon et indien jivi (Venezuela)*
Dérivé de Keith, du celtique « cœd », bois, forêt. Chez les indiens jivi, médecin.

Refusés!

De nombreux litiges ont été provoqués par l'administration et les particuliers. Le 6 janvier 1977, la mairie de Puteaux refuse d'accepter comme prénom le nom de l'anarchiste ukrainien **Makno**. Pourtant quelques mois plus tard, les juges du tribunal de Nanterre donnent droit à la requête des parents et entérinent le choix de ce prénom.
Phédric, prénom masculin et français, a été refusé à Lille en 1977.
À Paris, **Marx** est accepté tandis que **Guevara** est refusé.
À Mulhouse, **Arje**, prénom masculin d'origine scandinave, a été refusé en 1963.
À Lille, **Gentil**, prénom masculin, fêté le 5 septembre, a été refusé en 1975 et **Mariève**, prénom féminin, a été refusé en 1978.
À Caen, **Kelaig**, prénom masculin et breton, a été refusé par le tribunal, avant 1980.

Kayet *basque*
Autorisé par le greffe du tribunal civil de Bayonne, en décembre 1957.

Kazem *arabe*
Dérivé de Kazim, qui se contient, se domine.

Kazim *arabe*
Qui se contient, se domine.

Kean *anglo-saxon*
Kean ou Désordre et Génie, comédie, représentée à Paris, le 31 août 1836.

Kedar *kabyle*
D'« akkedar », précipice.

Kegham *arménien*
Kegham, patriarche arménien dans l'Antiquité.

Keith *anglo-saxon et écossais*
Du celtique « cœd », bois, forêt.

Kele *basque*
Variante diminutive de Clément, du latin « clemens », doux, bon.

Kelemen *basque*
Variante de Clément, du latin « clemens », doux, bon.

Kelinu *maltais*
Dérivé de Michel, de l'hébreu « mika'el », qui est comme Dieu.

Kelmen *basque*
Variante de Clément, du latin « clemens », doux, bon.

Kelmene *féminin basque*
Dérivé de Clément, du latin « clemens », doux, bon.

Keloubai *hébreu*
Variante de Klouvaï, ma cage.

Kembasa *dogon (Mali)*
De « keme », richesse et de « basa », assez, suffisant.

Kemil *arabe*
Dérivé de Kâmil, parfait, intégral, accompli.

Kemlan *kabyle*
Ils sont grands.

Kemy *kabyle*
Toi.

Kenan *irlandais*
Du celte « ken », beau.

Kenani *hébreu*
Dérivé de Knani, m'a rétabli.

Kenania *hébreu*
Dérivé de Knaniah, Dieu est ferme.

Kene *dogon (Mali)*
Aide.

Kenelm *breton et français*
Autorisé par la loi du 1er avril 1803.

Kenji *japonais*
Second fils.

Kenn *anglo-saxon*
Dérivé de Kenneth, du celtique «cinaed», jailli du feu.

Kennan *kabyle*
Ils se sont enrichis.

Kenneth *anglo-saxon et écossais*
Du celtique «cinaed», jailli du feu.

Kenni *français et irlandais*
Autorisé par la loi du 1er avril 1803.

Kenou *dogon (Mali)*
Aide.

Kenoube *dogon (Mali)*
Variante de Kinoube, de «kinu», vie et de «bodo», il laisse.

Kenya *russe*
Dérivé d'Innokenti, du latin «innocens», innoffensif, sans méchanceté, qui n'est pas coupable.

Keo *hawaïen*
Diminutif d'Iokepa, variante de Joseph, de l'hébreu «yosef», qu'Iahvé ajoute.

Kepa *basque*
Autorisé par le greffe du tribunal civil de Bayonne, en décembre 1957.

Keperin *basque*
Autorisé par le greffe du tribunal civil de Bayonne, en décembre 1957.

Kéran *hébreu*
Dans la Bible, Kérân était le fils de Seïr.

Kerbasi *basque*
Variante de Gervais, du latin Gervaius, nom d'un martyr.

Kerian *anglo-saxon et celtique*
Enregistré en 2002.

Kerman *basque*
Variante de Germain, du germanique «germen», du même sang, de la même race.

Kérop *arménien*
Variante de Kéropé, en hébreu, chérubin.

Kéropé *hébreu*
Chérubin.

Kerst *scandinave*
Dérivé de Kersten, du grec «khristos», messie ou du latin «christianus», chrétien, disciple du Christ.

Kersten *scandinave*
Variante de Christian, du grec «khristos», messie ou du latin «christianus», chrétien, disciple du Christ.

Kervin *scandinave*
Variante de Kevin, du vieux gaélique «coimhghin», de naissance avenante.

Kesar *basque et scandinave*
Variante de César, du latin «caesar», couper. Coupé du ventre de sa mère, d'où le nom de l'opération césarienne.

Kesara *basque*
Variante de Césaire, du latin «caesar», couper.

Kesha *russe*
Dérivé d'Innokenti, du latin «innocens», innoffensif, sans méchanceté, qui n'est pas coupable.

Kessar *kabyle*
Il plaisante.

Kesséd *hébreu*
Dans la Genèse, Kesséd est le fils de Nahor.

Kester *scandinave*
Variante de Christophe, du grec «khristos», Christ et «phoros», qui porte.

Kétil *français et scandinave*
Le chaudron des Ases, des dieux, c'est-à-dire le jeu.

Kettan *kabyle*
Fil fin ou tissu coupé.

Kevan *anglo-saxon*
Dérivé de Kevin, du vieux gaélique « coimhghin », de naissance avenante.

Keven *anglo-saxon*
Dérivé de Kevin, du vieux gaélique « coimhghin », de naissance avenante.

Keverne *anglo-saxon*
Saint, ami de saint Kiéran au VIe siècle.

Kévork *arménien*
Variante de Georges, du grec « gé », terre et « ergon », travail.

Khairate *arabe*
De « khayrât », actions de bien.

Khaldoun *arabe*
De « khaldûn », éternel, bienheureux.

Khaled *arabe*
Dérivé de Khâlid, éternel, bienheureux, demeurant au Paradis pour l'éternité.

Khalid *arabe*
Éternel, bienheureux, demeurant au Paradis pour l'éternité.

Khalîl *arabe*
Confident, ami intime.

Khalis *arabe*
Droit, sincère, pur.

Khatchig *arménien*
Katchig Ardarouni, prince du Vaspouragan au XIe siècle.

Kheireddine *arabe*
De « khya ad-dîn », le bien de la Religion.

Kheran *hébreu*
Dans la Bible, Kherân est le fils de Dichôn.

Khileav *hébreu*
La prison du père.

Khlouhou *hébreu*
De « klaya », anéantissement, perte.

Khoren *arménien*
De l'iranien « khor », soleil suivi du suffixe « en », petit.

Khourchid *arabe*
Du mot persan « khûrchîd », lieu de jonction des eaux du fleuve et de la mer ou du soleil.

Kiaran *irlandais*
Saint, l'un des douze apôtres de l'Irlande, mort vers 556.

Kido *dogon (Mali)*
De « kigi », os et de « tolu », il n'y a pas.

Kiéran *irlandais*
Saint, évêque d'Ossory, mort vers 530.

Kiernan *irlandais*
Dérivé de Kiéran, saint.

Kigue *dogon (Mali)*
Peut-être de « kigi », os ou de « kiguileme », il tourne.

Kiguilem *dogon (Mali)*
De « kigeleme », il tourne.

Kilaïon *hébreu*
Anéantissement, ruine.

Kilien *français, germanique et irlandais*
Autorisé par la loi du 1er avril 1803.

Kilmen *basque*
Variante de Clément, du latin « clemens », doux, bon.

Kimetz *basque*
De « kimu », bourgeon.

Kimham *hébreu*
Dans la Bible, Kimham est le fils de Barzillaï.

Kindin *basque*
Variante de Quentin, du latin « quintus », cinquième.

Kingsley *anglo-saxon*
Du nom de lieu Cyningesléah, du vieil anglais « cyning », monarque, roi et de « léah » prairie, bois clairière. Enregistré à Paris, le 11 février 1891.

Kipiren *basque*
Variante de Cyprien, du grec « kupris » ou du latin « cyprius », originaire de l'île de Chypre.

Kirill *slave*
Variante de Cyrille, du grec « kurios », seigneur, consacré au divin.

Kirica *basque*
Variante de Quirico, du nom latin Quiricus, du grec « kyriacos », amour de Dieu.

Kirino *basque*
Variante de Quirin, du nom latin Quirinus.

Kirk *anglo-saxon*
Mutation usuelle du surnom dérivé de « Kirkja », église. Kirk Douglas, né en 1916, célèbre acteur américain.

Kismi *basque*
Héros de la mythologie basque.

Kita *dogon (Mali)*
Celui qui dit toujours non.

Kizito *ougandais*
Saint, la plus jeune victime du roi d'Ouganda, mort martyr en 1886.

Klal *hébreu*
Généralité, principe, règle.

Klas *slave*
Variante de Nicolas, le vainqueur des peuples.

Klemens *germanique*
Variante de Clément, du latin « clemens », doux, bon.

Klement *basque*
Variante de Clément, du latin « clemens », doux, bon.

Kleto *basque*
Du grec « kletos », appelé, bienvenu, élu.

Kliment *basque*
Variante de Clément, du latin « clemens », doux, bon.

Klimis *slave*
Variante de Clément, du latin « clemens », doux, bon.

Knaan *hébreu*
Pourpre.

Knani *hébreu*
M'a rétabli.

Knel *arménien*
L'un des plus anciens prénoms arméniens.

Kofi *akan (Ghana)*
Prénom du peuple Akan, attribué au cinquième enfant d'une famille ou à l'enfant masculin né un vendredi.

Kolas *breton*
Variante de Nicolas, le vainqueur des peuples.

Kolaz *breton*
Variante de Nicolas, le vainqueur des peuples.

Koldea *basque*
Enregistré à Ahetze, en Labourd, au Pays basque, en 1150.

Koldo *basque*
Forme hypocoristique basque de Louis, de Koldobika, antique forme de Clodovic.

Kolin *basque*
Enregistré à Pampelune, en Navarre, au Pays basque, en 1366.

Kolumban *basque et germanique*
Dérivé de Colombe, du latin « columba », colombe, pigeon.

Kolyvan *slave*
Variante de Kaleva, du latin « kalvis », forgeron.

Komoku *japonais*
Dans la mythologie japonaise, Komoku est le nom de l'un des gardiens des quatre points cardinaux. Komoku est le gardien du Sud.

Konan *breton*
Variante de Conan, forme hypocoristique de « kon », guerrier, chien.

Konde *basque*
Enregistré à Aguilar de Codes, en Navarre, au Pays basque, en 1366.

Koneg *breton*
Anciennement Konog, dérivé en « -eg » de « kon », guerrier, chien.

Kongal *breton*
Saint, fondateur du monastère de Bangor, en Irlande, au VIe siècle.

Konogan *breton*
Dérivé en « -oc-an » de « kon », guerrier, chien.

Konrad *germanique, néerlandais et scandinave*
Variante de Conrad, du germanique « chuon », audacieux et « rad », conseil.

Konradin *germanique*
Variante diminutive de Conrad, du germanique « chuon », audacieux et « rad », conseil.

Konstantin *germanique et slave*
Variante de Constantin, du latin « constans », constant, fidèle à soi-même.

Kontin *basque*
Autorisé par le greffe du tribunal civil de Bayonne, en décembre 1957.

Kor *arménien*
De l'iranien « koroz », fier.

Korbaran *basque*
Enregistré à Vidaurre, en Navarre, au Pays basque, en 1275.

Korbinian *germanique*
Variante de Corbinien, saint.

Kornel *basque, germanique et polonais*
Du nom de famille romain Cornelius, corne.

Korneli *basque et breton*
Du nom de famille romain Cornelius, corne.

Kornelio *basque*
Du nom de famille romain Cornelius, corne.

Korradin *maltais*
Dérivé de Conrad, du germanique « chuon », audacieux et « rad », conseil.

Kose *basque*
Variante de Joseph, de l'hébreu « vosef », qu'Iahvé ajoute.

Kosma *slave*
Anguleux, courageux, mobile.

Kosmas *basque et germanique*
Variante de Cosme, du grec « kosmos », l'univers.

Kosme *basque*
Variante de Cosme, du grec « kosmos », l'univers.

Kosrov *arménien*
En iranien, bonne nouvelle.

Kostadin *basque*
Variante de Constantin, du latin « constans », constant, fidèle à soi-même.

Kostas *slave et grec*
Variante de Gustave, du germanique « gund », combat et « stafr », baguette, bâton.

Kouch *hébreu*
Dans la Bible, Kouch est le fils de Cham.

Koulm *breton*
Colombe.

Koulman *breton*
Dérivé de Koulm, colombe.

Koumail *arabe*
De « kumayl », diminutif de Kamîl, du latin « camillus », nom du jeune homme qui assistait le prêtre pendant les sacrifices à Rome.

Koumeil *arabe*
Diminutif de Kamîl, du latin « camillus », nom du jeune homme qui assistait le prêtre pendant les sacrifices à Rome.

Kourken *arménien*
Courageux comme un loup.

Koxe *basque*
Variante de Joseph, de l'hébreu « vosef », qu'lahvé ajoute.

Koxu *basque*
Variante de Joseph, de l'hébreu « vosef », qu'lahvé ajoute.

Krechen *basque*
Autorisé par le greffe du tribunal civil de Bayonne, en décembre 1957.

Krelis *néerlandais*
Dérivé de Corneille, du nom latin Cornelius.

Krexen *basque*
Variante de Crescentius, nom de famille de praticiens romains.

Kricor *arménien*
Variante de Grégoire, qui veille.

Krikor *arménien*
Variante de Grégoire, qui veille.

Kriment
Enregistré à Olcoz, en Navarre, au Pays basque, en 1366.

Krisanto *basque*
Du grec « khrysantos », fleuri d'or.

Krisogono *basque*
Du grec « khrysogono », né de l'or.

Krisostomo *basque*
Du grec « khrysogonos », bouche d'or, qui parle bien.

Krispin *basque et germanique*
Variante de Crispin, du latin « crispus », aux cheveux crépus.

Krispinian *germanique*
Variante de Crispinien, du latin « crispus », aux cheveux crépus.

Krispiniano *basque*
Variante de Crispinien, du latin « crispus », aux cheveux crépus.

Kristen
Variante de Christian, du grec « khristos », messie ou du latin « christianus », chrétien, disciple du Christ.

Kristian *basque et breton*
Variante de Christian, du grec « khristos », messie ou du latin « christianus », chrétien, disciple du Christ.

Kristiano *basque*
Variante de Christian, du grec « khristos », messie ou du latin « christianus », chrétien, disciple du Christ.

Kristino *basque*
Dérivé de Christine, du grec « khristos », Christ.

Kristobal *basque*
Variante de Cristobal, du grec « khristos », Christ.

Kristof *basque*
Variante de Christophe, du grec « khristos », Christ et « phoros » qui porte.

Kristofer *anglo-saxon*
Variante de Christophe, du grec « khristos », Christ et « phoros », qui porte.

Kristofor *slave*
Variante de Christophe, du grec «khristos», Christ et «phoros», qui porte.

Kristoforo *basque*
Variante de Christophe, du grec «khristos», Christ et «phoros», qui porte.

Kristol *slave*
Variante de Christophe, du grec «khristos», Christ et «phoros», qui porte.

Kristuel *basque*
Variante de Christophe, du grec «khristos», Christ et «phoros», qui porte.

Kuahao *béninois*
L'homme de Dieu.

Kudrat *sikh*

Kudsi *turc*

Kuende *basque*
Enregistré à Lerin, en Navarre, au Pays basque, en 1330.

Kufan *kabyle*
D'«ikufane» réserve de céréales.

Kuprian *germanique*
Variante de Cyprien, du grec «kupris» ou du latin «cyprius», originaire de l'île de Chypre.

Kurt *germanique et néerlandais*
Variante de Conrad, du germanique «chuon», audacieux et «rad», conseil.

Kusko *basque*
Enregistré à Ilharre, en Basse-Navarre, au Pays basque, en 1366.

Kustavi *tchèque*
Variante de Gustave, du germanique «gund», combat et «stafr», baguette, bâton.

Kussyl *kabyle*
Célèbre roi Amazir.

Kyan
Enregistré à Cherbourg, dans la Manche, le 15 août 1982.

Kyl *kabyle*
Mesure.

Kylian *anglo-saxon*
Enregistré à Caen, dans le Calvados, le 17 juillet 2001.

Kyneth *anglo-saxon et français*
Autorisé par la loi du 1er avril 1803.

Kyo *chinois*
Dans *La Condition humaine* d'André Malraux (1935) métis, Kyo n'est pas intégré dans la Chine où il vit.

Kyran *anglo-saxon*
Variante de Kiaran, saint.

Kyrian *anglo-saxon*
Variante de Kiaran, saint.

Kyrin *anglo-saxon*
Saint romain, évêque de Ross, mort vers 660.

Kyros *germanique et grec*
Variante de Cyr, du grec «kurios», seigneur, consacré au divin.

L

Labib *arabe*
Intelligent, plein de bon sens et persévérant.

Ladislas *anglo-saxon, basque, français et slave*
Du slave « vladi », pouvoir, puissance et « slaw », gloire, renommée. Ladislas Ier, roi de Naples de 1386 à 1414.

Ladix *basque*
Dérivé de Ladislas, du slave « vladi », pouvoir, puissance et « slaw », gloire, renommée.

Laël *hébreu*
À Dieu.

Lahan *hébreu*
Musique.

Lahav *hébreu*
Flamme.

Laïos *grec*
Dans la mythologie grecque, Laïos, roi de Thèbes, est le troisième descendant de Cadmos.

Laizaire *français*
Dérivé de Lazare, de l'hébreu « El'azar », Dieu a secouru.

Lama *bhoutanais*
Lama Chonjor, acteur bhoutanais, joue dans *La Coupe*, film australo-bhoutanais, en 1999.

Lambert *anglo-saxon, catalan, germanique et scandinave*
Brillant dans le pays.

Lan *breton et vietnamien*
Dérivé de Lancelot, du germanique « lanzo » ou « landa », terre. En vietnamien, orchidée.

Lancelin *français*
Dérivé de Lancelot, du germanique « lanzo » ou « landa », terre.

Lancelot *anglo-saxon et français*
Du germanique « lanzo » ou « landa », terre.

Lancilotto *italien*
Variante de Lancelot, du germanique « lanzo » ou « landa », terre.

Landeli *catalan*
Variante de Landelin, saint.

Landelin *français*
Saint, né vers 625 à Bapaume, brigand, moine, puis prêtre, fonda plusieurs abbayes, mort en 686.

Landelino *castillan*
Variante de Landelin, saint.

Landeric *germanique*
Variante de Landry, du germanique « land », pays et « ric », puissant.

Landoald *français*
Autorisé par la loi du 1er avril 1803.

Landri *germanique*
De « land », pays et « ric », puissant.

Landro *italien*
Variante de Landri, du germanique « land », pays et « ric », puissant.

Landry *français et germanique*
Du germanique « land », pays et « ric », puissant.

Lanfranc *français*
Compagnon de Guillaume le Conquérant, en 1066, lors de la conquête de l'Angleterre.

Langro *maltais*

Lantbert *germanique*
Variante de Lambert, brillant dans le pays.

Lantelme *français*
Dérivé d'Anselme, du germanique « Ans », nom des dieux Ases et « helm », protection, casque.

Lantzalot *basque*
Variante de Lancelot, du germanique « lanzo » ou « landa », terre.

Lantzelot *basque*
Variante de Lancelot, du germanique « lanzo » ou « landa », terre.

Lanzo *français*
Saint, moine de Cluny, prieur de Saint-Pancrace dans le Sussex, en Angleterre, mort vers 1100.

Laouenan *breton*
Forme hypocoristique en « -an » de « laouen », gai.

Lapidot *hébreu*
Éclairs, torches, flammes.

Lardy *français*
Enregistré lors d'un mariage à Tourlaville, dans la Manche, le 23 novembre 1638.

Largion *français*
Saint, mort martyr à Rome, vers 304.

Laserien *irlandais*
Saint irlandais, légat d'Irlande, mort en 639.

Latif *hébreu*
Doux.

Lauran *basque*
Variante de Laurent, du latin « laurus », laurier.

Laureano *basque et castillan*
Variante de Laurent, du latin « laurus », laurier.

Laurendi *basque*
Variante de Laurent, du latin « laurus », laurier.

Laurentin *français*
Dérivé de Laurent, du latin « laurus », laurier.

Laurentxo *basque*
Variante de Laurent, du latin « laurus », laurier.

Laurian *français*
Variante de Laurent, du latin « laurus », laurier.

Laurien *français*
Dérivé de Laurent, du latin « laurus », laurier.

Lauro *basque, catalan et italien*
Variante de Laurent, du latin « laurus », laurier.

Lavan *hébreu*
Blanc.

Lazare *catalan, français, hébreu, italien et ukrainien*
De l'hébreu « El'azar », Dieu a secouru.

Lealy *kabyle*
Étage, hauteur.

Léandre *catalan et français*
Du grec « leandros », homme de son peuple (étymologie controversée).

Lech *polonais*
Diminutif de Leslaw, rusé, audacieux.

Leheren *basque*
Dieu dans la mythologie basque.

Lehon *catalan*
Variante de Léon, du latin « leo », lion.

Lélie *français et irlandais*
Du grec « làlos », parlant, par l'intermédiaire d'un nom de famille romain.

Lelio *italien*
Variante de Lélie, du grec « làlos », parlant.

Lemmy *littéraire*
Lemmy Caution, personnage de roman policier interprété à l'écran par Eddie Constantine.

Lemo *maltais*

Lennart *scandinave*
Variante de Léonard, du latin « leo », lion et « hart », fort.

Lennon *irlandais*
Dérivé diminutif de Léonard, du latin « leo », lion et « hart », fort.

Lenny *anglo-saxon*
Dérivé diminutif de Léonard, du latin « leo », lion et « hart », fort.

Léon *arménien, basque, français, hispanique et normand*
Du latin « leo », lion.

Leonart *catalan*
Variante de Léonard, du latin « leo », lion et « hart », fort.

Léonce *belge et français*
Dérivé de Léon, du latin « leo », lion.

Leoncio *castillan*
Variante de Léonce, du latin « leo », lion.

Leone *corse et italien*
Variante de Léon, du latin « leo », lion.

Leonid *slave*
Dérivé diminutif de Léonidas, du grec « leon », lion et « eidos », apparence, aspect.

Léonidas *castillan, catalan, français, germanique et slave*
Du grec « leon », lion et « eidos », apparence, aspect. Roi de Sparte de 490 à 480 avant J.-C.

Léonien *français*
Dérivé de Léon, du latin « leo », lion.

Leonti *slave*
Variante de Léon, du latin « leo », lion.

Léontien *français*
Dérivé de Léon, du latin « leo », lion.

Léontin *français*
Dérivé de Léon, du latin « leo », lion.

Léopardin *français*
Saint, abbé au monastère Saint-Symphorien dans le Berry, mort martyr, assassiné au VIIe siècle.

Léopold *anglo-saxon, belge, catalan, français, germanique et scandinave*
Du germanique « leut », peuple, troupe et « bald », audacieux.

Leopoldo *basque, castillan et italien*
Variante de Léopold, du germanique « leut », peuple, troupe et « bald », audacieux.

Léothade *catalan et français*
Saint, abbé de Moissac, évêque d'Auch, mort en 718.

Lernig *arménien*
De « ler », montagne suivi du suffixe diminutif en « -ig ».

Prénoms étonnants… acceptés !

Levan, prénom masculin d'origine géorgienne, a été accepté à Paris dans le XIIIe arrondissement, le 10 septembre 1979.
Alastair, prénom masculin, d'origine anglo-saxonne et dérivé diminutif d'Alexandre, a été accepté par le service de l'état civil de la mairie de Chambray-lès-Tours, en France, en juin 1980.

Lernik *arménien*
Variante de Lernig, de « ler », montagne suivi du suffixe diminutif en « -ig ».

Leslaw *polonais*
Rusé, audacieux.

Lesley *anglo-saxon et écossais*
Variante de Leslie, du gaélique « liosliath », habitant la forteresse grise.

Leslie *anglo-saxon et gaélique*
Du gaélique « liosliath », habitant la forteresse grise. Leslie Djhone, athlète français né en Côte d'Ivoire en 1981.

Leszek *polonais*
Diminutif de Leslaw, rusé, audacieux.

Leucade *français*
Du latin Leucadius.

Leveny *kabyle*
La construction.

Levon *arménien*
Variante de Léon, du latin « leo », lion.

Lexandre *français*
Cité sous l'Ancien régime, au Longeron, dans le Maine-et-Loire.

Lézin *français*
Saint, courtisan de Clotaire Ier, évêque d'Angers, mort le 1er novembre 606.

Liadu *corse*
Allègre.

Libaire *français*
Variante orthographique de Libère, du latin « libertus », affranchi.

Libentius *slave*
Saint, né en Souabe, en 930, évêque de Hambourg en 988, mort en 1013.

Libérat *français et germanique*
Saint, né en Italie, franciscain, mort en 1258.

Libère *français*
Du latin « libertus », affranchi.

Libérien *français*
Autorisé par la loi du 1er avril 1803.

Libert *français*
Saint Libert, né en Belgique, bénédictin à Saint-Trond, mort martyr en 743.

Libier *français*
Autorisé par la loi du 1er avril 1803.

Liboire *français*
Saint, évêque du Mans de 348 jusqu'à sa mort en 390.

Licar *français*
Autorisé par la loi du 1er avril 1803.

Licini *catalan*
Variante de Licinio, du nom latin Licinius.

Licinio *castillan, français et italien*
Du nom latin Licinius.

Licugier *français*
Prénom du calendrier républicain, attribué le 19 janvier 1795, à Bourgthéroulde, dans l'Eure.

Lidan *italien*
Saint, né en 1026 dans les Abruzzes, fondateur et abbé de l'abbaye de Sezze, mort en 1118.

Liébaut *français*
Autorisé par la loi du 1er avril 1803.

Liéfard *anglo-saxon*
Saint anglais, évêque, mort martyr en 640, à Cambrai, dans le Cambrésis.

Liénard *français*
Variante de Léonard, du latin « leo », lion et « hart », fort.

Lienhard *germanique*
Variante de Léonard, du latin « leo », lion et « hart », fort.

Liev *slave*
Variante de Léon, du latin « leo », lion.

Liévin *belge et français*
Du nom latin Livinus d'après Liafnus, Lébuin.

Lifard *français*
Variante de Liphard, saint.

Lifat *français*
Autorisé par la loi du 1er avril 1803.

Ligaire *français*
Autorisé par la loi du 1er avril 1803.

Ligier *français*
Du vieux français « legier », agile, souple.

Lihoti *basque*
Enregistré à Valpuesta, en Navarre, au Pays basque, en 950.

Lil *français et turc*
Lil Maaz, chanteur, d'origine turque.

Lilio *italien*
Rencontré dans le canton du Tessin, en Suisse italienne.

Lilius *corse*
Lis.

Lin *français*
Du grec « lino », lin.

Linbai *chinois*
De « lin », forêt et de « bai », cent.

Lindan *français*
Saint, abbé en Sicile, à Sèzze, mort en 1118.

Lindor *français*
Prénom révolutionnaire, attesté à Angerville-la-Martel, en Seine-Maritime, le 11 août 1800.

Lindsey *anglo-saxon*
Ville du Lincolnshire, en Angleterre.

Lino *basque, catalan et italien*
Dérivé de Lin, du grec « lino », lin.

Linos *grec*
Dans la mythologie grecque, jeune fils d'Apollon et de Psamathé, Linos, abandonné par sa mère, élevé par des bergers, est mis en pièces par des chiens.

Linsey *anglo-saxon*
Variante de Lindsey, ville du Lincolnshire, en Angleterre.

Linus *germanique*
Variante de Lin, du grec « lino », lin

Lion *hébreu*
Ma force, ma puissance.

Lionart *catalan*
Variante de Léonard, du latin « leo », lion et « hart », fort.

Lionello *italien*
Variante de Lionel, du latin « leo », lion.

Lionellu *corse*
Variante de Lionel, du latin « leo », lion.

Lior *hébreu*
Ma lumière.

Lioubov *slave*
En russe, généreux, joyeux.

Liphard *français*
Autorisé par la loi du 1er avril 1803.

Liqhi *hébreu*
De « héleq », part.

Lirain *basque*
Élancé.

Liraz *hébreu*
Mon secret.

Liron *hébreu*
J'ai de la joie.

Lisandro *italien*
Variante diminutive d'Alexandre, du grec « alexein », défendre, repousser et « andros », génitif d'« aner », de l'ennemi, de l'homme.

Lisandru *corse*
Variante diminutive d'Alexandre, du grec « alexein », défendre, repousser et « andros », génitif d'« aner », de l'ennemi, de l'homme.

Lisbert *français*
Enregistré, le 22 janvier 1844, à Caullery, dans le Cambrésis.

Lisold *français*
Autorisé par la loi du 1er avril 1803.

Litarède *français*
Saint, évêque de Sées, dans l'Orne, en 511.

Liutfroid *français*
Autorisé par la loi du 1er avril 1803.

Liutger *germanique*
Variante de Léger, saint.

Liutwin *germanique*
Saint, évêque de Trèves, mort vers 713.

Liveru *corse*
Dérivé d'Olivier, du latin « oliva », l'olivier.

Livin *français et irlandais*
Saint, évêque de Coutances, dans la Manche, au VIIe ou VIIIe siècle.

Livne *hébreu*
Bouleau.

Livni *hébreu*
De « lavân », blanc.

Livrau *français*
Autorisé par la loi du 1er avril 1803.

Lizardi *basque*
Frênaie.

Liziniano *basque*
Du nom latin Licinius.

Lô *français*
Saint, évêque de Coutances de 528 jusqu'à sa mort en 568.

Loarn *irlandais*
Saint irlandais, disciple de saint Patrick, au Ve siècle.

Lobenaut *basque*
Enregistré à Saint-Jean-Pied-de-Port, en Basse-Navarre, au Pays basque en 1378.

Lobet *basque*
Variante diminutive de Lobo, variante de Loup, du latin « lupus », loup.

Lobo *basque*
Variante de Loup, du latin « lupus », loup.

Loc *vietnamien*
Réussite.

Lodève *français*
Attribué à Melleville, en Seine-Maritime, le 19 mai 1852.

Lodi *français*
Prénom révolutionnaire, au Croisic, en Loire-Atlantique, en octobre 1796.

Lodovic *français*
Attesté à Fultot, Seine-Maritime, le 30 avril 1564.

Lodovico *corse*
Variante de Louis, du germanique « hlod », célèbre, illustre et « wig », combat, combattant.

Lohech *hébreu*
Murmure.

Loïs *basque et galicien*
Variante de Louis, du germanique « hlod », célèbre, illustre et « wig », combat, combattant.

Loki *scandinave*
Dans la mythologie nordique, Loki est le fils d'un Géant qui semait le malheur partout où il passait.

Lolan *écossais*
Saint, évêque écossais, mort vers 1034.
Lomain
Autorisé par la loi du 1er avril 1803.

Loman *irlandais*
Saint, neveu de saint Patrick, premier évêque de Trim en Irlande, mort vers 450.

Lomer *français*
Autorisé par la loi du 1er avril 1803.

Longin *français*
Saint, soldat qui transperça le corps de Jésus crucifié d'un coup de lance, mort martyr en Cappadoce, vers 85.

Longis *français*
Autorisé par la loi du 1er avril 1803.

Lopako *basque*
Variante de Loup, du latin « lupus », loup.

Lopez *catalan*
Variante de Loup, du latin « lupus », loup.

Lorik *kosovar et arménien*
Dérivé de Lorig, de « lor », caille suivi du suffixe diminutif « -ig ».

Lotan *hébreu*
Dans la Bible, Lotan est l'aîné des fils de Séïr.

Lotario *basque et italien*
Variante de Lothaire, du germanique « hlod », célèbre, illustre et « hari », armée.

Lothaire *français*
Du germanique « hlod », célèbre, illustre et « hari », armée.

Lothier *français*
Autorisé par la loi du 1er avril 1803.

Louan *breton*
De « lou », lumière et d'« -an ».

Loudain *anglo-saxon et français*
Saint écossais ou irlandais, mort en France, vers 1202.

Louisot *français*
Cité en Anjou, au Longeron, dans le Maine-et-Loire, sous l'Ancien Régime.

Loukino
Variante de Luc, du latin « lux », lumière.

Louvent *français*
Autorisé par la loi du 1er avril 1803.

Lovelace *anglo-saxon*
Clarisse et Lovelace ou le Suborneur, pantomime, présentée à Paris, le 11 mars 1815.

Loys *français*
Variante de Louis, du germanique « hlod », célèbre, illustre et « wig », combat, combattant.

Loyset *français*
Dérivé de Louis, du germanique « hlod », célèbre, illustre et « wig », combat, combattant.

Luan *anglo-saxon et vietnamien*
En vietnamien, roue.

Lubin *français*
Saint, né près de Poitiers, abbé et évêque de Chartres, mort vers 556.

Lucain *français*
Saint, mort martyr au Ve siècle, à Lagny, près de Paris.

Lucian *germanique et romanche*
Variante de Lucien, dérivé de Luc, du latin « lux », lumière.

Lucillien *français*
Saint, mort martyr en 273, crucifié à Byzance.

Lucin *français*
Dérivé de Lucien, du latin « lux », lumière.

Lucinien *français*
Dérivé de Luc, du latin « lux », lumière.

Lucius *anglo-saxon, corse, français et germanique*
Saint, pape en 235, mort en 254.

Lucjan *polonais*
Du latin « lucinus », lumière, lumineux ou née à l'aube.

Lucjusz *polonais*
Du latin « lucinus », lumière, lumineux ou née à l'aube.

Lucky *anglo-saxon*
Dérivé de Luc, du latin « lux », lumière.

Lucrezio *italien*
Dérivé de Lucrèce, de Lucretius, nom d'une famille romaine ou du latin « lucrator », gagnant.

Ludéric *français*
Variante de Lydéric, du vieil haut-allemand « (h)lût », qui vient du germanique « hlod », célébrité, gloire, renommée et « ric », puissant.

Luderik *germanique et scandinave*
Variante de Lydéric, du vieil haut-allemand « (h)lût », qui vient du germanique « hlod », célébrité, gloire, renommée et « ric », puissant.

Ludger *flamand, germanique et scandinave*
Du germanique « liut », peuple et « ger », lance.

Ludivin *belge et germanique*
Du germanique « liut », peuple et « win », ami.

Ludoviko *basque*
Variante de Ludovic, du germanique « hlod », célèbre, illustre et « wig », combat, combattant.

Ludre *français*
Autorisé par la loi du 1er avril 1803.

Ludwik *polonais*
Variante de Louis, fameux pour son courage et sa bravoure.

Ludwin *anglo-saxon et germanique*
Saint, évêque de Trèves, mort en 713.

Luglien *français*
Autorisé par la loi du 1er avril 1803.

Luivin *français*
Autorisé par la loi du 1er avril 1803.

Luka *basque*
Variante de Lucas, dérivé de Luc, du latin « lux », lumière.

Lumier *français*
Autorisé par la loi du 1er avril 1803.

Lunis *kabyle*
De « lewnas », le compagnon.

Lupercio *catalan*
Recensé onze fois, à Perpignan, dans les Pyrénées-Orientales, entre 1586 et 1625.

Lupicin *français*
Saint, évêque de Coutances, dans la Manche, au VIe siècle.

Lupien *français*
Autorisé par la loi du 1er avril 1803.

Luzian *germanique*
Variante de Lucien, du latin « lux », lumière.

Luziano *basque*
Variante de Lucien, du latin « lux », lumière.

Lycarion *français*
Autorisé par la loi du 1er avril 1803.

Lycien *grec*
Dans la mythologie grecque, Lycien est le nom souvent donné à Apollon.

Lycurge *français*
Du grec « lukos », loup et « eirgô », repousser. Ce prénom a été utilisé en France au moment de la Révolution.

Lydéric *français et germanique*
Du vieil haut-allemand « (h)lût », qui vient du germanique « hlod », célébrité, gloire, renommée et « ric », puissant.

M

Mabrian *français*
Mabrian, fils du roi Ivon, roi de Jérusalem et d'Inde la Majeure.

Macaire *français*
Du grec « makarios », bienheureux, au sens mystique.

Macartin *anglo-saxon*
Saint, disciple de saint Patrick, évêque de Clogher, mort vers 505.

Maccalein *irlandais*
Saint irlandais, moine à l'abbaye de Gorze, puis ermite, termine sa vie en Belgique, mort en 978.

Machaut *français*
Du nom latin Macaldus.

Macias *galicien*
Variante de Mathias, de l'hébreu « mattaïe », don et de « yâh », Iahvé, don de Dieu.

Macieu *français*
Dérivé de Macé, ancienne variante de Matthieu, de l'hébreu « mattaï », don, présent et « Yah », Iahvé.

Maclou *français*
Dérivé de Malo, du celtique « mac'h », gage, garantie et « lou », lumineux.

Maden *breton*
Forme évoluée de Madon(ius), cité en 1457 dans un missel, de « mad », suivi de la terminaison « en ».

Madian *hébreu*
Dans la Bible, Madian est le fils d'Abraham et de Ketoura.

Madiane *arabe*
De Madyan, nom de la ville et du peuple du prophète Chuayb.

Maeldan *breton*
De « mael », chef, prince et « tan », feu.

Magar *arménien*
Variante de Macaire, du grec « makarios », bienheureux, au sens mystique.

Magen *hébreu*
Bouclier.

Magin *castillan, catalan et français*
Saint, né à Tarragone en Espagne, évangélisateur, mort martyr vers 304.

Magloire *breton et français*
Du gallois « mael », chef, prince et « gwyn », béni, favorisé ou dérivé du latin « gloria », gloire.

Magne *français*
Autorisé par la loi du 1er avril 1803.

Magnéric *français*
Saint d'origine franque, évêque de Trèves vers 566, mort en 596.

Maguil *anglo-saxon et français*
Saint, moine irlandais, se retira, solitaire, près de Monstrelet où il est mort vers 655.

Maha *arabe*
L'antilope ou le cristal.

Mahdi *arabe*
Bien guidé.

Mahel *breton*
Variante francisée de Mael, de « mael », chef, prince.

Mahiet *français*
Attesté à Saint-Supplix, en Seine-Maritime, le 15 octobre 1593.

Mahir *arabe et catalan*
En arabe, adroit, habile, ingénieux.

Mahol *hébreu*
Danse.

Mainion *basque*
Enregistré à Anglet, en Labourd, au Pays basque, en 1514.

Maimoun *arabe*
De « maymûn », heureux, favorisé, béni.

Mainard *français*
Saint, abbé-fondateur du monastère et de la congrégation de Sassovivo en Italie, mort en 1096.

Maing *français*
Autorisé par la loi du 1er avril 1803.

Maissour *arabe*
De « maysûr », agréable, aisé, facile.

Maixent *français*
Saint, né à Agde, dans l'Hérault, prénommé Adjutor, vint en Poitou, vers 460. Il est mort en 515.

Majdi *arabe*
De nature glorieuse et noble.

Majoric *français*
Autorisé par la loi du 1er avril 1803.

Makar *arménien*
Variante de Macaire, du grec « makarios », bienheureux, au sens mystique.

Makari *basque*
Variante de Macaire, du grec « makarios », bienheureux, au sens mystique.

Makine *arabe*
De « makîn », fort, influent, puissant, qui est solidement établi et jouit d'autorité.

Malachie *français*
De l'arabe « malak », messager.

Malachy *anglo-saxon*
Variante de Malachie, de l'arabe « malak », messager.

Malam *dogon (Mali)*
Il faut être patient dans la vie.

Malek *kabyle*
Dérivé de Malik, celui qui possède, qui tient dans ses mains.

Malick *malien*
De l'arabe Mälik, celui qui possède, qui tient dans ses mains.

Mallory *anglo-saxon*
Du vieux français « malorie », malheureux ou du latin « malum », mal, mauvais ou du germanique « mund », protection et « hari », armée.

Malo *breton et français*
Du celtique « mac'h », gage, garantie et « lou », lumineux.

Malou *breton*
Dérivé de Malo, du celtique « mac'h », gage, garantie et « lou », lumineux.

Malwine *anglo-saxon*
Du germanique « mahal », lieu où l'on parle en public et « win », ami ou du gaélique « maol », front et « mhin » ou « wyn », blanc, pur, uni.

Mamert *français*
Du latin Mamer, nom donné au dieu Mars.

Mamertin *français*
Saint, abbé de Saint-Côme-et-Damien à Auxerre, mort vers 462.

Mamilien *français*
Autorisé par la loi du 1er avril 1803.

Mammès *français*
Saint, berger turc, mort martyr, le 17 août 275.

Manahen *hébreu*
Dans la Bible, saint Manahen, prophète ou docteur, serait mort à Antioche au Ier siècle.

Manalou *dogon (Mali)*
De « manna », il ou elle est abîmée, gâtée et de « lu », ne pas.

Mandel *français*
Autorisé par la loi du 1er avril 1803.

Mandla *africain du sud*
Mandla Mandela, petit-fils de Nelson Mandela.

Manez *basque, français et hispanique*
Saint Manez, né en Espagne, prieur de Saint-Jacques à Paris, fonde un couvent dominicain à Madrid. Mort en 1230.

Manfroy *français*
Variante de Manfred, du germanique « man », homme et « fried », protecteur.

Mangeot *français*
Dérivé de Dominique, du latin « dominicus », consacré au Seigneur.

Mangin *catalan et français*
Dérivé de Dominique, du latin « dominicus », consacré au Seigneur.

Maniel *breton*
Dérivé diminutif d'Emmanuel, de l'hébreu « imanu-el », Dieu est avec nous.

Manilal *hindou*
Manilal Gandhi (1891-1956), second fils du Mahatma Gandhi et de Kasturba Gandhi.

Manius *latin*
Prénom romain à la mode sous la Ire République.

Manoah *hébreu*
Lieu de repos.

Manutahi *tahitien*
Premier oiseau ou un oiseau.

Manwel *maltais*
Variante de Manuel, dérivé diminutif d'Emmanuel, de l'hébreu « imanu-el », Dieu est avec nous.

Marat *français et slave*
En russe, courageux, grand, puissant.

Maray *kabyle*
Amoureux.

Marcin *polonais*
Variante de Martin, du dieu latin Mars, le broyeur d'hommes d'où est issu « martinus », petit Mars, brave.

Marek *breton, polonais et tchécoslovaque*
Variante de Marc, du latin « marcus », marteau, issu de la racine aryenne « mar », broyer, grand guerrier.

Markiz *maltais*
Prénom très rare.

Marçal *catalan et occitan*
Variante de Martial, du latin « martialis », consacré au dieu Mars.

Marceau *catalan et français*
Dérivé ancien de Marc, du latin « marcus », marteau, issu de la racine aryenne « mar », broyer.

Marcellien *français*
Dérivé de Marcel, du latin « marcus », marteau, issu de la racine aryenne « mar », broyer.

Marcin *polonais*
Variante de Marc, du latin « marcus », marteau, issu de la racine aryenne « mar », broyer.

Marcou *français*
Dérivé de Marc, du latin « marcus », marteau, issu de la racine aryenne « mar », broyer.

Mardik *arménien*
De « mard », combat.

Marek *breton, polonais et tchécoslovaque*
Variante de Marc, du latin « marcus », marteau, issu de la racine aryenne « mar », broyer, grand guerrier.

Margneric *français*
Autorisé par la loi du 1er avril 1803.

Marguerin *français*
Dérivé de Marguerite, du persan « margiritis », perle, par l'intermédiaire du grec « margiritis », même sens.

Marien *catalan et français*
Saint, né en Irlande, bénédictin en Allemagne, abbé fondateur de Saint-Pierre à Ratisbonne, mort en 1088.

Markiz *maltais*
Prénom très rare.

Marland *anglo-saxon*
Du vieil anglais « mere », fameux, célèbre et « land », terre, pays.

Marlon *anglo-saxon*
Variante de Marland, du vieil anglais « mere », fameux, célèbre et « land », terre, pays. Marlon Brando, né en 1924 dans le Nebraska, États-Unis, est une figure incontournable du cinéma depuis plus d'un demi-siècle.

Marnin *anglo-saxon*
Inventé aux États-Unis en l'honneur de Martin Luther King. Mar(+n)in.

Marsal *catalan*
Variante de Martial, du latin « martialis », consacré au dieu Mars.

Martinien *français*
Saint, esclave chez un Vandale de Mauritanie, mort martyr en 458.

Marwan *arabe*
De « marwân », silex et quartz.

Masnag *kabyle*
Le sage.

Massan *kabyle*
Le savant.

Massaoud *arabe*
De « masûd », heureux, ayant de la chance.

Mastan *kabyle*
S'ils sont enragés.

Masuca *kabyle*
Prince et frère de Firmus.

Mataniah *hébreu*
Don de Dieu.

Matau *breton*
Dérivé de Matthieu, de l'hébreu « mattaï », don, présent et « Yah », Iahvé.

Maudan *breton*
Dérivé de Maudez, de l'anglais Mawdid, serviteur de Dieu.

Mauger *français*
Du nom latin Madelgarius.

Maugis *français*
Dérivé du germanique Amalgis ou de Madalgis, de « gis », flèche.

Maur *catalan et français*
Dérivé diminutif d'Amaury, du germanique « amal », racine qui doit son succès aux rois wisigoths Amalis et « ric », puissant.

Maurici *catalan*
Variante de Maurice, du nom latin Mauritius ou Maurus, Africain de Mauritanie, qui a le teint d'un Maure, c'est-à-dire le brun ou le basané.

Maurin *basque, français et germanique*
Variante diminutive de Maurice, du nom latin Mauritius ou Maurus, Africain de Mauritanie, qui a le teint d'un Maure, c'est-à-dire le brun ou le basané.

Maximien *catalan et français*
Dérivé de Maxime, du latin « maximus », le plus grand.

Maximin *français et germanique*
Dérivé de Maxime, du latin « maximus », le plus grand.

Maxym *slave*
Variante de Maxime, du latin « maximus », le plus grand.

Mayen *kabyle*
De « mayena », se rendre ou faire la paix.

Mayeul *français*
Du latin « maius », mai.

Maymon *arabe et catalan*
De l'arabe « maymon », heureux.

Maynard *français*
Du nom de famille d'origine germanique Maginhard, de « magin », puissance et « hard », fort.

Mazal *kabyle*
Pas encore.

Mazik *kabyle*
Nom ancien.

Mazine *arabe*
De « mâzin », celui qui tient des propos élogieux.

Mazri *kabyle*
D'Amazir, prince numide.

Mazul *kabyle*
Vertueux.

Mazulli *maltais*

Mazyr *kabyle*
D'Amazir, prince numide.

Medad *hébreu*
De « mida », mesure.

Medah *kabyle*
Troubadour.

Medan *hébreu et irlandais*
En hébreu, être fort.

Médard *catalan, français et germanique*
Du germanique « maht », puissance, vigueur et « hard », fort.

Meddeo *maltais*
Dérivé d'Amédée, juxtaposition du verbe aimer et du nom de Dieu, qui aime Dieu.

Médé *français*
Attribué à Marconne, dans le Pas-de-Calais, le 7 février 1817.

Médéric *français*
Du germanique « maht », puissance, vigueur et « ric », puissant ou du latin, Medericus.

Medeyen *kabyle*
Nom d'un mystique du temps des Almohades.

Medrich *germanique*
Variante de Médéric, du germanique « maht », puissance, vigueur et « ric », puissant ou du latin, Medericus.

Médulphe *irlandais*
Saint irlandais, s'arrête à Maillay-sur-Rose, en Auvergne, en revenant de Rome et y meurt.

Méen *français*
Saint gallois, fonde un monastère en Bretagne. Guérisseur, très populaire en Normandie, invoqué contre toutes les maladies de peau.

Meginhard *germanique*
Saint, moine en Allemagne, abbé en 1035, mort en 1059, l'un des grands savants bibliques du Moyen Âge.

Mehatz *basque*
Mince.

Meher *arménien*
De l'iranien « mihr » ou « Mihra », dieu du Feu et du Soleil.

Méhir *hébreu*
Prix.

Meinhard *germanique*
Saint Meinhard, chanoine augustin en Lettonie, évêque en 1184 à Yckill, mort en 1196.

Meinrad *germanique*
Saint Meinrad, né en Souabe, vécut en ermite en Suisse durant vingt-cinq ans, mort en 861, assassiné par des malfaiteurs.

Mekhitar *arménien*
De « mekhitarel », consoler. Ne crains pas, épithète du saint Esprit consolateur.

Mekran *kabyle*
Ils se sont levés.

Mel *anglo-saxon et catalan*
Saint irlandais, neveu de saint Patrick, premier évêque d'Ardagh, mort vers 490.

Mélan *breton et français*
Saint, évêque de Viviers en 519, mort après 549.

Mélanion *grec*
Dans la mythologie grecque, Mélanion est peut-être le nom du jeune homme qui battit Atalante à la course.

Mélar *breton*
Variante de Meler, dérivé de Malo, du celtique « mac'h », gage, garantie et « lou », lumineux.

Melchior *anglo-saxon, corse, français et germanique*
De l'hébreu « mélék », roi, royal et « or », lumière ou du grec « melchi », abréviatif d'« elimélék », Dieu est roi et « or », lumière.

Melcior *catalan*
Variante de Melchior, de l'hébreu « mélék », roi, royal et « or », lumière ou du grec « melchi », abréviatif d'« elimélék », Dieu est roi et « or », lumière.

Meldan *irlandais*
Variante de Meldon, saint irlandais.

Meldon *irlandais*
Saint irlandais, anachorète en France au VIe siècle, mort à Péronne.

Mélék *hébreu*
Dérivé de Mélékh, variante de Malachie, de l'arabe « malak », messager.

Melèse *français*
Attribué en l'an II (1793-1794) à Versailles, dans les Yvelines.

Mélik *arménien*
Variante de Malachie, de l'arabe « malak », messager.

Melin *français*
Attesté à Rouen, en Seine-Maritime, en 1390.

Melito *catalan*
Variante d'Ismaël, de l'hébreu « yishma'e'l », Dieu entend ou variante de Meliton, du latin « mellitus », doux comme le miel.

Méliton *basque, catalan, castillan et français*
Saint, évêque de Sardes en Lydie, mort vers 180, célèbre pour ses écrits.

Melko *basque*
Enregistré en 1330 à Artajona, en Navarre, au Pays basque.

Melmain *français*
Attesté à Notre-Dame de Lillebonne, en Seine-Maritime, le 19 juillet 1554.

Méloir *breton et français*
Autorisé par la loi du 1er avril 1803.

Mémiers *français*
Autorisé par la loi du 1er avril 1803.

Memnon *français*
Saint, centurion de l'armée romaine en Thrace, mort martyr vers 300.

Ménalque *français*
Autorisé par la loi du 1er avril 1803.

Menaut *basque*
Enregistré en 1329 à Bardos, en Basse-Navarre, ou Pays basque.

Menauta *basque*
Enregistré en 1350 à Cibits, en Basse-Navarre, au Pays basque.

Menauton *basque*
Enregistré en 1350 à Arbouet, en Basse-Navarre, au Pays basque.

Mendar *kabyle*
Conseiller.

Mendaur *basque*
Nom d'une montagne de Navarre, au Pays basque.

Mendel *germanique*
Variante diminutive d'Emmanuel, de l'hébreu « imanu-el », Dieu est avec nous.

Ménélas *grec*
Dans la mythologie grecque, Ménélas est le fils d'Atrée, frère d'Agamemnon.

Ménélé *français*
Saint, né en Anjou, moine en Auvergne, mort vers 720.

Menion *basque*
Enregistré à Villamayor de Monjardin, en Navarre, au Pays basque, en 1366.

Menjolet *basque*
Enregistré à Bayonne, en Labourd, au Pays basque, en 1486.

Menjonin *basque*
Enregistré à Biarritz, en Labourd, au Pays basque, en 1489.

Menko *basque*
Dérivé de Dominique, du latin « dominicus », consacré au Seigneur ou du grec « domos », tronc ou « dama », racine ou « damuna », domestique.

Mennad *kabyle*
Souhaitable.

Menolas *basque*
Enregistré à Berbinzana, en Basse-Navarre, au Pays basque, en 1350.

Menou *breton et français*
Autorisé par la loi du 1er avril 1803.

Mensou *dogon (Mali)*
De « mene », famille et de « sum », beaucoup, n'est pas fini, inépuisable.

Mensy *kabyle*
D'« imensi », souper.

Méraut *français*
Autorisé par la loi du 1er avril 1803.

Méréd *hébreu*
Révolte.

Merkat *basque*
Autorisé par le greffe du tribunal civil de Bayonne, en décembre 1957.

Merlin *français*
Nom d'un personnage des romans bretons, forme altérée du sorcier et prophète gallois Myrddhin.

Merlot *français*
Surnom donné d'après le chant du merle, du bas latin « merulus ».

Mérole *anglo-saxon*
Saint anglais, mort à Reims, au VIIIe siècle, au cours d'un pélerinage vers Rome.

Mérom *hébreu*
Hauteur, sommet.

Méroujan *arménien*
De l'iranien « mihr », soleil.

Merrad *kabyle*
Blagueur.

Merry *français*
Variante diminutive de Médéric, du germanique « maht », puissance, vigueur et « ric », puissant ou du latin, Medericus.

Mertens *néerlandais*
Variante de Martin, du dieu latin Mars, le broyeur d'hommes, d'où est issu « martinus », petit Mars.

Merwane *français*
Sans doute, variante de Merwin, dérivé du celte « mer », cerveau et « myn », éminent, haut.

Merwin *anglo-saxon*
Dérivé du celte « mer », cerveau et « myn », éminent, haut.

Mésence *grec*
Dans la mythologie grecque, Mésence ou Mézence, roi des Étrusques, excellent soldat, était très cruel.

Meseriat *basque*
Enregistré à Arcangues, en Labourd, au Pays basque, en 1149.

Meslay *kabyle*
D'« amsla », la parole.

Meslon *français*
Attesté à Fauville-en-Caux, en Seine-Maritime, le 2 juillet 1771.

Mesmin *français*
Autorisé par la loi du 1er avril 1803.

Mesoun *dogon (Mali)*
De « mene », famille et de « sum », beaucoup, n'est pas fini, inépuisable.

Mesrob *arménien*
Saint, né en Arménie vers 345, moine, évêque auxiliaire du patriarche Sahak auquel il succéda en 440, quelques mois avant sa mort.

Mesraim *kabyle*
Nom de l'un des fils de Dyhia.

Mesray *kabyle*
Le conseiller.

Messal *kabyle*
L'écoute.

Messien *français*
Autorisé par la loi du 1er avril 1803.

Meteri
Enregistré à Larraga, en Navarre, au Pays basque, en 1330.

Métran *français*
Autorisé par la loi du 1er avril 1803.

Meven *breton*
Du vieux breton Meguenni, attesté en 1052, dérivé de « mau », agile, gai.

Mevlana *turc*
Saint d'Anatolie, organisateur de la danse des Soufistes.

Mewen *breton*
Dérivé de Meven, du vieux breton Meguenni, attesté en 1052, dérivé de « mau », agile, gai.

Mezyan *kabyle*
Petit.

Mezzad *kabyle*
Meunier.

Mibrien *français*
Dans la chanson de geste *Aiol*, datée des XIIe et XIIIe siècles, Mibrien, roi sarrasin, est le père de Mirabel.

Micha *slave*
Variante de Michel, de l'hébreu « mika'el », qui est comme Dieu.

Michal *polonais et slave*
Variante de Michel, de l'hébreu « mika'el », qui est comme Dieu.

Michault *français*
Dérivé de Michel, de l'hébreu « mika'el », qui est comme Dieu.

Micheam *hébreu*
Sorti du peuple.

Michelone *corse*
Variante de Michel, de l'hébreu « mika'el », qui est comme Dieu.

Michma *hébreu*
Rumeur.

Michot *français*
Variante diminutive de Michel, de l'hébreu « mika'el », qui est comme Dieu.

Midas *grec*
Dans la mythologie grecque, Midas, roi de Phrygie, synonyme d'homme fortuné.

Miel *basque et français*
Du latin « mel » ou peut-être dérivé diminutif de Michel.

Mihail *slave*
Variante de Michel, de l'hébreu « mika'el », qui est comme Dieu.

Mihaly *hongrois*
Variante de Michel, de l'hébreu « mika'el », qui est comme Dieu.

Mihran *arménien*
De l'iranien « mihr », soleil.

Mikali *maltais*
Variante de Michel, de l'hébreu « mika'el », qui est comme Dieu.

Mikayel
Variante de Michel, de l'hébreu « mika'el », qui est comme Dieu.

Mikelon *basque*
Enregistré à Bayonne, en Labourd, au Pays basque, en 1462.

Miklos *grec*
Variante de Nicolas, du grec « nikè », victoire et « laos », synonyme de « démos », peuple (« laus », louange en latin).

Mikolai *basque*
Variante de Nicolas, du grec « nikè », victoire et « laos », synonyme de « démos », peuple (« laus », louange en latin).

Mile *anglo-saxon*
Mile Crespin, compagnon de Guillaume le Conquérant, en 1066, lors de la conquête de l'Angleterre.

Milet *français*
Autorisé par la loi du 1er avril 1803.

Millan *basque, castillan et galicien*
Variante d'Émilien, du latin Aemilius, nom d'une famille romaine ou d'« aemulus », rival ou du grec « haimulos », rusé.

Millian *français*
Autorisé par la loi du 1er avril 1803.

Miloch *serbe*
Miloch Obrenovitch, né le 18 mars 1780, en Yougoslavie, illettré, dirige la révolte contre les Turcs de 1815 à 1817, mort le 26 septembre 1960.

Milon *français*
Saint, né en Auvergne, doyen du chapitre de Paris, nommé archevêque de Bénévent en Italie en 1074, mort en 1076.

Miloslav *tchécoslovaque*
Amoureux de la gloire.

Milthiade
Enregistré lors d'un décès, à Rethel, dans les Ardennes, en 1898.

Milton *français*
Prénom révolutionnaire, enregistré en Loire-Atlantique en 1793.

Minervin *français*
Autorisé par la loi du 1er avril 1803.

Ming *chinois*
Dynastie chinoise, fondée à Nankin en 1368, prit fin en 1644.

Mingolet *basque*
Dérivé de Dominique, du latin « dominicus », consacré au Seigneur, du grec « domos », tronc ou « dama », racine ou encore « damuna », domestique.

Minh *vietnamien*
Lumière.

Miniat *français*
Saint, soldat à Florence, mort martyr vers 250, sous Dèce.

Minoube *dogon (Mali)*
Dérivé de Minoupouo, de « minou », fleur de karité.

Miquelet *français*
Diminutif de Miquel, dérivé de Michel, de l'hébreu « mika'el », qui est comme Dieu.

Mira *kabyle*
Nom d'un héros de la guerre d'Algérie.

Miroslaw *polonais et slave*
Personne célèbre pour son amour de la paix.

Miridjan *arménien*
De l'iranien, « mir », prince et de « jan », âme.

Mirkhi *hébreu*
Mes ventes.

Mirmah *hébreu*
Tromperie.

Miroslaw *polonais et slave*
Personne célèbre pour son amour de la paix.

Misaël *hébreu*
Dans la Bible, saint Misaël, un des jeunes Hébreux sauvés par miracle de la fournaise de Babylone au VIIe siècle avant J.-C.

Misbah *arabe*
Celui qui apporte la lumière.

Mixael *basque*
Variante de Michel, de l'hébreu « mika'el », qui est comme Dieu.

Moadiah *hébreu*
Réunion, assemblée de Dieu.

Moana *tahitien*
Océan.

Moav *hébreu*
Issu du père.

Modan *breton et irlandais*
Dérivé de Maodan, de « mao », chef, prince et « tan », feu.

Modéran *français*
Saint, évêque de Rennes en 703, moine ermite en 720 dans le diocèse de Parme, mort vers 730.

Modoald *français*
Saint, né en Gascogne, conseiller du roi Dagobert Ier, évêque de Trèves en 622, mort en 640.

Modye *dogon (Mali)*
De « modye », il reste.

Mohan *hindou*
Du sanscrit « mohana », attirant, enchanteur.

Mohandas *hindou*
Mohandas Karamchand Gandhi, dit le Mahatma (1869-1948).

Moïse *arabe, belge, français et hébreu*
De l'hébreu « moshèh », retiré, sauvé des eaux.

Moloc *irlandais*
Saint, écossais, élevé en Irlande, missionnaire et évêque en Écosse, mort vers 572.

Momelin *français*
Attribué à Marconne, dans le Pas-de-Calais, le 11 décembre 1772.

Monan *écossais*
Saint, missionnaire écossais, mort martyr tué par les Danois, en 874.

Moncain *anglo-saxon et français*
Autorisé par la loi du 1er avril 1803.

Mondet *français*
Attesté à Notre-Dame-de-Gravenchon, en Seine-Maritime, le 17 janvier 1547.

Mondry *français*
Du nom latin Mundericus.

Monon *écossais*
Saint écossais, vécut en ermite dans les Ardennes, assassiné vers 645.

Montain *français*
Autorisé par la loi du 1er avril 1803.

Montolino *basque*
Enregistré à Sangüesa, en Navarre, au Pays basque, en 1366.

Moran *breton, français et hébreu*
Dérivé de « mor », mer. En hébreu, la viorne, arbuste à petites fleurs blanches.

Morand *français*
Du vieux breton « mor », grand et « man », pensée.

Mordiern *breton*
Du vieux breton « mor », mer et de « tiem », chef.

Morel *français*
Attesté à Rouen, en Seine-Maritime, en 1390.

Morgad *breton*
Du vieux breton « mor », mer et « kad », combat.

Moricet *français*
Diminutif de Morice, variante de Maurice, du nom latin Mauritius ou Maurus, Africain de Mauritanie, qui a le teint d'un Maure, c'est-à-dire le brun ou le basané.

Morin *français*
Attesté à Rouen, en Seine-Maritime, en 1390.

Morisse *français*
Variante de Maurice, du nom latin Mauritius ou Maurus, Africain de Mauritanie, qui a le teint d'un Maure, c'est-à-dire le brun ou le basané.

Mortimer *anglo-saxon et français*
Du nom de la commune de Mortemer, en Normandie. Héros de la célèbre bande dessinée Blake et Mortimer.

Morvan *breton*
Du vieux breton « mor », grand et « man », pensée.

Mosée *français*
Du vieux breton « mor », grand et « man », pensée.

Mosse *français*
Autorisé par la loi du 1er avril 1803.

Motin *français*
Attesté à Saint-Martin-en-Campagne, en Seine-Maritime, le 15 mai 1582.

Motsah *hébreu*
Issue.

Mouayad *arabe*
De « mu'ayyad », vainqueur parce que renforcé, assisté.

Moubachir *arabe*
D'origine coranique, de « mubachchir », celui qui annonce de bonnes nouvelles.

Moubine *arabe*
De « mubîn », évident, clair.

Mouhsine *arabe*
De « muhsin », celui qui recherche la perfection dans tout ce qu'il entreprend, dévoué et bienfaisant.

Moujab *arabe*
De « mujâb », exaucé.

Moujahid *arabe*
De « mujâhid », celui qui est en état de jihâd, c'est-à-dire qui fait effort sur lui-même.

Moulham *arabe*
De « mulham », celui qui reçoit l'inspiration.

Moumine *arabe*
De « mu'min », celui qui a la foi.

Mourad *arabe et arménien*
De « murâd », désiré de Dieu.

Moussab *arabe*
De « musab », l'étalon, symbole de noblesse chez les Arabes.

Movean *irlandais*
Saint, disciple de saint Patrick, abbé irlandais, mort ermite.

Moyse *catalan et français*
Variante de Moïse, de l'hébreu « moshèh », retiré, sauvé des eaux.

Moze *dogon (Mali)*
De « muy », moi, me et de « momoze », il faut rire.

Mucien *français*
Autorisé par la loi du 1er avril 1803.

Mucius *grec*
Saint, né à Byzance, prêtre, mourut martyr en 304, sous Dioclétien.

Munnu *kabyle*
La prunelle de mes yeux.

Murdac *normand*
Compagnon de Guillaume le Conquérant, lors de la conquête de l'Angleterre en 1066.

Murdock *celte*
L'homme de la mer.

Murtagh *irlandais*
Saint irlandais, disciple de saint Patrick au VIIe siècle.

Musko *basque*
Sommet.

Mutien *wallon*
Saint, né en 1841 dans le Hainaut belge, fit les besognes les plus pénibles dans le collège de Malonne, près de Namur, durant soixante ans. Mort en 1917.

Mylas *grec*
Dans la mythologie, Mylas est l'un des Telchines, démons de Rhodes.

Myron *français*
Autorisé par la loi du 1er avril 1803.

Mysy *kabyle*
Prénom ancien.

Mysyle *kabyle*
Prénom ancien Amazir.

N

Naam *hébreu*
Agréable.

Naaman *hébreu*
Gracieux.

Nabar *basque*
Tacheté.

Nabarra *basque*
Dérivé de Nabar, tacheté.

Naber *kabyle*
Moustachu.

Nabih *arabe*
Clairvoyant, attentif, éveillé.

Nabil *arabe*
Chevaleresque, noble.

Nabor *français*
Saint, mort martyr à Milan avec saint Félix, sous Dioclétien, en 304.

Nabulione *corse*
Variante de Napoléon, de l'italien « Napoletano », habitant de Naples. En Corse, au XVIe siècle, un Napolitain était un « napule » ou « napole ».

Nacek *polonais*
Diminutif d'Ignacy, variante d'Ignace, du grec « ignatios », indigène, par l'intermédiaire du latin Ignatius, nom de personne.

Nacer *arabe*
Variante de Nassir, de « nâsir », le défenseur, celui qui porte assistance.

Nacho *hispanique*
Diminutif d'Ignacio, variante d'Ignace, du grec « ignatios », indigène, par l'intermédiaire du latin Ignatius, nom de personne.

Nadal *basque et catalan*
Dérivé ou variante de Nathalie, du latin « natalis » (dies), jour de la naissance (du Seigneur), c'est-à-dire Noël.

Nadav *hébreu*
Dieu est généreux.

Nadegou *dogon (Mali)*
De « na », mère et de « degou », pauvre. Le nouveau-né est pauvre à cause de la mère.

Nadim *arabe et hindou*
Celui qui se repent et qui regrette.

Nadir *arabe et hébreu*
Rare, extraordinaire, exceptionnel.

Naerdis *flamand*
Diminutif de Bernardus, dérivé de Bernard, du germanique « ber », ours et « hard », dur, courageux.

Naeske *flamand*
Diminutif d'Ignatius, du grec « ignatios », indigène.

Nafis *arabe*
Précieux, de grande valeur.

Nagou *dogon (Mali)*
De « nana », il a oublié.

Nahabed *arménien*
Chef de tribu.

Naham *hébreu*
De « nahoum », consoler.

Nahat *hébreu*
Tranquillité.

Nahbi *hébreu*
Dieu repose en moi.

Nahmân *hébreu*
Compatissant.

Nahor *hébreu*
Ronfleur.

Nahum *français et hébreu*
De l'hébreu « nahûm », consolateur, riche en consolation.

Naire *dogon (Mali)*
De « na », mère et d'« ire », il vaut mieux. La meilleure compagnie est celle de la mère.

Naji *arabe*
Celui qui est sauvé du danger, délivré et rapide.

Nakai *basque et navajo (indien d'Amérique du Nord)*
En navajo, mexicain.

Nakisisa *mouganda (Ouganda)*
Enfant des ombres.

Nalin *hindou et apache (indien d'Amérique du Nord)*
En apache, jeune fille.

Namace *français*
Saint, neuvième évêque de Clermont, mort après 642.

Namat *français*
Saint, vingt-deuxième évêque de Vienne en France, mort vers 599.

Namphanion *français*
Saint, carthaginois, mort martyr, en Numidie, vers 180.

Namphase *français*
Saint, ami de Charlemagne, moine reclus dans le Lot, mort vers 800.

Nandis *flamand*
Diminutif de Ferdinand, du germanique « fried », protecteur et « nant », courageux, téméraire.

Nandou *français*
Diminutif de Ferdinand, du germanique « fried », protecteur et « nant », courageux, téméraire.

Nantère *français*
Saint, abbé du monastère de Saint-Michel-sur-Meuse, diocèse de Verdun, mort vers 1044.

Nantigis *catalan*
Nantigis, évêque d'Urgell, en Andorre, de 900 à 914.

Naoki *japonais*
Naoki Matsuda, footballeur, défenseur de l'équipe nationale du Japon lors de la coupe du monde 2002, en Corée et au Japon.

Nardo *italien*
Diminutif de Bernardo, variante de Bernard, du germanique « ber », ours et « hard », dur, courageux.

Nardu *maltais*
Dérivé de Léonard, du latin « leo », lion et « hart », fort.

Narsès *français*
Saint, évêque en Perse, mort martyr, vers 340.

Naruhito *japonais*
Naruhito, prince héritier du Japon, fils de l'empereur Akihito.

Narzalès *français*
Saint, mort martyr à Carthage, en Tunisie, en 180.

Nashoba *hoctaw (indien d'Amérique du Nord)*
Loup.

Nasir *arabe*
Celui qui rend la victoire possible.

Nasophuge *français*
Attribué à Melleville, en Seine-Maritime, le 16 septembre 1854.

Nasreddine *arabe*
De « nasr-ad-dîn », le salut de la religion.

Nasri *arabe*
Celui qui est de tempérament victorieux.

Nassik *arabe*
De « nasik », exclusivement voué à Dieu.

Nassir *arabe*
De « nasir », le défenseur, celui qui porte assistance.

Naudin *français*
Attesté à Rouen, en Seine-Maritime, en 1390.

Naufary *français*
Autorisé par la loi du 1er avril 1803.

Nayir *arabe*
De « nayyir », très brillant, splendide.

Nazir *arabe*
De « nadhîr », celui qui vit consacré à Dieu, qui annonce le châtiment à tous les rebelles.

Néade *français*
Autorisé par la loi du 1er avril 1803.

Néarque *français*
Saint, mort martyr en Arménie, vers 260.

Nebel *kabyle*
Nom d'un prince Amazir.

Nébride *français*
Saint, évêque d'Egara, près de Barcelone, en Espagne, mort après 527.

Nechan *arménien*
Marque, signe tel que le saint signe de la croix.

Nectan *anglo-saxon*
Saint, né au pays de Galles au Ve siècle, ermite.

Nédélec *breton*
Variante de Nedeleg, dérivé breton de Noël, du latin « natalis » (dies), jour de naissance ou de l'hébreu « emmanouel », Dieu avec nous.

Negasi *éthiopien*
Couronné, il sera roi.

Négué *bambara (Mali)*
Fer.

Némésien *français*
Autorisé par la loi du 1er avril 1803.

Nemey *dogon (Mali)*
Celui qui veut bouger, voyager, découvrir de nouveaux pays.

Nenin *français*
Dérivé d'Eugène, du grec « eugénios », bien né.

Néokahn
Néokahn, né le 26 juin 2007, fils de Stella et Francis Lalanne, chanteur français.

Néomède *français*
Saint, mort martyr au Frioul.

Néopole *français*
Saint, martyr égyptien, mort vers 300.

Néopotien *français*
Autorisé par la loi du 1er avril 1803.

Néoum *hébreu*
De « nahoum », consolé.

Néovile *français*
Enregistré lors d'un mariage à Aurillac, dans le Cantal, le 28 juin 1897.

Népotien *français*
Saint, évêque de Clermont, réputé pour ses miracles, mort vers 388.

Nériah *hébreu*
Dieu est ma lumière.

Nerik *maltais*
Dérivé d'Henri, du germanique « heim », foyer, maison et « ric », puissant.

Netère *français*
Autorisé par la loi du 1er avril 1803.

Netsiah *hébreu*
Victoire.

Nevada *américain*
Du nom d'un État de l'Ouest américain, dérivé de l'hispanique « nevada », neigeux.

Never *arménien*
Don de Dieu.

Nevin *anglo-saxon*
Dérivé du gaélique « cnaimhin », petit os et « giollanaebhin », domestique du disciple d'un saint.

Névolon *italien*
Saint, simple cordonnier, converti à vingt-quatre ans, tertiaire franciscain, mort en 1280.

Nezer *kabyle*
On regarde.

Niaman *bambara (Mali)*
Tas d'ordures.

Nicaise *français*
Du grec « nikaô », je suis vainqueur.

Nicandre *français*
Saint, médecin égyptien, mort martyr vers 304, décapité pour avoir soigné des prisonniers chrétiens.

Nicanor *castillan, catalan, français et galicien*
Autorisé par la loi du 1er avril 1803.

Nicéphore *français*
Du grec « nikè », victoire et « phoros », qui est porteur, qui apporte.

Nicet *français*
Du grec « nicêtios », victorieux.

Nicodème *français*
Du grec « nikè », victoire et « démos », peuple.

Nicolin *français*
Dérivé de Nicolas, du grec « nikè », victoire et « laos », synonyme de « démos », peuple (« laus », louange en latin).

Nicomède *français*
Du grec « nikè », victoire et « démos », peuple.

Nicostrate *français*
Saint, soldat romain et tribun, mort martyr en Palestine, sous Dioclétien en 303.

Nidgaire *germanique*
Saint, abbé d'un monastère bénédictin, évêque d'Augsbourg en 822, mort vers 829.

Niel *anglo-saxon*
Variante de Nigel, de l'irlandais « niadh », champion.

Nielke *flamand*
Diminutif de Daniel, de l'hébreu « dan », juge et « el », contraction d'« elohim », un des noms de Dieu.

Nielkie *flamand*
Diminutif de Daniel, de l'hébreu « dan », juge et « el », contraction d'« elohim », un des noms de Dieu.

Nikazie *basque*
Variante de Nicaise, du grec « nikaô », je suis vainqueur.

Nil *catalan, français et germanique*
Saint grec, né en Italie, abbé des moines basiliens en Calabre, rejoint l'abbaye de Mont-Cassin en 981, mort en 1004.

Nilammon *français*
Autorisé par la loi du 1er avril 1803.

Nilphas *hébreu*
Enregistré lors d'un mariage à Angers, dans le Maine-et-Loire, le 26 juillet 1928.

Ninian *breton*
Saint, anglais, élevé à Rome, missionnaire dans son pays natal, mort vers 432.

Nissan *hébreu*
Nom d'un mois hébreu, associé au printemps et à Pessah.

Nissen *irlandais*
Saint irlandais, converti par saint Patrick, abbé d'un monastère au Ve siècle.

Nithard *français*
De Nidhard, du vieil haut allemand « nid », colère, inimitié et « hard », fort, dur.

Nitsan *hébreu*
Bourgeon.

Nivard *français*
Saint, archevêque de Reims, mort vers 670.

Nizier *français*
Autorisé par la loi du 1er avril 1803.

Nizilon *français*
Autorisé par la loi du 1er avril 1803.

Noam *hébreu*
Agréable, charmant.

Nodain *français*
Attesté à Pommeréval, en Seine-Maritime, le 27 mai 1619.

Nominoé *breton*
Du vieux breton « nomen », ciel.

Nonnose *français*
Saint, moine bénédictin près de Rome, mort vers 575.

Noradin *arabe*
Dans *Florestan ou le Conseil des dix*, opéra présenté à Paris, le 26 juin 1822, Noradin est un prince maure, prisonnier de Florestan.

Noraïr *arménien*
De « nor », nouveau et « aïr », homme. Noraïr Puzandatsi (1844-1916), linguiste, philologue et théologien.

Norat *catalan*
Dérivé catalan, aphérèse d'Honorat. Recensé une fois, à Perpignan, entre 1656 et 1665.

Nordine *hébreu*
Dérivé d'Eléonore, de l'arabe « ellinor », Dieu est ma lumière ou du grec « eleos », compassion.

Norgot *français*
Saint, évêque d'Avranches, dans la Manche, vers 833.

Normen *français*
Attesté, dans un registre du tabellionage d'Argences, Troarn et Varaville, dans le Calvados, entre 1386 et 1417.

Nostrien *français*
Saint, évêque de Naples, mort vers 450.

Notker *germanique*
Saint, né vers 840 en Suisse, passe sa vie à l'abbaye bénédictine de Saint-Gall, mort en 912.

Noumane *arabe*
De « numân », sang.

Nouri *arabe*
De « nûri », celui qui est de nature lumineuse.

Novah *hébreu*
Aboie. Dans la Bible, Novah fait partie de la tribu de Manassé.

Novat *français*
Saint, fils supposé du sénateur Prudens, mort vers 151.

Noz *germanique*
Dérivé diminutif de Normann, du germanique « nord », nord et « man », homme.

Nubel *kabyle*
Chef Amazir de Cherchel en Algérie.

Nucentu *corse*
Variante d'Innocent, du latin « innocens », innoffensif, sans méchanceté, qui n'est pas coupable. L'agneau innocent. L'enfant.

Nulf *flamand*
Diminutif d'Arnulf.

Numérien *français*
Autorisé par la loi du 1er avril 1803.

Nuno *basque*
Enregistré en Navarre, au Pays basque, en 1221.

Nunyo *catalan*
Nunyo Sanche, comte de Roussillon, seigneur de Cerdagne, Conflent et Vallèspir, mort au début de l'année 1242.

Nunzio *catalan, corse et italien*
Variante de Nuntius.

Nunziu *corse*
Variante de Nuntius.

Nuot *romanche*
Rencontré dans le canton des Grisons, en pays romanche, et plus particulièrement en Engadine.

Nur *arabe*

Nuren *hindou*

Nurhan *turc*

Nuri *basque, castillan, catalan et français*
Dérivé de Nuria. Le don d'une rente de deux cents ducats d'or fait à Nuri-Jean Sorribes pour services rendus dans la poursuite des brigands catalans est enregistré entre 1291 et 1607.

Nussen *hébreu*
Variante de Nassan, dérivé de Nathan.

Nut *romanche*
Rencontré dans le canton des Grisons, en pays romanche.

Nutal *romanche*
Rencontré dans le canton des Grisons, en pays romanche.

Nuto *français*
Personnage dans *Mazet de Lamporechio*, l'un des contes (1665-1682) de Jean de La Fontaine (1621-1695).

Nuz *breton*
Origine indéterminée des noms du vieux breton comme Nut ou Nud, du dieu gallois Nudd ou du nom irlandais « Nuadu ».

Nyambo *rwandais*
Diminutif de Sekanyambo. Attribué à Saint-Cloud, le 21 août 2006.

Nycolas *français*
Variante de Nicolas, du grec « nikè », victoire et « laos », synonyme de « démos », peuple (« laus », louange en latin). Le vainqueur des peuples.

Nygell *anglo-saxon*
Variante de Nigel, de l'irlandais « niadh », champion.

Nyima *tibétain*
Héros de *La Coupe*, film australo-bhoutanais (1999).

Nymphas *français*
Saint, aurait été l'un des disciples de saint Paul à Laodicée, au Ier siècle.

Nys *flamand*
Diminutif de Dionisius, du grec « dionysos », fils de Dieu.

Nysken *flamand*
Diminutif de Dionisius, du grec « dionysos », fils de Dieu.

O

Oan *breton*
D'« oan », agneau, correspond à saint Agnellus.

Oanig *breton*
Dérivé diminutif d'Oan, d'« oan », agneau, correspond à saint Agnellus.

Obada *dogon (Mali)*
D'« ogo », richesse et de « bada », arrive. La richesse (le bébé) est arrivée.

Obadia *hébreu*
Variante d'Ovadiah, serviteur de Dieu.

Ober *français*
Attesté à Rouen, en Seine-Maritime, en 1390.

Oberon *germanique*
Rencontré en Suisse alémanique.

Oberto *italien*
Rencontré dans le canton du Tessin, en Suisse italienne.

Obice *italien*
Saint, chevalier italien, bénédictin, mort vers 1204.

Obrevil *wallon*
Enregistré quatre fois sur les listes électorales de Jemappes, dans le Hainaut, en 1938.

Ockert *germanique*
Variante d'Ogier, du germanique « odo », biens, richesse et « gari », lance, pique.

Ocky *germanique*
Variante d'Oscar, du germanique « os » ou « ans », Ase, divinité germanique et « gari », lance, pique.

Octavian *français*
Variante d'Octave, du latin « octavius », huitième.

Octavien *anglo-saxon, catalan et français*
Dérivé d'Octave, du latin « octavius », huitième.

Octavio *castillan*
Variante d'Octave, du latin « octavius », huitième.

Octody *français*
Attribué à Melleville, en Seine-Maritime, le 25 août 1796.

Odalric *catalan*
Du germanique « odo », richesse et « hild », combat. Puissant par l'héritage.

Oded *hébreu*
Encourager, stimuler.

Odelerius *français*
Odelerius d'Orléans participe à la conquête de l'Angleterre, mort le 3 juin 1110.

Odelin *français*
Dérivé d'Odile, du germanique « odo », richesse et « hild », combat.

Odemar *germanique et hébreu*
Dérivé d'Omer, du germanique « od », biens, richesse et « mar », célèbre. En hébreu, gerbe de blé.

Oden *français*
Variante d'Odin, nom de divinité.

Oderic *français*
Saint Oderic ou Odericus, archevêque de Reims, mort en 969.

Odérise *italien*
Saint, poète et protecteur des savants, abbé du mont Cassin, en 1087, mort en 1105.

Odesind *catalan*
En Roussillon, Odesind, évêque d'Elne, de 860 à 885.

Odet *basque et français*
Dérivé d'Odette, du germanique « odo », richesse.

Odilard *français et germanique*
Dérivé d'Odile, du germanique « odo », richesse et « hild », combat.

Odilet *français*
Dérivé d'Odile, du germanique « odo », richesse et « hild », combat.

Odilien *français*
Dérivé d'Odile, du germanique « odo », richesse et « hild », combat.

Odilon *belge, castillan et français*
Dérivé d'Odile, du germanique « odo », richesse et « hild », combat.

Odin *français et scandinave*
Nom de divinité, chef des dieux Ases, ancêtre des premiers rois du Nord, il est le père universel.

Odinot *français*
Dérivé d'Odin, chef des dieux Ases, ancêtre des premiers rois du Nord, il est le père universel.

Odoart *catalan, français et portugais*
Variante d'Édouard, du germanique « ed », patrimoine, biens et « ward », gardien.

Odomar *normand et scandinave*
Du germanique « odo », richesse. Célèbre par l'héritage.

Odon *basque, belge, français et hispanique*
Du germanique « odo », richesse ou d'Odin, nom de divinité.

Odorik *maltais*

Odran *français et irlandais*
Saint irlandais, abbé de Meath, mort à Iona, vers 563.

Odrien *anglo-saxon et français*
Saint qui fut l'un des premiers évêques de Waterford, en Irlande.

Odulphe *wallon*
Saint, né dans le Brabant, chanoine d'Utrecht, mort vers 855.

Odye *dogon (Mali)*
Attribué au bébé qui naît après la mort en bas âge de deux de ses frères et sœurs.

Œnopion *grec*
Dans la mythologie grecque, Œnopion, roi de Chios, père d'Éro ou Mérope, aimé d'Orion.

Ofeig *scandinave*
Enregistré à Cherbourg, dans la Manche, le 16 décembre 1994.

Ofir *hébreu*
Pierre précieuse.

Ögan *scandinave*
Enregistré à Bayeux, dans le Calvados, le 3 juin 1979.

Ogel *dogon (Mali)*
D'« ogono », Hogon (chef religieux suprême des animistes), d'« iyye », il a vu, et de « lou », ne pas. Évoque la mort du Hogon, survenue dans la semaine précédant la naissance du bébé.

Ogen *hébreu*
Juste ou ancre de bateau.

Oger *basque et français*
Variante d'Ogier, du germanique « odo », biens, richesse et « gari », lance, pique.

Ogier *anglo-saxon, français et germanique*
Du germanique « odo », biens, richesse et « gari », lance, pique.

Ogmond *anglo-saxon et scandinave*
Saint, évêque en Islande, mort en 1121, canonisé en 1201.

Ogobere *dogon (Mali)*
D'« ogo », Hogon (chef religieux suprême des animistes) et de « bere », ventre. C'est le Hogon qui a les meilleurs champs, c'est lui qui est le plus nourri.

Ogolye *dogon (Mali)*
D'« ogone », Hogon (chef spirituel suprême des animistes) et de « lye », il craint, il a peur de.

Ogoninou *dogon (Mali)*
De « ogo », richesse et de « ninou », bon, doux ou d'« ogone », Hogon et de « ninou », bon, doux. La richesse est bonne.

Ogoyo *dogon (Mali)*
Autruche. Il est possible qu'il y ait un jeu de mots avec « ogo », riche.

Oguchi *nigérien*
Oguchi Oneyew, nigérian, footballeur professionnel, défenseur international, espoir américain en 2002.

Ohad *hébreu*
Éprouver de la sympathie.

Ohan *arménien*
Variante de Jean, de l'hébreu « Yohânân », Iahvé a fait grâce

Oierko *basque*
Variante diminutive d'Ogier, du germanique « odo », biens, richesse et « gari », lance, pique.

Oihan *basque*
Bois, forêt.

Oillo *basque*
Enregistré à Valpuesta, en Navarre, au Pays basque, en 865 et en 957.

Okan *turc*
Okan Yilmaz, footballeur, attaquant de Buraspor, en 2002.

Oki *inuit*
Oki souvenirs d'une jeune fille au pair, de Christian Godard, paru à Grenoble chez Glénat en 1998. Dans *Atanarjuat*, la légende de l'homme rapide, film canadien de Zacharias Kunuk, Oki est le fils du chef de la communauté.

Oksen *arménien*
Oksen Baraghamian, prisonnier dans les stalags allemands pendant la Seconde Guerre mondiale.

Olaf *germanique, scandinave et slave*
De l'ancien scandinave commun, mais surtout de l'ancien norrois et de l'ancien suédois « óleifr » ou « ólafr » et de l'anglo-scandinave « anlaf » et « unlof ».

Olaguer *catalan*
Recensé cinq fois à Perpignan, dans les Pyrénées-Orientales, entre 1596 et 1685.

Olderico *italien*
Rencontré dans le canton du Tessin, en Suisse italienne.

Olegario *castillan*
Dérivé d'Oleg, du germanique « heil », chance, bonheur, prospérité, invulnérabilité.

Oleguer *catalan*
Variante d'Olegario, du germanique « heil », chance, bonheur, prospérité, invulnérabilité. Guerrier invulnérable.

Olibet *basque*
Variante d'Olivier, du germanique « anu », ancêtre et « laib », descendant, laissé derrière soi ou dérivé du latin « oliva », l'olivier.

Olier *breton*
Dérivé d'Olivier, du germanique « anu », ancêtre et « laib », descendant, laissé derrière soi ou dérivé du latin « oliva », l'olivier.

Olimpio *castillan et italien*
Variante d'Olympe, du grec « olumpios », qui vient de l'Olympe, nom de la montagne de Grèce où se résidaient les dieux.

Ollegaire *français*
Saint, né à Barcelone, en 1060, évêque de Barcelone en 1115, mort en 1137.

Olmes *anglo-saxon*
Variante de Jérôme, du grec « hieros », sacré et « onoma », nom.

Olof *scandinave*
Dérivé d'Olaf, de l'ancien scandinave commun, mais surtout de l'ancien norrois et de l'ancien suédois « óleifr » ou « ólafr » et de l'anglo-scandinave « anlaf » et « unlof ».

Olrik *normand et scandinave*
Forme contractée d'Odalrik, du germanique « odo », richesse et « hild », combat.

Olympe *français*
Du grec « olumpios », qui vient de l'Olympe, nom de la montagne de Grèce où résidaient les dieux.

Omar *arabe, germanique et hébreu*
Variante d'Oumar, d'« umar », celui qui est destiné à avoir une longue vie prospère. En hébreu, je dis, éloquent.

Omero *italien*
Variante d'Omer, du germanique « od », biens, richesse et « mar », célèbre.

Onan *hébreu*
D'« ôn », puissance.

Onenn *breton*
De l'irlandais « onn », personnage simple, solide, robuste et tranquille. La deuxième syllabe est issue de « gwenn », bienheureux.

Onésime *belge et français*
Du grec « onesimos », bienfaisant, utile.

Onésiphore *français*
Saint, mort vers 81, écartelé sous Dioclétien.

Onnik *arménien*
Dérivé d'Hovannès, variante de Jean, de l'hébreu « Yohânân », Iahvé a fait grâce, Dieu a fait grâce.

Onofre *castillan et catalan*
Variante d'Humphrey, du germanique « hunn », ourson (racine controversée) et « fried », paix.

Onoper *basque*
Variante d'Onofre, variante d'Humphrey, du germanique « hunn », ourson (racine controversée) et « fried », paix.

Onorato *italien*
Variante d'Honorat, dérivé d'Honoré, du latin « honoratus », honoré, loué.

Onorio *italien*
Variante d'Honorius, dérivé d'Honoré, du latin « honoratus », honoré, loué.

Onuphre *catalan et français*
Saint égyptien, ermite dans le désert de Thèbes, mort vers 400.

Ooka *japonais*
Ooka Tadasuke (1677-1751) juge de causes célèbres alors qu'il était gouverneur civil du Yedo.

Opiter *latin*
Prénom romain, à la mode sous la Ire République.

Optat *français*
Saint, évêque de Milève en Numidie, mort vers 387.

Oradou *français*
Saint, honoré comme martyr près d'Aubusson.

Orazio *italien*
Variante d'Horace, d'Horatia, nom d'une famille romaine, du latin « hora », heure.

Oraziu *corse*
Variante d'Horace, d'Horatia, nom d'une famille romaine, du latin « hora », heure.

Ordéric *franc*
Ordéric, né le 16 février 1075, l'un des plus illustres historiens normands du Moyen Âge.

Ordiz *basque*
Nom d'une localité en Guipuscoa, au Pays basque.

Ordon *français*
Du nom latin Hordonius.

Ordonio *basque*
Variante d'Ordon, du nom latin Hordonius.

Oren *hébreu*
De l'akkadien « erinu », pin.

Orence *français*
Saint, évêque d'Auch durant plus de quarante ans, mort vers 439.

Oreste *basque, français et italien*
Du grec « orestês », montagneux.

Organ *breton*
Dérivé diminutif de Morgan, du gallois « mawr », grand et « can », brillant.

Orhan *turc*
Orhan Pamuk, né à Istanbul, en 1952, lauréat du prix Nobel de littérature, en octobre 2006.

Orian *hébreu*
Érudit, savant.

Oricle *français*
Saint, mort martyr près de Senuc, dans les Ardennes, au Ve siècle.

Origène *français*
Enregistré à Bernières-sur-Mer, dans le Calvados, à la fin du XIXe siècle.

Oriol *basque, catalan et français*
Du latin « aurum », or.

Orion *français et grec*
Du grec « ouranos », céleste ou du latin « oriri », s'élever.

Orland *français*
Saint, mort en 1212, vénéré comme exorciste.

Ormond *français*
Variante d'Armand, du germanique « hart », fort et « man », homme.

Orode *français*
Dans « Suréna », pièce de Pierre Corneille (1606-1684), Orode, roi des Parthes.

Oronce *français*
Saint, frère de saint Vincent, mort martyr avec son frère, en 305.

Oroni *dogon (Mali)*
D'« oro », baobab et de « ni », huile.

Oronte *français*
Dans *Rodogune*, pièce de Pierre Corneille (1606-1684), Oronte, ambassadeur de Phraates, roi des Parthes.

Orseolo *catalan*
Variante d'Ursule, du latin « ursulus », dérivé d'« ursus », ours.

Orsino *catalan*
Recensé deux fois à Perpignan, dans les Pyrénées-Orientales, entre 1616 et 1635.

Ortaire *français*
Saint Ortaire, né vers 482 dans la Manche, mort en 580.

Ortwin *germanique et scandinave*
Variante d'Erwin, du germanique « hari », armée et « wini », ami.

Osber *scandinave*
Du vieux scandinave Âsbïirn ou Ôsbern.

Osbern *anglo-saxon et ancien scandinave commun*
De l'ancien scandinave Ásbiorn ou Ôsbern, qui en anglo-scandinave devient Osbern. L'ours des dieux, le guerrier.

Osfrid *anglo-saxon, normand et scandinave*
Celui qui apporte la paix avec l'aide divine, la protection des dieux.

Oskan *arménien*
Oskan Agopoft, prisonnier dans les stalags allemands pendant la Seconde Guerre mondiale.

Oski *basque*
Variante d'Oscar, du germanique « os » ou « ans », Ase, divinité germanique et « gari », lance, pique.

Oskian *arménien et basque*
Oskian Basmadjian, arménien, prisonnier dans les stalags allemands pendant la Seconde Guerre mondiale.

Osmin *catalan et hispanique*
Dans *Bajazet*, de Jean Racine (1639-1699), Osmin est le confident du grand vizir Acomat.

Osmond *ancien scandinave commun et anglo-saxon*
Du germanique « os », Ase et « mund », gardien, protection.

Osmont *basque et français*
Varinte d'Osmond, du germanique « os », Ase et « mund », gardien, protection.

Osmund *ancien scandinave commun*
Variante d'Osmond, du germanique « os », Ase et « mund », gardien, protection.

Ospac *scandinave*
De l'ancien norrois d'Islande, de l'ancien suédois et du scandinave des îles britanniques « óspakr » ou « úspakr ». Composé du préfixe négatif « ó » ou « ú » et de l'adjectif « spakr », pacifique.

Ossian *écossais et irlandais*
Se rattache au nom d'une divinité celtique, Os ou diminutif de l'irlandais « os » faon.

Ostien *français*
Saint, prêtre en Vivarais.

Osulf *ancien scandinave commun*
D'« Ásulfr » qui deviendra « Õsulfr ».

Oswin *anglo-saxon*
Saint, prince de Deira en Northumbrie, roi en 642, mort assassiné en 651.

Osya *russe*
Diminutif d'Ioseph, variante de Joseph, de l'hébreu « vosef », qu'Iahvé ajoute.

Otger *catalan, germanique, français et scandinave*
Variante d'Edgard, du germanique « ed », patrimoine, biens et « gari », pique, lance.

Othmane *arabe*
D'« uthmân », le jeune serpent ou le poussin de l'outarde.

Othmar *germanique*
Saint, abbé du monastère de Saint-Gall en 720, mort en prison en 759.

Othon *basque, catalan et français*
Variante d'Odon, du germanique « odo », richesse.

Otniel *hébreu*
Mon réconfort est Dieu.

Otsem *hébreu*
Force.

Ottavian *corse et italien*
Variante d'Octave, du latin « octavius », huitième.

Otvard *français et scandinave*
Variante d'Édouard, du germanique « ed », patrimoine, biens et « ward », gardien.

Otxoa *basque*
Du basque « otso », loup.

Ouadi *arabe*
Variante de Wadi, aimant, attentionné.

Ouassim *arabe*
Dérivé de Wassim, que l'on remarque pour la beauté de son visage.

Oudart *français*
Dérivé d'Odette, du germain « odal » ou « odo », richesse, patrimoine.

Oudin *français*
Dérivé d'Odin, nom de divinité.

Oudinet *français*
Dérivé d'Odin, nom de divinité.

Ouen *français*
Saint, né en 610, chancelier du roi Dagobert, évêque de Rouen en 641, mort le 26 août 683.

Ouldet *français*
Ouldet Bonnecte est exempté de payer l'impôt du fouage à Dieppe, en Seine-Maritime, en 1479.

Oumar *arabe*
D'« umar », celui qui est destiné à avoir une longue vie prospère.

Oumaya *arabe*
D'« umayya », jeune serviteur.

Oumire *dogon (Mali)*
D'« omo », cadeau et d'« ire », il vaut mieux.

Ounsi *arabe*
D'« unsî », intime, familier.

Ourdart *français*
Attesté à Rouen, en Seine-Maritime, en 1390.

Ourente *galicien*
Variante d'Orence, saint du Ve siècle.

Ouri *hébreu*
Ma lumière.

Ouriel *hébreu*
Variante d'Uriel, de l'hébreu « uri'èl », lumière de Dieu.

Ours *germanique*
Dérivé d'Ursus, du latin « ursus », ours.

Ouslsen *kabyle*
Roi numide en 207.

Oussama *arabe*
D'« usâmâ », lion.

Outrille *français*
Saint, né en 551, évêque de Bourges, mort en 624.

Ouwoy *dogon (Mali)*
D'« oy », ne donne pas et d'« oba », il donne.

Ouzal *hébreu*
Dans la Bible, Ouzal est le fils de Jectan.

Ouzziel *hébreu*
Dieu est ma force.

Ovadiah *hébreu*
Serviteur de Dieu.

Oved *hébreu*
Serviteur.

Ovidi *catalan*
Variante d'Ovide, du latin « ovidus », relatif aux ovins, moutons. Un pasteur, un berger.

Ovidio *basque, castillan et italien*
Variante d'Ovide, du latin « ovidus », relatif aux ovins, moutons.

Owin *anglo-saxon*
Saint, moine près de Lichfield, mort vers 680.

Oyend *français*
Dérivé d'Eugend, variante d'Eugène, du grec « eugénios », bien né.

Ozan *turc*
Poète.

P

Paban *breton*
Variante et surnom de Tudal.

Paben *basque*
Variante de Fabien, du nom latin Fabius, dérivé de « faba », fève ou de « faber », artisan.

Pabiali *italien*
Saint du Ve siècle.

Paciano *castillan*
Variante de Pacien, saint.

Pacien *français*
Saint Pacien, évêque de Barcelone en 365, mort en 390.

Pacôme *français et italien*
Du latin « paco », dompter, pacifier.

Pacomio *castillan*
Variante de Pacôme, du latin « paco », dompter, pacifier.

Padarn *breton*
Variante de Padern, saint gallois.

Paddy *irlandais*
Variante de Patrick et diminutif de Padraig, surnom traditionnel des Irlandais.

Padern *breton*
Variante de Paterne, du latin « paternus », paternel.

Padovano *corse et italien*
De Padoue, nom de la ville de Vénétie.

Paduca *arabe*
Dans *Agon, sultan de Bantan*, tragédie en cinq actes et en vers du baron Onno Zwier Van Haren, auteur du théâtre hollandais, Paduca Siri est le père de la princesse Fatime.

Pagan *anglo-saxon et français*
Du latin « paganus », païen, paysan. Attesté à Saint-Jean-d'Angély sous sa forme Paganus, dès le XIe siècle.

Pagano *italien*
Variante de Pagan, du latin « paganus », païen, paysan.

Pagari *basque*
Fêté le 18 novembre.

Pago *basque*
Enregistré à Uhart-Mixe et à Larribar, en Basse-Navarre, au Pays basque, en 1350.

Pair *français*
Variante de Paterne, du latin « paternus », paternel. Saint, né à Poitiers, évêque d'Avranches, dans la Manche, en 557.

Paken *basque*
Fêté le 10 juillet.

Pakrad *arménien*
De « bagarad », don de Dieu.

Pakunda *basque*
Variante de Facond, du latin « facundus », éloquent.

Pal *hongrois*
Variante de Paul, du latin « paulus », petit. C'est à tort que certains auteurs le font venir du grec « Paulos », étant donné que « Paulos » n'existe pas dans le grec classique.

Palamino *arabe*
Prénom musulman usité dans le royaume du Maroc.

Palazin *basque*
Enregistré en Navarre, au Pays basque, en 1163.

Palben *basque*
Dérivé de Flavien, du latin Flavius, nom d'une famille romaine, dérivé de « flavus », blond, jaune.

Palémon *français et grec*
Saint, l'un des premiers ermites égyptiens. Il aida saint Pacôme dans la gestion de ses monastères cénobitiques en Haute-Égypte. Il est mort à Tabenne en 325.

Pallas *grec*
Dans la mythologie grecque, Pallas est un Géant.

Palmace *français*
Variante de Palmas, dérivé de Palmyre, du grec Palmyra, nom d'une ville ou de l'hébreu « thamar », palmier dattier.

Palmas *français*
Dérivé de Palmyre, du grec Palmyra, nom d'une ville ou de l'hébreu « thamar », palmier dattier. Saint mort martyr à Rome, en 222.

Palmer
Amalia et Palmer, mélodrame en deux actes. Représenté au Grand Théâtre de Trieste, en 1828, poésie de Giacomo Ferretti, musique de Filippi Celli.

Palomio *hispanique*
Dérivé de Paloma, variante de Marie, dérivé de Notre-Dame de la Palombe.

Pancho *hispanique*
Variante de François.

Pancrace *catalan et français*
Du grec « pan », tout, tous et « kratès », qui règne, qui domine.

Panpi *basque*
Variante diminutive de Jean-Pierre.

Panpili *basque*
Variante de Jean-Pierre.

Pantxo *basque*
Dérivé de Frantses, variante de François, du germanique « frank », courageux, intrépide ou du latin « francus », homme libre.

Paolino *italien*
Dérivé diminutif de Paolo, du latin « paulus », petit. C'est à tort que certains auteurs le font venir du grec « Paulos », étant donné que « Paulos » n'existe pas dans le grec classique.

Papken *arménien*
De l'iranien « pap », père. Papken, prince de la famille des Ardzrouni, régna de 193 à 213.

Paquito *hispanique*
Variante de François, du germanique « frank », courageux, intrépide ou du latin « francus », homme libre.

Papyle *français*
Saint mort martyr à Pergame, entre 161 et 169 ou en 251.

Parceval *catalan*
Variante de Parsifal.

Parcial *français*
Attribué à Escorches, dans l'Orne, le 16 novembre 1833.

Pardo *basque*
Enregistré en Navarre, au Pays basque, en 1190.

Pardoux *français*
Saint, né près de Guéret, vers 658, ermite, devint bénédictin et fut abbé de Guéret. Il est mort en 738. La tradition veut qu'il ait sauvé son abbaye des invasions sarrasines grâce à ses prières.

Parsam *arménien*
Dérivé de Barsam, originaire de Syrie, de « barsauma », fils des jeûnes.

Parsegh *arménien*
Variante de Basile. Parsegh II, catholicos d'Arménie de 1195 à 1203. Parsegh Varaketsi, prêtre du XVIe siècle, chroniqueur des guerres en Arménie orientale de 1581-1591.

Parsifal *germanique*
Parsifal, héros et titre de la dernière œuvre musicale de Wagner (1882) très courant à l'époque médiévale, ce prénom a été très en vogue dans la noblesse allemande entre le XIIe et le XIVe siècle.

Paskal *basque, breton et germanique*
Variante de Paskoal et de Pascal, de l'araméen « pascha », passage, venant de l'hébreu « pesakh », même sens ou du latin « paschalis », adjectif de « pascha », la Pâque, l'homme de la Pâque.

Paskell *breton*
Dérivé diminutif de Paskal, de l'araméen « pascha », passage, venant de l'hébreu « pesakh », même sens ou du latin « paschalis », adjectif de « pascha », la Pâque, l'homme de la Pâque.

Paskoal *basque*
Variante de Pascal. Enregistré à Estella, en Navarre, au Pays basque, en 1366.

Paskou *breton*
Dérivé diminutif de Paskal, de l'araméen « pascha », passage, venant de l'hébreu « pesakh », même sens ou du latin « paschalis », adjectif de « pascha », la Pâque, l'homme de la Pâque.

Pasqual *catalan*
De l'araméen « pascha », passage, venant de l'hébreu « pesakh », même sens ou du latin « paschalis » adjectif de « pascha », la Pâque, l'homme de la Pâque.

Pasquer *français*
Variante de Pasquaire ou forme ancienne de Pasquier, de l'araméen « pascha », passage, venant de l'hébreu « pesakh », même sens ou du latin « paschalis », adjectif de « pascha », la Pâque, l'homme de la Pâque.

Pasquet *français*
Dérivé diminutif de Pascal, de l'araméen « pascha », passage, venant de l'hébreu « pesakh », même sens ou du latin « paschalis », adjectif de « pascha », la Pâque, l'homme de la Pâque. Attribué à Alizay, dans l'Eure, en 1547.

Pasquier *français*
Variante de Pasquaire, attesté en Seine-Maritime, à Saint-Amand-de-Rouen, le 2 avril 1617.

Pasquin *français*
Pasquin et Marforio, médecins des mœurs, comédie de Charles Rivière du Fresny et Claude-Ignace Brugière de Barante, parue en 1597 et jouée à Paris, au Théâtre italien de l'Hôtel de Bourgogne, en 1697.

Patri *maltais*
Dérivé de Patrick, du latin « patricius », patricien.

Patric *français*
Variante de Patrick, du latin « patricius », patricien.

Patriz *basque*
Variante de Patrice, du latin « patricius », patricien.

Paulien *français*
Dérivé de Paul, du latin « paulus », petit. Autorisé par la loi du 1er avril 1803.

Paulin *belge et français*
Dérivé de Paul, du latin « paulus », petit. C'est à tort que certains auteurs le font venir du grec « Paulos », étant donné que « Paulos » n'existe pas dans le grec classique.

Paulino *basque, catalan et hispanique*
Variante de Paulin, du latin « paulus », petit.

Paulus *germanique*
Variante de Paul, du latin « paulus », petit.

Pauwel *néerlandais*
Variante de Paul, du latin « paulus », petit.

Pavel *hébreu, slave et tchèque*
Variante de Paul, du latin « paulus », petit.

Pavlo *grec et slave*
Variante de Paul, du latin « paulus », petit.

Pawel *polonais et slave*
Dérivé de Pavel, variante de Paul, du latin « paulus », petit

Pedrico *hispanique*
Dérivé diminutif de Pedro, en grec dialectal « petros », pierre, rocher, ou en latin « petrus ».

Pedruelo *basque*
Variante de Petri et de Pierre, en grec dialectal « petros », pierre, rocher, ou en latin « petrus ».

Pegen *basque*
Variante de Petri et de Pierre. Enregistré en 1354 en Basse-Navarre.

Peio *basque*
Variante diminutive de Petri et de Pierre. Enregistré à Zabaltza, en Navarre, au Pays basque, en 1381.

Peire *basque*
Variante de Pierre. Peire d'Ussel, poète de la fin du XIIe siècle et début du XIIIe, est l'un des quatre troubadours de cette famille qui illustrèrent la maison seigneuriale d'Ussel, en Limousin.

Peiron *basque*
Dérivé de Pierre. Enregistré à Hélette, en 1249 et à Beyrie, en Basse-Navarre, au Pays basque, en 1350.

Peirot *basque*
Variante de Pierre. Enregistré à Camou, en Basse-Navarre, au Pays basque, en 1350.

Pejoan *catalan*
Diminutif de Pere-Joan, Pierre-Jean.

Peliken *basque*
Variante de Félicien, du latin « felix », heureux.

Peran *breton*
Variante de Pierre. En vieux breton Petran(i) ou Pedran(i) ont donné la forme hypocoristique en « -an » de « petr- » Petran a donné Pezran, puis Peran. Dans la légende, saint Peran, père de saint Padern, se retira en Irlande.

Perceval *français*
Perceval est le héros dynamique de *Perceval* ou le *Conte du Graal*, roman commencé par Chrétien de Troyes vers 1182 et achevé par Gerbert de Montreuil.

Perdch *arménien*
Variante de Berdj, élégant, éloquent, glorieux.

Perderika *basque*
Variante de Frédéric, du germanique « fried », protecteur et « ric », puissant.

Pere *basque et catalan*
Variante de Pierre, en grec dialectal « petros », pierre, rocher, ou en latin « petrus ».

Pérégrin *anglo-saxon, basque et français*
Du latin « peregrinus », pèlerin.

Peres *arabe et catalan*
Variante de Pierre, en grec dialectal « petros », pierre, rocher, ou en latin « petrus ».

Peri *maltais*
Dérivé de Pierre, en grec dialectal « petros », pierre, rocher, ou en latin « petrus ».

Peric
Variante de Pierre, en grec dialectal « petros », pierre, rocher, ou en latin « petrus ».

Perico *catalan*
Variante de Pierre, en grec dialectal « petros », pierre, rocher, ou en latin « petrus ». Des lettres du roi, nommant Perico de Marça, châtelain de Força Real, ont été enregistrées entre 1319 et 1370.

Perig *breton*
Diminutif de Pêr, variante de Pierre, en grec dialectal « petros », pierre, rocher, ou en latin « petrus ».

Periko *basque*
Variante de Petri. Autorisé par le greffe du tribunal civil de Bayonne, en décembre 1957.

Perin *basque et français*
Dérivé de Pierre, en grec dialectal « petros », pierre, rocher, ou en latin « petrus ».

Peron *basque*
Variante de Pierre, en grec dialectal « petros », pierre, rocher, ou en latin « petrus ». Attesté en 1982.

Peronin *basque*
Variante de Pierre, en grec dialectal « petros », pierre, rocher, ou en latin « petrus ». Enregistré à Ostabat, en Basse-Navarre, au Pays basque, en 1350.

Peronnet *français*
Dérivé de Pierre, en grec dialectal « petros », pierre, rocher, ou en latin « petrus ». Attesté à Rouen, en 1390.

Peronnik *breton*
Variante de Pierre, en grec dialectal « petros », pierre, rocher, ou en latin « petrus ».

Perot *catalan*
Dérivé de Pierre, en grec dialectal « petros », pierre, rocher ou en latin « petrus ».

Perrart *français*
Dérivé de Pierre, en grec dialectal « petros », pierre, rocher, ou en latin « petrus ». Enregistré dans la Marne au XIVe siècle.

Perrenaut *basque*
Dérivé de Petri et Arnaut. Enregistré à Saint-Jean-le-Vieux, en Basse-Navarre, au Pays basque, en 1396.

Perrenet *français*
Dérivé de Pierre, en grec dialectal « petros », pierre, rocher ou en latin « petrus ».

Perreux *français*
Saint, fils d'un chef gallois, fit ses études en Irlande avant de se fixer en Cornouailles. Il fonda deux monastères. Il est mort, vers 594.

Perrin *français*
Dérivé de Pierre, en grec dialectal « petros », pierre, rocher, ou en latin « petrus ». Perrin Hubert est cité comme bourgeois de Bayeux, en 1394.

Perrinet *basque*
Dérivé de Pierre, en grec dialectal « petros », pierre, rocher, ou en latin « petrus ». Enregistré à Sangüesa, en Navarre, au Pays basque, en 1366.

Perrot *basque, catalan et français*
Dérivé de Pierre, en grec dialectal « petros », pierre, rocher, ou en latin « petrus ». Une concession à acapte d'un terrain « où était située la Scola ou Synagoga des juifs » de Perpignan, est rédigée en faveur de Perrot de Burgès, mercier, entre 1301 et 1307.

Perry *anglo-saxon*
Issu du vieil anglais « pirige » ou « pyrige », qui désignait un poirier.

Perseo *italien*
Andromeda e Perseo, ballet héroïque en cinq actes, créé et composé par Gaetano Gioja. Présenté à Livourne, au Théâtre Carlo Lodovico, en 1806.

Peruko *basque*
Variante de Pierre, en grec dialectal « petros », pierre, rocher, ou en latin « petrus ». Enregistré à Echarri-Aranaz, en Navarre, en 1366 et en Basse-Navarre, au Pays basque, en 1379.

Perul *basque*
Variante de Pierre, en grec dialectal « petros », pierre, rocher, ou en latin

« petrus ». Enregistré à Pampelune, en Navarre, au Pays basque, en 1366.

Pesker *basque*
Enregistré en Navarre, au Pays basque, en 1153.

Peterus
Dérivé de Peter, en grec dialectal « petros », pierre, rocher, ou en latin « petrus ».

Petey
Dérivé de Peter, en grec dialectal « petros », pierre, rocher, ou en latin « petrus ».

Petine *dogon (Mali)*
De « be », ils et de « dine », il fait ce qu'il veut.

Petri *basque*
Variante de Pierre, en grec dialectal « petros », pierre, rocher, ou en latin « petrus ». Enregistré à Tudela, en Navarre, au Pays basque, en 1366.

Petriko *basque*
Variante de Pierre, en grec dialectal « petros », pierre, rocher, ou en latin « petrus ». Enregistré à Bayonne, en Labourd, au Pays basque, en 1457.

Petro *basque*
Variante de Petri, en grec dialectal « petros », pierre, rocher, ou en latin « petrus ». Enregistré à Isaba, en Navarre, au Pays basque, en 1366.

Petruzu *maltais*
Variante de Pierre, en grec dialectal « petros », pierre, rocher, ou en latin « petrus ».

Peyron *français*
Dérivé de Pierre, en grec dialectal « petros », pierre, rocher, ou en latin « petrus ». Enregistré dans le Gers, au XVIIIe siècle.

Philéas *français*
Saint, évêque en Égypte, est mort martyr avec ses compagnons, décapité après avoir été emprisonné, vers 307.

Philémon *basque, belge et français*
Du grec « phileo », aimer.

Philias *français*
Enregistré lors d'un mariage à Angers, dans le Maine-et-Loire, le 15 août 1904.

Philibert *catalan, français et germanique*
Du germanique « fili », beaucoup et « bert », brillant.

Philipot *français*
Dérivé de Philippe, du grec « philo », ami et « hippos », cheval, qui aime les chevaux. Attesté dans un registre du tabellionage d'Argences, Troarn et Varaville, dans le Calvados, entre 1386 et 1417.

Philippin *français*
Dérivé de Philippe, du grec « philo », ami et « hippos », cheval, qui aime les chevaux.

Philippot *français*
Dérivé de Philippe, du grec « philo », ami et « hippos », cheval, qui aime les chevaux. Fréquent dans le Domfrontais, au XVe siècle.

Phillebert *français*
Attesté à Saint-Patrice de Rouen, en Seine-Maritime, le 1er novembre 1617.

Phobos *grec*
Dans la mythologie grecque, Phobos, la Crainte, est l'écuyer d'Arès (Mars).

Phocas *français*
Saint, jardinier sur les bords de la mer Noire, mourut martyr, vers 303, sous Dioclétien.

Phédric *français*
Refusé à Lille, en 1977.

Piat *français*
Dérivé de Piaton, saint. Autorisé par la loi 1er avril 1803.

Pierret *basque*
Variante de Pierre, en grec dialectal « petros », pierre, rocher, ou en latin « petrus ». Cité en Anjou sous l'Ancien Régime au Longeron, dans le Maine-et-Loire.

Pierric *breton*
Variante de Pierre, en grec dialectal « petros », pierre, rocher, ou en latin « petrus ».

Pierrick *breton*
Variante de Pierre, en grec dialectal « petros », pierre, rocher, ou en latin « petrus ».

Pierris *basque et catalan*
Dérivé de Pierre, en grec dialectal « petros », pierre, rocher, ou en latin « petrus ». Recensé une fois à Perpignan, entre 1546 et 1605 et une fois entre 1606 et 1615.

Pierron *français*
Dérivé de Pierre, en grec dialectal « petros », pierre, rocher, ou en latin « petrus ». Attesté à Bretoncelles, dans l'Orne, le 22 novembre 1555.

Pierris *basque*
Variante de Pierre, en grec dialectal « petros », pierre, rocher, ou en latin « petrus ».

Piet *basque et néerlandais*
Enregistré en 1350 à Falces, en Navarre, au Pays basque.

Pio *basque, castillan, catalan et italien*
Variante de Pie, du latin « pius », pieux.

Piotr *polonais*
Variante de Pierre, en grec dialectal « petros », pierre, rocher, ou en latin « petrus ».

Pipérion *français*
Saint, martyr africain, mort à Carthage ou à Alexandrie, vers 255.

Piran *français*
Saint, ermite en Cornouaille, mort vers 480.

Pirmin *hispanique*
Saint Pirmin, né en Aragon, s'enfuit en Rhénanie et y fonde plusieurs abbayes bénédictines, mort en 753.

Placide *français*
Saint italien, devint moine cistercien, puis ermite dans les Abruzzes où il fonda et gouverna un monastère. Il est mort en 1248.

Placido *castillan, catalan et italien*
Variante de Placide. Recensé quatre fois à Perpignan, entre 1616 et 1685.

Pol *basque, breton et wallon*
Variante de Paol et de Paul, dérivé du latin « Paulus ». Il n'y a pas de différence entre Paol et Pol, le premier est la forme parlée de la province du Léon, tandis que le second (avec un « o » ouvert) est celle des autres régions de Bretagne.

Policarpe *français*
Variante de Polycarpe, du grec « polys », beaucoup et « karpos », fruit.

Polyclet *français*
Saint, mort martyr à Alexandrie.

Polynice *grec*
Dans la mythologie grecque, Polynice est l'un des fils d'Œdipe et de Jocaste.

Polyte *français*
Diminutif d'Hippolyte. Cité sous l'Ancien Régime en Anjou.

Ponce *français*
Du latin « pons », pont. Saint martyr, en 258, à Cimiez, près de Nice.

Le baptême des ouragans

Avant les années 1950, les noms donnés aux ouragans étaient basés sur l'année au cours de laquelle ils se produisaient, suivie d'une lettre de l'alphabet (1931 A, 1942 B, etc.). La lettre « A » désigne le premier cyclone tropical de l'année, la lettre « B » le deuxième, et ainsi de suite. Depuis 1953, le Centre d'étude des cyclones de Miami a été chargé d'attribuer aux cyclones des Caraïbes, des prénoms féminins dont la première lettre suivrait l'ordre alphabétique. En 1978, sous la pression des ligues féministes américaines et pour rompre avec une tradition jugée misogyne, il a été décidé d'alterner prénoms masculins et prénoms féminins. Le Centre d'étude des cyclones de Miami dresse, plusieurs années à l'avance, des listes pour qu'au fil des ans le même prénom ne soit jamais employé deux fois. Peu à peu, l'usage de donner des prénoms aux cyclones tropicaux des autres régions du monde s'est généralisé. Sur son site, Météo France indique qu'affecter aux tempêtes tropicales et aux ouragans des noms courts et familiers, faciles à mémoriser, permet de pouvoir communiquer avec des millions de personnes menacées et d'éviter toute confusion résultant de la présence simultanée d'autres tempêtes ou ouragans dans la région.

Il y a eu, **Carla** en 1961, **Gilbert** le 12 septembre 1988, Hugo en 1989, **Andrew** le 25 août 1992 et **Dean** le 17 août 2007. Il y aura **Ana**, **Claudette**, **Lorenzo** et même **Zidane**.

Ponciano *catalan*
Variante de Ponce, du latin « pons », pont. Recensé deux fois à Perpignan, entre 1616 et 1635.

Pons *basque, catalan et français*
Variante de Ponce, du latin « pons », pont.

Ponset *catalan*
Dérivé de Pons, variante de Ponce, du latin « pons », pont. Recensé une fois, à Perpignan, entre 1546 et 1555.

Pontian *français*
Dérivé de Pontien, variante de Ponce, du latin « pons », pont.

Pontien *français*
Dérivé de Pons, du latin « pons », pont. Saint, pape en 230, exilé en Sardaigne par l'empereur Maximin. Il est mort en 235.

Ponzu *maltais*
Variante de Ponce, du latin « pons », pont.

Potentien *français*
Saint, évêque de Sens, mort martyr avec saint Sabinien vers 300.

Pozan *français*
Saint qui aurait été prêtre à Châtillon-sur-Loire. Autorisé par la loi du 1er avril 1803.

Preden *breton*
Trouve son équivalent dans le gallois Prydain. Ce nom était souvent utilisé pour désigner la Bretagne.

Predo *basque*
Variante diminutive de Pierre, en grec dialectal « petros », pierre, rocher, ou en latin « petrus ».

Price *anglo-saxon*
Dérivé diminutif de Priscillien, du latin « priscus », antique, très ancien.

Priel *hébreu*
Fruit de Dieu.

Primael *anglo-saxon et breton*
Saint anglais, vécut en ermite dans le diocèse de Quimper, mort vers 450.

Prior *français*
Saint, né vers 295, ermite égyptien, disciple de saint Antoine le Grand, est mort centenaire en 395.

Pris *français*
Dérivé diminutif de Priscillien, du latin «priscus», antique, très ancien.

Priscien *français*
Saint, mort martyr avec ses frères et sœurs, vers 303, en Palestine.

Priscilien *français*
Variante de Priscillien, du latin «priscus», antique, très ancien.

Priscillian *anglo-saxon*
Variante de Priscillien, du latin «priscus», antique, très ancien.

Priscillien *français*
Du latin «priscus», antique, très ancien. Saint Priscillien, clerc, serait mort martyr à Rome, en 362, sous Julien.

Prisco *castillan et italien*
Variante de Prisque, du latin «priscus», antique, très ancien.

Privel *breton*
Du vieux breton «pritmael» composé de «prit», en gallois «pryd», belle allure, apparence, aspect, et «mael», prince, chef. Résultante d'une évolution de la forme archaïque Primel en Privel.

Prosper *catalan, français, germanique et italien*
Du latin «prosperus», heureux, prospère.

Prospero *castillan, corse et italien*
Variante de Prosper, du latin «prosperus», heureux, prospère.

Protais *français*
Du grec «prôtos», premier.

Prys
Variante de Brice, du celtique «brigh», force, puissance ou du latin «brictius», dérivé du celtique «bri», considération.

Puck *anglo-saxon*
Dans *Le Songe d'une nuit d'été*, de William Shakespeare (1595-1597), Puck est le serviteur du roi des fées.

Purlan *basque*
Variante du nom latin Florian.

Pusken *basque*
Variante supposée de Philippe, du grec «philo», ami et «hippos», cheval, qui aime les chevaux.

Pylade *français et grec*
Dans la mythologie grecque, Pylade, ami et cousin d'Oreste, qui voulut venger la mort d'Agamemnon.

Pyran *français*
Variante de Piran, saint.

Pyrandre *français*
Pyrandre et Lisimène ou l'Heureuse tromperie, tragi-comédie, de François Le Metel de Boisrobert, parue à Paris, en 1633.

Pythien *grec*
Dans la mythologie grecque, Pythien est le surnom d'Apollon, pour avoir tué le serpent Python.

Q

Qamar *arabe*
La lune. Celui qui partage ou qui a un joli visage.

Qassem *arabe*
Variante de Qassim.

Qassim *arabe*
Celui qui partage ou qui a un joli visage.

Qayim *arabe*
Droit, immuable.

Qénân *hébreu*
Forgeron.

Qocy *kabyle*
Justesse.

Qorah *hébreu*
Chauve. Dans la Bible, Qorah est un lévi de la famille de Qehat qui soulève une révolte contre Moïse.

Quenti *catalan*
Variante de Quentin, du latin « quintus », cinquième ou du latin « Quintilianus », dérivé du latin « Quintilis », nom du mois de juillet, primitivement le cinquième de l'année qui a changé de nom en l'honneur de Jules César.

Quentilien *français*
Du latin « quintus », cinquième ou du latin « Quintilianus », dérivé du latin « Quintilis », nom du mois de juillet, primitivement le cinquième de l'année qui a changé de nom en l'honneur de Jules César.

Quentin *anglo-saxon, français et normand*
Du latin « quintus », cinquième.

Quéran *français*
Variante de Kiéran, saint.

Quillot *français*
Dérivé d'Achille, du grec « akhilleus », fils de serpent ou du nom latin Achilleus.

Quim *catalan*
Forme hypocoristique de Joaquim, par aphérèse. De l'hébreu « Yehoyagim », Iahvé met debout.

Quimi *catalan*
Diminutif de la forme hypocoristique de Joaquim, par aphérèse. De l'hébreu « Yehoyagim », Iahvé met debout.

Quint *français*
Du latin « quintus », cinquième.

Quinti *catalan*
Variante de Quentin, du latin « quintus », cinquième ou du latin « Quintilianus », dérivé du latin « Quintilis », nom du mois de juillet, primitivement le cinquième de l'année qui a changé de nom en l'honneur de Jules César.

Quintien *français*
Dérivé de Quentin, du latin « quintus », cinquième ou du latin « Quintilianus », dérivé du latin « Quintilis », nom du mois de juillet, primitivement le cinquième de l'année qui a changé de nom en l'honneur de Jules César.

Quintilia *catalan*
Variante de Quentilien, du latin « quintus », cinquième ou du latin « Quintilianus », dérivé du latin « Quintilis », nom du mois de juillet, primitivement le cinquième de l'année qui a changé de nom en l'honneur de Jules César.

Quintilian *anglo-saxon*
Variante de Quentilien, du latin « quintus », cinquième ou du latin « Quintilianus », dérivé du latin « Quintilis », nom du mois

de juillet, primitivement le cinquième de l'année qui a changé de nom en l'honneur de Jules César.

Quintiliano *castillan et italien*
Variante de Quentilien, Du latin « quintus », cinquième ou du latin « Quintilianus », dérivé du latin « Quintilis », nom du mois de juillet, primitivement le cinquième de l'année qui a changé de nom en l'honneur de Jules César.

Quintilianu *corse*
Variante de Quentilien, du latin « quintus », cinquième ou du latin « Quintilianus », dérivé du latin « Quintilis », nom du mois de juillet, primitivement le cinquième de l'année qui a changé de nom en l'honneur de Jules César.

Quintilien *français*
Dérivé de Quentilien. Saint né en Bulgarie, mort martyr avec ses deux frères en 303, décapité sous Dioclétien.

Quintilio *italien*
Variante de Quintille, saint.

Quintilius *germanique*
Variante de Quintille, saint.

Quintille *français*
Saint, évêque, mort martyr à Nicomédie.

Quintin *castillan, français, germanique et occitan*
Dérivé de Quentin, du latin « quintus », cinquième ou du latin « Quintilianus », dérivé du latin « Quintilis », nom du mois de juillet, primitivement le cinquième de l'année qui a changé de nom en l'honneur de Jules César.

Quintinu *corse*
Variante de Quintin, du latin « quintus », cinquième ou du latin « Quintilianus », dérivé du latin « Quintilis », nom du mois de juillet, primitivement le cinquième de l'année qui a changé de nom en l'honneur de Jules César.

Quinto *italien*
Variante de Quint, du latin « quintus », cinquième.

Quinton *français*
Dérivé de Quintin, du latin « quintus », cinquième.

Quintu *corse*
Variante de Quint, du latin « quintus », cinquième.

Quintus *germanique*
Variante de Quint, du latin « quintus », cinquième.

Quinzio *italien*
Vie de Tito Quinzio Flaminio, de Plutarque, paru à Milan en l'an VII (1798-1799).

Quirga *catalan*
Forme catalane de Cyr, dérivé de Cyrus, du grec « kurios », seigneur, consacré au seigneur ou du vieux persan « kürush », soleil ou encore de l'hébreu « korèsh », trône.

Quiriac *français*
Variante de Quiriace, saint. Quiriac, époux de Quintiane, père de saint Arnoul de Tours, au Ve siècle.

Quiriace *français*
Saint, évêque, mort martyr vers 250, sous Alexandre Sévère.

Quirin *français et germanique*
Du nom latin Quirinus.

Quirino *castillan et italien*
Variante de Quirin, du nom latin Quirinus.

Quirinu *corse*
Variante de Quirin, du nom latin Quirinus.

R

Raban *germanique*
Saint, né vers 776 en Allemagne, archevêque de Mayence en 847, mort en 856.

Rachad *arabe*
Bonne voie, droiture.

Radeke *germanique*
Variante de Radulph, nom franc qui a donné Raoul au XIIe siècle. Il correspond au scandinave Rolf, du germanique « rad », conseil, conseiller et « wolf », loup. Le loup (guerrier) conseiller.

Radel *germanique*
Variante de Conrad, du germanique « chuon », audacieux et « rad », conseil.

Radouan *arabe*
Dérivé de « ridwàn », plaisir, qui vient de « radiya », être satisfait.

Radulf *catalan et germanique*
Variante de Radulph, nom franc qui a donné Raoul au XIIe siècle. Il correspond au scandinave Rolf, du germanique « rad », conseil, conseiller et « wolf », loup. Le loup (guerrier) conseiller.

Radulphe *germanique*
Variante de Radulf, nom franc qui a donné Raoul au XIIe siècle, du germanique « rad », conseil, conseiller et « wolf », loup. Le loup (guerrier) conseiller. Attesté à Lintot, en Seine-Maritime, le 2 juillet 1555.

Raël
Variante de Raphaël, de l'hébreu « repha'èl », Dieu guérit.

Raffi *arménien*
De l'arabe « rafi », de haut rang, personnalité importante.

Rafid *arabe*
Celui qui porte secours ou un cours d'eau.

Rafiq *arabe*
Un ami ou compagnon de route attentionné et bienveillant.

Ragar *hébreu*
Ragar el-Hattat, juif, propriétaire de trois esclaves à Oran, en Algérie, en 1660.

Rahier *germanique*
Rahier d'Avre, compagnon de Guillaume le Conquérant, en 1066, lors de la conquête de l'Angleterre.

Rahim *arabe*
Très clément.

Rahul *hindou*
Rahul Gandhi, né en 1970, fils de Rajiv et Sonia Gandhi, petit-fils d'Indira Gandhi.

Raimbaut *français*
Raimbaut d'Orange aurait été aimé par la comtesse de Dié, poétesse du XIIIe siècle, qui en fit le sujet favori de ses chansons.

Raimon *catalan*
Variante de Raymond, du germanique « ragin », conseil et « mund », protecteur. Raimon, évêque d'Elna, présent au concile mixte de 1064 et 1066.

Rainaud *français*
Variante de Renaud, du germanique « ragin », conseil et « wald », gouverner, commander. Rainaud de Varenne, chevalier, partisan du duc Robert, en 1106, participe au piège de falaise contre le roi Henri, son frère.

Rainier *catalan et germanique*
Variante de Rainier, saint. Rainer Maria Rilke (1875-1926), écrivain autrichien.

Rainier *germanique*
Saint, né à Pise en Italie, après plusieurs pèlerinages à Jérusalem, se fit oblat conventuel dans l'abbaye bénédictine de Saint André, puis de Saint Vit à Pise. Il y mourut en 1160. Entre le VIIIe et le Xe siècles, Rainier figure parmi les noms de baptême les plus courants en France. Attesté à Rouen, en Seine-Maritime, en 1390.

Rajab *arabe*
Nom du septième mois du calendrier islamique, c'est l'un des quatre mois sacrés de l'année islamique. Rajab Azzarouk, ancien ambassadeur de Libye à Manille.

Raji *arabe*
Celui qui espère, qui place son espoir en Dieu.

Rajiv *hindou*
Rajiv Gandhi (1944-1991), Premier ministre de l'Inde de 1984 à 1989, fils d'Indira et de Feroze Gandhi.

Rakine *arabe*
Ferme, posé, qui a un jugement sûr.

Rals *scandinave*
Enregistré vers 1902 à Cherbourg, dans la Manche, et dans la région.

Ramah *hébreu*
Dérivé de Râm. Dans la Bible, Ramah est le fils de Kouch.

Rambaud *français*
Traditionnel chez les anciens comtes de Nice.

Rambert *français, germanique et scandinave*
D'origine franque, du germanique « hramm », corbeau et « bert », brillant. Il contient la racine « hramm », corbeau, car dans l'ancienne religion germanique, Hugin (pensée) et Munin (mémoire) étaient les deux corbeaux du dieu Odin (Wotan).

Ramiz *arabe*
Noble, honoré, intelligent.

Ramzi *arabe*
De « ramz », allusion symbole, allégorie ou symbole vivant.

Ranari *catalan*
Ranari, évêque d'Urgell, en Andorre, en 633.

Randall *anglo-saxon*
Protection du loup.

Randulf *catalan et germanique*
Variante de Radulp, nom franc qui a donné Raoul au XIIe siècle. Il correspond au scandinave Rolf, du germanique « rad », conseil, conseiller et « wolf », loup. Le loup (guerrier) conseiller. Randulf, lévite, est seigneur du château de Rocafort, dans le Bages, de 994 à 1023.

Ranulfe *français*
Ranulfe Flambard, né de parents obscurs, devient doyen de la collégiale de Twinham, dans le Hampshire. En 1088, il est chapelain de Guillaume le Roux et en 1089, abbé de Winchester. À la Pentecôte 1099, il est nommé évêque de Durham quoiqu'il fût complètement dépourvu d'instruction. Emprisonné dans la tour de Londres pour avoir dilapidé les caisses de l'État, il s'en échappe et se réfugie en Normandie où il est bien accueilli par le duc Robert. Évêque de Bayeux, en 1105, il excita le duc contre son frère pour l'engager à lui déclarer la guerre.

Raoul *anglo-saxon, français, germanique et italien*
Variante de Radulph, nom franc qui a donné Raoul au XIIe siècle, du germanique « rad », conseil, conseiller et « wolf », loup.

Raven *français*
Saint, prêtre, natif de Bayeux au IVe siècle.

Ravent *français*
Ravent Durant est cité comme bourgeois de la paroisse de Saint-Symphorien de Bayeux, en 1455, il est âgé de cinquante ans.

Raynault *français*
Attesté à Saint-Patrice de Rouen, en Seine-Maritime, le 10 mai 1574.

Raynier *français*
Dérivé de Rainier, saint.

Razine *arabe*
De « razpîn », celui qui a un bon jugement, qui est équilibré.

Razmig *arménien*
Combattant, lutteur. Razmig Davoyan, né en 1940, poète.

Regan *anglo-saxon*
Variante de Régis, du latin « regere », gouverner, diriger. Qui régit.

Reginald *anglo-saxon, catalan, français et scandinave*
Réginald aurait été évêque de Sées, dans l'Orne, vers 811.

Regnier *français*
Dérivé de Rainier, saint.

Reinald *scandinave*
Variante de Renaud, du germanique « ragin », conseil et « waldan », gouverner, commander.

Reman *kabyle*
D'« eremane », grenade.

Rembert *français*
Variante de Rambert, d'origine franque, du germanique « hramm », corbeau et « bert », brillant. Il contient la racine « hramm », corbeau, car dans l'ancienne religion germanique, Hugin (pensée) et Munin (mémoire), étaient les deux corbeaux du dieu Odin (Wotan).

Remon *basque*
Variante de Raimund et de Raymond, du germanique « ragin », conseil et « mund », protecteur. Enregistré à Falces, en Navarre, au Pays basque, en 1130.

Renald *anglo-saxon*
Variante de Renaud, du germanique « ragin », conseil et « wald », gouverner, commander.

Renan *breton et français*
Variante de Ronan, de l'irlandais « ronàn », petit phoque. Une statue de ce saint se trouve dans l'église de Pencran, dans le Finistère.

Renold *normand et scandinave*
Variante de Renaud, d'origine franque, du germanique « ragin », conseil et « waldan », gouverner, commander. Puissant par le conseil.

Renyer *catalan*
Variante de Rainier, saint. Recensé une fois, à Perpignan, entre 1686 et 1695.

Renzo *italien*
Variante de Laurent, du latin « laurus », laurier. Les feuilles de laurier, arbre consacré à Apollon dans l'Antiquité grecque, étaient tressées en couronne pour récompenser les vainqueurs de compétitions. C'est ainsi que ce prénom de Laurentius prit une teinte mystique et a été perçu comme signifiant « couronné par Dieu ».

Resan *basque*
Dérivé de Resano. Enregistré à Andosilla en Navarre, au Pays basque, en 1330.

Ribert *français*
Saint, moine, fut abbé de Saint-Valéry-sur-Somme, au VIIe siècle.

Richer *normand*
Variante de Richard, du germanique « ric », puissant et « hard », fort, dur. Richer d'Andeli, compagnon de Guillaume le Conquérant, lors de la conquête de l'Angleterre, en 1066.

Ridwane *arabe*
De « ridwân », satisfaction, contentement. Dans le Coran, Ridwân est l'ange gardien du Paradis.

Rimbert *germanique*

Rinner *slave*
Variante de Rainier, saint.

Riquelm *catalan*
Riquelm de Vernet, servant d'armes du roi, assiste à la reconnaissance d'un aveu féodal dans la maison d'un prieuré de Saint-Estève-del-Monestir, entre 1139 et 1341.

Riquier *français*
Saint, né près d'Amiens, prêtre, fonda une abbaye qui porte actuellement son nom. Il se retira comme ermite avant de mourir vers 645. Attesté, lors d'un mariage, à Epegard, dans l'Eure, le 4 février 1786.

Roald *scandinave*
Puissant par la renommée.

Roboam *hébreu*
Variante de Réhavam, élargit le peuple.

Robyn *anglo-saxon*
Variante de Robin, dérivé de Robert, de l'ancien haut-allemand « hruod », gloire et « bert », brillant, ce qui a donné la forme latine Rodbertus.

Roch *catalan et français*
Du germanique « hroc », repos. Saint, né à Montpellier, en 1350, pèlerin, s'occupa des pestiférés, principalement en Italie. Il est mort en 1380.

Rodan *anglo-saxon*

Roddy *anglo-saxon*
Variante de Rodolphe, du germanique « hrod », gloire, renommée et « wolf », loup.

Roderic *anglo-saxon et catalan*
D'origine franque et wisigothe, du germanique « hrod », gloire et « ric », puissant.

Rodney *anglo-saxon*
De l'anglais Rodney, nom de lieu, île rouge.

Rodny *anglo-saxon*
Variante de Rodney, nom de lieu, île rouge.

Rodric *hispanique*
Variante de Rodrigue, du germanique « hrod », gloire et « ric », puissant.

Rogel *basque et français*
Variante de Roger, du germanique « hrod », gloire, glorieux et « gari », lance, pique.

Rogeric *breton*
Dérivé de Roger, du germanique « hrod », gloire, glorieux et « gari », lance, pique.

Rol *scandinave*
Diminutif de l'ancien scandinave commun « hrólfr » ou « rólfr », formes contractées de « hródulfr », composé des deux substantifs « hródr », renommée et « ulfr », loup. Le loup ou le guerrier renommé. Rol, hôte à Saint-Germain-de-Varreville, est mentionné dans une charte de confirmation d'une donation de Guillaume le Bâtard à Saint-Wandrille, entre 1040 et 1053.

Rolan *basque*
Variante de Roldan et de Roland, d'origine franque, du germanique « hrod », gloire et « land », pays. Pays glorieux. Enregistré en 1366 à Cirauqui, en Navarre, au Pays basque.

Roland *germanique*
D'origine franque, du germanique « hrod », gloire et « land », pays. Pays glorieux.

Roldan *basque*
Variante de Roland, d'origine franque, du germanique « hrod », gloire et « land », pays. Pays glorieux.

Rolet *basque*
Enregistré à Pampelune, en Navarre, au Pays basque, en 1366.

Rolent *français*
Enregistré à Isigny-sur-Mer, le 23 janvier 1924.

Rolf *scandinave*
De l'ancien scandinave commun « hrólfr » ou « rólfr », formes contractées de « hródulfr », composé des deux substantifs « hródr », renommée et « ulfr », loup, du germanique « hrod », gloire, renommée et « wolf », loup.

Rolin *français*
Variante de Roland, du germanique « hrod », gloire et « land », pays. Pays glorieux.

Rollans *français*
Variante de Roland. Attesté à Notre-Dame de Lillebonne, en Seine-Maritime, le 15 novembre 1549.

Rollon *scandinave*
Diminutif de l'ancien scandinave commun « hrólfr » ou « rólfr », formes contractées de « hródulfr », composé des deux substantifs « hródr », renommée et « ulfr », loup. Le loup ou le guerrier renommé. Rollon, fils du comte Ragnwald, chef viking. Il s'appelait en fait Hrôlf Ganger, nom qui fut latinisé en Rollo ou Rollon, puis francisé en Robert. Il quitte la Norvège et, à la tête des Normands, il entre dans la Neustrie en l'an 908.

Romaldo *italien*
Variante de Romuald, du germanique « hrom », renommée et « waldan », diriger, gouverner.

Romant *basque*
Variante de Romain, du latin « romanus », romain. Enregistré à Lanciego, en Navarre, au Pays basque, en 1350.

Rombaud *français*
Saint, moine d'une abbaye anglo-saxonne, devint évêque régional. Il travailla en Hollande et dans le Brabant. Il est assassiné à Malines, en Belgique, vers 775.

Romieu *français*
Dérivé de Roméo, du latin médiéval « romeo », je vais à Rome. Dans *Contes et légendes de Provence*, sans date, Romieu de Villeneuve, personnage hors du commun, détient des connaissances occultes et les secrets des astres.

Romon *basque*
Variante de Raimund et Raymond, du germanique « ragin », conseil et « mund », protecteur et de Raymond, du germanique « ragin », conseil et « mund », protecteur. Enregistré à Mendavia, en Navarre, au Pays basque, en 1330.

Romualt *catalan*
Variante de Romuald, du germanique « hrom », renommée et « waldan », diriger, gouverner. Recensé trois fois, à Perpignan, entre 1666 et 1715.

Romwald
Variante de Romuald, du germanique « hrom », renommée et « waldan », diriger, gouverner.

Ronen *hébreu*
Met de la joie.

Roscelin *germanique*
Roscelin est dit fils de Turolfus, dans une charte normande, aux environs de 1080.

Roslin *français*
Dérivé de Rose, du grec « rhodon », rose ou du latin « rosa », rose.

Rossend *catalan*
Du germanique « hrod-sinths », qui recherche la renommée ou soldat. C'est également la forme castillane de Rossell.

Rotland *catalan*
Variante de Roland, du germanique « hrod », gloire et « land », pays. Pays glorieux.

Rouben *arménien*
Variante de Roupen, de l'hébreu « ra », voir et « ben », fils.

Rouhi *arabe*
De « rûhî », de nature spirituelle.

Rouslan *slave*
Dérivé du russe ancien Yérouslane, emprunté à l'arabe « el arslan », lion. Grand, courageux, puissant.

Rowland
Variante de Roland, du germanique « hrod », gloire et « land », pays. Pays glorieux.

Rudel
Variante diminutive de Rodolphe, du germanique « hrod », gloire, renommée et « wolf », loup.

Ruellin *français*
Saint qui succéda à saint Tugdual comme évêque de Tréguier en Bretagne, au VIe siècle.

Rufin *français*
Saint, missionnaire romain en Gaule, mourut martyr avec saint Valère, vers 287, à Soissons.

Rumeo *basque*
Variante de Roméo, du latin médiéval « romeo », je vais à Rome. Enregistré en 1203 en Navarre, et en 1350 à Quintana et à Miranda de Arga, en Navarre, au Pays basque.

Rumeu *corse*
Variante de Roméo, du latin médiéval « romeo », je vais à Rome.

Rumold
Variante de Rombaud, saint.

Rumolt
Variante de Romuald, du germanique « hrom », renommée et « waldan », diriger, gouverner.

Rumon *breton et français*
Variante de Romain, du latin « roman », romain, devenu « rumon ». Saint, évêque anglais au VIe siècle.

Rumty
Variante de Renaud, du germanique « ragin », conseil et « wald », gouverner, commander.

Runi *normand et scandinave*
Diminutif de Runolf, du germanique « runô », mystère, secret et « olf » le loup. Le loup secret, la rune du loup ou le loup confident.

Runo
Variante de Rune, du germanique « runô », mystère, secret. On retrouve cette racine dans de nombreux patronymes germaniques.

Runolf *normand et scandinave*
Du germanique « runô », mystère, secret et « olf » le loup. Le loup secret.

Ruodi
Variante de Rodolphe, du germanique « hrod », gloire, renommée et « wolf », loup.

Ruoff
Variante de Rodolphe, du germanique « hrod », gloire, renommée et « wolf », loup.

Rupert *anglo-saxon, catalan, français, germanique et scandinave*
Variante de Robert, de l'ancien haut-allemand « hruod », gloire et « berht », brillant, ce qui a donné la forme latine Rodbertus.

Ruperto *castillan*
Variante de Robert, de l'ancien haut-allemand « hruod », gloire et « berht », brillant, ce qui a donné la forme latine Rodbertus.

Ruprecht *germanique*
Variante de Robert, de l'ancien haut-allemand « hruod », gloire et « berht », brillant, ce qui a donné la forme latine Rodbertus.

Ruprich
Variante de Rodrigue, du germanique « hrod », gloire et « ric », puissant.

Rurik *normand et scandinave*
Variante de Roderik, puissant et glorieux. Rurik, chef viking, fondateur de l'empire russe, mort en 879.

Russell *français*
Du vieux français « roussel » ce prénom désignait un petit homme aux cheveux roux.

Rutger *germanique*
Variante de Roger, du germanique « hrod », gloire, glorieux et « gari », lance, pique.

Rutt
Variante diminutive de Rodolphe, du germanique « hrod », gloire, renommée et « wolf », loup.

Ruttger *germanique*
Variante de Roger, du germanique « hrod », gloire, glorieux et « gari », lance, pique.

Ruvon *breton*
Variante de Raymond, du latin « roman », romain, devenu « rumon » puis « ruvon » en breton moderne. Ruvon, frère de saint Tudal, était l'ancien patron d'Audierne, au VIe siècle.

Ruy *basque*
Variante de Rodrigo, du germanique « hrod », gloire et « ric », puissant. *Ruy Blas*, drame en cinq actes de Victor Hugo (1838). Enregistré à Cintruenogo, en Navarre, au Pays basque, en 1366.

Ruzin *basque*
Enregistré à Lerin, en Navarre, au Pays basque, en 1350.

Rymond
Rymond, opéra en trois actes et six tableaux, livret du Comte Alexandre Fredo, musique de Raoul Koczalski. Paru à Vienne, chez A. Gutmann, en 1902.

Ryszard *polonais*
Variante de Richard, d'origine franque, celui qui exerce un fort pouvoir.

S

Saadoun *arabe*
Très heureux.

Sabaric *catalan*
Sabaric, évêque de Girona, assista au quinzième concile de Tolède, en 688.

Sabinien *français*
Dérivé de Sabin, du latin « Sabinus », habitant de la Sabine, ancienne région de l'Italie centrale.

Sabriy *arabe*
Patient.

Sabta *hébreu*
Variante de Savta. Savta était le fils de Kouch.

Sabtéca *hébreu*
Variante de Savtékha, dérivé de Svata. Savta était le fils de Kouch.

Sabuh *arabe*
Brillant, lumineux.

Sabur *arabe*
Dérivé de Saabir, patient, tolérant.

Saburo *japonais*
Le troisième garçon.

Sadek *arabe et berbère*
Dérivé de Saadiq, celui qui est authentique, sincère, vrai.

Saden *kabyle*
Tous dans la même direction.

Sadi *arabe*
Variante de Saadi, bienheureux, destiné au bonheur.

Sadiki *swahili (Afrique de l'Est)*
Loyal, fidèle.

Sadreddine *arabe et berbère*
De « sadr ad-dîn », cœur, lieu vital de la religion.

Safouane *arabe et berbère*
Variante de Safwane, de « safwân », limpide, pur, lisse. Celui qui est clair.

Sagismon *catalan*
Variante de Sigismond, forme francisée du Siegmund germanique, protecteur de la victoire, du germanique « sig », victoire et « mund », protection.

Sagou *dogon (Mali)*
Dérivé de Segoum, de « sagi », il appartient ou, dans la région de Metteli, de « sagou », il garde.

Saintin *français*
Du latin « sanctus », saint.

Saldin *maltais*
Variante de Saladin, l'intégrité de la religion.

Salek *arabe*
Voyageur.

Salil *arabe*
Fils, épée, scion.

Salmane *arabe et berbère*
Dérivé de l'arabe « salama », sécurité, de « salima », être hors de danger. Sécurité, sans défaut et salut éternel, en arabe celui qui est intègre, parfait, sain, celui qui apporte le Salut.

Salvu *maltais*
Variante de Salvi, du grec « sôter », sauveur.

Samal *hébreu*
De l'araméen « samal », symbole, signe.

Samaldas *hindou*
Samaldas Gandhi, cousin du Mahatma Gandhi.

Sanctien *français et hispanique*
Saint espagnol, mort martyr, en 273, près de Sens.

Sanda *kabyle*
Roi numide en 105.

Sandar *maltais*

Sandret *français*
Diminutif d'Alexandre, du grec « alexein », défendre, repousser et « andros », génitif d'« aner », de l'ennemi, de l'homme.

Sanjay *hindou*
Victorieux, triomphant. Sanjay Gandhi (1946-1980), fils d'Indira Gandhi.

Sany *kabyle*
Où vas-tu ?

Sanyi *hongrois*
Dérivé de Sándor, diminutif d'Alexandre, du grec « alexein », défendre, repousser et « andros », génitif d'« aner », de l'ennemi, de l'homme. En slave, grand, éclatant, puissant.

Sapor *iranien*
Saint, évêque perse, mort martyr en prison, en 399, avec ses compagnons.

Sarbèle *français*
Saint, mort martyr en 101, avec sa sœur sainte Barbée, torturé avec des lames brûlantes.

Sarbil *basque*
Enregistré à Echauri, en Navarre.

Sarik *hindou*
Nom d'un oiseau.

Saturien *français*
Saint, esclave africain, mort martyr, en 458, avec ses compagnons.

Savaric *catalan*
Du nom latin Savaricus.

Savel *russe*
Variante de Saül, de l'hébreu « shã ül », demandé par Dieu.

Sawen *kabyle*
Faire monter.

Scharel *flamand*
Variante de Charles, du germanique « karl », viril.

Scharloke *flamand*
Variante diminutive de Charles, du germanique « karl », viril.

Scharlokie *flamand*
En usage à Cassel, au XIXe siècle.

Schaya *hébreu*
Variante d'Isaïe, de l'hébreu « Yesha'yah », Yavhé et salut.

Schike *hébreu*
Dérivé de Yeschona, dérivé de Josué, en hébreu, Dieu aide.

Schlum *hébreu*
Dérivé de Salomon, de l'hébreu « shalom », paix, sain et sauf, dérivé de « salem », sain, harmonieux.

Schmil *hébreu*
Variante de Schmuel, dérivé de Samuel, de l'hébreu « shêmû'ël », composé du substantif « shem » et de l'élément divin « el », Dieu.

Schone *hébreu*
Dérivé de Yeschona, variante de Josué, en hébreu, Dieu aide.

Schotin *anglo-saxon*
Saint irlandais, disciple de saint David au pays de Galles, au VIe siècle, revint en Irlande, ermite jusqu'à sa mort.

Schul *hébreu*
Variante de Jules, du latin « Julia », nom d'une famille romaine descendant d'Iule, fils d'Énée ou du latin « oulos », entier.

Vous aimez la littérature ?

Dans les années 1930, **Solal** est largement repris en référence au roman *Belle du Seigneur* d'Albert Cohen qui commence une tétralogie. Né dans une famille juive de Céphalonie, au large des côtes grecques, Solal a connu une ascension sociale rapide. Il devient sous-secrétaire général de la Société des Nations, à Genève, mais souffre de ce que l'amour des femmes puisse s'obtenir si facilement. Ce roman est un réquisitoire sans pitié contre l'amour-passion : les héros, Solal et Ariane, étouffent dans la passion parfaite qu'ils ont nourrie.

Scully *irlandais*
Dérivé du nom Scolaighe ou du vieil irlandais « scol », école.

Seafraid *irlandais*
Paix de Dieu.

Seaghan *écossais et irlandais*
Variante d'Eoin, forme gaélique de Jea, de l'hébreu « Yohânân », Iahvé a fait grâce.

Seamus *écossais et irlandais*
Dérivé de James, variante de Jacques, de l'hébreu « ya'aqob », que Dieu favorise, qui supplante.

Seanán *africain, anglo-saxon et irlandais*
Variante de Jean, de l'hébreu « Yohânân », Iahvé a fait grâce.

Séarlas *irlandais*
Variante de Charles, du germanique « karl », viril.

Seban *kabyle*
Provocateur.

Sebastión *hispanique*
Variante de Sébastien, du grec « sebastos », digne d'honneur et de respect, vénérable.

Sebastjan *polonais et slavon*
Variante de Sébastien, du grec « sebastos », digne d'honneur et de respect, vénérable.

Sebbi *anglo-saxon*
Saint, né en 664, roi de Saxe orientale, bénédictin à Londres, mort en 694 et enterré dans l'ancienne église Saint-Paul.

Seberin *basque*
Variante de Sévérien, variante de Sévère, du latin « severus », sévère, inflexible, rigoureux.

Sebero *basque*
Enregistré à Valpuesta, en Navarre, au Pays basque, en 804.

Sebert *français*
Attesté à Rouen, en Seine-Maritime, en 1390.

Sebestyen *hongrois*
Variante de Sébastien, du grec « sebastos », digne d'honneur.

Sebis *français*
Autorisé par la loi du 1er avril 1803.

Sébouh *arménien*
En iranien, commandant, officier.

Secal *kabyle*
Argile.

Second *français*
Autorisé par la loi du 1er avril 1803.

Secondien *français*
Saint, officier impérial, mort martyr en 250, avec ses compagnons en Toscane, sous Dèce.

Secondin *français et hispanique*
Dérivé de Second, du latin « secunda », second.

Sed *kabyle*
Samedi.

Sedad *kabyle*
Ajouter.

Seddik *arabe et berbère*
Le véridique.

Sedid *arabe et berbère*
Variante de Sadid, droit, juste, qui va droit au but.

Sedna *anglo-saxon*
Saint irlandais, évêque d'Ossory, mort vers 570.

Sédophe *français*
Autorisé par la loi du 1er avril 1803.

Sédrak *arménien*
Variante de Sétrag, cité dans l'Ancien Testament.

Sefe *kabyle*
Épuré.

Seferin *hispanique*
Variante de Zéphyrin et de Zéphyr, du grec « zephyros », zéphyr, nom d'un léger vent.

Seffah *arabe et berbère*
Généreux, plein de prodigalités.

Seffer *kabyle*
Siffler.

Sefrou *kabyle*
Poème.

Sefsay *kabyle*
Broyeur.

Sefsy *kabyle*
Fondre.

Sefu *swahili (Afrique de l'Est)*
Épée.

Segal *breton*
Origine supposée du breton Sengar, de « sen », vieux et « kar », parent, ami.

Segev *hébreu*
Grandeur, puissance.

Segimon *catalan*
Variante de Sigismond, forme francisée du Siegmund germanique, protecteur de la victoire, de « sig », victoire et « mund », protection.

Segou *dogon (Mali)*
Dérivé de Segoum, de « segara », ils arrivent.

Segoum *dogon (Mali)*
De « segara », ils arrivent.

Seguer *catalan*
Du germanique « sig », victoire.

Seguin *français*
Attesté à Rouen, en Seine-Maritime, en 1390.

Seif *arabe et berbère*
De « sayf », épée, sabre.

Seifoullah *arabe*
Variante de Saïfallah, de « sayf-Allâh », sabre de Dieu.

Seifrid *germanique*
Variante de Siegfried, du germanique « sieg », victoire et « fried », ami, protecteur. Ami victorieux, pacificateur.

Seigo *japonais*
Seigo Narazaki, footballeur, gardien de but de l'équipe nationale du Japon lors de la coupe du monde en Corée et au Japon, en 2002.

Seimon *grec*
Variante de Simon, de l'hébreu « shim'ôn », Iahvé a entendu.

Sein *basque*
Variante d'Innocent, du latin « innocens », innoffensif, sans méchanceté, qui n'est pas coupable. L'agneau innocent. Enfant.

Seine *français*
Saint, moine, fut l'abbé fondateur du monastère qui porte son nom dans le diocèse de Langres. Il est mort vers 580.

Sekou *guinéen*
Instruit.

Selaven *breton*
Variante de Salaün, du moyen breton «Salavün», variante de Salomon, de l'hébreu «shalom», paix, sain et sauf, dérivé de «salem», sain, harmonieux.

Selban *basque*
Enregistré à Miranda de Arga, en Navarre, au Pays basque, en 1330.

Selçuk *turc*

Selman *kosovar*
Variante de Salmane, dérivé de l'arabe «salama», sécurité, de «salima», être hors de danger ou variante de Salomon, de l'hébreu «shalom», paix, sain et sauf, dérivé de «salem», sain, harmonieux.

Sem *kabyle*
Vendredi.

Senald *catalan*
Senald, abbé du monastère de Sant Llorenç près de Bagà, en Bergueda, en 898.

Senery *français*
Saint, mort vers 669, serait honoré dans le diocèse de Sées, dans l'Orne.

Sennen *catalan, français et italien*
Du germanique gothique «Sisinand».

Séphoron *français*
Enregistré à Caullery, dans le Cambrésis, le 21 octobre 1831.

Seren *gallois*
Étoile.

Sérénic *italien*
Dérivé de Sernin, variante de Saturnin, de Saturnus, nom d'un dieu de la mythologie latine.

Sernin *français*
Dérivé de Saturnin, de Saturnus, nom d'un dieu de la mythologie latine.

Servilien *français*
Saint, romain, mort martyr, décapité sous Trajan, vers 117.

Seweryn *polonais*
Dérivé de Sévère, du latin «severus», sévère, rigoureux.

Shiloh *anglo-saxon et hébreu*
Celui qui a été envoyé.

Siaki *polynésien*
Variante de Jacques, de l'hébreu «ya'aqob», que Dieu favorise, qui supplante.

Siga *kabyle*
Ancienne capitale de Syphax.

Silal *kabyle*
De «sel», étendre.

Silène *français et grec*
Du nom latin Silenus. Dans la mythologie grecque, Silène est le nom parfois donné pour le fils de Pan, parfois pour son frère et donc fils d'Hermès.

Silibister *basque*
Variante de Sylvestre, du latin «silverius», bois, bosquet ou de «silvester», qui concerne la forêt.

Silouan *breton*
Variante de Sylvain, du latin «silva», forêt.

Sirem *kabyle*
Désirer, seul, pareil.

Sirhane *arabe et berbère*
Loup, homme indomptable et libre.

Sisen *kabyle*
Tremper légèrement un aliment.

Siwan *kabyle*
Unique.

Siwed *kabyle*
Porter, atteindre.

Les prénoms masculins exotiques

Les prénoms peuvent vous emmener en voyage !
En Asie du Sud-Est : Aran, Cham, Dan, Hoa, Kama, Lan, Sahn, Van, Veasna, etc.
En Hawaii : Alepana, Ekela, Huko, Iokepa, Kahanu, Maleko, Palani, Peleki, Uleki, etc.
En Inde : Adamya, Ahsan, Andal, Deshan, Evan, Karan, Sohan, Suman, Tara, Yamin, etc.
En Irlande : Aidan, Anlon, Bran, Cian, Cillian, Dowan, Ernan, Liam, Ossian, Sean, etc.
En Kabylie : Alyan, Amane, Chane, Deid, Dernan, Issalen, Massan, Oussan, etc.
En Polynésie : Afa, Aleki, Anitelu, Emosi, Ikani, Katoa, Mateni, Samani, Taha, Temaru, etc.
En Roumanie : Aurel, Bogdan, Diman, Jacynt, Lorand, Nistoran, Stelian, Valerian, etc.

Siwen *kabyle*
Une montée.

Slavik *russe*
Diminutif de Stanislas, du slave « stan », se dresser, se mettre debout et « slav », gloire.

Slawomir *polonais et slave*
Personne célèbre pour son amour de la paix.

Soane *polynésien*
Variante de Jean, de l'hébreu « Yohânân », Iahvé a fait grâce, Dieu a fait grâce. Sage, judicieux.

Soanto *basque*
Variante de Joanes, dérivé de Jean, de l'hébreu « Yohânân », Iahvé a fait grâce, Dieu a fait grâce. Enregistré à Lanz, en Navarre, au Pays basque, en 1366.

Sohan *hindou*
Attrayant, charmant.

Sohel *persan*
Variante de Suhayl, nom de la seconde étoile la plus brillante.

Sohil *hindou*
Attrayant, beau.

Sohmane *arabe et berbère*
Récompense, trouvaille.

Sohrab *persan*
Variante de Suhrab, nom du fils du héros iranien Rustam.

Solon *français*
Attesté à Lintot, en Seine-Maritime, le 9 juillet 1822.

Solou *dogon (Mali)*
De « soloum », c'est bon. Évoque le sentiment du doyen de la famille. La naissance est bonne. Tout un chacun se réjouit de la naissance du bébé.

Stanick *tchécoslovaque*
Dérivé de Stanislas, du slave « stan », se dresser, se mettre debout et « slav », gloire.

Stiefnu *maltais*
Dérivé d'Étienne, du grec « stephanos », couronne.

Stinkie *flamand*
Diminutif de Célestin, du latin « caelestis », céleste.

Suman *hindou*
De « su », bon et de « manas », esprit. Intelligent, élégant.

Suréna *français*
Suréna, pièce de Pierre Corneille (1606-1684).

Swateny *indien iroquois (Amérique du Nord)*
Variante de Swataney, d'« onkhiswathetani », notre éclaireur.

Suggen *kabyle*
Divinité Amazir.

Syga *kabyle*
Ancienne capitale de Syphax.

Sylène *français*
Du nom latin Silenus.

Sylvan *anglo-saxon*
Variante de Sylvain, du latin « silva », forêt.

Sylvinet *français*
Variante diminutive de Sylvain, du latin « silva », forêt. Dans *La Petite Fadette* (1849), de George Sand, Sylvinet est le jumeau de Landry, il en est le véritable sosie.

Symon *français et slave*
Variante de Simon, de l'hébreu « shim'ôn », Iahvé a entendu, Dieu a entendu. En 1450, Symon Yngier est attesté comme paroissien de Saint-Jacques de Lisieux.

Symonet *français*
Dérivé de Simon, de l'hébreu « shim'ôn », Iahvé a entendu, Dieu a entendu. Enregistré à Villiers-le-Bel, dans le Val-d'Oise, le 18 janvier 1580.

Symphoron *français*
Cité lors d'un décès à Saméon, dans le Hainaut, le 15 septembre 1855.

Synay *français*
Variante de Sydney, variante de Denis, du grec Dionusios, nom de la divinité. Attesté à Notre-Dame de Lillebonne, en Seine-Maritime, le 7 octobre 1549.

Syon *hindou*
Beau, heureux, favorable.

Syphax *kabyle*
Roi de Mauritanie (213-202 av. J.-C.)

Syrice *français*
Saint, mort martyr en Afrique.

Syrius *français*
Relevé une fois sur la liste des victimes des éruptions de la montagne Pelée, en Martinique, en 1902.

Sylvandre *français*
Sylvandre est l'un des personnages d'*Isoline*, conte de fées en trois actes et dix tableaux d'André Messager (1853-1929), d'après un poème de Catulle Mendès (1841-1909).

T

Taaroa *tahitien*
Dieu, Taaroa est le dieu suprême.

Tabaninou *dogon (Mali)*
De « taba », roche, pierre et de « ninou », lisse.

Tadeg *breton*
Dérivé en « -eg » de « tad », père.

Tadeusz *polonais*
Homme à la poitrine large, courageux et astucieux.

Tahach *hébreu*
Le dauphin (poisson).

Tahir *arabe*
Pur.

Taïmallah *arabe*
De « Taym-Allah », le serviteur de Dieu.

Tainam *arabe*
De « taynam », arbre du désert.

Takvor *arménien*
De « takavor », roi.

Talarican *écossais*
Saint, évêque au VIe siècle.

Talebot *français*
Attesté à Rouen, en Seine-Maritime, en 1390.

Tamanga *kabyle*
Gloire.

Tamanui *tahitien*
Grand nettoyage.

Tamatea *tahitien*
Enfant blanc.

Tamim *arabe*
Accompli.

Tamir *arabe et hébreu*
En arabe, qui offre les fruits bénis, les dattes. En hébreu, caché, mystérieux, secret.

Tanchon *irlandais*
Saint, moine irlandais, bénédictin en Saxe, évêque de Werden, mort martyr en 808, tué par des païens.

Tancrède *anglo-saxon et français*
Du germanique « danc », pensée et « rat », conseil.

Tanjalotta *finlandais*
Tanjalotta Räikka, acteur finlandais.

Tanzel *germanique*
Attribué à Cherbourg, dans la Manche, le 30 octobre 1982.

Taoufiq *arabe*
Réussite obtenue grâce à l'assistance divine.

Taran *breton*
En vieux breton et en gallois, tonnerre.

Tasnim *arabe*
Source paradisiaque réservée à ceux qui sont proches de Dieu.

Tason *français*
Autorisé par la loi du 1er avril 1803.

Tassach *irlandais*
Saint, disciple de saint Patrick, évêque en Irlande, mort vers 495.

Tassi *catalan*
Moine, signataire de l'acte de consécration de l'église de Sant Marti d'Ogassa, en Ripollès, le 7 février 1025.

Tassilon *français*
Saint, cousin et vassal de Charlemagne, exilé et moine à Jumièges, mort vers 795.

Tassin *français*
Contraction de Thomassin, diminutif de Thomas, de l'araméen « toma », jumeau.

Tassine *français*
Dérivé de Thomassin, contraction de Thomassine, diminutif de Thomas, de l'araméen « toma », jumeau.

Taupin *français*
Taupin de Betteville figure parmi les témoins d'une charte concernant plusieurs nobles de Lisieux, dans le Calvados, en 1436.

Taxile *français*
Enregistré à Cherbourg, dans la Manche, en 1875.

Tedougo *dogon (Mali)*
De « te », camarade et de « digem », il suit.

Télamon *grec*
Dans la mythologie grecque, Télamon est le fils d'Éaque, père d'Ajax.

Télesphore *français*
Autorisé par la loi du 1er avril 1803.

Téliau *breton et français*
Saint, compagnon de saint David et de saint Samson, fondateur et abbé du monastère de Llandaff, évêque, mort vers 560.

Temmele *dogon (Mali)*
De « temme », il a trouvé et de « lou », ne pas.

Temni *hébreu*
Mon trésor.

Tenderic *catalan*
Tenderic, abbé, présent à l'élection de l'abbé du monastère de Sant Pere de Camprodon, en Ripollès, en 904.

Térah *hébreu*
Brute.

Terce *français*
Autorisé par la loi du 1er avril 1803.

Térence *anglo-saxon et français*
Du latin « terentius », nom d'une partie de Rome située entre le Capitole et la rive gauche du Tibre.

Térénig *arménien*
De « teri », moinillon.

Tertulle *français*
Autorisé par la loi du 1er avril 1803.

Tertullien *français*
Saint, évêque de Bologne en Italie, mort vers 490.

Tertullin *français*
Saint, prêtre romain, mort martyr, en 257.

Tétrice *français*
Saint, abbé bénédictin de Saint-Germain d'Auxerre, évêque de la ville, mort martyr, en 707, assassiné dans son sommeil d'un coup d'épée par son archidiacre.

Teuter *catalan*
Évêque de Girona, de 870 à 887, assista au concile de Troyes, en 878.

Teutfred *catalan*
Lévite et maître d'école, de l'école épiscopale d'Elne, en Roussillon, en 1000.

Teuzon *français*
Saint, moine à Florence en Italie, vécut durant une cinquantaine d'années en reclus près de son monastère, mort vers 1072.

Thadée *français*
Variante de Thaddée, de l'araméen Taddai, nom de l'un des douze apôtres.

Thagnion *dogon (Mali)*
Le bâtard.

Thamel *français*
Saint, prêtre, mort martyr, vers 125.

Thanh-Dinh *vietnamien*
Prince du palais ou prince de la maison.

Tharaque *français*
Autorisé par la loi du 1er avril 1803.

Tharsile *français*
Attribué à Vire, dans le Calvados, le 21 mai 1836.

Thémistocle *français*
Du grec « thémistos », juste, légitime et « kléos », gloire.

Théodard *germanique*
Saint, successeur de saint Remacle comme abbé de Stavelot-Malmédy, en Belgique, en 653, évêque de Maastricht, en 663, mort martyr, assassiné par des brigands en Allemagne.

Théodon *français*
Saint du VIIIe siècle.

Théodule *français*
En grec, serviteur de Dieu.

Théoger *français*
Saint, né en Alsace, évêque de Metz, en 1118, mort à Cluny, en 1120.

Théomède *français*
Autorisé par la loi du 1er avril 1803.

Théonas *français*
Saint, évêque d'Alexandrie, de 281 jusqu'à sa mort, en 300.

Théoneste *français*
Autorisé par la loi du 1er avril 1803.

Therny *français*
Enregistré lors d'un mariage, près de Rouen, en Seine-Maritime, le 30 janvier 1776.

Thespèse *français*
Saint, né en Cappadoce, mort martyr, sous Alexandre Sévère, vers 230.

Thiel *français*
Autorisé par la loi du 1er avril 1803.

Thiémon *français*
Saint Thiémon, bénédictin, archevêque de Salzbourg, en 1090, mort martyr en 1102.

Thomien *français*
Saint, archevêque d'Armagh, en Irlande, en 623, mort vers 660.

Thorketil *normand et scandinave*
Le chaudron de Thor.

Thorkil *normand et scandinave*
Du germanique Thor, nom du dieu et « ketill », chaudron, c'est-à-dire le jeu.

Thorlac *slave*
Saint islandais, ordonné diacre à l'âge de quinze ans, évêque en 1177.

Tibère *français*
Du latin Thybris, divinité personnifiant le Tibre. Enfant adoptif de l'empereur Auguste, il lui succéda de 14 à 37.

Tiberge *français*
Du nom latin Tiberius.

Tiburce *catalan et français*
Du latin « tiburcius », originaire de « Tibur », nom d'un quartier de Rome.

Tiephain *français*
Attesté à Bretoncelles, dans l'Orne, en 1631.

Tigide *français*
Saint, évêque du diocèse de Gap, au VIe siècle.

Tigrius *latin*
Saint, prêtre à Constantinople, exilé en Asie, accusé à tort d'avoir incendié la cathédrale, mort en 405.

Tihel *français*
Autorisé par la loi du 1er avril 1803.

Tijani *arabe*
Ahmed at-Tijânî, saint algérien du XVIIIe siècle, fondateur de la confrérie Tijâniyya, enterré à Fès, au Maroc.

Tikhon *slave*
En russe, calme, fragile, tendre.

Tilbert *anglo-saxon*
Saint, évêque d'Hexham en Angleterre en 781, mort en 789.

Tilley *français*
De l'ancien français « tille », bois de tilleul débité ou corde faite avec l'écorce de tilleul.

Timante *corse*
Héros dans *Et la nuit pour voyage*, dans Contes et légendes de Corse, paru en 1997.

Timofei *slave*
Variante de Timothée. En russe, compliqué, faible, sombre.

Timolaus *français*
Autorisé par la loi du 1er avril 1803.

Timoléon *français*
Du grec « timaô », j'honore, je respecte et du latin « leo », lion.

Timothée *anglo-saxon et français*
Du grec « timaô », j'honore, je respecte et « theos », Dieu.

Timour *arabe et slave*
Du turc « demir », fer. En russe, affligeant, terne, triste.

Titaua *tahitien*
Recherchée.

Titin *français*
Diminutif d'Augustin, dérivé d'Auguste, du romain « augustus », majestueux, respectable.

Tobie *français et hébreu*
De l'hébreu « tobbiyah », Iahvé est bon.

Torald *scandinave*
Du nom du dieu Tórr et du substantif « vald » ou « waldan », commander, diriger, pouvoir, puissance.

Torello *italien*
Saint, né en Toscane en 1201, mort en 1281.

Torf *scandinave*
De l'ancien norrois « torf », employé comme surnom en Norvège ou bien encore de l'ancien danois « Torfi », du substantif « torf », tourbe.

Torgis *scandinave*
Variante de Turgis, du nom « thorgisl », l'otage du dieu Thor.

Torkel *scandinave*
Contraction de l'ancien scandinave commun « torketill » d'où « torkell », du nom de dieu Tórr et de « ketill », chaudron sacrificiel.

Torketil *scandinave*
De l'ancien scandinave commun « torketill », du nom de dieu Tórr et de « ketill », chaudron sacrificiel.

Torrellan *catalan*
Entre 1206 et 1213, enregistré sur un acte notarial, à Torrelles, dans les Pyrénées-Orientales.

Torsten *scandinave*
Du vieux scandinave commun « torsteinn », du nom du dieu Tórr et de « steinn », pierre.

Toumaï *tchadien*
Espoir de vie, donné à un enfant qui a peu de chances de survivre.

Toussin *français*
Attesté à Saint-Patrice de Rouen, en Seine-Maritime, le 20 janvier 1560.

Touviah *hébreu*
Dieu est bon.

Toviahou *hébreu*
Dieu est bon.

Toybara *dogon (Mali)*
De « toy », semence et de « bara », ajoute, que Dieu ajoute de la semence.

Toymo *dogon (Mali)*
De « tono », bénéfice et de « yamo », il mange, le doyen espère que le père du nouveau-né vivra vieux pour bénéficier des profits de son fils.

Trajan *français*
Trajan, consul romain en 91, fut empereur de 98 jusqu'à sa mort en 117.

Tranquillin *français*
Autorisé par la loi du 1er avril 1803.

Trason *latin*
Saint, mort martyr avec ses compagnons, à Rome, sous Dioclétien, vers 302.

Trémeur *breton*
Du gallois « tref », domaine et de « mawr », « mor », « meur », grand ou du vieux breton « trec'h », victoire et de « meur », grand.

Trésan *français*
Saint, ordonné par saint Rémi, missionnaire en Irlande, mort en 550.

Trésain *français*
Autorisé par la loi du 1er avril 1803.

Trinquet *français*
De l'allemand « trinken », boire ou de l'italien « trinchetto », voile latine triangulaire.

Triphon *français*
Attribué à Marconne, dans le Pas-de-Calais, le 2 juillet 1780.

Triphylle *français*
Saint, avocat converti, évêque de Nicosie à Chypre, mort vers 370.

Tripode *français*
Autorisé par la loi du 1er avril 1803.

Tristayne *maltais*
Variante de Tristan, du celtique « drest », bruit, tumulte ou de Drustan, ancien nom de druide picte.

Troade *français*
Saint, mort martyr, sous Dèce, en 250.

Trond *français*
Saint, bénédictin à Stavelot-Malmédy en Belgique, fondateur d'une abbaye sur ses terres à l'endroit de la ville actuelle qui porte son nom, en 660, mort vers 695.

Tronvin *français*
Autorisé par la loi du 1er avril 1803.

Tropez *français*
Du latin « torpos », engourdi, déformation de Torpès.

Trophime *français*
Du grec « trepho », nourrir.

Tsidon *hébreu*
Dans la Bible, Tsidon est le fils de Canaan.

Tsivon *hébreu*
Couleur.

Tsolag *arménien*
De « tsot », éclat et « agn », œil.

Tsouriel *hébreu*
Mon rocher est Dieu.

Tsror *hébreu*
Grappe, bourse.

Tubal *kabyle*
Ancêtre des Imaziren.

Tudi *breton et français*
De Tudin, dérivé en « -in » de la racine « tut », bon, favorable.

Tudin *breton*
Saint, disciple de saint Brieuc, ermite, abbé d'un monastère près de Landevennec, en Bretagne, au Ve siècle.

Turgis *scandinave*
Du nom scandinave « thorgisl », l'otage du dieu Thor.

Turimbert *français*
Turimbert, héritier de Robert Ier, duc en Hesbaye.

Turketil *anglo-saxon et scandinave*
De l'ancien scandinave commun « torketill », du nom du dieu Tórr et de « ketill », chaudron sacrificiel.

Turmod *scandinave*
De l'ancien scandinave commun « tormórdr », du nom du dieu Tórr et de « mórdr », colère.

Turnin *anglo-saxon*
Saint irlandais, missionnaire en Belgique et aux Pays-Bas, au VIIIe siècle.

Turquetil *français*
Attesté à Rouen, en Seine-Maritime, en 1390.

Turstenc *scandinave*
Du vieux scandinave commun « torsteinn », du nom du dieu Tórr et de « steinn », pierre.

Turstin *scandinave*
Du vieux scandinave commun « torsteinn », du nom du dieu Tórr et de « steinn », pierre.

Turu *maltais*
Dérivé d'Arthur, du celtique « art » ou « arthos », ours ou du nom romain Artorius, gardien des ours.

Tutilon *germanique*
Saint, moine de Saint-Gall en Suisse, enseignant doué dans tous les arts, réputé pour son humilité, mort vers 915.

Tuton *germanique*
Saint, moine, abbé et évêque de Ratisbonne, secrétaire de l'empereur Arnold, mort en 930.

Txaparro *basque*
Du basque « txapar », nain, personne de petite taille.

Tychique *français*
Autorisé par la loi du 1er avril 1803.

Tychon *latin*
Saint, évêque à Chypre, combattit le paganisme, mort vers 450.

Tydechon *anglo-saxon*
Saint, né au pays de Galles au VIe siècle, frère de saint Cadfan, honoré dans plusieurs églises de son pays.

Tydée *grec*
Dans la mythologie grecque, Tydée est l'un des morts athéniens réclamés par Thésée à la ville de Thèbes, après la défaite de cette ville.

Tydide *grec*
Dans la mythologie grecque, Tydide est le fils de Tydée, Diomède.

Tyema *dogon (Mali)*
Il garde.

Tysilion *anglo-saxon*
Saint, prince gallois, abbé et fondateur de plusieurs églises au VIIe siècle.

Tytran *français*
Enregistré à Fontenay-sur-Mer, dans la Manche, en 1555.

U

Ubald
anglo-saxon, basque, catalan, français et germanique
Du germanique « hug-bald », intelligent et valeureux.

Ubaldo
castillan, catalan, corse et italien
Variante d'Ubald, du prénom germanique « hug-bald », intelligent et valeureux.

Ubarna
basque
Personnage de la mythologie.

Ubedi
basque
Fêté le 29 mars.

Ubendu
basque
Nom de lieu en Alaba, au Pays basque.

Ubert
germanique
Variante d'Hubert, du germanique « hug », intelligence et « bert », brillant. Brillant par l'esprit.

Uberto
italien
Variante d'Hubert, du germanique « hug », intelligence et « bert », brillant. Brillant par l'esprit.

Ubertu
corse
Variante d'Hubert, du germanique « hug », intelligence et « bert », brillant. Brillant par l'esprit.

Ubu
italien
Ubu Roi, opéra en un prologue et deux actes, livret de Giorgio Belledi (de Alfred Jarry), musique de Renato Flavigna, présenté à Parme, au Théâtre Regio, en 1982.

Uc
français
Uc de Saint-Circ, troubadour quercynois (1217-1253).

Uchen
basque
Autorisé par le greffe du tribunal de Bayonne, en décembre 1957.

Ucher
basque
Autorisé par le greffe du tribunal de Bayonne, en décembre 1957.

Udalgar
catalan
Dans une consécration de l'église Saint-Saturnin de Caborriu, en Cerdagne, par Pierre, évêque d'Urgell, est assisté d'Udalgar, évêque d'Elne, entre 1137 et 1451.

Udalric
germanique
Variante d'Ulrich, du germanique « odal », patrie, patrimoine et « ric », puissant. Puissant par l'Odal, l'héritage.

Udalrico
italien
Variante d'Ulrich, du germanique « odal », patrie, patrimoine et « ric », puissant. Puissant par l'Odal, l'héritage.

Udo
germanique et scandinave
Du germanique « odo », richesse.

Udolphe
français
Le Testament ou les mystères d'Udolphe, drame en cinq actes, en prose, par le citoyen Jean-Henri-Ferdinand Lamartelière, paru à Paris, chez Louvois, le 22 messidor an VI.

Uga
basque
Saint honoré à Arteta, en Navarre, au Pays basque.

Ugaitz
basque
Du basque « ur-gaitz », rivière au cours violent ou rapide, torrent.

Ugène
français
Variante d'Eugène, du grec « eugénios », bien né.

Ugenio *corse*
Variante d'Eugène, du grec « eugénios », bien né.

Ugoccio *italien*
Variante d'Hugo, du germanique « hug », intelligence. Compréhension, intelligence.

Ugolin *français*
Variante d'Hugolin, du germanique « hug », intelligence. Compréhension, intelligence.

Ugolinu *corse*
Variante d'Hugolin, du germanique « hug », intelligence. Compréhension, intelligence.

Ugu *corse*
Variante d'Hugo, du germanique « hug », intelligence. Compréhension, intelligence.

Ugutz *basque*
Variante d'Auguste, du romain « augustus », majestueux, respectable.

Uguzo *italien*
Variante d'Auguste. Saint, berger dans les Alpes italiennes, connu pour sa bonté envers les malheureux, mort martyr, assassiné par son maître.

Ugyen *tibétain*
Ugyen Trinley Dorje, lama tibétain, troisième personnage du Boudhisme, réfugié en Inde en janvier 2000.

Ulbert *catalan*
Recensé une fois, à Perpignan, entre 1726 et 1738.

Ulderic *français*
Variante d'Ulrich, du germanique « odal », patrie, patrimoine et « ric », puissant. Puissant par l'Odal, l'héritage.

Ulf *germanique et scandinave*
De l'ancien scandinave commun « ulfr » ou du franc « ulf », ou encore du germanique « wolf », loup.

Ulface *français*
Ulface, né à Saint-Bomer, en Eure-et-Loir, ermite au VIIIe siècle, serait honoré à Tulle et dans le diocèse du Mans.

Ulfrid *anglo-saxon et scandinave*
Saint, né en Angleterre, missionnaire en Allemagne et en Suède, mort martyr en 1028.

Ulick *germanique*
Dérivé d'Ulrich, du germanique « odal », patrie, patrimoine et « ric », puissant. Puissant par l'Odal, l'héritage.

Ulises *castillan et catalan*
Variante d'Ulysse, dérivé latin du grec *Odusseus*, personnage principal de l'Odyssée. Mauvaise orthographe d'Ulixes, probablement tiré de l'étrusque Uluxe.

Ulisse *italien*
Variante d'Ulysse. *Ulisse*, opéra en un prologue et deux actes de Luigi Dallapiccola d'après Monteverdi, représenté à la Scala de Milan en 1968.

Ulisses *romanche*
Variante d'Ulysse, dérivé latin du grec *Odusseus*, personnage principal de l'Odyssée. Mauvaise orthographe d'Ulixes, probablement tiré de l'étrusque Uluxe.

Uliveriu *corse*
Variante d'Olivier, du germanique « anu », ancêtre et « laib », descendant, laissé derrière soi ou dérivé du latin « oliva », l'olivier. En bas-latin, un lieu planté d'oliviers se dit « olivaria ».

Ullman *germanique*
Dérivé d'Ulrich, du germanique « odal », patrie, patrimoine et « ric », puissant. Puissant par l'Odal, l'héritage.

Ulmer *germanique*
Variante de Wulmar, du germanique d'origine tudesque « wolk », peuple et « mar », célèbre, renommé.

Uloxio
galicien
Variante d'Euloge, du grec « eulogia », louange.

Ulric
catalan et français
Variante d'Ulrich, du germanique « odal », patrie, patrimoine et « ric », puissant.

Ulrich
germanique
Du germanique « odal », patrie, patrimoine et « ric », puissant. Puissant par l'Odal, l'héritage.

Ulrico
castillan et italien
Variante d'Ulrich, du germanique « odal », patrie, patrimoine et « ric », puissant. Puissant par l'Odal, l'héritage.

Ulrik
scandinave
Variante d'Ulrich, du germanique « odal », patrie, patrimoine et « ric », puissant. Puissant par l'Odal, l'héritage.

Ultan
français et irlandais
Saint, moine irlandais au VIIe siècle.

Ultius
Variante de Wulsin, saint.

Ulv
scandinave
Variante d'Ulf, de l'ancien scandinave commun « ulfr » ou du franc « ulf », ou encore du germanique « wolf », loup.

Ulysse
anglo-saxon, arménien, belge, français et irlandais
Dérivé latin du grec *Odusseus*, personnage principal de l'Odyssée. Mauvaise orthographe d'Ulixes, probablement tiré de l'étrusque Uluxe.

Ulysses
anglo-saxon et germanique
Variante d'Ulysse, dérivé latin du grec *Odusseus*, personnage principal de l'Odyssée. Mauvaise orthographe d'Ulixes, probablement tiré de l'étrusque Uluxe.

Ulyxes
Variante d'Ulysse, dérivé latin du grec *Odusseus*, personnage principal de l'Odyssée. Mauvaise orthographe d'Ulixes, probablement tiré de l'étrusque Uluxe.

Umar
Variante d'Omer, du germanique « od », biens, richesse et « mar », célèbre. En hébreu, gerbe de blé.

Umbert
basque et catalan
Variante d'Humbert. Enregistré à Caullery, dans le Cambrésis, le 15 novembre 1756.

Umberta
basque
Variante d'Humbert, du germanique « hunn », ours et « berth », brillant.

Umberto
italien
Variante d'Humbert, du germanique « hunn », ours et « berth », brillant.

Umfroy
scandinave
Fils aîné de Tancrède de Hauteville et de Fransenda, ce normand émigre avec ses frères en Italie en 1030. Ils vont conquérir la Pouille, la Calabre et la Sicile et Umfroy deviendra comte de Lavello. En 1051, à la mort de son frère Drogon, il lui succède comme chef des Normands de la Pouille. Il meurt en août 1057.

Unaman
anglo-saxon
Saint, moine missionnaire anglais, mort martyr avec ses compagnons en Suède, tué par les païens, vers 1040.

Unan
kabyle
D'« ename », ils ont dit.

Unbeina
anglo-scandinave
De l'anglo-scandinave « óbeini » ou « úbeini » composé de la forme faible de l'adjectif « óbeinn » ou d'« úbeinn », contrariant ou de travers, par le préfixe négatif « ó » ou « ú » et d'un autre adjectif « beinn », droit.

Unifred
catalan
Unifred ou Guifré, seigneur du château de Rocafort, dans le Bages, de 984 à 993.

Unkel
kabyle
Être chef.

Unlof *scandinave*
De l'ancien scandinave commun, mais surtout de l'ancien norrois et de l'ancien suédois « óleifr » ou « ólafr » et de l'anglo-scandinave « anlaf » et « unlof ». De la racine « ãnu », ancêtre et du substantif « leif », héritage.

Ur *basque*
Eau.

Uranos *grec*
Du grec « ouranos », ciel. Dans la mythologie grecque, Uranos, ou Ouranos, est le père de Cronos.

Urbain *catalan et français*
Du latin « urbanus », urbain, d'« urbs », cité.

Urban *anglo-saxon, basque, germanique et romanche*
Variante d'Urbain, du latin « urbanus », urbain, d'« urbs », cité.

Urbano *castillan, catalan, galicien et italien*
Variante d'Urbain, du latin « urbanus », urbain, d'« urbs », cité.

Urbin *français*
Attribué à Lintot, en Seine-Maritime, le 30 septembre 1805 et à Caullery, dans le Cambrésis, le 25 mai 1810 et le 25 mai 1833.

Urdin *basque*
Variante de Bleuet, du basque « urdin », azur, bleu.

Urelianu *corse*
Variante d'Aurélien, du latin « aurum », or.

Urgande *français*
Urgande, tragédie ornée d'entrées de ballets, de machines et de changements de théâtre, représentée devant Louis XIV à Saint-Germain-en-Laye, le 25 janvier 1679.

Uriah *hébreu*
De l'hébreu « ūriyāh », Dieu est ma lumière.

Uriel *hébreu*
De l'hébreu « uri'èl », lumière de Dieu. Dieu est ma lumière.

Urien *breton*
Du toponyme Saint-Thurien qui a perdu le « th » et est devenu Saint-Urien.

Urko *basque*
D'« hurbil », proche.

Uros *serbe*
Enregistré à Paris, le 25 novembre 2004.

Urs *germanique*
Variante d'Ursule, du latin « ursus », ours.

Ursace *français*
Variante d'Arsace, du nom latin Arcacius.

Ursel *germanique*
Variante d'Ursule, du latin « ursus », ours.

Urseniu *corse*
Variante d'Ursin, du latin « ursus », ours.

Ursice *français*
Saint, tribun dans l'armée impériale, mort martyr décapité à Nicomédie, sous Dioclétien, en 304.

Ursicin *français et romanche*
Saint, évêque de Cahors, mort vers 585.

Ursin *français et romanche*
Du latin « ursus », ours. Saint, premier évêque de Bourges au IIIe siècle où ses reliques arrêtèrent l'épidémie de peste noire. Elles furent transportées à Lisieux pour vaincre cette maladie.

Ursion *français*
Ursion aurait été moine dans le diocèse de Troyes.

Ursmar *français et germanique*
Du latin « ursus », ours. Saint, né à Floyon dans le Hainaut, le 27 juillet 644 ou 645, abbé du monastère bénédictin de Lobbes, fonda trois maisons en Belgique dont celle de Wallers. Évangélisateur de la Fagne, il est mort le 1er avril 713.

Ursmer *belge et français*
Variante d'Ursmar, du latin « ursus », ours. Dans le Hainaut, en Wallonie, ce prénom a été enregistré deux fois parmi les 13 731 habitants inscrits sur les listes électorales de Jemappes, en 1938.

Urso
Variante d'Ursule, du latin « ursus », ours.

Ursu *corse*
Variante d'Ursule, du latin « ursus », ours.

Ursulin *français*
Dérivé d'Ursule, du latin « ursus », ours.

Ursuliu *corse*
Variante d'Ursule, du latin « ursus », ours.

Ursus *français et germanique*
Ours.

Urti *basque*
Variante de Fortuino, du latin « fortunatus », favorisé par le sort.

Urtun *basque*
Dérivé de Fortunio, du latin « fortunatus », favorisé par le sort.

Urtunio *basque*
Dérivé de Fortuino, du latin « fortunatus », favorisé par le sort.

Urtungo *basque*
Enregistré en 1350 à Sorhapuru et en 1388 à Saint-Esteben, en Basse-Navarre, au Pays basque.

Urtzi *basque*
Ciel. Nom d'un dieu de la mythologie basque.

Urvan
Variante d'Urbain, du latin « urbanus », urbain, d'« urbs », cité.

Usila *catalan*
Usila, archiprêtre, signataire de l'acte de consécration de l'église Sant-Climent d'Ardòvol, le 5 janvier 890.

Usin *français*
Usin le Drouais est propriétaire de la paroisse Saint-Germain de Lisieux, en 1455.

Uspac *scandinave*
De l'ancien norrois d'Islande, de l'ancien suédois et du scandinave des îles britanniques « óspakr » ou « úspakr » cosé du préfixe négatif « ó » ou « ú » et de l'adjectif « spakr », pacifique. Querelleur.

Ustache *français*
Variante d'Eustache, du grec « eustachios », fécond, aux nombreux fruits.

Uwe *scandinave*
Diminutif des prénoms comportant l'élément « odal ». D'origine frisonne.

Uxen *basque*
Variante d'Eugène, du grec « eugénios », bien né.

Uxio *galicien*
Variante d'Eugène, du grec « eugénios », bien né.

Uziel *rwandais*
Enregistré dans le district de Ruhango-ville, au Rwanda, le 6 janvier 1971.

V

Vaast *français*
Variante de Gaston, du germanique « gast », hôte.

Václav *germanique, polonais et tchèque*
Variante de Venceslas ou Wenceslas, du germanique d'origine tudesque, du slavonien « waclaf », couronne ou « vajce », plus et « slàva », gloire, renommée.

Vahan *arménien*
Bouclier. Vahan Mamigonian (480-510), neveu de Vartan Mamigonian, gouverneur et héros d'Arménie, en 480.

Vahé *arménien*
De l'iranien « évahyah », le meilleur.

Valbert *français*
Variante de Walbert, dérivé de Waldebert, du germanique d'origine tudesque « waldan », commander et « bert », brillant.

Valdas *scandinave*
Valdas Adamkus, président de la République de Lituanie, signataire du traité établissant une constitution pour l'Europe, en 2005.

Valdemar *germanique et scandinave*
Variante de Waldemar, du germanique « waldan », commander et « mar », renommé, célèbre.

Valens *italien*
Du latin « valens », bien portant, vigoureux. Saint, diacre de l'église de Jérusalem, mourut martyr à Césarée en Palestine, en 309. Enregistré dans le district de Ruhango-ville, province de Kigali au Rwanda, le 9 juin 1984.

Valent *catalan et italien*
Variante diminutive de Valentin, du nom latin Valentinus, diminutif de Valens, du verbe « valeo », être sain, bien portant, vigoureux ou dérivé d'un nom étrusque comme Vala ou Valius, dont on ignore la signification.

Valentinien *français et italien*
Dérivé de Valentin, du nom latin Valentinus, diminutif de Valens, du verbe « valeo », être sain ou dérivé d'un nom étrusque comme Vala ou Valius, dont on ignore la signification.

Valentino *italien*
Variante de Valentin, du nom latin Valentinus, diminutif de Valens, du verbe « valeo », être sain ou dérivé d'un nom étrusque comme Vala ou Valius, dont on ignore la signification.

Valentyn *anglo-saxon*
Variante de Valentin, du nom latin Valentinus, diminutif de Valens, du verbe « valeo », être sain ou dérivé d'un nom étrusque comme Vala ou Valius, dont on ignore la signification.

Valère *français*
Du nom latin Valerius, nom typique réservé à la « gens Valeria », issu du verbe « valeo », bien se porter.

Valeri *catalan*
Variante de Valère, du nom latin Valerius, nom typique réservé à la « gens Valeria », issu du verbe « valeo », bien se porter.

Valerian *germanique et occitan*
Variante de Valère, du nom latin Valerius, nom typique réservé à la « gens Valeria », issu du verbe « valeo », bien se porter.

Valeriano *castillan, catalan et italien*
Variante de Valérien, dérivé de Valère, du nom latin Valerius, nom typique réservé à la « gens Valeria », issu du verbe « valeo », bien se porter.

Valerio *castillan, corse, galicien et italien*
Variante de Valère, du nom latin Valerius, nom typique réservé à la « gens Valeria », issu du verbe « valeo », bien se porter. Valerio Roccaserra, podestat majeur de la Serra, est député de la Camera de Sartène, en Corse, en 1764.

Valeriu *corse*
Variante de Valère, du nom latin Valerius, nom typique réservé à la « gens Valeria », issu du verbe « valeo », bien se porter.

Valiant *anglo-saxon*
Variante de Valentin, du nom latin Valentinus, diminutif de Valens, du verbe « valeo », être sain, bien portant, vigoureux ou dérivé d'un nom étrusque comme Vala ou Valius, dont on ignore la signification.

Valier *français*
Variante de Vallier. Autorisé par la loi du 1er avril 1803.

Valin *catalan*
Hypocoristique de Valier, dérivé de Valère. Attribué à Llo, en Cerdagne, le 1er mai 1856.

Vallentin *français*
Variante de Valentin, du nom latin Valentinus, diminutif de Valens, du verbe « valeo », être sain, bien portant, vigoureux ou dérivé d'un nom étrusque comme Vala ou Valius, dont on ignore la signification.

Vallier *français*
Dérivé de Valère, du nom latin Valerius, nom typique réservé à la « gens Valeria », issu du verbe « valeo », bien se porter.

Valore *italien*
Variante de Valère, du nom latin Valerius, nom typique réservé à la « gens Valeria », issu du verbe « valeo », bien se porter.

Valram *scandinave*
Fêté le 23 juin.

Valtar
Variante de Gautier, du germanique « waldan », commander, gouverner et « her », armée ou du nom franc Walthari. Celui qui commande dans l'armée.

Valter *normand, scandinave et slovène*
Variante de Gauthier, du germanique « waldan », commander, gouverner et « her », armée ou du nom franc Walthari. Celui qui commande dans l'armée.

Valtier *romanche*
Rencontré dans le canton des Grisons, en pays romanche.

Valtin *français*
Dérivé diminutif de Valentin, du nom latin Valentinus, diminutif de Valens, du verbe « valeo », être sain, bien portant, vigoureux ou dérivé d'un nom étrusque comme Vala ou Valius, dont on ignore la signification.

Vambert *français*
Vambert aurait été curé de Saint-Pierre-sur-Dives, dans le Calvados, au IXe ou au Xe siècle.

Vamir *français*
Enregistré à Bernières-sur-Mer, dans le Calvados, à la fin du XIXe siècle.

Van *arménien*
Bourg. Van, ville sur les rives du lac de Van, en Turquie orientale.

Vanen *kabyle*
Ils sont visibles.

Vaniah *hébreu*
Dans la Bible, Vaniah, contemporain d'Ezra, est juif.

Vanon *français*
Vanon aurait été co-évêque de Condé-sur-Escaut, dans le Hainaut et diocèse de Cambrai, au IIIe siècle. Ancien poète latin du VIIe siècle.

Vanya *russe*
Diminutif d'Ivan, variante de Jean, en hébreu, Iahvé a fait grâce, Dieu a fait grâce.

Varaz *arménien*
Sanglier (origine parthe). Varaz Kaminakan était le compagnon de Vatché, connétable du roi Khosrov II (330-339).

Vardan *arménien*
Variante de Vartan. Vardan d'Aygek, fabuliste arménien.

Varin *français*
Attesté à Rouen, en Haute-Normandie, en 1390.

Varmond *français*
Variante de Vermond, du vieil haut-allemand « wara », sauvegarde et « mund », protection.

Varoulia *slave*
Dérivé de Wladimir, de « vladeti mirom », posséder le monde ou posséder la paix.

Vartan *arménien*
Vartan Mamigonian, général arménien au Ve siècle, qui gagna la première guerre sainte contre le roi des Perses et permit ainsi de préserver le christianisme en Europe.

Varte *arménien*
Variante de Rose. Varte Mihranian était seigneur du Gartman au VIIe siècle. Varte Phocas fut empereur de Byzance au Xe siècle.

Varun *hindou*
Varun Gandhi, fils de Sanjay et Maneka Gandhi, petit-fils d'Indira Gandhi.

Vasclav *tchèque*
Variante de Vàclav, dérivé de Wenceslas, du germanique d'origine tudesque, du slavonien « waclaf », couronne ou « vajce », plus et « slàva », gloire, renommée.

Vaspasion *français*
Attesté à Saint-Patrice-de-Rouen, en Seine-Maritime, le 23 septembre 1601.

Vassag *arménien*
De l'iranien « sasak », libre. Vassag Pahlavouni, duc d'Antioche au XIe siècle.

Vasso *français*
Dérivé de Vaast, variante de Gaston, du germanique « gast », hôte.

Vast *français*
Variante de Vaast. Vast Chambelan est cité comme témoin à un mariage à Saint-Vast, dans la Somme, le 4 mai 1720.

Vatier *français*
Dérivé de Vautier, hypocoristique de Gautier, du germanique « waldan », commander, gouverner et « her », armée ou du nom franc Walthari.

Vaubert *français*
Variante de Walbert, dérivé de Waldebert, du germanique d'origine tudesque « waldan », commander et « bert », brillant.

Vaudray *français*
Attesté à Goderville, en Seine-Maritime, le 29 juillet 1765.

Vaury *français*
Dérivé de Valéry, du nom latin Valerius. Vaury, né dans la province de Reims, confesseur et ermite au VIe siècle qui aurait vécu en solitaire, serait honoré en Limousin.

Vautier *français*
Variante de Gauthier, du nom franc Walthari. Celui qui commande dans l'armée.

Vazken *arménien*
De l'iranien « vazaya », grenouille et suivi du suffixe « -en ». Vazken Ier, né en 1908, fut nommé catholicos à Etchmiadzine, en 1955.

Vego *hispanique*
Diminutif de Santiago, composé de « sant », saint et d'« iago », venant de Jakobo, Jacob, de l'hébreu « ya'aqob », que Dieu favorise, qui supplante.

Vénérand *français*
Missionnaire mort martyr à Acquigny, dans l'Eure, en 356. Saint, né à Clermont, en Auvergne, évêque de la ville en 385. Il est mort en 423.

Veneriu *corse*
De Vénus, déesse de l'Amour.

Veniamine *slave*
Variante de Benjamin.

Venou *breton*
Dérivé diminutif de Nevenou, du vieux breton Nominoe, dérivé en «-oe» de «nomen», ciel.

Venture *corse*
Variante de Bonaventure, du latin «bona», bonne et «ventura», sort ou de l'italien Bonaventura, prénom donné pour porter chance dans la vie.

Venturin *italien*
Saint, de Bergame, né en 1304, prédicateur dominicain, prêcha une croisade contre les Turcs. Il y participa et mourut à Smyrne, en 1346.

Vénustien *français et italien*
Saint, converti par saint Sabin, mourut martyr avec sa famille à Spolète, en Italie, en 303.

Venzo *italien*
Dérivé diminutif de Vincenzo, variante de Vincent, dérivé du latin Vincentius, dont le participe «vincens», vainqueur, qui remporte la victoire, qui triomphe.

Véran *occitan*
Saint, moine de Lérins, évêque de Vence, mort vers 480.

Vérémond *hispanique*
Saint Vérémond, né en Navarre, bénédictin, devint abbé du monastère de Notre-Dame d'Hirache, l'un des plus importants centres religieux du royaume. Il défendit la liturgie mozarabe auprès du Saint-Siège. Il est mort en 1092.

Vérien *italien et français*
Saint, étudiant italien, mort martyr avec ses compagnons en Toscane, sous Dèce, en 250.

Verkan *kabyle*
Noir.

Verlein
Variante de Xavier, de l'espagnol Javier, nom de lieu ou du basque «etxaberri», maison neuve.

Verner *scandinave*
Variante de Werner, du germanique d'origine tudesque «warin», protection et «hari», armée. Défenseur, synonyme de guerrier.

Vernerio
Variante de Werner, du germanique d'origine tudesque «warin», protection et «hari», armée. Défenseur, synonyme de guerrier.

Verners *scandinave*
Variante de Werner, du germanique d'origine tudesque «warin», protection et «hari», armée. Défenseur, synonyme de guerrier.

Vernet *catalan*
Une sentence du juge du patrimoine est rendue en faveur de Vernet Marti, de Llivia, pour une redevance à percevoir après la vente d'une masada, entre 1375 et 1384.

Vernier *français*
Variante de Werner, du germanique d'origine tudesque «warin», protection et «hari», armée. Défenseur, synonyme de guerrier.

Vernon *anglo-saxon et normand*
Dérivé du gaulois «vern-os» et du français «verne» ou «vergne», aulne.

Vial *breton*
Variante de Vital, du nom latin Vitalis, du mot «vitalis», relatif à la vie.

Viateur *français*
Variante de Gauthier, du germanique « waldan », commander, gouverner et « her », armée ou du nom franc Walthari.

Viau *breton*
Variante de Vital, du nom latin Vitalis, du mot « vitalis », relatif à la vie.

Viaud *français*
Variante de Vital, du nom latin Vitalis, du mot « vitalis », relatif à la vie.

Vibard *français*
Vibard fut évêque de Coutances, dans la Manche, en 829.

Vicencio *corse*
Variante de Vincent, dérivé du latin Vincentius, dont le participe « vincens », vainqueur, qui remporte la victoire, qui triomphe.

Vicente *castillan*
Variante de Vincent, dérivé du latin Vincentius, dont le participe « vincens », vainqueur, qui remporte la victoire, qui triomphe.

Vicentien *français*
Variante de Vincent, dérivé du latin Vincentius, dont le participe « vincens », vainqueur, qui remporte la victoire, qui triomphe.

Vicenze *italien*
Variante de Vincent, dérivé du latin Vincentius, dont le participe « vincens », vainqueur, qui remporte la victoire, qui triomphe.

Vicenzino *italien*
Dérivé diminutif de Vincenzo, dérivé du latin Vincentius, dont le participe « vincens », vainqueur, qui remporte la victoire, qui triomphe.

Victeur *français*
Variante de Victor, du latin « victor », vainqueur, victorieux.

Victori *catalan*
Variante de Victor, du latin « victor », vainqueur, victorieux. Recensé trois fois, à Perpignan, entre 1586 et 1665.

Victorian *anglo-saxon*
Variante de Victorien, du latin « victor », vainqueur, victorieux.

Victorin *catalan, français et occitan*
Dérivé de Victor, du latin « victor », vainqueur, victorieux. Saint, martyr avec ses compagnons en Auvergne, tués par les envahisseurs teutons, vers 264.

Victorino *italien*
Variante de Victorin, du latin « victor », vainqueur, victorieux.

Victorio *italien*
Variante de Victor, du latin « victor », vainqueur, victorieux.

Victorius *germanique*
Variante de Victor, du latin « victor », vainqueur, victorieux. Saint, disciple de saint Martin de Tours, fut évêque du Mans vers 453. Il est mort vers 490.

Vidal *catalan, français et romanche*
Variante de Vital, du nom latin Vitalis, du mot « vitalis », relatif à la vie. Vidal de Narbona fut l'un des cinq premiers « consols » de Perpignan, en 1197.

Vidalou *français*
Dérivé de Vidal, variante de Vital, du nom latin Vitalis, du mot « vitalis », relatif à la vie.

Vigile *français*
Saint, évêque d'Auxerre en 661. Il est mort martyr, tué dans la forêt sur l'ordre du maire du palais, en 685.

Vigman *scandinave*
Fêté le 2 novembre.

Vigot *scandinave*
De l'ancien danois et de l'ancien suédois « vigautr » et « vigotr », du franc « widgaud ». Le mot scandinave est

Les prénoms oubliés

Chez les garçons, ce sont par exemple :
Abbon, Abdias, Abélard, Bermond, Dace, Damyan, Fargeau, Galderic, Jacquou, Jennin, Jehan, Jonas, Libère, Milton, Ogier, Vaspasion, Vidal, etc.

composé des deux substantifs « vé » ou « vi », lieu de sacrifices, sanctuaire et de « gautr », du nom du peuple Goth.

Viguen *arménien*
Variante de Viken donc de Victor, du latin « victor », vainqueur, victorieux.

Vikash *mauricien*
Progrès, prospérité. Vikash Dhorasoo, né le 10 octobre 1973, joueur de football français, sélectionné en équipe de France.

Viken *arménien*
Variante de Victor. Viken Aznavourian (1807-1871), maître orfèvre à la cour ottomane.

Viktorian *germanique*
Variante de Victorien, du latin « victor », vainqueur, victorieux.

Vilelm *scandinave*
Variante de Wilhelm, dérivé de Guillaume, du nom franc Wilhelm ou du germanique « witu », bois, confondu avec le nom de saint Vitus, du latin « vita », vie. Celui qui veut un casque, un guerrier.

Vilem *tchéque*
Variante de Wilhelm, dérivé de Guillaume, du nom franc Wilhelm ou du germanique « witu », bois, confondu avec le nom de saint Vitus, du latin « vita », vie. Celui qui veut un casque, un guerrier.

Vilent *maltais*
Dérivé de Vincent, du latin Vincentius, vainqueur, qui remporte la victoire, qui triomphe.

Vilfrid *français et scandinave*
Variante de Wilfrid. Celui qui habite la forêt.

Viliam *samoa*
Variante de William, dérivé de Guillaume, du nom franc Wilhelm ou du germanique « witu », bois, confondu avec le nom de saint Vitus, du latin « vita », vie. Celui qui veut un casque, un guerrier.

Vilmet *français*
Saint, abbé de Samer, dans le Boulenois. Il est mort vers 700.

Vilric
Variante de Wilrich, du germanique « wil », volonté et « ric », puissant.

Vimer *français*
Saint, honoré à Pissy, en Seine-Maritime.

Vinça *catalan*
La vente d'une esclave tartare, nommée Lora Jaune, âgée de trente ans ou environ, est consentie pour vingt-huit livres un sou barcelonnais, à un tailleur de Perpignan, par Vinça Amill, de Collioure, qui l'a achetée au patron d'une barque d'Antoine Deodat, de Marseille, consul des Catalans dans cette ville, entre 1367 et 1368.

Vincas *belge*
Enregistré en Belgique, à La Louvière, dans le Hainaut, le 11 mai 2000.

Vincentello *corse*
Variante de Vincent, dérivé du latin Vincentius, dont le participe « vincens », vainqueur, qui remporte la victoire, qui triomphe.

Vincenti *français*
Dérivé de Vincent, dérivé du latin Vincentius, dont le participe « vincens », vainqueur, qui remporte la victoire, qui triomphe. Enregistré en 1560, lors d'un mariage à Boscherville dans l'Eure.

Vinceny *français*
Variante de Vincent, dérivé du latin Vincentius, dont le participe « vincens », vainqueur, qui remporte la victoire, qui triomphe. Attesté à Pommeréval, en Seine-Maritime, le 26 novembre 1715.

Vincenz *germanique et romanche*
Variante de Vincent, dérivé du latin Vincentius, dont le participe « vincens », vainqueur, qui remporte la victoire, qui triomphe.

Vinebaut *français*
Du nom latin Vinebaldus. Vinebaut, évêque et confesseur, aurait été abbé de Saint-Loup à Troyes. Il est mort en 620.

Vinfrid *scandinave*
Fêté le 5 juin.

Vingild *catalan*
L'un des signataires de l'acte de consécration de l'église du monastère de Santa Maria de Lluçà, en Osona, le 21 juin 905.

Virgil *anglo-saxon et germanique*
Variante de Virgile, du nom latin Virgilius dont la forme originale est Vergilius, prénom d'origine étrusque. De « virgo », verge ou « virga », baguette pleine de sève, pousse, rejeton, venant de l'étrusque « verse ».

Virgile *belge et français*
Du nom latin Virgilius dont la forme originale est Vergilius, prénom d'origine étrusque. De « virgo », verge ou « virga », baguette pleine de sève, pousse, rejeton, venant de l'étrusque « verse ».

Virgilio *castillan et italien*
Variante de Virgile, du nom latin Virgilius dont la forme originale est Vergilius, prénom d'origine étrusque. De « virgo », verge ou « virga », baguette pleine de sève, pousse, rejeton, venant de l'étrusque « verse ».

Virgiliu *corse*
Variante de Virgile, du nom latin Virgilius dont la forme originale est Vergilius, prénom d'origine étrusque. De « virgo », verge ou « virga », baguette pleine de sève, pousse, rejeton, venant de l'étrusque « verse ».

Virginio *italien*
Du nom latin Virgilius dont la forme originale est Vergilius, prénom d'origine étrusque. De « virgo », verge ou « virga », baguette pleine de sève, pousse, rejeton, venant de l'étrusque « verse ».

Virginiu *corse*
Variante de Virginie, du nom latin Virgilius dont la forme originale est Vergilius, prénom d'origine étrusque. De « virgo », verge ou « virga », baguette pleine de sève, pousse, rejeton, de l'étrusque « verse » ou du latin Virginia, nom d'une famille romaine.

Vital *belge et français*
Du nom latin Vitalis, du mot « vitalis », relatif à la vie.

Vitalien *français et italien*
Dérivé de Vital, du nom latin Vitalis, du mot « vitalis », relatif à la vie.

Vitaly *ukrainien*
Variante de Vital, du nom latin Vitalis, du mot « vitalis », relatif à la vie.

Vito *catalan, italien*
Variante de Victor, du latin « victor », vainqueur, victorieux. Recensé sept fois, à Perpignan, entre 1666 et 1685.

Vitu *corse*
Dérivé de Vit, dérivé de Guy, du germanique « witu », bois, confondu avec le nom de saint Vitus, du latin « vita », vie.

Vitus *germanique*
Variante de Vit. Vitus Bering (1681-1741), navigateur danois, premier homme à effectuer la traversée entre l'Asie et l'Amérique par le détroit qui aujourd'hui

porte son nom. Par la même occasion, il découvre les îles Aléoutiennes et l'Alaska.

Vitya *slave*
Attribué à Paris, le 26 avril 2004.

Vives *catalan*
Vives, fils de l'hisendat Oliba, évêque de Barcelone, de 974 à 995, contribua à la réfection du monastère de Sant Pere de les Puelles, en 992.

Vivian *germanique et occitan*
Variante de Vivien, du latin « vivianus », plein de vie.

Viviano *italien*
Variante de Vivien, du latin « vivianus », plein de vie.

Vladan *serbe*
Vladan Batic, ministre serbe de la Justice dans la République de Yougoslavie, en 2001.

Volfgang *français, germanique et scandinave*
Variante de Wolfgang, du germanique d'origine tudesque « wolf », loup, guerrier et « gang », assaut.

Voltain *français*
Du nom latin Vulstanus. Voltain aurait été évêque et confesseur de Worcester. Il est mort en 1095.

Vosdan *arménien*
De « vosdan », cour, ville. Courtois, urbain.

Vosgan *arménien*
De « vosgui », or. Vosgan Erevantsi (1614-1672), théologien, imprima la première Bible arménienne.

Voskan *arménien*
Variante de Vosgan. Voskan Mekhitariantz, volontaire pour servir dans l'armée française pendant la Première Guerre mondiale.

Vostan *arménien*
Variante de Vosdan, cour, ville. Courtois, urbain.

Vouga *breton*
Saint, évêque irlandais au VIe siècle, se retira en Bretagne où il vécut en ermite près de Lesneven.

Vrain *français*
Dérivé de Vrein. Évêque.

Vram *arménien*
De l'iranien « bahram », torrent. Plusieurs rois sassanides portèrent ce prénom ainsi que Vram ou Bahram IV, roi de Perse de 388 à 399. Il conclut un pacte vers 388 avec l'empereur romain Théodose Ier qui laissait aux Perses le protectorat de l'Arménie.

Vulfran *français*
Évêque de Sens, mort au monastère de Fontenelle, vers 704.

Vulgan *française*
Variante de Vulgain. Saint.

Vulsin *français*
Variante de Wulsin. Saint.

W

Waast *germanique*
Variante de Vaast, variante de Gaston, du germanique « gast », hôte.

Wacé *français*
Chanoine de Bayeux, né à Jersey, au XIIe siècle.

Waclaw *polonais et slave*
Personne qui lutte pour la gloire.

Wada *dogon (Mali)*
De « wada », qu'il reste, évoque le souhait du doyen de la famille, le patriarche aimerait que l'enfant reste en vie.

Wadar *français*
Intendant de Guillaume le Conquérant, lors de la bataille d'Hastings, en 1066.

Wadi *arabe et kabyle*
En arabe, calme, doux. En kabyle, d'« awadi », originaire des Ouadhias, en Kabylie.

Wadid *arabe*
Aimant, attentionné.

Wagram *français*
Enregistré à Caullery, dans le Cambrésis, le 16 juin 1834.

Wahib *arabe*
Généreux donateur.

Wahid *arabe*
Unique. Dans le Coran, Wahîd est l'un des noms du Prophète.

Wajdi *arabe*
Qui rencontre le Seigneur et trouve l'extase.

Wajed *arabe*
Qui rencontre le Seigneur et trouve ce qu'il désirait.

Wajih *arabe*
Remarquable, éminent, qui jouit d'une certaine autorité. Dans le Coran, Wajih est l'un des noms du Prophète.

Wakil *arabe*
Confident, à qui l'on donne sa confiance. Dans le Coran, Wakil est l'un des noms du Prophète.

Wakina *hawaïen*
Variante de Joachim, de l'hébreu « Yehoyagim », Iahvé met debout.

Wal *anglo-saxon*
Dérivé diminutif de Walter, variante de Gautier, du germanique d'origine tudesque « waldan », commander, gouverner, et « her », armée ou du nom franc Walthari.

Walbert *français, germanique et wallon*
Dérivé de Waldebert, du germanique d'origine tudesque « waldan », commander et « bert », brillant.

Wald *germanique*
Dérivé diminutif d'Oswald, du germanique « os » ou « Ans », Ase, divinité germanique et « waldan », commander, gouverner. Celui qui gouverne sous la protection de la divinité.

Walde *germanique*
Dérivé d'Oswald, du germanique « os » ou « Ans », Ase, divinité germanique et « waldan », commander, gouverner. Celui qui gouverne sous la protection de la divinité.

Waldebert *germanique*
Du germanique d'origine tudesque « waldan », commander et « bert », brillant.

Waldel *germanique*
Dérivé d'Oswald, du germanique « os » ou « Ans », Ase, divinité germanique et « waldan », commander, gouverner. Celui qui gouverne sous la protection de la divinité.

Waldemar *germanique et scandinave*
Du germanique d'origine tudesque « waldan », commander et « mar », célèbre, renommé. Le célèbre chef.

Waldino *italien*
Variante diminutive de Valdo, diminutif d'Osvaldo, du germanique « os » ou « Ans », Ase, divinité germanique et « waldan », commander, gouverner. Celui qui gouverne sous la protection de la divinité.

Walderic *germanique*
Saint, avec l'aide de l'empereur Louis le Pieux, fit construire le monastère de Murrhardt en Allemagne dont il fut abbé. Il est mort vers 817.

Waleed *arabe*

Walem *kabyle*
Être convenable, ce qui convient.

Waleran *français*
Waleran, comte de Meullent, accompagna Louis VII lors de la deuxième croisade, au XIIe siècle.

Walfredo *italien*
Dérivé de Gualfredo.

Walfrid *germanique et scandinave*
D'origine franque, protection sur le champ du combat.

Walfried *germanique*
Dérivé de Wilfried, du germanique d'origine tudesque.

Wali *arabe*
Ami de Dieu, saint. Dans le Coran, Walî est l'un des noms du Prophète.

Walig *breton*
Dérivé diminutif de Riwalig, dérivé de Riwal, du celtique « ri », roi et « gwal », valeur, valeureux.

Walis *anglo-saxon et français*
Accepté à Saint-Étienne, en Haute-Loire, en 1978.

Walkara *indien Ute*
Jaune.

Wallace *anglo-saxon*
Wallace ou le ménestrel écossais, opéra de Charles Simon Catel.

Wallerand *français*
Enregistré dans la paroisse Saint-Sauveur de Lille, dans le Nord, lors d'un décès le 30 mars 1741.

Walo *germanique*
Dans deux chartes datées de 1056 et 1066, Walo demeurant à Crémanville, sur la commune d'Ablon, dans le Calvados, est présenté comme étant le père d'Osbern.

Walstan *anglo-saxon*
Saint, valet de ferme en Angleterre au XIe siècle, a été célèbre pour la charité dont il fit preuve envers les pauvres.

Walt *anglo-saxon*
Dérivé diminutif de Walter, du germanique d'origine tudesque « waldan », commander, gouverner et « her », armée ou du nom franc Walthari.

Walter *anglo-saxon et germanique*
Du germanique d'origine tudesque « waldan », commander, gouverner et « her », armée ou du nom franc Walthari.

Walthen *anglo-saxon*
Saint, né vers 1180, élevé à la cour du roi d'Écosse, entra chez les cisterciens et devint abbé de Melrose. Il est mort en 1160.

Waltram *germanique*
Saint, avec ses deux frères, fonda une abbaye bénédictine en Bavière. Il est mort vers 780.

Walvert *germanique*
Variante de Gaubert, du germanique Gault, nom de divinité et « bert », brillant.

Waly *germanique*
Variante de Gautier, du germanique d'origine tudesque « waldan », commander, gouverner et « her », armée ou du nom franc Walthari.

Walz *germanique*
Variante de Gautier, du germanique d'origine tudesque « waldan », commander, gouverner et « her », armée ou du nom franc Walthari.

Wan *germanique*
Variante de Jean, de l'hébreu « Yohânân », Iahvé a fait grâce, Dieu a fait grâce.

Wanaka *indien jivi (Venezuela)*
Homme qui fabrique les hameçons.

Wandis *germanique*
Variante diminutive de Wanda, du germanique tudesque « vand », lignée, souche ou du polonais « vandjan », tourner (étymologie controversée), adresse, habileté.

Wando *germanique*
Dérivé de Wandon, du germanique tudesque « vand », lignée, souche ou du polonais « vandjan », tourner (étymologie controversée), adresse, habileté.

Wandon *germanique*
Saint, moine, puis abbé de Fontenelle, accusé à tort, fut envoyé en exil à Troyes. Réhabilité, il revint à Fontenelle où il est mort vers 755.

Wanig *breton*
Dérivé diminutif d'Erwanig, dérivé d'Erwan, traduction d'Yves, du germanique « iv », if.

Wara *kabyle*
De « war », lion, lionne.

Waré *germanique*
Saint, abbé de Flavigny, près de Dijon, fonda l'abbaye de Saulieu dans le diocèse d'Autun. Il est mort en 747.

Warin *germanique*
Variante de Guérin, du germanique d'origine tudesque « warin », protection et « hari », armée. Défenseur, synonyme de guerrier.

Warnier *français*
Dérivé de Garnier. Employé au Moyen Âge, en Champagne.

Wasil *slave*
Variante de Basile, de Basileios, nom de personne d'origine grecque qui signifie roi et transmis par le latin Basilius.

Wassil *arabe*
Qui recherche Dieu.

Wassili *germanique et slave*
Variante de Basile, de Basileios, nom de personne d'origine grecque qui signifie roi et transmis par le latin Basilius.

Wassim *arabe*
Que l'on remarque pour la beauté de son visage.

Wassyl
Attribué à Boulogne-Billancourt, dans les Hauts-de-Seine, entre le 1er avril et le 20 mai 2002.

Wast *germanique*
Variante de Vaast, variante de Gaston, du germanique « gast », hôte. Autorisé par la loi du 1er avril 1803.

Wat *anglo-saxon et germanique*
Dérivé diminutif de Walter, du germanique d'origine tudesque « waldan », commander, gouverner, et « her », armée ou du nom franc Walthari.

Wather *anglo-saxon*
Enregistré à Lille, dans le Nord, le 10 février 1895.

Watipa *indien jivi (Venezuela)*
Agriculteur, semeur.

Watson *anglo-saxon*
Dérivé de Walter, du germanique d'origine tudesque « waldan », commander, gouverner et « her », armée ou du nom franc Walthari.

Wattie *anglo-saxon et germanique*
Dérivé diminutif de Walter, du germanique d'origine tudesque « waldan », commander, gouverner et « her », armée ou du nom franc Walthari.

Watto *anglo-saxon*
Watto, maître de Anakin Skywalker, héros de *Star Wars*, film de George Lucas, paru en quatre épisodes, de 1977 à 2005.

Watty *anglo-saxon et germanique*
Dérivé diminutif de Walter, du germanique d'origine tudesque « waldan », commander, gouverner et « her », armée ou du nom franc Walthari.

Wauthier *français*
Dérivé de Gauthier. Employé au Moyen Âge, en Champagne.

Wédric *français*
Abbé de l'abbaye de Liessies de 1124 à 1147, prit part à la défense du monastère quand celui-ci, en 1147, fut attaqué par le seigneur d'Avesnes-sur-Helpe.

Weixing *chinois*
De « wei », satellite et « xing », étoile. Attribué à un enfant né peu après le lancement du premier satellite russe.

Welter *anglo-saxon*
Variante de Walter, du germanique d'origine tudesque « waldan », commander, gouverner et « her », armée ou du nom franc Walthari.

Wendelin *germanique*
Saint, berger. Mort vers 640, il est vénéré à Saint-Wende-sur-Nahe, en Allemagne.

Wenz *germanique et slovène*
Dérivé de Wenceslas, du slavonien « waclaf », couronne ou « vajce », plus et « slàva », gloire, renommée.

Wenzel *germanique*
Variante de Wenceslas, du slavonien « waclaf », couronne ou « vajce », plus et « slàva », gloire, renommée.

Wero *germanique*
Variante de Véra, du russe « wera », foi ou forme féminine du prénom Vero, dérivé du latin « Verus », nom puis prénom, correspondant à l'adjectif ayant le sens de vérité.

Wes *anglo-saxon*
Diminutif de Wesley, ancien nom de lieu anglo-saxon. *Wes Montgomery (1923-1968)*, d'Adrian Ingram, paru à Gateshead chez Ashley Mark, en 1985.

Wesly *anglo-saxon*
Variante de Wesley, ancien nom de lieu anglo-saxon.

Wesman *germanique et scandinave*
Wesman est le père de Hundulf qui est établi à Bennetot et Ypreville-Biville, en Seine-Maritime, en 1025.

Wessel *germanique*
Variante de Werner, du germanique d'origine tudesque « warin », protection et « hari », armée.

Weston *anglo-saxon*
Variante de Winston, de l'anglo-saxon « wine », ami et « stone », pierre.

Widgaud *germanique*
Du franc « widgaud ». En France, la forme franque Widgaud se rencontre en Lorraine, dans la seconde moitié du VIIIe siècle et dans l'Aisne, au IXe siècle.

Wido *germanique, normand et scandinave*
Variante de Guy, du germanique d'origine tudesque « witu », bois.

Wieland *germanique*
Rencontré en Allemagne.

Wigbert *germanique*
Saint, moine anglais, alla en Allemagne où il fut abbé de Fritzlar. Il est mort vers 738.

Wigel *germanique*
Variante de Louis, du germanique « hlod », célèbre, illustre et « wig », combat, combattant. Venant de Clovis, il se transforma en Ludovic puis par contraction devint Louis.

Wigrin *germanique et scandinave*
Wigrin, père de Torsten, à Rouen, est cité dans quatre chartes de donation datées de 1040 à 1066.

Wiho *germanique*
Fêté le 13 février.

Wil *germanique*
Dérivé diminutif de William, variante diminutive de Guillaume, du germanique d'origine tudesque.

Wiland *scandinave*
D'origine franque. Nom de forgeron, personnage bien connu d'une épopée nordique.

Wilbert *germanique*
Rencontré en Allemagne.

Wilbrecht *germanique*

Wildrick *germanique*
Dérivé de Wilfrid, du germanique d'origine tudesque « wil », volonté et « fried », protecteur.

Wilelmo *germanique*
Dérivé diminutif de Wilhelmina, du germanique d'origine tudesque « wil », volonté.

Wiles *français*
Dérivé de Gilles. Employé au Moyen Âge, en Champagne.

Wiley *anglo-saxon*
Dérivé diminutif de William, dérivé de Guillaume.

Wilf *anglo-saxon*
Dérivé diminutif de Wilfried, du germanique d'origine tudesque « wil », volonté et « fried », protecteur. Celui qui veut la paix.

Wilfer *germanique*
Dérivé de Wilfried, du germanique d'origine tudesque « wil », volonté et « fried », protecteur. Celui qui veut la paix.

Wilfert *germanique*
Dérivé de Wilfried, du germanique d'origine tudesque « wil », volonté et « fried », protecteur. Celui qui veut la paix.

Wilfie *anglo-saxon*
Dérivé diminutif de Wilfried, du germanique d'origine tudesque « wil », volonté et « fried », protecteur. Celui qui veut la paix.

Wilford *anglo-saxon*
Dérivé diminutif de Wilfried, du germanique d'origine tudesque « wil », volonté et « fried », protecteur. Celui qui veut la paix.

Wilfred *germanique*
Dérivé de Wilfried, du germanique d'origine tudesque « wil », volonté et « fried », protecteur. Celui qui veut la paix.

Wilfrid *germanique et scandinave*
Variante de Wilfried, du germanique d'origine tudesque « wil », volonté et « fried », protecteur. Celui qui veut la paix.

Wilfried *germanique*
Du germanique d'origine tudesque « wil », volonté et « fried », protecteur. Celui qui veut la paix.

Wilfroy *germanique*
Dérivé de Wilfried, du germanique d'origine tudesque « wil », volonté et « fried », protecteur. Celui qui veut la paix.

Wilfy *anglo-saxon*
Dérivé diminutif de Wilfried, du germanique d'origine tudesque « wil », volonté et « fried », protecteur. Celui qui veut la paix.

Wilhelm *germanique et scandinave*
Variante de Guillaume, du germanique d'origine tudesque « wil », volonté.

Wilhem *germanique et scandinave*
Variante de Guillaume, du germanique d'origine tudesque « wil », volonté.

Wilkes *anglo-saxon*
Variante de Guillaume, du germanique d'origine tudesque « wil », volonté.

Willebert *français*
Willebert fut évêque de Coutances, dans la Manche, en 687.

Willehad *germanique et scandinave*
Willehad de Danemark, né en 1482, franciscain exilé aux Pays-Bas, mourut martyr en 1572, pendu à Briel par les calvinistes.

Willem *germanique et néerlandais*
Dérivé de Wilhelm, variante de Guillaume, du germanique d'origine tudesque « wil », volonté.

Willi *anglo-saxon*
Variante diminutive de William, du germanique d'origine tudesque « wil », volonté.

Willie *anglo-saxon*
Dérivé de William, du germanique d'origine tudesque « wil », volonté. Willie Davenport (1943-2002), champion olympique américain de 110 mètres haies en 1968 à Mexico.

Willigod *germanique*
Saint, moine de Moyenmoutier en France, a fondé et gouverné le monastère de Romont, dans les Vosges, vers la fin du VIIe siècle.

Willis *anglo-saxon et germanique*
Variante diminutive de William, du germanique d'origine tudesque « wil », volonté.

Wilmer *germanique*
Enregistré à Angers, dans le Maine-et-Loire, lors d'un mariage, le 7 août 1898.

Wilric *germanique*
Variante de Wilrich, du germanique « wil », volonté et « ric », puissant. Willericus fut évêque de Hambourg et de Brême au XVIIIe siècle.

Wilrich *germanique*
Du germanique « wil », volonté et « ric », puissant. Willericus fut évêque de Hambourg et de Brême au XVIIIe siècle.

Wilrik *germanique*
Variante de Wilrich, du germanique « wil », volonté et « ric », puissant. Willericus fut évêque de Hambourg et de Brême au XVIIIe siècle.

Wilz *germanique*
Variante de Guillaume, du germanique d'origine tudesque « wil », volonté.

Wim *néerlandais*
Variante diminutive de Guillaume, du germanique d'origine tudesque « wil », volonté.

Wimarà *catalan*
Abbé de Sant-Genís de Fontanes, en Roussillon, en 972 et 990.

Wimund *germanique et scandinave*
De l'ancien norrois « vémundr », de l'ancien danois « vëmundr », de l'ancien suédois « vimundr ». En langue franque « wi(d)mund ». En scandinave, des substantifs « vé » ou « vi », lieu de sacrifice, sanctuaire et « mund », main, protection ou du substantif « mundr », don. La protection du sanctuaire. Le don du sacrifice.

Wimunt *germanique et scandinave*
De l'ancien norrois « vémundr », de l'ancien danois « vëmundr », de l'ancien suédois « vimundr ». En langue franque « wi(d)mund ». En scandinave, des substantifs « vé » ou « vi », lieu de sacrifice, sanctuaire et « mund », main, protection ou du substantif « mundr », don. La protection du sanctuaire. Le don du sacrifice.

Winac *français*
Attribué à Marconne, dans le Pas-de-Calais, le 26 janvier 1774 au fils d'un marchand cordier.

Winebald *anglo-saxon, catalan et germanique*
Saint anglais, vécut à Rome durant sept ans. Il se rendit ensuite en Allemagne et devint abbé de Heidenheim. Il est mort en 761.

Winebaud *français*
Saint, ermite, abbé de l'abbaye bénédictine de Saint-Loup de Troyes. Il est mort vers 650.

Winfried *germanique*
Variante de Winifred, du gallois « gwenfrewi », réconciliation bénie.

Wingolf *germanique*
Rencontré en Allemagne, mais également en Suisse alémanique.

Winnoc *breton*
Variante de Winoc, saint.

Winnox *breton*
Variante de Winoc, saint.

Winny *anglo-saxon*
Variante diminutive de Winifred, du gallois « gwenfrewi », réconciliation bénie.

Winoc *breton*
Saint gallois, moine et abbé cistercien en pays flamand. Il est mort vers 717.

Wipmad *germanique*
Saint, moine à Trèves, devint évêque de cette ville vers 750. Il est mort vers 790.

Wiron *germanique*
Saint, missionnaire en Frise, aux Pays-Bas, nommé évêque d'Utrecht vers 741. Il est vénéré à l'abbaye d'Odilienburg qu'il avait fondée.

Wisinto *germanique*
Saint, moine et prêtre autrichien. Il est mort vers 1245.

Wistace *français*
Dérivé d'Eustache, du grec « eustachios », fécond, aux nombreux fruits. Employé au Moyen Âge, en Champagne.

Wistan *germanique*
Saint, mort martyr en 850.

Wistin *maltais*

Witikind *germanique*
Witikind, prince saxon baptisé en 765, lors de l'assemblée épiscopale d'Attigny qui était présidée par Maurin, évêque d'Évreux.

Witigis *germanique*
Dérivé de Wito, variante de Victor, du latin « victor », vainqueur, victorieux.

Wito *germanique*
Dérivé de Vito, variante de Victor, du latin « victor », vainqueur, victorieux.

Witold *lithuanien et polonais*
Celui qui guide le peuple.

Witt *germanique*
Du germanique « witu », bois.

Witti *germanique*
Dérivé de Vitti, variante de Victor, du latin « victor », vainqueur, victorieux.

Wittikund *germanique*
Saint, duc de Westphalie, ennemi de Charlemagne, a été baptisé en 785. Il participa à la diffusion du christianisme et aida à la restauration de nombreuses églises. Il est mort vers 804.

Witty *germanique*
Dérivé de Vitti, variante de Victor, du latin « victor », vainqueur, victorieux.

Wold *germanique*
Dérivé d'Ewald, d'origine franque, du germanique « ewa », droit, loi et « waldan », gouverner, commander. Gouvernant d'après un droit éternel.

Woldemar *germanique*
Variante de Waldemar, du germanique d'origine tudesque « waldan », commander et « mar », célèbre, renommé. Le célèbre chef.

Wolf *germanique*
Du germanique d'origine tudesque « wolf », loup, guerrier.

Wolfang *catalan*
Variante de Wolfgang, du germanique d'origine tudesque « wolf », loup, guerrier et « gang », assaut.

Wolfel *germanique*
Dérivé de Wolf, du germanique d'origine tudesque « wolf », loup, guerrier.

Wolfgang *germanique*
Du germanique d'origine tudesque « wolf », loup, guerrier et « gang », assaut.

Wolfhard *germanique*
Du germanique d'origine tudesque « wolf », loup, guerrier et « hard », dur.

Wolfhelm *germanique*
Dérivé de Wolf. Saint, né en Rhénanie, entra chez les bénédictins à Trèves. Envoyé à Cologne, il fut successivement abbé de trois monastères. Il est mort en 1091.

Wolfram *germanique*
Du germanique d'origine tudesque « wolf », loup, guerrier et « hramm », corbeau.

Wolfran *germanique*
Dérivé de Wolfram, du germanique d'origine tudesque « wolf », loup, guerrier et « hramm », corbeau. Wolfram von Eschenbach (vers 1170-vers 1220) poète allemand, auteur d'épopées courtoises en vers dont *Parzival*, repris du *Perceval* de Chrétien de Troyes et dont Ricard Wagner s'inspira pour son *Parsifal*.

Wolkmar *germanique*
Du germanique d'origine tudesque « wolk », peuple et « mar », célèbre, renommé.

Wolmar *germanique*
Variante de Wolkmar, du germanique d'origine tudesque « wolk », peuple et « mar », célèbre, renommé.

Wolt *germanique*
Variante de Gautier, du germanique « waldan », commander, gouverner et « her », armée ou du nom franc Walthari. Puissant dans l'armée.

Woslay *anglo-saxon*
Attribué à Cherbourg, dans la Manche, le 24 mai 1979.

Wotan *scandinave*
Dans la mythologie nordique, Wotan est la forme méridionale d'Odin.

Wulf *germanique*
Variante de Wolf, du germanique d'origine tudesque « wolf », loup, guerrier.

Wulfan *normand*
Saint, archevêque de Sens au VIIe siècle, se retira chez les moines de Fontenelle, dans le pays de Caux.

Wulfran *germanique*
Variante de Wulfram, du germanique d'origine tudesque « wolf », loup, guerrier.

Wulfric *germanique*
Variante de Wolfram, du germanique d'origine tudesque « wolf », loup, guerrier.

Wulmar *germanique*
Variante de Wolfram, du germanique d'origine tudesque « wolk », peuple et « mar », célèbre, renommé.

Wulmer *germanique*
Variante orthographique de Wulmar, du germanique d'origine tudesque « wolk », peuple et « mar », célèbre, renommé.

Wulphy *français et germanique*
Dérivé de Wolf, du germanique d'origine tudesque « wolf », loup, guerrier.

Wulsin *anglo-saxon*
Saint, abbé de Westminster vers 980, élu évêque de Sherbonne en 993. Il est mort en 1002.

Wulstan *anglo-saxon*
Saint, né en 1008 en Angleterre, entra chez les bénédictins comme chantre et prieur. Évêque de Worcester en 1062. Il est mort en 1095 et canonisé en 1203.

Wuyi *chinois*
De cinq et un, évoque la date du 1er mai.

Wyclef *anglo-saxon*
Dérivé de Clifford.

Wyclif *anglo-saxon*
Dérivé de Clifford.

Wycliffe *anglo-saxon*
Dérivé de Clifford.

Wynke *germanique*
Variante de Guillaume.

Wynnin
Variante de Vivien.

Wynton *anglo-saxon*
Wynton Marsalis, trompettiste de jazz.

X

Xand *maltais*
Diminutif d'Alexandre, du grec « alexein », défendre, repousser et « andros », génitif d'« aner », de l'ennemi, de l'homme.

Xander *germanique et romanche*
Dérivé diminutif d'Alexander, variante d'Alexandre, du grec « alexein », défendre, repousser et « andros », génitif d'« aner », de l'ennemi, de l'homme.

Xandre *français*
Dérivé diminutif d'Alexandre, du grec « alexein », défendre, repousser et « andros », génitif d'« aner », de l'ennemi, de l'homme.

Xandres *basque*
Dérivé d'Andres, variante d'André, du grec « andreia », bravoure, énergie, virilité ou d'« andrès », viril. Illustre parmi les hommes.

Xango *basque*
Dérivé diminutif de Santiago, variante de Jacques, de l'hébreu « ya'aqob », que Dieu favorise, qui supplante.

Xanio *basque*
Dérivé diminutif de Santiago, variante de Jacques, de l'hébreu « ya'aqob », que Dieu favorise, qui supplante.

Xante *basque, français et italien*
En basque, dérivé de « Xanti », lui-même dérivé diminutif de Santiago, variante de Jacques, de l'hébreu « ya'aqob », que Dieu favorise, qui supplante.

Xanto *basque*
Dérivé diminutif de Santiago, variante de Jacques ou dérivé d'Alexandre.

Xanton *basque*
Dérivé diminutif d'Anton, variante d'Antoine, du grec « antônios », courageux, qui fait face, tiré du nom d'une famille romaine Antonius ou du latin « antone », inestimable.

Xaver *germanique et romanche*
D'origine tudesque, variante de Xavier, de l'espagnol Javier, nom de lieu ou du basque « etxaberri », maison neuve.

Xavi *hispanique*
Dérivé diminutif de Xavier, de l'espagnol Javier, nom de lieu ou du basque « etxaberri », maison neuve.

Xaxo *hébreu*
Xaxo Sasportas, chef de famille juif, présent à la synagogue d'Oran, en Algérie, en 1656.

Xeberin *basque*
Dérivé diminutif de Seberino, variante de Séverin, du latin « severus », sévère, rigoureux.

Xemen *basque*
Variante de Semeno, de « seme », fils.

Xemeno *basque*
Variante de Semeno, de Seme, fils. Apparaît en Navarre en 1260 et plus précisément à Miranda-de-Arga, en Navarre, en 1330 et à Echauz, en Basse-Navarre en 1371.

Xenat *français*
Du nom latin Xenatus. Saint, honoré à Saint-Vincent-de-Viviers.

Xeno *germanique*
Ce prénom est rencontré en Suisse alémanique.

Xerman *galicien*
Variante de Germain.

Xerxès *perse*
Xerxès Ier (vers 519-465 avant J.-C.), roi achémide de Perse, fils de Darius Ier. Xerxès II, roi en 424 avant J.-C., assassiné après 45 jours de règne.

Xesco *catalan*
Forme hypocoristique de Francesc, variante de François, en germanique, courageux, intrépide ou en latin, homme libre.

Xian *galicien*
Variante de Julien, dérivé de Jules, du latin Julia, nom d'une famille romaine descendant d'Iule, fils d'Énée ou du latin « oulos », entier.

Ximen *catalan*
Au XIIe siècle, Ximen de Lenda, maître de la province, convoque tous ses précepteurs au château de Miravet, maison mère du Temple, pour tester les intentions du roi Jacques II d'Aragon.

Xin *chinois*
Nouveau.

Xinqi *chinois*
De « xin », nouveau et « qi », lever.

Xipi *basque*
De « ttipi » ou « txipi » ou « xipi », petit.

Xoan *galicien*
Dérivé de Jean, de l'hébreu « Yohânân », Iahvé a fait grâce.

Xomin *basque*
Variante de Dominique, du latin « dominicus », consacré au Seigneur, du grec « domos », tronc ou « dama », racine ou « damuna », domestique.

Xuân *vietnamien*
Printemps.

Xuban *basque*
Fêté le 27 mars.

Xuhurt *basque*
Fêté le 13 avril.

Xulio *galicien*
Dérivé de Jules, du latin Julia, nom d'une famille romaine descendant d'Iule, fils d'Énée ou du latin « oulos », entier.

Xumaya *hébreu*
Xumaya Cansino, juif établi à Oran, en Algérie, en 1591.

Xurdin *basque*

Xyste *français*
Variante de Sixte, du nom latin Xistus. Le sixième.

Xystus *germanique*
Variante de Sixte, du nom latin Xistus. Le sixième.

Y

Yabda *kabyle*
Chef Amazir des Aurès.

Yalam *hébreu*
Jeune homme.

Yamine *arabe*
Heureux, prospère.

Yan *breton*
Dérivé de Jean, de l'hébreu « Yohânân », Iahvé a fait grâce, Dieu a fait grâce.

Yanice *arabe et français*
Dérivé de Yannis, variante de Jean, de l'hébreu « Yohânân », Iahvé a fait grâce, Dieu a fait grâce.

Yaniss *arabe et français*
Variante orthographique de Yanis, variante de Jean, de l'hébreu « Yohânân », Iahvé a fait grâce, Dieu a fait grâce.

Yanka *hébreu*
Dérivé de Jacob, en hébreu, que Dieu favorise.

Yanko *artistique*
Yanko le bandit, ballet pantomime de Théophile Gautier, en 1882.

Yanny *kabyle*
Dire.

Yazid *kabyle*
D'« ayazit », coq.

Yaziz *hébreu*
Il bougera.

Yedda *artistique*
Yedda jusqu'à la fin, roman de Frédéric Vitoux, paru à Paris en 1978.

Yekel *breton et hébreu*
Dérivé diminutif de Jezekael et Judicaël, du vieux breton « lud », seigneur et « hael », généreux.

Yeltaz *breton*
Dérivé diminutif de Gweltaz, dérivé de Gildas, du celtique « gwelt », chevelure (étymologie controversée).

Yérah *hébreu*
Mois lunaire.

Yeram *arménien*
Bande d'oiseaux.

Yedda *kabyle*
Il est parti.

Yenna *kabyle*
Il a dit.

Yidir *kabyle*
De « idir », être en vie.

Ylane *kabyle*
Il existe.

Yoram *hébreu*
Dieu est haut.

Ysis *français*
Dérivé d'Isis, du grec Isis, nom de la déesse.

Yssac *hispanique*
Variante d'Isaac, de l'hébreu « yitschak », que Dieu rie ou sourie.

Yuba *kabyle*
Roi Amazir.

Yukel *hébreu*
Dérivé de Judicaël, du vieux breton « lud », seigneur et « hael », généreux.

Yulen *basque*
Variante de Julien, dérivé de Jules, du latin Julia, nom d'une famille romaine descendant d'Iule, fils d'Énée ou du latin « oulos », entier.

Yuli *basque*
Variante de Jules, du latin Julia, nom d'une famille romaine descendant d'Iule, fils d'Énée ou du latin « oulos », entier.

Yuly *kabyle*
Il est monté.

Yun
Dérivé d'Yves, du germanique « iv », if.

Yuna *hébreu*
Yuna Cansino, chef de famille juif présent à la synagogue d'Oran (Algérie) en 1656.

Yunan *kabyle*
Divinité Amazir.

Yunfu *chinois*
Avoir le bonheur caché, enfoui. Receler beaucoup de bonheur.

Yunung *chinois*
De « yu », pluie et « nong », agriculture.

Yuri *catalan, colombien et slave*
Variante de Georges, du grec « gé », terre et « ergon », travail.

Yurij *slave*
Variante de Georges, du grec « gé », terre et « ergon », travail.

Yusef *arabe*
Dérivé de Youssef, variante de Joseph, de l'hébreu « vosef », qu'lahvé ajoute.

Yussef *arabe*
Dérivé de Youssef, variante de Joseph, de l'hébreu « vosef », qu'lahvé ajoute.

Yusuf *arabe*
Dérivé de Youssef, variante de Joseph, de l'hébreu « vosef », qu'lahvé ajoute.

Yussuf *arabe*
Dérivé de Youssef, variante de Joseph, de l'hébreu « vosef », qu'lahvé ajoute.

Yuu
Yuu Watase, écrivain.

Yvain *littéraire*
Dérivé d'Yvan, dérivé d'Yves, du germanique « iv », if.

Z

Zabad *hébreu*
Variante de Zavad. Cadeau.

Zacario *hispanique*
Dérivé de l'hébreu, puis du grec « Zacharias » et du latin « Zacharia », Iahvé se souvient, mémoire de Dieu.

Zaccaria *corse, italien et romanche*
Dérivé de l'hébreu, puis du grec « Zacharias » et du latin « Zacharia », Iahvé se souvient, mémoire de Dieu.

Zach *écossais et hébreu*
Dérivé de l'hébreu, puis du grec « Zacharias » et du latin « Zacharia », Iahvé se souvient, mémoire de Dieu.

Zacheo *polonais*
Dérivé de l'hébreu, puis du grec « Zacharias » et du latin « Zacharia », Iahvé se souvient, mémoire de Dieu.

Zachi *hébreu*
Dérivé de l'hébreu, puis du grec « Zacharias » et du latin « Zacharia », Iahvé se souvient, mémoire de Dieu.

Zafir *arabe*
Variante de Zafar, chanceux, gagnant.

Zaham *hébreu*
Colère.

Zahed *arabe*
Qui est détaché du monde.

Zaheda *arabe*
Dérivé de Zahed, qui est détaché du monde.

Zaki *arabe*
Dérivé de « zakiy », intègre, juste, pur, vertueux.

Zalan *kabyle*
Ils ont prié.

Zamar *kabyle*
D'« izamaren », les agneaux.

Zamel
Variante de Samuel, de l'hébreu « shêmû'ël », un nom de Dieu ou son nom est Dieu.

Zander *flamand, germanique et romanche*
Diminutif d'Alexander, variante d'Alexandre, en grec, repousser, défendre.

Zanko *français*
Zanko le bandit, ballet, manuscrit français du milieu du XIXe siècle.

Zaran *basque*
Du basque « zar », vieux.

Zarina *arabe et hindou*
En persan, vase d'or.

Zayad *kabyle*
D'« azayad », grêle ou neige.

Zbigniew *polonais et slave*
Celui qui devrait se débarrasser de la colère et devenir plus doux.

Zdzislaw *polonais et slave*
Qu'il apporte de la gloire.

Zebadia *hébreu*
Variante de Zvadiah, cadeau de Dieu.

Zedig *kabyle*
Propre.

Zeggan *kabyle*
Entente.

Zeïdane *arabe*
Variante de Zaïdane, de « zaydân », accroissement.

Vous aimez le sport ?

Et si vous choisissiez pour votre enfant le prénom (ou le nom) d'un sportif ?
En 1900, **Louison** n'apparaît pas dans les actes de naissance. Ce diminutif de Louis apparaît en 1947. Ses deux pics d'attribution correspondent aux années 1951 avec dix attributions et 1955 avec seize enregistrements. Il faut ici se souvenir que le champion cycliste Louison Bobet (1925-1983) gagne le championnat de France sur route, Milan-San Remo et le Tour de Lombardie en 1951. En 1954, il remporte le championnat du monde, et le Tour de France en 1955. Louison disparaît des tablettes entre 1972 et 1982 pour avoir de nouveau droit aux suffrages des futurs parents à la fin du XXe siècle.
Pendant et après la Coupe du monde de football de 1998, qui se déroulait en France, les prénoms **Zinedine** et **Zidane** envahissent le marché des prénoms ! Devant les officiers de l'état civil, l'effet Zizou sera décliné de plusieurs façons. Depuis la fin de la Seconde Guerre mondiale jusqu'à la veille de cette compétition, et sur le seul territoire métropolitain, **Zine-Eddine** n'a été enregistré qu'une fois en 1957, il le sera neuf fois pour la seule année 1998… De la même manière **Zineddine**, prénom déclaré six fois en 1957, le sera vingt et une fois en 1998. La forme Zinedine, avec un seul « d » attribué une fois en 1956, sera plébiscitée cent quatre-vingt-une fois en 1998. Quant au patronyme Zidane qui, dans le concert des prénoms, n'apparaît qu'une fois en 1948, il sera repris cinquante-quatre fois en 1998 et trente-neuf en 1999 !

Zèlio *italien*
Variante d'Azèlio, du grec « zélé », rival.

Zelman *hébreu*
Variante de Salomon, de l'hébreu « shalom », paix, sain et sauf, dérivé de « salem », sain, harmonieux.

Zemour *kabyle*
Variante d'« azemour », olives.

Zenag *kabyle*
Dynastie Amazir.

Zérah *hébreu*
Hirsute.

Zerred *kabyle*
De « zerda », fête, réunion.

Ziad *arabe*
Abondance, accroissement.

Ziah *hébreu*
Dans la Bible, Zïah fait partie de la tribu de Gad.

Zidy *kabyle*
D'« azidi », le sucré.

Ziju *maltais*
Oncle.

Zimer *kabyle*
D'« izimer », agneau.

Zinan *japonais*
Second fils.

Zoltan *grec*
Dérivé de Zoé, du grec « zoe », vie.

Zoran *yougoslave*
De « zor », force.

Zuberi *swahili (Afrique de l'Est)*
Fort.

Zulian *italien*
Variante de Julien, du latin « Julia », nom d'une famille romaine descendant d'Iule, fils d'Énée ou du latin « oulos », entier.

Zyam *kabyle*
D'« iguelziame », les pioches.

Achevé d'imprimer en France par Hérissey à Évreux
Dépôt légal : novembre 2007 - N° d'impresssion 106563